三峡大学 办学100年
暨本科教育45周年
100th Anniversary of CTGU with 45-Year-Long Undergraduate Education

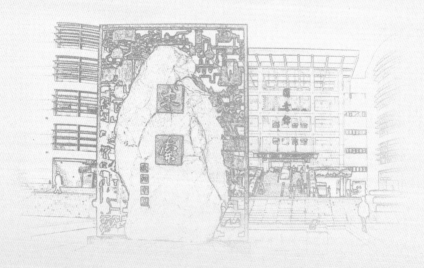

求索记忆

——三峡大学口述校史

三峡大学口述校史编委会 编

武汉大学出版社
WUHAN UNIVERSITY PRESS

图书在版编目（CIP）数据

求索记忆:三峡大学口述校史/三峡大学口述校史编委会编 . —武汉：武汉大学出版社,2023.9
ISBN 978-7-307-23884-8

Ⅰ.求…　Ⅱ.三…　Ⅲ.三峡大学—校史　Ⅳ.G649.296.33

中国国家版本馆 CIP 数据核字（2023）第 143339 号

责任编辑:郭　静　　　责任校对:汪欣怡　　　整体设计:韩闻锦

出版发行:武汉大学出版社　　（430072　武昌　珞珈山）
（电子邮箱:cbs22@whu.edu.cn　网址:www.wdp.com.cn）
印刷:湖北金海印务有限公司
开本:720×1000　1/16　印张:24　字数:455 千字　插页:6
版次:2023 年 9 月第 1 版　　2023 年 9 月第 1 次印刷
ISBN 978-7-307-23884-8　　定价:98.00 元

编委会

三峡大学求索溪畔桃花全景图（王鑫　拍摄于2018年3月26日）

序

　　这册《求索记忆——三峡大学口述校史》，是三峡大学文化建设的一项重要成果，是献给三峡大学办学 100 周年暨本科教育 45 周年的一份厚礼。

　　《求索记忆——三峡大学口述校史》，是三峡大学人自我认知的一扇窗口，是个体生命与三峡大学校史发展的互动呈现，是三峡大学人难以忘却的集体记忆，反映了三峡大学的沧桑巨变和积极作为，闪烁着三峡大学人在坚守教育初心、推进跨越发展中迸发出的求索精神和璀璨辉煌。

　　三峡大学是湖北省"双一流"建设高校，是水利部和湖北省人民政府共建高校。2023 年，三峡大学迎来办学 100 周年暨本科教育 45 周年。在这特殊的纪念时点，三峡大学以"总结弘扬优良传统，加快建设一流大学"为主题，广泛开展了校史、院史、学科史和人物史的挖掘和研究工作。作为其中的重要项目，三峡大学组织口述史访谈专班，足迹遍布北京、广州、重庆、武汉、南京、安庆等地，以历史态度、开放胸怀和前瞻眼光，对关心支持三峡大学发展以及其前身宜昌医学高等专科学校、宜昌师范高等专科学校、宜昌职业大学，湖北三峡学院，葛洲坝水电工程学院，武汉水利电力大学（宜昌）等部分老领导、老专家、老教授、老职工，以及校友代表等进行了访谈。口述史访谈专班记录了许多令人心潮澎湃的精彩瞬间，征集到了一些启人心智的著作手稿，保留下了大量生动鲜活的音像影像档案，真实生动地为广大师生还原了讲述者的青春记忆、事业情怀和美好祝愿。口述的文字记录，经过岁月的淘洗，已经成为反映三峡大学沿革变迁的一面镜子。尽管时光远去，但呈现出来的是学校文化色彩的光亮闪烁。

　　100 年前，学校在民族危亡中应时而生，历经各个历史时期，始终与祖国共命运。1923 年中国博医会在安徽安庆创建了医药技士专门学校；后辗转汉口办学，1949 年在武昌成立湖北省公医专科学校，其后不久与中南卫生干部学校合并为武昌医士学校，1958 年改为武昌医学专科学校，1960 年迁至宜昌，与宜昌医学专科学校合并重组；并在 1977 年和 1978 年招收了两届四年制本科生，1993

年更名为宜昌医学高等专科学校。1946 年，省立宜都师范学校成立，1949 年迁至宜昌办学，更名为湖北省立宜昌师范学校，1958 年改名为宜昌师范专科学校，1962 年后，几经调整和更名，于 1978 年恢复宜昌师范高等专科学校校名。1978 年，宜昌高工班开始筹办；1983 年，正式成立了宜昌职业大学。1996 年，宜昌医学高等专科学校、宜昌师范高等专科学校和宜昌职业大学合并组成湖北三峡学院。1978 年，随着葛洲坝水利枢纽工程的建设，水利电力部在宜昌成立葛洲坝水电工程学院，成为当时全国唯一的一所以"工程"命名的培养水利电力建设应用型人才的本科高等学校；1996 年，在全国电力高等院校调整中，葛洲坝水电工程学院与原武汉水利电力大学合并组建新的武汉水利电力大学，成为宜昌校区，并进入"211 工程"建设行列；学校先后隶属于水电部、能源部、电力工业部、国家电力公司。三峡大学各组成部分在不同的历史时期，为地方和行业的发展在人才培养、科学研究和社会服务等方面做出过一定的贡献。2000 年，在全国高等教育体制改革和结构调整的大背景下，武汉水利电力大学(宜昌)和湖北三峡学院合并，经教育部备案批准，组建成立三峡大学。目前，学校已建设成为水利电力特色鲜明、综合办学实力较强、享有较好社会美誉度的综合性大学。新时代，三峡大学争创一流的步伐加快，波澜壮阔的画卷徐徐铺陈。

从访谈看，我们体悟到全国政协原副主席、原水利电力部部长钱正英院士对教育的重视，对三峡大学发展的关心。我们感受到杰出校友、我国内河水运事业的开拓者胡亚安院士对母校培养的感恩、感激之情。我们欣赏到原宜昌医学高等专科学校校长张光明教授从传奇地下党到高校领头雁的可歌可敬。我们感知到宜昌职业大学党总支书记曹诗青同志为创办高工班付出的辛劳与无悔。我们通过符利民、高进仁、鲁知文等领导的口述，清晰明了地知晓湖北三峡学院的昨天；我们通过郑守仁院士、徐大平教授、曾德安教授、郭其达教授、胡亚安院士校友等清晰明了地知晓葛洲坝水电工程学院的前世。还有目光深远、善抓机遇、负重拼搏、奋力爬坡，率领广大教职工把武汉水利电力大学(宜昌)带进"211 工程"建设行列并加快建设的林天宝教授、汪仲友教授、曾维强教授等的口述，他们的讲述质朴亲切，往事令人感怀。还有其他同志的讲述，也很精彩。可以说，他们是众多从不同方面创建三峡大学的群体中的杰出代表。口述中，不管反映的是求学过程，还是工作经历，或者其他方面，均从不同视角折射了三峡大学人在艰难中前行、在奋进中崛起的风貌。那些故事、情感、形象、体会、旋律和画面，已经深深熔铸于他们的生活和理想之中，展现了他们对三峡大学的热爱，体现了"爱国、自强、求真、创新"的"求索"校训的形成与传承。许多同志为我们这所地方高校的建设和发展付出了青春、留下了汗水、贡献了智慧。特别是有的已离我们远去，但是他们对三峡大学的关爱与支持永远留在了我们的记忆里。历史不会忘记，人民不会忘记，三峡大学会永远铭记。

习近平总书记指出："历史是最好的教科书。"通过口述的记录，我们深深感念一代又一代三峡大学人为创建学校付出的巨大努力，感念于当下的我们以及后来者必当提升薪火相传的责任心和使命感。面对高等教育千帆竞发、百舸争流的形势，唯有不忘初心者进，唯有自信者胜，唯有改革创新者强。

三峡大学办学 100 周年暨本科教育 45 周年的历史文化积淀，给了我们贯通理解苦难辉煌的过去的基因、审视日新月异的现在的密码和追求光明宏大的未来的钥匙。百年树人，千载一时。在加快建成社会主义现代化强国的伟大征途上，三峡大学面临着更艰巨的任务、更光荣的使命和为了追求高质量发展需要应对的严峻挑战，同时也将迎来加快发展的大好历史机遇。我们相信，在全校师生的共同努力和社会各界的关心支持下，三峡大学一定会日益大度从容、厚重内敛、求实勤勉，续写传奇的历史和精彩的故事。三峡大学口述史的精神与思想依旧会赓续、延展、激荡，滋养着新时代的三峡大学阔步向前，成为中国大学历史文化长廊中的一幅彩色画卷。

三峡大学口述史访谈专班送来拟将出版的《求索记忆——三峡大学口述校史》文稿，我阅读了每一篇口述内容，感慨良多。写下些许体会，是为序。

三峡大学党委书记　何伟军

2023 年 4 月

目　录

宜昌职业大学篇

湖北三峡学院篇

葛洲坝水电工程学院篇

武汉水利电力大学（宜昌）篇

希望三峡大学越办越好

——钱正英院士访谈录

 钱正英，女，汉族，1923 年 7 月生，浙江嘉兴人，1941 年 9 月加入中国共产党，1942 年参加新四军，中国工程院院士，中共第十届、十一届、十二届、十三届、十四届中央委员，第一届、二届、三届全国人大代表，全国政协第七届、八届、九届副主席。

1939 年在上海大同大学(今同济大学)土木工程系学习，并参加学生运动，曾任学生团体党团宣传委员，大同大学工学院分党支部书记。1948 年至 1950 年出任山东黄河河务局副局长、党委书记。1950 年至 1952 年任华东军政委员会水利部副部长兼治淮委员会工程部副部长。

1952 年至 1957 年任水利部副部长，1952 年至 1954 年兼任华东水利学院(今河海大学)首任院长。1957 年至 1974 年任水利电力部副部长、党组副书记。1975 年至 1988 年任水利电力部部长、党组书记，水利部部长、党组书记。

钱正英院士既是中华人民共和国培养起来的党和国家的高级领导干部，又是一位技术功底深厚、实践经验丰富的水利水电专家。她从 1944 年参加治淮工程至今，先后主持审定了全国重大水利、水电工程建设项目，具体参与研究解决了一系列重大技术问题，为建设和发展中华人民共和国的水利事业做出了重大贡献。

钱正英院士主持研究、制定了一系列关于我国水资源开发利用、管理与保护的方针政策和管理办法；主持编制了黄河、长江、淮河、海河等流域的治理规划和全国水利建设长远发展纲要；主持完成了《中华人民共和国水法》《中华人民共和国水土保持法》的起草工作；主持领导了三峡工程的可行性论证工作；曾任国务院三峡建设委员会质量检查专家组组长；主编出版了《中国百科全书水利卷》、《中国水利》(中、英文版)等；主持完成了

"中国可持续发展水资源战略研究""西北地区水资源配置、生态环境建设和可持续发展战略研究""东北地区水土资源配置、生态与环境保护和可持续发展战略研究""江苏沿海地区综合开发战略研究""新疆可持续发展中有关水资源的战略研究""浙江沿海及海岛综合开发战略研究"等多项中国工程院重大战略咨询项目。

1997年当选为中国工程院院士,2000年荣获光华工程科技奖工程奖,2014年荣获光华工程科技奖成就奖,2000年被泰国清迈大学授予名誉博士学位,2004年被香港大学授予名誉博士学位。

2018年9月29日上午,三峡大学口述校史工作小组田吉高研究员随同三峡大学时任校长何伟军专程赴北京拜访了全国政协原副主席、原国家水电部部长、中国工程院院士钱正英,同时对95岁高龄的钱正英同志进行了访谈。

推动成立葛洲坝水电工程学院

长期以来,钱正英高度重视原葛洲坝水电工程学院、原武汉水利电力大学(宜昌)和三峡大学的建设与发展。据郑守仁院士回忆,1977年底,李先念同志亲自提议,时任水利电力部部长的钱正英积极推动葛洲坝水电工程学院组建工作。1978年1月24日,水利电力部向国务院报送《关于成立葛洲坝水电工程大学的请示》,国务院批准葛洲坝水电工程学院予以增设成立,并于《人民日报》1978年4月27日登载,从此开启了学校水利电力本科教育的新篇章。

1982年9月,钱正英在北京会见时任葛洲坝水电工程学院党委书记赵树,她指示要"把葛洲坝水电工程学院办成一所正规的、有特色的水电工程学院"。

1988年葛洲坝水电工程学院成立十周年,时任全国政协副主席的钱正英为学校题词"胸怀江河,志越雷电"。

20世纪90年代初期,钱正英在葛洲坝考察时,葛洲坝水电工程学院党委书记纪万松、院长徐大平向钱正英汇报了学校的主要工作。钱正英认真听取汇报,对学校取得的成绩感到高兴,指示要继续努力,奋发向上,把学校办得更好。

关心支持三峡大学

2001年4月18日,钱正英在三峡地区考察时专门约见了学校领导。在听取

全国政协原副主席、中国工程院院士
钱正英(右二)莅临我校指导工作

学校领导的汇报后，她对培养水电专门人才极为关注，认为三峡大学很有发展前途。

2006年10月31日，她在时任湖北省政协副主席张荣国、水利部科技司司长戴定忠、湖北省政协副秘书长黄立国、国家级"勘察大师"徐瑞春等陪同下，莅临学校指导工作。

2009年6月30日，她邀请我校刘德富、许文年和陈芳清3位教授赴北京向她和郑守仁院士专项汇报三峡库区消落带生态恢复问题，并给予指导。

2018年9月29日，时任三峡大学校长何伟军专程赴京拜访看望钱正英老部长并进行访谈，三峡大学学术委员会秘书长许文年、三峡大学口述校史工作小组田吉高随同前往。

在拜访中，何伟军首先向钱正英转达了全校师生员工的深情问候和衷心祝福，汇报了学校办学95周年特别是本科教育40年在人才培养、学科专业建设和社会服务等方面取得的主要成绩，以及学校发展思路等情况，感谢钱正英多年来对三峡大学的关心和厚爱，并代表全校4万余名师生员工邀请她再次莅临学校指导工作。

钱正英认真听取何伟军的汇报后，关切地询问学校相关情况，对三峡大学建设与发展所取得的成绩感到非常高兴，对学校办学95年暨本科教育40周年纪念活动表示祝贺，并欣然为贺信签名，她希望三峡大学以办学95年暨本科教育40周年为新起点，坚持以习近平新时代中国特色社会主义思想为指导，发扬优良传统，弘扬自身特色，秉承"求索"校训，立德树人，"以本为本"，将学校早日建成国内一流大学，在促进现代水利电力事业发展繁荣、实施高等教育强国战略和人才强国战略、实现中华民族伟大复兴的进程中作出新的更大贡献。

2018年9月29日，三峡大学校长何伟军
教授在北京拜访看望钱正英院士

设立钱正英教育科技基金

钱正英 1923 年 7 月出生于上海，浙江嘉兴人。1939 年考入上海大同大学（今同济大学）土木工程系。1941 年 9 月加入中国共产党，后任山东省黄河河务局副局长、党委书记。1950 年，任华东军政委员会水利部副部长兼治淮委员会工程部副部长。

1952 年，29 岁的钱正英担任水利部副部长，成为新中国成立后最年轻的副部长，后兼任华东水利学院院长。此后，她任水利电力部副部长、党组副书记。

1974 年至 1988 年，钱正英先后任水利电力部、水利部部长兼党组书记，参与了黄河、长江、淮河、海河等江河流域的整治规划，协助周恩来总理成功完成了三门峡大坝的两次改建。

2014 年，钱正英荣获光华工程科技奖

钱正英是中共第十届、十一届、十二届、十三届、十四届中央委员。1988 年，钱正英当选第七届全国政协副主席，后连任第八届、九届全国政协副主席。1997 年 12 月，钱正英当选中国工程院院士。1999 年 10 月被聘为中国红十字会第七届名誉副会长。2002 年 1 月当选中国妇女发展基金会副会长。2014 年 6 月，钱正英获得全国工程科学技术界大奖——光华工程科技奖成就奖。

2014 年 7 月，钱正英向华东水利学院捐赠 100 万元，设立钱正英教育科技基金，该基金分设"钱正英奖学金""钱正英助学金""钱正英奖"等多个奖项。

水利选择了我，我选择了水利

钱正英是水利水电专家，她长期担任水电部部长，是我国水利和电力战线的杰出领导。

一、组织制定和实施水利建设的方针、政策、法规和规划。50 年代起，钱正英主持研究、制定了一系列关于我国水资源开发利用管理及保护的方针、政策和管理办法，组织起草了《中华人民共和国水法》《中华人民共和国水土保持法》，使中国水利工作逐步走上规范化、法制化的轨道，她主持编制了黄河、长江、淮河、海河等江河治理规划和全国水利建设长远发展纲要。

二、在治黄事业中的贡献。钱正英针对黄河特点，组织专家全面研究治理问题，除工程措施外，她亲自部署狠抓流域的综合治理，特别是面上的水土保持工作，不断总结经验，修订治黄规划，选择了以粗沙区为水保治理重点，对减轻下游河道淤积起到一定作用，同时确定关键性大型工程建设步骤，40余年来黄河大堤安全，灌溉面积不断扩大。

三门峡水库是在中华人民共和国成立初期委托苏联设计的，由于缺乏经验，修建后，泥沙淤积严重。钱正英在深入调查、总结经验教训的基础上，协助周恩来总理妥善完成了三门峡大坝的两次改建，获得成功。

三、在葛洲坝和三峡工程中的贡献。葛洲坝工程由于开工后遇到挫折，于1971年10月被迫停工。周恩来总理指示，重新修改设计，起用林一山同志主持技术工作。钱正英作为技术委员会主要成员，深入现场，抓住重点，组织专家攻关，解决了一系列难题，如航道泥沙淤积、大江截流、软基处理、大流量消能等，成功地修改设计、组织实施，使工程得以胜利建成。

20世纪80年代，钱正英负责三峡工程的论证工作，组织全国400余位各领域的专家，进行历时3年的全面深入论证，完成论证任务，为三峡工程在全国人民代表大会获得通过及其组织实施奠定了基础。

四、总结经验。她于1990年组织全国20位专家编写了《中国水利》这本百万字巨著，对中华人民共和国水利事业进行了全面总结。其中"中国水利的决策问题"系她亲笔撰写，其他各章均亲自统稿。钱正英先后发表论文、报告数十篇，并主编《中国大百科全书·水利卷》。

钱正英说："我这一辈子和水结下了不解之缘。我喜欢水，因为水既具亲和力而又有无比的力量，因为水涉及自然科学与社会科学两个学科，因为水关系到天、地、人三个方面，因为水既是自然资源，又是经济资源，更是战略资源。可持续发展的关键在于水，生态环境建设的核心在于水，人类的生存命脉在于水。""水利选择了我，我选择了水利。"

贺信

三峡大学：

值此三峡大学办学95周年暨本科教育40周年之际，我谨向全校师生员工和海内外校友表示热烈视贺！

学校办学95周年暨本科教育40年以来，始终与国家共命运，与时代同步伐，与区域共发展，与行业共融合，教育事业取得长足进展，特别是1978年举办本科教育以来，学校在人才培养、专业建设和社会服务等方面，突出水利电力特色，为水利电力行业培养了一大批专业技术人才，为国家水利电力建设作出了重要贡献。近些年，学校全面贯彻党的教育方针，秉持"融入三峡、面向全国、走向世界"的办学宗旨，注重内涵建设，人才培养质量不断提升，办学水平显著提高，已发展成为一所水利电力特色鲜明的多科性综合大学。

衷心希望三峡大学以办学95周年暨本科教育40周年为新起点，坚持以习近平新时代中国特色社会主义思想为指导，发扬优良传统，弘扬自身特色，秉承"求索"校训，立德树人，"以本为本"，将学校早日建成国内一流大学，在促进现代水利电力事业发展繁荣、实施高等教育强国战略和人才强国战略、实现中华民族伟大复兴的进程中作出新的更大贡献！

祝三峡大学的明天更加美好！

祝三峡大学办学95周年暨本科教育40周年纪念活动圆满成功！

钱正英

2018年9月29日

钱正英同志贺信

关心高校建设与发展

从无数次与洪魔搏击，到参与治淮、治黄及三门峡工程、葛洲坝工程、三峡工程、南水北调等重大水利工程的论证、决策；从新疆的塔里木河、长江三峡坝区，到宁夏的扬黄工程工地、西藏的羊卓雍湖，到处都有钱正英忙碌的身影，她是中华人民共和国水利事业的见证人和开拓者。

正因为对水有着特殊的喜爱，钱正英对葛洲坝水电工程学院这所以葛洲坝工程命名的大学，对三峡大学这所以水利电力为办学特色的高校十分关注，在她担任水利电力部部长期间以及退休后，多次接见学校党政主要负责同志，听取他们关于学校建设与发展情况的工作汇报，并作出指示，亲自到学校视察，为学校题词，为三峡大学办学95周年和本科教育40周年庆祝活动专门题写签名贺信，倾注了她对葛洲坝水电工程学院、三峡大学的情，凝聚了她对葛洲坝水电工程学院、三峡大学的爱。

担任全国政协副主席后，钱正英继续对三峡大学的建设和发展予以关心，激励着三峡大学人不断求索奋进。

（本文根据2018年9月29日在北京钱正英家访谈口述记录整理，访谈人：何伟军、田吉高、许文年，整理人：田吉高）

我的大学：葛洲坝水电工程学院

——胡亚安院士访谈录

胡亚安，男，1964 年生，湖北云梦人，中共党员，中国工程院院士，现任水利部交通运输部国家能源局南京水利科学研究院总工程师，兼任通航建筑物建设技术交通行业重点实验室主任、国际航运协会（PIANC）升船机工作组主席。

胡亚安院士长期从事通航水力学及水工水力学研究，先后主持和完成了国家科技攻关、"863"、国家自然科学基金、省部级重点科技专项及国家大型水利水电水运工程科技等 100 多项项目，取得一批国际上有重大影响力的原创性成果。

授权发明专利 50 项；主编在编行业标准 16 部。荣获国家科技进步二等奖 3 项，国家技术发明二等奖 1 项；省部级特等奖 7 项，一等奖 13 项。荣获首届全国创新争先奖、第十三届光华工程科技奖、第三届杰出工程师奖、第六届全国优秀科技工作者、交通运输部科技特殊贡献奖、中国航海学会首届科技贡献突出人物、严恺工程技术奖、交通运输部首届青年科技英才等荣誉称号，入选"新世纪百千万人才工程"国家级人选、水利部首批5151 人才工程部级人选、江苏省"333 高层次人才培养工程"第一层次培养对象等，享受国务院政府特殊津贴。

我非常高兴在宜昌"330"国际人才日之际来到母校，参加一系列活动。"330"，对于宜昌人民来说是一个特殊的符号。1958 年 3 月 30 日，毛泽东主席乘船视察长江三峡和葛洲坝坝址，正是这次视察，确立了举世瞩目的"330 葛洲坝工程"的兴建，奠定了宜昌发展腾飞的基础。"330"国际人才日，我觉得很重要的一个活动就是回到母校，再次见证母校的高速发展。来校之前又把田吉高老师写的葛洲坝水电工程学院成长史和创建史看了一遍，更加勾起了我对母校的回忆。

14 岁上大学

我是葛洲坝水电工程学院 1979 年招收的第二批学生。1978 年 4 月 27 日，《人民日报》登载国务院批准成立葛洲坝水电工程学院的消息，水电部钱正英部长和教育部黄辛白副部长对葛洲坝水电工程学院的创建设想得到国家批准。1979年，我 14 岁多一点，从湖北云梦农村来到宜昌，来到我的母校，开启了四年的大学时光，这是我一生中最难忘的时光。感受最深的是一下火车就有学生老师来欢迎新生，觉得非常亲切。我记得是我们家乡一位领导和我哥哥的师傅两个人将我送到宜昌。我有亲戚在宜昌船厂，所以我当时到宜昌来的时候没有很大压力，而是感觉很亲切，有家的感觉。

来到宜昌开始大学生活，当时非常激动。因为我的年龄比较小，所以很受学校领导老师的重视，这一点我觉得有点得天独厚。我印象最深刻是学校教务处处长侯文理，当时的招生办就设在教务处。我第一志愿填报的是武汉钢铁学院，没录取的原因是当时体检没通过，我身高一米四二，体重七十六斤，年龄小、体重轻，不适合钢铁工作。

胡亚安院士获国家技术发明二等奖

能够进入葛洲坝水电工程学院学习或许就是我一生中注定和水电的不解之缘，和宜昌的不解之缘。当时侯处长对我讲，我们葛洲坝水电工程学院如果不录取你，你就没学可上了。那时候第二志愿不录取就可能掉档，就要复读了。所以我非常感谢母校给我这个机会。侯处长知道我年龄小专门找到我，跟我说这件事情，这个给我印象很深刻。专业是我的高中老师帮忙选的，我们那个时候根本不了解，但觉得好像是命中注定我要干这个事情。我就读的是葛洲坝水电工程学院水利水电工程建筑专业。78 级为三个专业，79 级成为三个系，分别是水工系、机械系和自动化系。我们刚来的时候，两栋宿舍楼，左右各一栋，操场也有了。尽管条件一般，没有现代化办公楼、教学楼等，但我们的学习生活还是非常方便。

专业课老师都有工程背景

我分到307寝室。我们寝室有非常多的故事，从大学进校园开始到后来人员变化也蛮多。第二天有退学的，是青海的考生。青海考生的爸爸带我们去看九码头、三码头，在宜昌火车站，他带我们吃饭。看了以后，他觉得宜昌的生活不适合他的小孩，就办退学了。我们寝室由7个人变为6个人。过后一两年，又有我们的同学因为学习成绩不好而留级，后来他也退学了。他写小说、下棋非常厉害，人非常聪明，但他的兴趣点不在学习这方面。原寝室有5个人，贾立敏和我同寝室。后来308有个人搬来我们寝室，曹孝云也搬了过来。毕业时307寝室同学在葛洲坝照相馆一起合影，寝室生活、同学之间的情谊非常难忘。

当时，我们学校虽然不像其他大学那样有美好的校园，有非常好的办学条件，但是，我们学校有自己的独特优势。我们老师，基础课的老师是从全国各地、从水电部所属各大型水电工程局和水电系统高校调过来的，我们的专业课、专业基础课都是富有工程经验的老师，他们既能讲好扎实的理论知识，又能讲好专业课。我们很多课程老师都是非常好的。教我们结构力学的郭其达老师后来是水建系的系主任；教水力学的刘峻德老师后来调到华北水利水电学院去了；曹传荣老师教水工建筑物，教毕业设计，带水工建筑班的班主任，我的同学贾立敏的岳父魏廷亮老师教我们地质课；还有一个女老师教我们水工钢结构课程。给我们印象深刻的是，他们既能讲很深厚的专业知识，又富有很多工程经验。老师们的背景不一样，校史当中也写了，从水电部各大工程局抽调了很多工程师来学校当老师，这个非常好，给我们灌输很多的工程思维，而不是一个纯粹的课本知识。我们不仅学到坚实的基础知识，像高等数学、英语等，强大的专业基础课和专业课方面是我们学校办学的特色。我们的办学条件尽管没有其他学校那么好，但是老师们丰富的工程经验是我们一大特点，绝对是我们的特色。

充分的工程实践机会

学校还有一大特点就是给我们充分的工程实践机会和认识机会，这是其他学校无法比拟的。我们学工程制图和测量，从我们的地质专业课见习时期开始，一年级、二年级我们就到丹江口、到香溪等地。特别学习地质课时，我们去香溪、

在大腾峡水利枢纽工程现场

稀归、三峡看地质构造，学地质构造，你不到现场看，仅从书本中你哪知道这些地质分层。石灰岩、柱状构造、节理构造等都是在现场实践中去手把手教的，看的，学习的。这些东西只看书本是学不会的。我们到丹江口第一次见识了伟大的工程，第一次外出实习我见到了升船机，有斜面升船机和垂直升船机，对于我今后做水运事业、水运工程研究，这是第一课，令我印象深刻。丹江口的斜面升船机和垂直升船机当初应该是 100 吨级的，规模比较小，现在改建了，改建成了更大的。

到我们 1983 年大学毕业的时候，学校条件已经非常好。我们的毕业实习长达一个多月，到安康水电站、龚咀水电站、映秀湾水电站，还有渔子溪水电站。非常庆幸我们能够有这么好的机会，带队老师不停地给我们讲解这些课程，参观水电站的布置和各个建筑物的情况。现在我们经常用这些问题面试研究生，他们常常答不出来，像三峡工程的建筑物组成，回答不了，因为很多人没有去亲自见证过。这些知识不是靠背能背得会的，而是通过见习才能知道。所以，是学校的社会实践、社会实习给我们提供了一个最好的机会，有利于我们的成长过程。

1981 年，我们亲自见证了葛洲坝工程大江截流。上水电站课的时候，老师带我们到厂房去看，看厂房、看机组，上课时我们同步就到电站去看这些实物，这机会多么难得！别的高校还在筹备建立实习基地，我们不需要，我们自己就拥有这么好的条件，学校就在万里长江第一坝葛洲坝近旁。我觉得我们的办学特色非常鲜明，学校给我们提供了非常好的学习机会，为我们成才打下了很好的基础。1983 年毕业后，我考研到南京水科院去攻读硕士学位，后来工作至今。我的工作学习经历非常简单，一个是葛洲坝水电工程学院，第二个就是南京水科院。

母校四年为我的事业打下了好基础

在母校的四年时光，为我以后的成长、为我的事业，打下了非常好的基础。我读研究生就做葛洲坝相关研究，我的老师就是搞葛洲坝船闸研究的。当时葛洲坝船闸已建成，但是工程建成后出现一些问题。我回过头再重新做葛洲坝船闸的研究，来认识葛洲坝船闸当初没有发现的一些问题。葛洲坝船闸是我国最早建设的高水准大型船闸，拉开了我国船闸建设序幕。但当初70年代搞科研时，由于条件限制，船闸建成后存在一些问题。我到母校来的次数是非常多的，从20世纪80年代、90年代到2000年以后，在不同阶段都曾回到母校，我见证了母校的高速发展过程，感到非常高兴。

我们78级、79级包括80级的很多同学，在水电专业都各自建立了一些业绩，在不同领域为国家为社会做出了一些应有的贡献，这离不开母校的培养。特别是我觉得母校"求索"的校训，就是母校培养我们"吃苦耐劳，脚踏实地，求真务实，敢于探索"，培养了我们今后一生的科研态度和科研精神。我读研究生时，开始时担心像我这种本科出身读研究生会不会吃亏呢，读专业课会不会差呢？当时我们在河海大学，南科院的研究生总共74人，其实我读的成绩非常好，平均分是93分，到现在还没有超过我的，我有很多科目是满分。开始担心母校是不是会在一些方面落后，后来读研究生的事实证明这些疑问根本不存在。无论在工作中，还是在今后学习中，学校培养我们的这种精神是非常重要的。带我们社会实践非常好的一位老师是刘德富老师。刘德富是7811班，既是我的学长，又是我的老师，带我们毕业班，是我们毕业课程设计老师。当时要做拱坝设计，本来他希望有所创新的，后来我考研究生了，很快就接到录取通知书，这个专业毕业设计、课程设计做的研究也就没往那个方向发展。当初刘德富带我们毕业实习时候，我们去了很多地方，跟我们结下很深厚的友谊，后来他长期在学校工作。包括贾立敏老师，也是长期在学校工作，我们回到母校每次都是他们来接待，把母校对学生、对校友的关心通过他们体现出来。

很多老师上课的方面真的非常好，我都历历在目，印象深刻。我们上高等数学，学的是樊映川主编的教材，这个书非常好。学结构力学、钢结构、水电站、水工施工、水工建筑物各方面，我们既能读课本学习，又能够见证学习，这两个相互结合让我们印象深刻，真的是难以忘记。大学四年，从一年级到四年级，我把这些照片也翻出来了，很多老照片。我们第一次搞活动，是去西陵公园，就是现在的儿童公园。我跟王昭先照了一张合影，王昭先是我同寝室的同学，他个子那么高，我个子好小。铁路坝附近还有一个烈士陵园，有一次活动就是到烈士陵园去扫墓。铁路坝有个足球场，宜昌市唯一的足球场。铁路坝还有个游泳馆。宜昌当时最高建筑就8层楼，就是宜昌市商业大楼。云集路、解放路、九码头、三码头，等等，都是宜昌市最热闹繁华的地方。我开始到宜昌都是坐轮船，后来坐火车，你看火车也见证了我们的高速发展，现在回家就个把小时，这就体现了一个国家的发展。原来我每次回校从云梦到宜昌，都是站票，要站十几个小时，车上人挤人。后来我工作也都离不开宜昌，三峡工程、葛洲坝工程后期的一些研究，包括到目前为止，三峡后期的研究都在进行，所以四十几年来我从学习到工作一直离不开宜昌，离不开母校，我对母校的感恩感激之情永远在心里。作为校友，我们一定要想尽一切办法，为学校的发展尽自己的微薄之力，为学校的发展做出自己的贡献。我刚才讲过了，要在科研平台、学科建设、人才培养等方面，为学校发挥自己的力量，为学校发展、为学校"十四五"规划、为建成水利水电特色鲜明的国内一流综合性大学在很多方面有突破，比如我们在学科上面 A 类突破，我们在国家奖上面首先完成单位的突破、人才方面的突破等。在国家级平台、国家重点实验室、工程中心等方面，我觉得能够发挥自己一些作用，为学校的发展做出自己的一些贡献。

长期从事通航水力学研究

往事历历，如同昨日。我 1965 年出生于湖北省云梦县，5 岁上学，在胡家店读村小。父亲对我管教很严格，我总担心成绩不好，会被父亲苛责、批评。我 12 岁上高中，参加云梦县三好学生竞赛，获全县全能第 4 名、数学第 3 名的佳绩，凭着取得的好名次，我被破格允许参加高考。

1983 年从葛洲坝水电工程学院毕业后，我进入南京水利科学研究院攻读硕士，时年 18 岁，而后又攻读博士学位并留院工作至今。现任南京水利科学研究院总工程师、水工水力学研究所所长，交通运输部通航建筑物建设技术交通行业重点实验室主任，国际航运协会（PIANC）升船机工作组主席，中国水力发电工程学会高坝通航专业委员会副主任委员，国际水利与环境工程学会（IAHR）中国分会执委，江苏省水力发电工程学会水工水力学专委会主任委员，江苏水利学会水工结构专委会副主任委员。

高水头船闸水力学是三峡工程重大关键技术难题之一。我在三峡船闸设计、建设和运行的不同阶段，主持和完成了多项科研项目，研究成果在解决这一关键技术难题中发挥了重要作用。在设计论证阶段，诸多成果如阀门防空化综合措施、阀门门型、廊道衬砌型式、阀门启闭系统结构布置、末级船闸、超长泄水廊道安全保障技术等，都直接被三峡工程所采用，不仅保障了三峡永久船闸安全高效运行，而且取得显著经济效益，仅廊道衬砌型式成果的应用就节省投资 6000 多万元。2002—2003 年三峡船闸调试阶段，我在现场负责调试技术咨询及水动力学安全监测工作，解决了有水调试多项复杂技术难题，为 2003 年 6 月船闸如期顺利通航作出了贡献。2004—2011 年船闸运行阶段，我提出多级船闸过闸新技术，以及为适应船舶大型化所开展的船舶吃水控制标准研究，及时应用于工程，提高船闸年通过能力 20%～30%，为三峡船闸年货运量由 2003 年试通航的 3000 万吨提高到目前的 1.3 亿吨作出了贡献。

2002 年 9 月到 2003 年 6 月，对我来说是人生中难忘的时期。那大半年时间，三峡工程进入最后技术攻关阶段，我是三峡北线船闸水力学问题的现场负责人。冒着夏天 45 摄氏度的地面高温，我夜以继日，在闸面上光着膀子，带领团队布设水位等监控仪器，同时在 90 米深的输水阀门上安装监测空化震动的仪器。驻守三峡工地，我每天生活在大坝底下 90 米深的阀门廊道空间里，相当于 30 层楼高。没有电梯，只能徒手攀爬，上上下下，盒饭都是从上面拴条绳子吊下来。虽然以前从来没有搞过攀岩运动，可经过那段时间的磨练，攀岩已经不成问题了。

从 2001 年起，我对水力式升船机全新的升船机型式进行科研攻关，用 1：10 的模型做过上千次的试验，但原型调试出现的意外却给了我当头一棒。2011 年 4 月底，我国自主研发的景洪水力式升船机在原型有水调试中出现船箱突然倾斜失稳，同步轴动过大的意外情况，调试工作被迫中止。当时，很多专家怀疑技术不成熟，甚至要彻底整体改变景洪升船机的型式，采用传统设计。但我坚定自己创新的信心，顶住了压力，我一直认为模型能成功，原型一定能成功，关键是要找出问题。

临危受命，我承担了景洪水力式升船机抗倾斜机理研究和输水阀门抗震减蚀的科研任务，投入船厢倾斜和船厢"飞车"等重大安全问题的解决中。我多年反复奔波于科研实验场和工地之间，先后 9 次开展原型观测，终于揭示了"水—机—箱"耦合作用下的船箱稳定机研发微间隙大型封闭环形机械纠偏技术，发明主辅阀协同控制技术，创建了非恒定流变速运行控制理论和方法，实现了船箱平稳运行与精确对接。

2015 年 8 月 15 日，第一艘船舶顺利通过景洪水力式升船机，标志中国自主研发的新型升船机取得成功。2016 年 12 月 18 日，云南景洪水电站迎来了第一艘社会船舶，客船如同坐"电梯"般被提升了 60 多米，过程仅用时 17 分钟，中断 12 年之久、全长 350 公里的澜沧江—湄公河航道，因此恢复了全程通航。这是我和我的团队历时 15 年不懈努力的结果。水力驱动式新型升船机这项技术是中国水电百年来第一项完全自主的原创性整体技术，在升船机建设史上是世界首创，极大地推进了世界升船机技术的进步和发展。

参加工作以来，我长期从事通航水力学研究，先后主持和完成了国家科技攻关、"863"计划、国家自然科学基金、省部级重点科技专项及国家大型水利水电水运工程科技等 100 多项项目，取得一批国际上有重大影响力的原创性成果，为

胡亚安(右二)接受口述校史工作小组访谈

三峡、葛洲坝、五强溪、大化、乐滩、草街、银盘、桥巩、长洲、大腾峡等高水头船闸以及景洪、思林、沙陀、构皮滩、向家坝、三峡等大型升船机和锦屏一级、白鹤滩、向家坝等巨型水电站水力学相关技术难题的解决做出了成绩，先后获国家科技进步二等奖3项，国家技术发明二等奖1项，省部级特等奖7项、一等奖13项，发表学术论文80余篇，授权国家发明专利46项，美国发明专利1项，出版专著6部，主编和在编通航建筑物模拟技术、原型调试、运行维护和安全评价等行业标准12部。是水利部首批"5151"人才工程部级人选，新世纪百千万人才工程国家级人选，江苏省"333高层次人才培养工程"第一层次人选，交通运输部首批青年科技英才，获首届全国创新争先奖，第三届杰出工程师奖，第十三届光华工程科技奖、严恺科技奖，交通运输部科技特殊贡献奖、中国航海学会突出贡献奖等荣誉，享受国务院政府特殊津贴。2021年11月，我十分荣幸地当选为中国工程院院士。

创造出更多属于我们的国之重器

数十年来，我在工作中取得了一些成果，但我始终认为，这些成绩都归功于我国内河航运快速发展的时代造就和团队作用。我赶上葛洲坝建设时期做研究，又赶上三峡工程论证、科研，直到三峡工程建成。在老一辈科学家团队的带领提携下，我赶上了好机遇，赶上了好时代。结合自己的科研经历，我曾和从事科研的年轻人分享了自己的体会：要勇挑重担、勇于创新，勇于承担有挑战性的课题，越是有挑战的课题越有科研价值。在科研过程中，不要怕失败，要勇于直面创新的巨大风险，耐得住寂寞、顶得住压力、经受得住挫折、守得住信念，才能成功。科技创新永无止境，未来还有很多事情可做，需要我们不断完善，不断创新，不断进步。

回忆在母校求学期间的感受和收获，我殷切希望同学们要爱校荣校，坚定信心，脚踏实地学习和努力，为把我们学校早日建成水利电力特色鲜明的国内一流大学贡献力量。广大师生要继续弘扬新时代科学家精神，努力传承优良学风，在科研道路上追求真理，勇攀高峰。

去年当选为中国工程院院士后，我感觉肩上的担子更重了，不再是仅仅聚焦某一项工程、某一技术难点，而是要参与国家一些宏观问题的决策，运用自己的专业知识和科研经验为国家水利水电水运事业建言献策。作为一名水利水运科技工作者，我将始终围绕国家高质量发展需要，立足岗位，坚持问题导向，以"甘坐冷板凳"的定力，"十年磨一剑"的韧劲，秉承初心，勇担使命，全力打好关键核心技术攻坚战，为构建畅通、高效、平安、绿色的现代化内河水运体系提供强有力的科技支撑，创造出更多属于我们自己的"国之重器"，努力实现高水平科技自立自强。

（本文根据 2022 年 3 月 29 日在三峡大学经济与管理学院会议室
访谈胡亚安口述记录整理，整理人：田吉高、龚海燕）

宜昌医学高等专科学校篇

我当校长主抓了四件事

——张光明教授访谈录

张光明，男，汉族，河南开封人，1923年12月出生，教授。1948年毕业于中央大学医学院，1944年参加革命，参加中共中央南方局领导的秘密外围组织，在成都、南京、海口从事地下革命斗争。1958年与另6位教师一起从湖北医学院来宜昌创建宜昌医专，1983年晋升为教授。曾任宜昌医专副校长、校长。1956年参加农工党，任农工党湖北省委副主席、宜昌市委主委、农工党中央委员。当选第六、七、八届全国人大代表。先后获得中共中央、国务院、中央军委颁发的纪念章3枚(中国人民抗日战争胜利60周年、70周年纪念章各1枚，庆祝中华人民共和国成立70周年纪念章1枚)。

长期从事生理学教学与研究、高校管理工作，1979年主编全国医学专科学校《生理学》教材，由人民卫生出版社出版；1992年受国家中医药管理局委托，为中医药专科班主编《生理学》教材。

受湖北医学院委派到宜昌创办宜昌医专

1957年，湖北省委要求湖北医学院在宜昌办个分院。其实当时湖北医学院也很缺乏教师。1958年的时候，湖北医学院鉴于医学基础课有8门，决定先派8个老师到宜昌去，一定要派教研室里边的二把手，要年轻人去。所谓二把手是什么意思呢？就是一把手是老教授，二把手就是副主任或骨干教师。结果，我们只来了7个人。另外，还有一个是刘子儒老师，当时还没有确定下来。来的7个人中有一个就是刘孝全，刘孝全教授现在还健在。我们来的7个人就在现在的中心医院(当时叫地区医院)，腾了几间房子当教室，上面派了个书记，还派了个会计，派了个后勤人员，就这样，3 个月后就开学了。

本来当初是要办湖北医学院宜昌分院的，后来看条件不够，就叫宜昌医学专科学校。1958 年 10 月，学校正式开学。一开始就办了 4 个班。

我们 7 个人分两批来，我和刘孝全是第一批来的，其他几位是后面陆续来的。可以这么说吧，最初的宜昌医专，就是由刘孝全教授和我们 6 个人为骨干开办起来的。

当时的校长是宜昌地委的一个副专员兼任的，叫杨筱震。实际负责的是书记王敬。我从建校起就一直抓教务。学校开办初期，头两届我们是内部招生，第三届就统招了。具体地说，1958 年、1959 年这两年我们是内部招生。内部招生就是由学校自己招，只在宜昌招生。学生大半是从卫校、地方医院来的。第三届就统招了，面向全省招生。但不管怎么招，学校的办学力量还是比较薄弱的。

宜昌医专成为调整时期被保留的省属高校

到了 1960 年，武昌医专要下放。武昌医专的丁正学书记，严格执行省里的要求，就把武昌医专搬到宜昌来，跟我们合并了。这一合并，新组建的宜昌医专力量就大大增强了。

在大跃进时期，全国的医学专科学校大概是有多少呢？好像有五六十所，每个省都有好几所。但到了 1963 年、1964 年国家很困难的时候，国家贯彻八字方针"调整、巩固、充实、提高"，医专关门的很多，全国大概只保留了十几所。

但是，宜昌医专被保留下来了。为什么呢？当时卫生部认为全国的医专比较多，其中有 6 个医专是卫生部直接联系的，也是全国比较有条件的医专，所以，这 6 个医专都保留下来。我们宜昌医专虽然是省属的，但当时我们学校抓教学质量抓得比较紧，所以也被保留下来了。

后来，在"文化大革命"期间，好多学校没人敢抓教学了。可我们医专的于丁副校长，坚持抓教学，对提高学校的教学质量贡献很大。

于副校长一直把教学工作抓得很紧，很强调德才兼备，对教学质量要求很高。所以，我们宜昌医专的教学质量当时在全国的医专中可以说是名列前茅。"文革"结束以后，我曾到同济医科大学去，我那时候是校长。那个管研究生的主任见了我就说："你是张校长吧！"他说："你们学校培养的学生真是好样的！我们这儿的研究生啊，你们医专来的很多，个个都很棒！"还有一次，我到湖南医学院去，那里管研究生的领导一听说我是宜昌医专的，也夸赞说："你们宜昌医专真是很不错啊！你们那儿有很多在我们这儿进修的，我晓得你们的教学质量很高。"可见，我们学校办得是不错的。

我当了校长后又当名誉校长

我是 1981 年 3 月做的副校长，1984 年 6 月做校长。我做校长的时候书记是高进仁，还有 3 个副校长。我只做了两年半校长，因为我做校长的时候已经 60 岁了。1986 年 10 月我就做了名誉校长。当时湖北省的名誉校长不多，据说只有三四个。华中工学院有一个，我一个，还有一个我记不清楚了。我总结了一下，我做校长的时候，主要干了四件事：

第一件事就是抓教学质量，通过培干抓教学质量。因为从宜昌医专创办起，我就抓教务，而且一直是抓培干的。在我脑子里面，提高教学质量就要抓培干。我们培干采取了多种多样的方式。宜昌医专刚开办时，我就抓图书馆，后来作为校长也亲自抓图书馆，图书馆里面外文期刊、外文图书的预订都是我亲自动手抓的。那时候学校经费很困难，订影印外文期刊，每年要花很多钱，但是我顶着，这个钱非花不可。当时订了 70 多种外文医学期刊，影印的外文医学图书也是一本不落，那都是我亲自搞的。

再就是抓提高英语水平。因为我们学校很多老师是 20 世纪 50 年代医学院毕业的，学的是俄语，英语不行，看英语资料就有问题。我就办脱产的、半脱产的、不脱产的教师英语学习班，至少办过五六批。参加学习的有青年教师，也有中年教师，有的老师是工农兵学员。另外就是送出去学习。那时候学校很穷，要把老师送出去，送到其他医学院校去进修学校要花钱。但是，不管学校怎么穷，先送出去进修再说。现在送出去进修的渠道很通畅，但那时候还是很少的。据我所知，那时候湖北有好几个医专，但第一批送老师出去进修的就是我们学校。

再就是我们办了一个内部刊物，鼓励大家搞科研，写论文、搞翻译。期刊上要登载的所有文章，我都是从头至尾一个字一个字地看。如果是翻译的文章，我会把原文拿来对照看看，看看这里面有没有什么问题。因为我的英文可以，我是 1949 年前大学毕业的。1949 年前医学院校根本没有中文教材，全部是英文教材。1949 年前才有几个医学院啊！医学院每年的招生也只有 40~60 个人。

除了培干、出刊物外，我还组织学术报告。我们每个学期都要组织好多次学术报告，专门讲医学方面的高、新、尖进展。

第二件事，就是团结教职工。现在说团结教职工，好像是有什么问题，但我做校长是"文革"刚结束还没多久，情况比较特殊。由于在"文革"之中，教职工之间的看法不一样，彼此之间有点隔阂。所以，我做校长后就解决不够团结这个问题，消除一些成见。这个工作我做得人们都没感觉到，也没跟人说过，我做这个工作，目的就是要团结教职工，让大家一心一意地把学校办好，这是我干的第二件事。

宜昌医专张光明获得中共中央、国务院、中央军委颁发的纪念章 3 枚

第三件事，就是寻求把医专改成医学院。我在当校长的这两年半时间里，多次跑北京、跑武汉，就是为了改医学院。当时，卫生部有人告诉我们：你们宜昌医专的办学条件很好，你得赶紧改成医学院。卫生部催我们改医学院，但是当时为什么改不成呢？就因为没有附属医院。因为改医学院，你的附属医院要求有多少张病床，它是有比例要求的，就是这个问题在当时解决不了。后来，又遇上了筹备三峡省。所以，学校一直到 20 世纪 90 年代才有机会升格成为医学院。

第四件事是筹措经费。当时学校的经费非常困难，一到下半年我们就要到省里边去要经费，争取省里的支持。我们不仅经常上省里边跑，我还跑了水电部。因为水电部有几个直属的院校。我们想，如果水电部能够把我们抓起来，由水电部给钱，那就有办法了。但这个办法也没成功，水电部说，他们已经抓了六所大学了，再抓就受不了了。

还有一点值得一提的就是，1980 年，中央卫生部就想抓专科教材，为此还专门开了一个会。那时候我们胆子太小了，只抓了一本主编教材，就是我当主编的全国医专统编教材《生理学》。其他几本书，我们学校的老师只是参编。比方说全国的统编教材《生物化学》，其中最困难的部分就是我们学校的刘孝全教授写的。另外，内科、外科、耳鼻喉科教材最主要的部分也是我们学校的高其昌老师写的；还有眼科教材等。其实，我们学校在编写全国统编教材方面是有一定份量的。后来，我们学校参加编写全国统编教材的教师也不少，从第一版到第四版都有。所以，我们老师的水平是不错的。

认真履行全国人大代表职责

我当了 15 年全国人大代表。像我这样能当三届全国人大代表是很罕见的事，因为各界代表都会不断地调整。

我在做人大代表期间，提了不少议案。其中有一个议案是裘法祖教授发起的，我们联合了好多省的医学院的教授提出：建议有条件的医学院，办八年制的医学教育，每年招 20 人左右。这个议案很快就被采纳了，因为当时卫生部也有这个想法。

我的议案很多都是教育方面的，特别是关于义务教育、高中教育方面的。当时我们高中很少，县里面都没有高中。我提了好多个议案呼吁，高中教育要普及。还有经费的问题，大学教育的问题我提的也比较多，还有知识分子的问题等。议案就是反映民意，提议案也就是履行代表职责。

不惧白色恐怖组织学生运动

我家里有一本书，是写到我的书。写到我的书很多，有十几本，为什么呢？因为我这一生有很多传奇的事情。我曾在海南坐过 7 个半月的牢，已经决定枪毙我了。可是呢，执刑那天有台风。当时，我被列为海南岛解放后第一批镇压的两个大反革命之一。第一次镇压反革命要游街示众，但有台风就不好游街示众了，所以推迟两天，准备到第三天上午 8 点半钟，在广场上执行枪毙。可就在第三天上午 8 点钟，海南军管会接到南京市军管会的电报："张光明同志是革命同志，望妥加保护，他的档案材料立即寄上。"军管会就立即打电话给公安局，要求枪下留人。不然，我就被枪毙了！到 1953 年，中共中央南方局华南分局就为我平反了。

我是 1944 年在成都参加革命的，当时还在读大学三年级。我参加革命是怎么回事呢？当时，我们学校有几个进步同学，经常在一起学习。有一次，我们接到通知，说张友渔同志要跟我们座谈。当时我们不知道张友渔是谁，实际上他是中共中央南方局四川省委的副书记，解放后当了北京市副市长。我们参加座谈的 4 个小青年，都是医学院的。虽然不晓得他是省委副书记，但晓得他是个地下党的领导。他给我们讲国统区青年们的情况，实际上也是考察我们。之后，没过多久，就在成都成立了中共中央南方局领导的组织，我就在那里参加了革命。我从 1944 年参加革命，到海南岛解放，做了 7 年的地下革命斗争啊！

我人生这 7 年，做了很多事啊！讲讲我最得意的一件事吧！1947 年 5 月 20 日，有个"五二〇"学生运动。大家知道，中华民国时期学生运动此起彼伏，年年都有。但是，最重要的有三次。第一次是五四运动。五四运动为中国共产党的建立奠定了理论基础，培养了人才；第二次是一二·九运动。一二·九运动是呼吁停止内战，团结抗日；第三次就是"五二〇"反饥饿，反内战运动。那时，我是什么？我是地下党领导的中央大学学生会副主席，"五二〇"学生运动就是我

宜昌医专老校长张光明

们组织的。我虽然是地下工作者，但搞学运，我是公开工作的，就是组织学生公开与国民党斗争。1948年，在中共中央上海局的领导下，成立了全国地下学联，学联的秘书处就在上海。学联成立后，国民党政府社会部立即宣称它是"共匪组织"，要予以解散，并将追究为首分子。在这样的白色恐怖下，我受全国学联的委托，在南京召开中外记者会。我的那次中外记者招待会参与面很广泛。美国的美联社、法国的法新社、南斯拉夫的南通社、英国的路透社、苏联的塔斯社等，都有记者。我的后面坐了两个人，一个是外文系的英文翻译，另一个是俄语系的俄语翻译。头一天我们开了好多会，商量怎么办。本来应该是学生会主席出面的，那时候两个副主席是地下党直接领导的，我们主席是争取选票的，他是中间派（是中间偏左的），实际上是我们两个副主席负责具体工作，那次招待会是我负责招待的。结果呢，这两个翻译都没用上，原来那个塔斯社的记者懂中文。另外那几个是中国的雇员，但都是国际上的。所有的中外记者都来了，我代表全国学联，向全国及国际社会宣布全国学联成立，并发表宣言，抗议国民党反动派迫害进步师生。

"五二〇"以后，国民党特务要进学校抓人。当时吴有训（原科学院的副院长）是中央大学的校长，他保护了我们。吴有训说："绝对不行！一个也不许抓，你要抓就先抓了我！"所以，吴有训到了那年年底就干不成了，国民党不让他再做校长了，让他到美国去。我于1948年11月30日被国民党中央政府以"在逃匪谍"罪通缉。

由于我是1944年参加革命的，因此，我于2005年、2015年、2019年分别获得了中共中央、国务院、中央军委颁发的"中国人民抗日战争战胜利60周年纪念章""中国人民抗日战争胜利70周年纪念章"各1枚，庆祝中华人民共和国成立70周年纪念章1枚。

（本文根据2017年12月12日于原宜昌医专家中访谈
张光明教授口述记录整理，整理人：杨斌、田吉高、龚海燕）

我经历了宜昌医专成立和建设发展的全过程

——刘孝全教授访谈录

 刘孝全，男，汉族，山东泰安人，1929年3月出生，中共党员，教授。1953年8月毕业于山东医学院(华东白求恩医学院)医疗专业，1953年9月—1958年7月在湖北医学院工作，1958年8月起在宜昌医专工作。1987年晋升为教授。曾任宜昌医专教务处副主任、主任、处长等职。

长期从事生物化学教学与研究，参编《生物化学》全国专科教材七章；撰写的论文《315名健康人血清高密度脂蛋白胆固醇水平》等分别发表于《中华心血管病杂志》《生物化学与生物物理进展》《药学通报》等期刊。

1959年被评为宜昌地区文教先进工作者，1983年12月当选为湖北省第四次党代会代表。1984年、1986年两度被评为宜昌行署教育系统先进工作者，1986年被评为湖北省教育系统劳动模范。

宜昌医专创立的时代背景

我记得在1958年初的时候，《人民文学》上发表了一篇文章，给宜昌市描绘了远景，说："你要是从长江下来，一出西陵峡南津关，就豁然开朗，你会发现有个30万人口的城市，这就是宜昌市。"我看到这个消息就蛮兴奋啊！说宜昌市要发展，这个30万人口的城市看来是很有发展前途啊！我想，这可能就是发展宜昌的一个前奏吧！

当时湖北省正在制定全省发展规划，怎么建设宜昌？当时文件里写进去有两个城市要重点发展：一个是宜昌市，一个是襄樊市。襄樊市怎么发展？有什么基础？我不知道。宜昌市我知道一点儿。第一，毛主席有首诗词叫《水调歌头·游泳》，其中不是有"更立西江石壁，截断巫山云雨，高峡出平湖"吗？国家要在长江宜昌段建大坝了！第二，长阳有丰富的铁矿，要建个大钢铁厂。那时候就开始筹备建立宜都工业区。当时就要把这个钢铁厂的地址建在宜都。上面有了指示，下边儿就开始筹划了。为配合宜昌市、宜都工业区的建设发展，各个方面，包括文化教育等都要配套。宜昌医学专科学校啊，就在那个时候应运而生。

当时，湖北医学院接到上级指示，要去宜昌筹办一所医学专科学校。刚开始，学校的名字还没取。那时医专和湖北医学院的关系啊，就好像母子，湖北医学院是妈妈，医专是儿子，是湖北医学院生下来的，要湖北医学院把这个学校负责到底，把这个学校建立起来。

怎么建呢？湖北医学院决定先派基础课教师去。计划在1958年先派8个人去开基础课，把学校办起来，第二年再派临床教师，第三年再办附属医院。当时宜昌医专没有一点基础，啥都没有，是个空白。

初建的时候，学校领导就跟我们讲了，说第一批我们先去8个人，有张光明、刘孝全、唐湘云、伍时雨、刘子儒、谢龙云、陈仁琪、田家乐等，由我和张光明带队。来后，让我多管一些政治思想工作，张光明多管一些业务工作。先派的8个人就这么定了，那时候也没有什么讨价还价。领导还说我们这8个人都是湖北医学院基础教研室的二把手或者业务骨干。当然，这样说，一方面可能是为了鼓励我们，让我们有信心一点。的确，像张光明、陈仁琪、田家乐这几个就是教研室的二把手。有的虽不是二把手，在科室里面也算是业务骨干。另一方面也说明湖北医学院对创办宜昌医专的态度是认真的。

人员确定以后，我们就开始行动了。当时我们8个人做了分工，我和张光明先来宜昌，进行布局和工作安排。当时的宜昌，有个宜昌市，还有个宜昌地区行署，而宜昌市和宜昌地区行署是两个行政单位。另外几个同志就在武汉做准备，包括买仪器、买图书等。当时学校给了3万块钱，这就是我们开办医专的全部经费。

到宜昌来的时间我记得很清楚，是1958年的8月2日。我和张光明搭船到了宜昌，宜昌地区的领导也蛮重视，当时接待我们的是宜昌地区行署的二把手杨筱震，是他分管这个事。当时他下面有宣传部长孙军当助手，再加行署卫生局的李科长来具体抓这个事。我们住在宜昌地区医院，当时叫专署医院。专署医院非常支持，专门腾出了一栋楼，楼上楼下全空出来了，给我们当教室、宿舍、办公室，全部都在这个地方，那栋房子现在已经拆掉了。行署也很快配了一些干部，我记得卫生局又来了个姓杜的同志，协助来抓这个事，很快就把学校的架子搭起来了。这时候老师也来了，学生也来了，这样就正式开始办学了。

记得刚开始招生还蛮有意思，招了4个班吧。一个班招的是比较有水平的医生，这个班叫一班。一班的人不多，大概30人，实际上是个速成班；另一个是二班，二班的专业是中医；再一个是三班，三班就是卫校毕业生和各个地方的护士凑起来的，这个班比较大，是当时我们办医专的主体；再就是四班，是个文化班，他们学文化基础。

退休后的刘孝全

当时，虽然我们人少，干劲儿却非常大。如果是正常办学没什么干扰

的话，我们会慢慢地通过积累经验把学校办好。但没过多久，社会形势就发生了很大的变化。当时不是搞大跃进嘛，大家都要跃进。当时我和张光明先来宜昌筹办，而武昌的另外几个同志还没来宜昌。就在这个时候，一些地区就向上级反映说，宜昌、襄樊能办医专，我们为什么不能办医专呢？荆州、恩施、黄冈都要求办医专，他们直接跑到武汉的高校里去要人了。武汉医学院对口支援的是襄樊，襄樊在那里一个人都没招到，接着跑到湖北医学院要人，把湖北医学院的领导搞得蛮紧张。这里面最厉害的一个就是恩施卫校的校长，也叫张光明。当时大家就问，那个张光明来了你怎么办？他说那不要紧，我来改名字。学校就把宜昌这个摊子分成两半，把张光明和刘子儒分给他们，一个组长一个兵。那个张光明非常高兴，抱着两个人的档案兴高采烈地回恩施去了。这个消息传来以后，我们就开始紧张了，走了两个骨干怎么办？这时王敬书记来了。王敬本是卫生局的局长，他一来校就完全脱离了卫生局，到医专来就任党总支书记、校长。王敬说话是非常幽默的，他说："不要紧，他们有档案，我们有人。你们就在这儿搞。"这样我们就放心了。张光明我们留下了，但当时还在武汉的刘子儒，就被恩施卫校的张光明带到恩施去了。湖医分来的8个人，最后到宜昌的有7人。后来，那个恩施的张光明非常不服气，还向我们要人，结果最后也没要到。过了一年多他也没有办法，后来就把张光明的档案给我们寄回来了。不过从这个时候起，湖医跟宜昌医专母子学校的关系，实际上就断了。

齐心协力把课开起来

虽然我们先来了7个人，但要把基础课全开起来还是差很多人，怎么办呢？很多课只能安排人代上了。我们就动员大家，能够代的课程谁行谁上，不管怎么样吧，总算把这个课程都开起来了。你看张光明，什么组织学、寄生虫学等课程，他上了不少。我上的课也不少，化学我也上过。新分来的老师刘维璞上解剖课。他来了以后，与唐湘云去搞解剖，他们两个搞得还蛮好。唐湘云同志年龄比他大一些，他也上寄生虫学课。

那时候都是我们自己编讲义。我们编的讲义，就是湖北医学院本科教材的缩减本，把重点内容都放在里面去了。我们那时候就只有一个指导思想，要保证办学质量。因为学生学得很吃力，我们就加强课后辅导。老师都没有星期六、星期天和夜晚，只要有空就到学生那去，如果不去，学生就会来找你。学生也很努力，学习的热情很高。

当然，最开始教学秩序并不是很正规，有社会活动，还要去参加。1958年，虽然我们已开学上课了，但不久我和那些同学一块儿去大办钢铁了。这个时间不长，大概搞了一个星期吧。铁没炼出来，然后我们又到下堡坪去，到兴山去。张光明和我都背个大行李包，翻过一座又一座山，路很远。但是，那段时间里只要有空，只要有机会就把学生召集起来上课。在兴山时上的课程比较少，说实话，那时候上课的质量还是受到了影响。

武昌医专和宜昌医专合并组建新宜昌医专

20世纪50年代末，又出现了新情况，大学都要办到下面去。这个指示下来以后，各个学校就开始行动，包括大城市，都在搞落实。像上海交大、武汉医学院也要办到下面去。

武昌医专当时跟宜昌医专是平行的两个学校，都是1958年成立的。武昌医专是经合并后更名成立的。记得当时武昌医专有一个书记叫丁正学，他是一个老干部。他就踏踏实实地落实党的政策，连番几次派人到宜昌医专来了解情况，最后，就把武昌医专全校迁到宜昌来，跟宜昌医专合并到一起办学。这两个学校一互补，对于宜昌医专的发展来说，力量就强了好多。这两个学校的基础不一样，武昌医专它有个老底子，有比较长的办学历史。我们这边呢，派过来的人比较得力，但就是人比较少，教学设备也缺，房子也缺，太穷了！两个学校合起来以后，力量就比较强了。当时武昌医专下来的时候，除了地区医院的那一栋楼之外，宜昌医专只建了一栋房子，就是 3 号楼。3 号楼只有两层楼，整个楼也不大。以后才慢慢盖了一些房子。那时候他们来了以后啊，吃了不少苦，一起慢慢地把学校一样一样地搞起来，才发展成后来这个样子。

医专办学的三大法宝

注重图书馆建设、抓教学质量和师资建设是医专办学的三大法宝。原来医专这个地方，是一个山坡，从九码头街上上来，到处都是坑坑洼洼。当时也没有自来水，就一口深水井，老师和学生都吃这口井里的浑水。我们和学生一样，半夜就起来用辘轳从井里

刘孝全书法作品选

打水做饭。房子在这个坑洼地里修，陆陆续续盖了几栋，后来你们看到的是成形了的。不过，我们特别好的就是建了一个图书馆。当时我们的思想比较明确，学校必须有图书，没有图书是不行的。哪怕我们再困难，也要把图书馆建立起来。图书馆建起来以后，很多学校，包括北京的高校领导和老师都来参观，称赞宜昌医专的图书馆建得不错！当时，我们图书馆里不仅有国内的一些书，还有国外的一些外文影印书刊。即使经费再紧张，一些重要的外文杂志文献我们也要把它征订、收藏起来。我们学校从建校以来，图书、杂志的配备都是比较好的。可以说，和省里的学校比不行，但跟其他地方高校比，算是比较优秀的，也是别的学校羡慕的一点。

再一个就是我们抓教学质量。不管怎么样，要把学生教好。当时教研室有这么两个任务：第一是抓好教学；第二是抓紧培干。对新来的年轻教师，一定要抓紧培养。每个年轻教师都要经过试讲，还组织老师听课，然后开展评教，给他们提意见和建议；没课的时候，学校给他们布置任务，包括读什么书、看什么杂志，每个星期要检查一次；还有学术讲座。因此，医专校风比较好。高进仁当书记、张光明当校长的时候，这个是抓得比较狠的。

后来，准备专科改本科。那时学校想要把专科帽子换掉，改成本科，全校都改成本科。怎么办呢？我们就抓师资。怎么抓师资呢？要想都从外面调进来，那

是不可能的，因为各个学校都差师资。当时我们的师资啊，说实话，具备本科学历的不多，有一部分还是卫校毕业的。正好当时全国医学教材出了第一版的本科通用教材。我们就做了一个决定，就从这里抓起。不管你现在的情况怎么样，都要补基础课程。此外，还要提高教师的英语水平。当时虽然有一个英文教研组，但只有一个李老师，他是学外语的，不是医学专业的。专业英语，就由张光明上课，也提倡大家自学。

通过抓基础课的培训，把学校的青年老师都带起来了。因为要求高，抓得严，老师的压力很大，考试的时候和学生一样，一点儿都不客气。本科教材那么厚，你要教学生，你自个儿都学不好怎么教学生呢？共有 7 门基础课本科教材：解剖学、组织胚胎学、生物化学、生理学、病理学、微生物学、药理学等，经过这次学习，青年教师业务水平大为提高。结果，从我们这个地方考出去读研究生的学生，升学率特别高，差不多考一个上一个。我记得有一次，三峡大学刚组建的时候，刘德富校长出国考察，和我们的校友见面时，曾问：你们宜昌医专出国的人怎么这么多呀？这个窍门儿就是：因为当时我们的英语基础打得特别好。刘校长出国一趟就碰到十几个校友，差不多都是宜昌医专的，有医专毕业的学生，也有从医专出去的教师。

20 世纪 70 年代末、80 年代初，学校发展比较平稳。后来走了一段曲折路程，因为要筹建三峡省，听说三峡省省会要放在宜昌。开始觉得是个喜讯，结果，三年过去了，宜昌医专基本上没有发展，拨的经费只够维持。当时学校想组织科研，那可真是太难啦！没有条件，怎么办呢？我那时候就想别的办法。既然没条件做科研，我们读书总可以吧！于是，就对年轻老师读书作硬性要求。由于我们图书馆的杂志不少，因此，就定了一个制度，要求每一个老师、每一个学期在没课的时候，准备二十篇以上的文献综述文章，做一个专题。这个规定下去以后，执行虽遇到了一些困难，但还是起到了积极作用的。

（本文根据 2018 年 11 月 2 日于三峡大学老干处西区办公室访谈刘孝全教授口述记录整理，整理人：杨斌、郑泽俊、田吉高、龚海燕）

记忆中的宜昌医专和我的从教之路

——刘荣敦主任医师访谈录

刘荣敦，男，汉族，湖北宜都人，1927年12月26日出生，中共党员，主任医师，副教授。1957年4月—1958年3月在湖北省中医进修学校师资班学习，1958年3月起在宜昌医专工作。1989年晋升为主任医师。曾加入中华中医学会湖北分会，任理事，中华中医学会宜昌地区分会理事长、中国科协会员。

长期从事中医学教学与研究工作，编写三年制医疗专业《中医学基础》《中医学概论》两门课程讲义（试用）。多次获学校"先进工作者""优秀党员"称号。

关于宜昌医专最初的师生构成

1958年，那个时候宜昌叫行署（专区）。专区卫生局有一个卫生人员训练班，我是1958年调到这个培训班当老师的。那时还有一个中医进修班。当时湖北医学院下来了几个人，有张光明、刘孝全（还包括他的老伴陈仁琪），还有一些名字不记得了，他们一共下来了7个人。然后就把原来专区办的卫生人员训练班的五六个人合并过来，再任命了几个干部，这就是宜昌医专最开始的教师队伍和人员结构。

宜昌医专开办的时候只有4个班。一班是一年制。这些学员进校时就已是医师毕业并工作了几年的，是个速成班；二班是中医班，两年制。中医班的一部分学员是从中医培训班过来的，是这个班里面一部分年轻人自愿加入的，然后在社会上招了一部分，就这样组成二班；三班是三年制。三班的学生就是卫校毕业的学生，都是护士；四班是四年制。四年制就是一年预科，三年专科。四班的学员都是护理员，文化基础差，先读一年预科，就是学一年的数学、语文、物理、化学等基础课，还学一些公共基础课。这挺有意思的，一班就是一年制，二班两年制，三班三年制，四班四年制。

我记忆比较深刻的人和事

在我记忆中比较深刻的人和事，有这么几个：

一是我是怎么调到宜昌医专来的。刚开始的时候我不愿意来，我就找了卫生局的局长，我说我是看病的，到大学教书我不行。他说：工作需要你去，你就去吧！先做再说，万一做不好我把你再调回来。我说：那既然您这么说就可以。第一学期我还没来，我是第二学期才来的，来了就担任中医班的课。开始来的时候医疗班有课，一班也有中医课，三班也有中医课。我记得那个时候没有讲义，自己还要编教材，特别是医疗班的，我自己编教材，经常晚上做到很晚。由于想做好，因此，精神状态还是很好。

二是对于丁老师印象深刻。我记得来学校没多久，于丁就来了。于丁搞教务，那个时候不知道是不是叫科长，我们一般喊他主任。于丁来得很早，以前他在黄冈搞土改，后来调到这里，我跟他住一个寝室。他抓教务很有经验。

三是宜昌医专能在1962年教育体制调整的时候保留下来，得益于武昌医专与宜昌医专的合并。1960年底，武昌医专成建制地合并过来，不仅来了大批老师，还有大批的教学仪器、设备，使学校的办学条件得到了明显改善。要是武昌医专不下来，宜昌医专可能就保留不下来了。因为原医专人很少，仪器设备也少，条件可能不够，要成为当时全国保留不多的医学专科学校那就很难了。

四是创建附属医院。附属医院即现在的仁和医院，是1971年建的。我参加了附属医院的创办，当时我们一共有十几个人到那里去办附属医院。如果那个时候不办这个附属医院，就没有现在这个医院了。那时有个干部叫罗红，她是从北京下放来的，也是她负责把这个医院办起来的。在文化大革命期间，就有老师和同学提意见，说医专一直没有医院，希望上面为医专建个医院，后来省里就拨了二十万元。那个时候二十万元很值钱，在伍家岗那里买了一块地，建了房子，还修了一栋生活用房。那时特别勤俭节约，没用完的钱，省里又收回去了。

五是医专的人才培养质量是很不错的。原来宜昌医专培养的学生真的是很不错。不是自夸，当时学生实习，包括我们中医班的学生到襄樊中医院、沙市中医院实习，医院肯用我们的学生，觉得我们的学生比很多医学院校的学生勤奋、扎实、好学、上进。那个时候我们是上午、下午都上课，教学抓得很紧，老师和同学的关系也很亲近，不管是教学活动还是课余生活，老师和学生打成一片。对当时学生的学习、生活情况，我们都了解得一清二楚。

我从师资班毕业后被调到卫生人员训练班

我家祖辈都是从医的，所以我从小就开始学医。我从小读的是私塾，因为中医需要熟悉古典文学，否则医书都看不懂。我有一个老师姓袁，是民国时期武昌师范毕业的，他也懂医。我在那里读书就读医书，读私塾读了七八年。后来一直在家里从医。私塾的老师也带了不少学生，他不愿意调到师范，觉得在家自由。学医光在家里学不行，我又在外面学。那个老师也蛮好，要求我一方面学医，一方面学古文，读一些经典著作。

湖北中医学院成立之前，1957年省里办了一个中医进修师资班。我是这个师资班第一届学生，那个时候进师资班是需要考试的。我记得我在宜都参加考试也是偶然的机会，当时并不是派我去的，是让另一个医生去的，那个医生有点怯考不想去。大跃进的时候诊所联合，我是我们那个村里诊所的所长。有一天我出诊回来的时候，他们就告诉我把名额给我，让我准备。那时没有教材，无

刘荣敦（中）与口述校史工作人员合影

法准备，但我还是去考了，还考了八十几分。因为出的题目都是从经典文学里面出的，而中医都是从经典文学里面开始学的，并非记那些药方之类的。

考取以后，我就进了师资班，毕业就相当于大专水平。回来以后，我就被调到卫生人员训练班了。我开始不愿意来，愿意在宜都县医院。后来我又被推荐，就到医专这边来了。当时我在学习上还是蛮自信的，学习蛮用功。

我是1989年退休的。退休时我是两个职称，一个是副教授，另一个是主任医师。当时对职称我没有很在意，只勤恳工作、注重师德，基本每年都得到学校的奖励，如先进个人、劳动模范、师德标兵等。

（本文根据2018年11月21日于三峡大学老干处西区办公室访谈刘荣敦主任医师口述记录整理，整理人：杨斌、郑泽俊、龚海燕）

艰苦奋斗是宜昌医专办学成功的秘诀

——何大秀同志访谈录

何大秀，女，汉族，湖北宜昌人，1935年3月出生，中共党员，主治医师。1962年毕业于宜昌医专医疗专业并留校工作。曾任宜昌医专党委委员、教务处副主任，宜昌医专附属医院院长兼党总支书记，宜昌医专教学党总支书记等职务。

长期从事高校党政管理工作，多次被评为单位先进工作者、优秀共产党员。1971年当选湖北省第三次党代会代表，1979年9月被授予湖北省"三八红旗手"、全国"三八红旗手"称号。

我被评为全国"三八红旗手"

我是个老宜昌人，1935年出生在宜昌。1951年6月参加工作，1953年11月入党。1958年9月我被保送到宜昌医专预备班学习，一年后就升到专科学习，1962年毕业留校。1979年6月到1980年12月在医专教务处任副主任。1984年调到医专附属医院当院长，当时是高书记和谭书记跟我谈的话，1989年2月被调到学校基础部任党总支书记，直到1990年12月份退休。

我是宜昌医专招收的第一届学生，我在4班，这个班学制四年，第一年学文化（又叫文化班），后面三年学专业。我们那个班主要是转业军人和调干生，学习期间经常参加劳动。在医专工作期间，我多次被评为"先进工作者""模范共产党员""优秀共产党员"等。1971年3月我出席了湖北省第三次党代会。1979年10月还被评为全国"三八红旗手"。

我印象最深的几位专家

我从毕业留校到退休期间所做的工作比较零碎，职务变化也频繁，说不上有多少成就。要说我印象最深刻的一些人和事，我想提几个：

一个就是何业枞教授。那个时候我在地区医院儿科上班，他是放射科的主任。他在放射科确实吃苦耐劳肯钻研，带了一批年轻医生。我们在伍家岗办了一个门诊部，当时只有 50 毫安的 X 光机。他就带着一个许磊、一个技师给他帮忙，在那里拍片、透视，非常认真负责，我很佩服他这个人。在地区医院上班的时候，他看片子很厉害。由于他的刻苦钻研，他带出了一批以后留校的老师。他的业绩为后来医专成立影像专业打下了师资、技术、科研基础。若没有他的话，这个专业可能就成立不了。虽然他不是党员，但我们都说他是党外布尔什维克。后来，他获得了国务院特殊津贴。

再一个就是刘孝全老师。当时他在学校是标兵，在基础课教师中表现特别突出。后来，他当了教务处主任，任职时间比较长，经验比较丰富，也带了不少学生，培养了不少优秀的年轻老师。他的爱人叫陈仁琪，是研究药学的，也是从湖北医学院下来的，是湖北医学院来宜创建宜昌医专的基础课老师之一，也是蛮好的一个老师。

1958 年刚成立宜昌医专的时候，张光明和陈仁琪、刘孝全、田家乐、梅佳俊等都是从湖北医学院来的。田家乐、梅佳俊他们两个人除了完成学校的病理教学以外，还担任宜昌地区的外检工作，就是病理送检，凡是做手术后要做病理检查都送到他们那里。所以，那个时候都蛮艰苦，既要完成病理教学任务，又要完成校外病检工作，他们都做得比较好。

再就是刘荣敦老师，是中医专业方面的带头人。

还有一个就是当时的领导于丁同志。学校最初的领导是原诚和王敬。王敬是党总支书记，原诚是校长。于丁同志是教务处主任，他任职时间最长。他不仅教务工作抓得好，还做报告、写文件、出具证明材料等，全部都是他亲自写。他经常晚上加班到很晚，工作兢兢业业，为人诚实，是相当不错的一个同志，在我们学校来说，确实是立了功的。

另外就是高其昌老师。他是宜昌五官科方面最权威的专家，他的诊断、治疗各方面都比较好。他培养了很多年轻教师，科室每个留校的学生他都送出去学习，非常注意培养人才。他曾经在地区医院上过班，后来到我们附属医院来了。

我个人没有特别大的成就，我对自己的评价是这样：第一，我在当领导的过程中，一个是不贪，再一个不搞打击报复，为人比较正派，我很心安。比如我在附院当院长的时候，有个职工和我吵闹，但他工作做得很好，我觉得他该评先进，仍然还是把他评为先进工作者，不因为和我吵了架我就不让别人当先进。第三，我能够吃苦耐劳，服从组织的调动分配，工作兢兢业业。自己文化水平虽然不高，但是不怕吃苦，还是干了不少的事。另外，我能够平易近人、关心群众。

关于宜昌医专办学成功原因的思考

我觉得我们学校办学成功的原因最主要在这样一些方面：

一是有党的坚强领导。那个时候的学校领导原诚、丁正学、王敬都是部队转业，有的是南下干部，能吃苦耐劳，能带头。像我们那个时候搞劳动，挖啊、挑啊，他们都跟着干，还蛮关心群众。

二是我们在党的领导下，学校坚持自力更生、艰苦奋斗、勤俭办学。当时我们自己建房子，学生、老师一起干。

三是教师都比较团结，大家都能吃苦。我们学校为什么能稳定发展？因为两校(武昌医专和宜昌医专)合并以后，大家的心很齐，都肯吃苦，都很努力。

再一个就是上级领导很支持，社会也比较支持我们。

关于教学方面的经验，我谈不上多，我们宜昌医专成立40周年编的纪念册上登了刘孝全教授写的一篇文章。他曾是教务处的处长，这篇文章把学校教学方面的经验，怎么管理学生的经验都介绍得很详细，我觉得很有参考价值。

见证宜昌医专的成立与发展

宜昌医专成立的时候我没有参加，虽然1958年我入学了，但第一年读的是预科班。我去的时候，那里就有几棵大树，一片房子，有一个小楼房，就是大家还记得的5号楼。我们搞基建的时候，还挖了很多骨头、棺材出来。所以，那个时候很艰苦。其余的房子，包括学生宿舍、教师宿舍、1号楼、2号楼等都是后来建起来的。我们读预科班的时候，就是在后来的图书馆里面，那里原来是个老房子。当时把我们招过去后，由于我们家庭贫穷，没有读多少书，文化程度很低，国家就让我们先读预科。读了一年预科之后，就把我们升到4班读专科。这些全部都来源于党的培养。说老实话，没有党就没有我的今天。因为我的父亲去世得早，1951年我在部队的时候，我父亲就去世了。1962年我从医专毕业的时候，我母亲也走(去世)了。

当时 1 班是一年制的，2 班是两年制的，3 班招的是卫校的毕业生。我是 4 班的，我们班调干生多，转业军人多，所以，搞劳动啊什么都是一马当先。因为我们那个时候只有 20 多岁，或者 30 多岁，都身强力壮，都很听指挥。

当时我是调干生，由于我之前是护理专业的，懂得一些护理知识，这样就把我们一起分到各个地方去做事了。被分到兴山的高山区去治肿病的，就我一

何大秀与口述校史工作人员合影

个是女同志。在那里不但要给病人治病，就连吃饭（大办食堂，大锅饭）时也要我们去为群众分饭。为什么呢？因为他们不相信当地人，认为由我们外地人来分饭，才会让他们觉得会公平一些。那个时候我们刚读完一年级，才学了一年基础课。

后来，学校慢慢发展起来了。那个时候，管后勤的是黄昌寿，他负责搞基建。刚开始学校建的是教学楼的一号楼、二号楼。再就是建学生宿舍，共七栋。那个时候，我们都住在学生宿舍，后来，学校才建了教师宿舍。教师宿舍那个时候都是建的"工"字房，"工"字房又分为大套间和小套间。大套间就是一室一厅带一个厨房，小套间虽然也是一室一厅带一个厨房，但面积小一点。那个时候就是门对门，各家各户的情况互相看得清楚。那时我就住在徐校长（徐福桂副校长）家的旁边，于丁同志就在我家的对门，条件确实是很艰苦的。

学校现在发展很好，我们退休的同志都希望学校越来越好。

（本文根据 2019 年 3 月 6 日于三峡大学老干处西区办公室访谈
何大秀同志口述记录整理，整理人：杨斌、郑泽俊）

从中南卫生干部进修学校到宜昌医专的变迁

——秦昌发同志访谈录

秦昌发，男，汉族，湖北武汉人，1935年3月出生，高级技工。1954年6月起先后在中南卫生干部进修学校从事通讯、广播、电影放映工作，在湖北省卫生干部学校、武昌医专、宜昌医专从事电工、保管等后勤管理工作。曾被评为学校先进工作者。

我是一个工人，也算是一个老电工师傅。从中南卫生干部进修学校到武昌医专，再到宜昌医专，我目睹并亲身经历了学校的多次变革，见证了学校在变革中发展壮大。

先谈一下中南干校（全称是中南卫生干部进修学校）的改组，就是中南干校要撤校。当时，我在办公室工作，领导们开会，我听到他们议论学校要改组。其实，我在中南干校也只干了一年多，还不到两年。我是1954年参加工作的，大概1956年学校就改组了。

中南干校当时培养的学生，不是去搞医的，是专门培养去当卫生单位领导的。当时，很多医院的领导都是部队转业下来的，因此，干校不是给学生上技术课，只是上理论课，讲的都是理论的东西。他们学习两三年，毕业以后就到各个医疗卫生单位去当领导了。当时刚刚解放，缺少专业领导，所以，就这样培养了一批学生。过了一年多，中南干校的校长姚克芳从中央开会回来，就说这个学校准备撤校，就是要改组。原来这个学校（中南卫生干部进修学校）摊子比较大，撤校后就分成了三个单位：一个是科学研究所，再一个就是医疗器械修配厂，还有一部分就改成湖北省卫生干部进修学校。

当时，改组中南卫生干部进修学校的决定宣布以后，卫生厅就通知学校领导去开会，当时姚克芳是主要负责人。之后，他就成了湖北省卫生干部进修学校的第一任校长。

那时候说动就动，一下子就分割了。分割也很简单，一栋四层的大教学楼分给了科研所；医疗器械修配厂它在校内原来就有一个单独的地方，它就在那里办。剩下的部分就全部属于湖北省卫生干部学校了，也就是说留给学校的摊子比较大，设备比较多，几乎所有的设备都属于学校。

这样分割以后，新的学校——湖北省卫生干部学校就成立了。当时我负责广播、电影放映、通讯，我干的事情还是蛮多的，接着又干收发，都是自己一个人单干。

大概过了一两年之后，听说湖北省卫生干部学校又要撤销，要跟武昌医士学校合并。不久，两个学校就合并了，学校名称也改成了武昌医专。于是，我们湖北省卫生干部学校就搬到了花园山，跟中医学院调换校址，当时中医学院就搬到我们那里去，我们就搬到中医学院那里(胭脂路)去。这样我们就紧挨着武昌医士学校，相隔近一些。武昌医专就是这样来的。

我们跟医士学校合并成了武昌医专以后，学校的分部地盘就比较大，本部这边就很小，但主要的机关还在本部。后期的学生临床学习到本部，基础课到分部那里去，就这样定了，所以搬的过程就很简单，一部分搬到本部来了，一部分搬到分部去了，当然财产本部肯定占多数。

武昌医专没办多久，上面又来了一个政策，要求学校到下面去办，就是要把学校迁到武汉之外的城市去办，以减少大城市的运行负担。当时学校第一书记刘致远相当积极，说动就动。他组织开会，把这个事宣布了。一宣布，就跟宜昌这边联系。

当时宜昌只有一个宜昌医专，据说最开始是准备办成湖北医学院分院的，就在专署医院，就是现在的宜昌市中心医院旁边，地方不大，就一栋两层楼的房子，是原来办过小学的，旁边有一个天主教堂，是1958年办起来的。当时丁书记(指丁正学)就派人到宜昌来了，派来的是徐辅桂。到学校来了解基本情况以后，徐辅桂就回我们武昌医专汇报。当时负责教学的是刘书记，丁正学主要是搞政务的，黄昌寿是总务处的，他们跟徐辅桂联系，把两边学校看了以后，就决定搬到宜昌来。

搬到宜昌很简单、很顺利。说搬就搬，丁正学很积极，马上联系，马上搬，东西一船就拖到宜昌来了。工作人员中，本部的人员基本上都不动，分部的人、财产全部都下来。当时，我是本部的，但本部的人黄昌寿是搞总务的。他一心想把自己所管的部门人员配齐，尤其是水工、电工要配齐。因为他不是搞教学的，

秦昌发(中)与口述校史工作人员合影

所以，教学上的人他不管，财务上的人他也不管，主要是要我们这些工人。刘书记主持本部工作，丁正学说要我，他没有办法就同意了。

后来，宜昌又来人了，一再请求支援。刘书记就召集我们7个人开会，跟我们摊牌了，说是确实没有办法才放我们走的。于是，我就和另外6个同志一起到宜昌来了。

那个时候我们下来有个原则，所有用的东西都跟着人走。所以，我来宜昌，我的床头柜、办公桌、书柜等都是跟着我来的。但是宜昌这边，唯一像样的就是一个两层楼的教室，谈不上什么教学楼，就是在这里上课。其他的都是借的当时行署医院(就是现在的中心医院)的东西，连食堂都是借的别人的房子。说实话，当时的条件很艰苦，什么都没有，什么东西都难买。当时像电器、材料都很紧张，外面根本就没有，你想买也买不到。

后来，在学校工作了几十年，看着学校发展变化，自己也算是参与者、建设者。虽然年龄大了，退休好多年了，但总是希望学校发展得越来越好。

(本文根据2019年3月26日于三峡大学老干处中区办公室访谈秦昌发同志口述记录整理，整理人：杨斌、郑泽俊)

见证长阳乐园农合的发展与传承

——艾寿坤教授访谈录

艾寿坤，男，汉族，湖北红安人，1943年9月出生，中共党员，教授。1969年毕业于湖北医学院，1970年8月被分配到长阳县工作。1980年调入宜昌医专工作。1997年晋升为教授。曾任长阳县乐园卫生院副院长、宜昌医专基础医学部主任、湖北三峡学院附属医院总支书记、湖北三峡学院医学院副院长。

长期从事临床医疗及人体解剖学等教学与研究工作，先后在《临床应用解剖学》等期刊上发表《老年人髂外动脉的形态学变化及其临床意义》等论文21篇；主编教材2部、参编教材3部，曾两次获湖北省优秀教学成果二等奖；1993年，获湖北省"高校优秀教学管理工作者"称号；两次获得三峡大学优秀教学成果一等奖；获得湖北省自然科学奖1项；2001年获湖北省"优秀教师"称号。

长阳十年让我受益良多

我毕业于湖北医学院(现武汉大学医学院)，1970年8月被分配到长阳县乐园公社卫生院工作。先后当过全科医生、外科医生、副院长，1973年加入中国共产党。1980年12月调入宜昌医专工作，后在湖北三峡学院、三峡大学工作直至退休。

长阳乐园，是我国农村合作医疗(简称农合)的发源地，也是全国农村合作医疗的一面旗帜。长阳农村合作医疗的探索与推广，基本解决了长期以来困扰农民看病吃药的大问题，基本改变了农村尤其是边远山区缺医少药的状态，受到广大农民的欢迎。

当年我大学毕业的时候，有一句话非常流行，那就是：革命战士一块砖，哪里需要哪里搬！为响应毛主席"6·26"指示（把医疗卫生工作的重点放到农村去）的号召，我们来到长阳乐园卫生院工作，一干就是 10 年。我亲自参与并见证了当地合作医疗的创建、发展与传承，为合作医疗事业、救死扶伤，日夜奔忙，不辞辛苦，奉献着我的青春。这十年，是我人生中非常重要的一个阶段，锤打了我，锻炼了我，对我的人生产生了重要影响。从此，我什么样的苦都可以吃，什么样的累也都不怕了。

发展合作医疗的参与者

《人民日报》1968 年报道了长阳的合作医疗（并加了编者按）之后，引起了全国各地的高度重视，前来乐园学习、参观的人络绎不绝，"合作医疗就是好"的口号传遍全国。各级组织的工作队、宣传队进驻乐园；解放军医疗队、省人民医院医疗队开进了乐园。宜昌医专领导做出决定：在乐园建立医学教育实践基地，开办"五·七"医科大学，为当地培养医学人才等。

正当乐园合作医疗开展得如火如荼之时，我们几个医科大学生从武汉毕业来

艾寿坤(左)与彭恢璟(中)、
覃祥官(右)在长阳乐园巡诊路上

到了乐园。从城市到山区，由学生转为医生，这个转变让我们感到压力很大，面临着严峻挑战。乐园山大人稀，居住分散，交通闭塞；有半年时间气候寒冷；吃的是杂粮，喝的是地面水。生活条件十分艰苦，医疗条件十分落后。没有护士，开展医疗工作，仅凭我们一双手，医护工作都得自己干。

我们面临许多困难，必须克服和战胜它们，才能适应和开展工作。我们必须过苦日子，吃惯杂粮，喝地面水，学会走山路，天天爬山，步行出诊。半年后，我们挺过来了。

刚到乐园时，碰到的第一个问题就是没有公共食堂，饿肚子的事时有发生。第二个问题是工作，我们是来干事的，

说实话，我们实习医生直接分下去，学的东西不多，本事不大。尽管在大医院实习了一段时间，但工作性质完全不一样。没有大医院的检查设备，也没有上级医生带教，我们直接独立干活，最开始的工作是很难的。当然现在不一样了，现在条件很好了，卫生院是新的，也分了很多人去了，有医生，有护士。调离长阳之后，我们曾到那里去过两次，现在情况大变，特别是精准扶贫以后。而那时候干活真的很难，我们仅凭一双手、一个听诊器，外加眼睛，没有别的东西了，也没有化验、没有护士。但既然我们来了，就要干活，就要仔细一点，好好对待村民们，随叫随看，随叫随走，凭小本事发挥大作用，全心全意为病人考虑。

我记得刚开始就碰钉子了。一个村民得了阑尾炎，把我喊去出诊。我背个包就去了，阑尾炎诊断没问题，之前实习时看过，也做过手术。但要把病人转运出去，要走一天，到区医院有五六十里路，也去不了。病人说："艾医生，你得帮忙想想办法救我！"我说："肯定去不了！就只能打针了。"我就用青霉素、链霉素打针消炎，让它吸收，结果，打了几针，只过了两、三天，那个急性阑尾炎病人就好了。

我还碰到过一个怪事。有一天，半夜三更有人来敲门，说一个产妇生孩子胎盘弄不下来，出血不止，请求我去帮忙取下来。唯一的女医生彭老师外出进修妇产科去了又不在卫生院，我只好硬着头皮带着一位草医一起去，翻山越岭走了一晚上，几十里山路，才到那个叫千层岭的地方。去了之后看见病人脸色苍白，这可怎么办？我只能用自己学过的知识来处理。我先让草医赶紧熬一罐子中草药汤让产妇喝下，以促进子宫蠕动，再弄一盆热水，用毛巾搭在孕妇的肚子上，她的脐带也拉掉了，没有地方可牵拉，真的吓死人！产妇喝了中药之后，就给她打子宫止血的针（催产素），再慢慢给她做按摩，按着按着，胎盘掉下来了。如果不这样做的话，产妇的命就保不住了。若是转到区卫生院，因为没有公路和交通工具，只能靠人抬，晚上一折腾那人也完了。我就这样让小本事发挥大作用。我们无论门诊还是出诊，对病人态度好，又比较细心，所以，后来就在乐园传开了。他们都说：艾医生好厉害！

后来，可就不得了啦！乐园家家有广播，广播里一喊，家家都能听到，只要有人生病就在广播里喊艾医生。所以，我们头两三年基本上都是在外面跑，而且是随叫随走，有时候是人来叫，有时候是广播里叫。

见证长阳成为全国合作医疗的一面红旗

当时的乐园，我们去了才有一点西药。那时候的口号是"每人交一元，看病管一年，挂号收五分；一根针一把草，合作医疗少不了"。

乐园的合作医疗为什么能搞起来？为什么能解决一些问题？首先是因为它通过合作医疗建立了三级医疗网点：一级是公社卫生院，但人少，当时只有5个医生；再一级就是赤脚医生，都在大队；还有一级是小队，有草药房。第二是建起来了中草药系统。公社卫生院以中草药为主，我们去了之后才开始用西药；大队主要是中草药；小队还有土药房。就这样，从小队、大队到公社卫生院都有药房，所以"一根针，一把草，防患治病少不了"。原来是缺医少药，现在是有医有药，农民能够看病、吃药。

合作医疗的创办是由覃祥官同志以村为试点搞的一个办法，经他一报告和普及，合作医疗的影响就大起来了。那时候，基本上每天都有全国各地的人去那里参观学习。后来，公社还专门建了一个招待所，建立了一个展览馆。当时的医疗普惠，合作医疗立了大功。农民能够吃药，感冒发烧、腰腿疼痛等许多常见病都能够得到及时的治疗。因为小到药房大到卫生室都建在跟前，每个大队都有，基本上能够解决问题，很方便。

应该说，合作医疗是个伟大的创举。每人每年交一块钱，放到公社统一使用，合作共赢。公社主要解决一些大病，多用西药，而下面则以用中草药为主，基本不用西药。因为全公社一共4000多块钱，采购几次就用完了。西药之外，中药采购很少，大量使用自种、自采。针灸、推拿、拔火罐用得很广。和城里不一样，西药的使用非常谨慎。西药使用效果很好，就像我刚才说的，阑尾炎打三天针就好了。而我在那里，中药西药要一起用，西医诊断，中药治疗。当地也有中药医生，但没有科班出身的，都是祖传的。我就是从小事做起，用小本事治病，让我做什么我就做。和当地的赤脚医生一样，做到肩上有药箱，手上有老茧，脚上有泥巴，心里有群众。手上有老茧是因为要劳动，看病之余要种中草药，也要每天早上去修公路。

我们在那里，既是医生也是护士，既要种药又要采药。乐园的药材种植每年搞两次，我们跟着群众一起搞。当地人认识的草药我们都认识，而且每个队里都要拿出一块地来种药。我们当时主要靠一双脚，无论去哪儿，心里总有一个信念，无论是干得好还是干不好，都要快速前进，因为是毛主席派我们来帮助群众的。同时，因为那里是全国的一面红旗，我们不能抹黑。有一年过年我们没有回家，就在乐园卫生院吃年夜饭，中途来了一个人要我们派人去接生的，彭老师放下碗就去了。就像这样，我们是随叫随到。那时候交通不便，直到1975年才修了一段到区里的简易公路，后来发展了才开始变化。我们还要制药，我去了之后就解决大问题了。宜昌地区办了一个大型输液学习班，我在那学习了一个星期，回乐园后就自制"大型输液"，就是打吊针，真的帮我们解决了大问题。

我们还把中药制成水剂，做成针剂，像"三百棒"是用来止痛的，主要用来治疗跌打损伤和风湿。后来，解放军的一个医疗队把这个事情报道出去了，在东南沿海特别有效，要求寄"三百棒"针剂的信件络绎不绝，我们就大量制作寄给他们。但当时我们没有科研头脑，没有想着把这个"三百棒"针剂总结一下。

但是，老停留在中草药治疗普通病水平上不行，需要把医疗水平提高

艾寿坤（左一）在长阳乐园工作期间
（右一：合作医疗创始人覃祥官）

一个档次，以解决疑难急危重症，特别是我当了副院长之后，就想办法提高医疗质量。后来卫生院的人手慢慢增加了，我们就着手建立一个团队。从 1973 年开始，我们就陆续派人出去进修。到 1976 年左右，医疗队伍就培养起来了。有个内科医生是从同济毕业的，另外又培养了五官科医生、妇科医生、麻醉医生、手术室护士等，还分来一批护士，我培养了一全套医护人员。碰到需要手术的病人，我们自己可以做，能基本解决当地的常见急症、重症和疑难病，成为一支不走的医疗队。

经过几年的努力，基本形成了以内外妇儿五官科为核心的医疗团队，医疗技术提高到了一个新的水平。

有了人以后还需要设备，而我们刚去的时候什么设备都没有。后来在我们的鼎盛时期，我们的医疗水平相当于区级的，各种设备都有了。因为省里和宜昌市里经常派下来工作队，另外，解放军医疗队也和我们建立了很好的关系，我们就有机会向省里要钱购置设备，有的简易设备还配置到大队，促进了我们医疗条件的改善。

这里还要说一下，一个新生事物如果没有党的坚强领导，没有党的政策支持是办不成的。各级领导的支持使我们很快就发展起来了，人有了，器械也有了，我们就可以干事。公社相继有了拖拉机、大汽车、救护车等，修了公路，公社到区、县里都通了公路，这都是党和政府的支持。

再就是要扩大队伍，我们当时只有三个人，后来是五个人，最后，到三十几个人，队伍扩大了。1976 年合作医疗达到高峰期，1977 年我们就基本上能独立

解决各种问题，做到大病不出公社，确实遇到特殊疑难杂症治不了的，就转到上级医院，但那也只是极少数。我们去了之后，最重要也最根本的是我们提高了医疗技术，这是我们应该完成的任务，只会针灸、拔火罐是不行的，能解决疑难病症才是关键，特别是危急重症。

医教基地传承艰苦奋斗精神和为民情怀

再谈一下三峡大学对长阳和乐园卫生事业的贡献吧！

正当长阳合作医疗如火如荼之时，当时的宜昌医专又锦上添花，促进了乐园合作医疗的发展。宜昌医专做出决定，把长阳乐园作为学校的教改点。对此，学校领导十分重视，主要领导多次赴乐园调研指导工作，还多次派出医疗队、学生实习队赴乐园巡回医疗、实习锻炼。派出到乐园施医施教的有基础医学、临床医学副高及以上职称的老师，如基础学科教微生物学的叶醒民、唐籍学，临床外科的刘南生，内科的藏更年、钱达春，妇产科的杜华驹，还有陈华成、谭德福等。其中钱达春去过两次。

学校还于 1977 年在长阳创办"五·七"医科大学，培养当地的赤脚医生。首先是编写赤脚医生全科教材，由卫生院、医专老师分工编写，由医专老师钢板刻印并装订成册，赤脚医生人手一份。教材通俗易懂，精练实用。其次是"五·七"医科大学正式开办后，先后办了 3 期，培养了几十名大队卫生室、小队土药房的赤脚医生，提高了他们防治疾病的能力。

谭德福老师曾率学生实习队到合作医疗发源地杜家村大队卫生室实习，参与防病治病和培养赤脚医生工作。

三峡大学医学院党委多次赴乐园考察，并在长阳杜家村"中国合作医疗纪念馆"挂牌医德教育基地，这对传承合作医疗创建精神、立德树人发挥了重要作用。

全国人大副委员长陈竺为农合纪念馆题写馆名

在长阳合作医疗发源地、创始人覃祥官的家乡乐园三大队——杜家村，建立了农村合作医疗展览馆，这个馆是原来建立的。现在又重建成了中国农村合作医疗纪念馆。

中国农村合作医疗纪念馆馆名由时任卫生部部长、农工党主席、现全国人大常委会副委员长陈竺题字。他们还曾让我题了两幅字，另外还题了一个"覃祥官同志故居"。办了展览馆之后，我们医学院就在那里建了个教育基地，还挂了基地标牌。展览馆反映了覃祥官创建长阳乐园合作医疗，并发展成为全国农村合作医疗典范的全过程。

三峡大学医学院的前身宜昌医专为农村合作医疗及其人才的培养、防病治病做了很多工作，做了很多贡献。现在在那里挂牌，设立教育基地，我觉得那个牌子挂得很好，对学习老一辈的经验，传承艰苦奋斗精神和为民情怀以及医学人才培养都很有意义。

吴仪副总理到长阳调研　促新农合实施

1978年，合作医疗开始萎缩。特别是当时医疗体制改革，合作医疗停了几年之后，问题就出来了：老百姓看不起病！这引起党中央的高度重视，中央就派当时的吴仪副总理到长阳开了个座谈会。不久，温家宝总理在怀仁堂也开了个座谈会，谈农村的医疗怎么搞。2002年全国就开始实施新农合（即新型农村合作医疗）了。新农合就是老百姓拿一部分钱，国家拿一部分钱，合作医疗又办起来了，通过报销的方式来解决这个问题。

可以说，当时的农村合作医疗实际上为新农合打下了基础，或者说新农合就是在这个基础上发展起来的。现在党中央非常重视医疗问题，农村合作医疗一步步办起来，办得更好，农民看病真的得到保障了。如果没有当时的合作医疗打基础，新农合也不会进行得这么顺利。

宜昌医专的老师和领导们参加了这个工作，使长阳农村合作医疗得到了进一步的发展，这件事是功不可没的。我个人只是做了我应该做的事，做了一点小事，力所能及的事。在那里10年，我得到了锤炼，包括生活技能、身体锻炼等，得到了成长。所以，我觉得，我们的医学生到农村去还是可以有大作为的，特别是在艰苦条件下，就显得更有意义了。

（本文根据2021年11月23日于三峡大学档案馆会议室访谈艾寿坤教授口述记录整理，整理人：杨斌、田吉高、龚海燕）

大医至精"黄一刀"

——黄方炯教授访谈录

黄方炯，男，汉族，1957年3月出生于湖北省当阳市河溶镇观基村。

1977年考入宜昌医学高等专科学校，1982年1月—1986年8月在当阳市草埠湖医院工作。

1989年7月考入华中科技大学就读硕士研究生，毕业后留同济医院工作。1992年3月—1997年5月在意大利米兰大学学习，1997年5月—2017年3月在北京市安贞医院心外科工作，任七病房主任。

主刀我国第一例BATISTA手术，第一例冠脉搭桥加二尖瓣修补手术，共完成心血管外科手术15000余例，主编了我国第一部冠脉外科专著《冠心病外科治疗学》，担任过《中华外科杂志》编委，*Chinese Medical Journal* 审稿人，获得"金刀奖"等多项奖励。

我首先感谢学校、感谢领导，感谢他们还记得我们这些在外的游子，给我们这个机会，让我们回顾一下历史，回顾一下我们成长的点点滴滴，我确实感到很高兴。

我们是恢复高考的受益者

一晃40多年过去了，想起来有些同学仍然记忆犹新。我们这一届是改革开放第一届大学生，我们确实赶上了大好时光。前几天几个同学聚会，我们还谈到恢复高考，我们是受益者。要是没有恢复高考，我们今天就没有机会在这里畅谈历史了。所以高考对我们是一个机遇，也是个挑战。说这些还是很惭愧，因为我当时考得并不好，看看那些高考题目，要是能有些系统的学习，稍稍复习一下，会更好一些。咱们学校虽然是专科学校，但我们是幸运者，我们是 77 级学生，是幸运者当中的幸运者。为什么呢？因为我们在专科学校读了一个本科，享受本科待遇，所以我们赶上双重的幸运。是改革开放让我们赶上了这个好时机。

学习有一条，要刻苦

实际上我们从农村走到学校，进入大学校园，对什么都很茫然，不知道学什么，也不知道怎么学，但是知道有一条，要刻苦。有几个方面我是终身难忘的。

首先谈老师吧。比如说姜肇文老师、张光明老师、刘维璞老师，教学兢兢业业。张明翠老师，教解剖的刘福麟老师给我们留下了非常深刻的印象。教组胚的有个刘老师，后来调到厦门大学去了，他用双手画那些解剖图谱，我到现在都记忆犹新。老师们知识非常渊博，而且知识非常扎实，教学也非常优秀。还有一个让我印象很深的，是老师之间的相互交流，学术上的交流是很严谨的。有一次听到一个组胚讲座，刚才提到的刘老师，说激素、神经递质都是信息分子，进行细胞间的信息传递。但生理学张光明老师给我们讲课说，推测可能会有这些东西，但是没有证实，就暂时认定它是没有。当天晚上正巧刘老师给我们讲座，说现在的科学发展已经证实了细胞介质和细胞膜的关系。张光明老师白天给我们讲过课，晚上就听了这个报告，张光明老师很谦虚，他说这篇文章没看到，一定要下去认真学习。

我非常赞成刘老师的这种观点，对待科学要严谨，这给我留下了很深刻的印象。一个大教授和一个专业教师，一个是生理专业的，一个是组胚专业的，相互交流，相互学习，教学相长。做学问就应该这样，向同道们学习。因为你不可能面面俱到，你这方面做得好，那方面知识可能会减弱。再有一个，老师给我印象比较深刻的是什么？老师在教学的时候，同时也在学习。最典型的例子，刘先哲老师是个工农兵学员，底子可能稍微弱一点，我们每天早上起来跑步，锻炼身体回来就读英语，我们学生在学英语的时候，刘先哲老师放个小板凳在外面，只要在医院上完班，回到家里就坐在门外学习。所以给我的印象很深刻，不光是我们学生在努力，老师也在努力。

凿壁偷光

我们学生很刻苦，刻苦到什么程度？学校规定晚上十点钟要熄灯睡觉，教室是不开的，图书馆关门。学校与宜昌地区医院只有一墙之隔，地区医院院墙那里有个豁口，我们就是从豁口翻过去，到地区医院里面，借助他们楼道的灯光，在医院里面看书，所以印象非常深刻。

对我们来说，埋头学习已经是习以为常的事了。因为我们当时年龄比较大，虽然有应届毕业生考来的，但是毕竟是少数。大部分都是我的同龄人，都是高中毕业以后下过乡、务过农或有工作经历，大部分人都觉得上大学来之不易，所以对紧张的学习我们习以为常。79级学生来了以后，我们感觉他们比较轻松，晚上下课后，他们去看电影、去玩。我们总觉得是因为我们年龄比较大，而他们年轻。直到第一次解剖考试考完，老师说他们竟然有一半人不及格，我们才更加觉得还是努力的好。

全班都在努力，没有一个懈怠

学校环境条件并不是很好，跟现在没办法比。我们在刚刚恢复高考第一年上学，没有教材，而且学生水平参差不齐。我们寝室的覃道芳已经学了大学专业英语，英语水平非常高，而我们刚刚只会 26 个字母。最搞笑的就是英语课的教学，这是我们所有的学科里面学时最长的，三百三十几个学时，教材换了无数次。最开始没有专业英语教材，学的是什么化工大学化工专业的英语，后来又把"文革"前的医学英语再拿来给我们复习，换了很多套教材，换了好几波老师。当时学校就没有专业的英语老师，第一个教我们的是张强华老师，英语口语挺好的，发音相当标准，然后教的时间不长就走了。后来姜肇文老师那是个通才，什么都会，跟我们讲，也讲得挺好。最后虽然来了一个专业的英语老师，但他本身不是学英语的，是俄语专业，俄语的老师教学生英语，有点难为他。我们课时最长、教材换得最多、教师换得最多的就是英语课，因为这样，我们的英语底子就稍微差一些，花的时间很多，但是学得不太好，这是我的个人体会。而别的同学不一定是这样，他们可能会学得好一些。为什么有这个体会？就是读研究生的时候，我们当时算是年龄偏大的，然后那些同学们，特别是口语方面，我们千差万别。当时受学校条件限制，时间的限制，后来我们跟着湖北人民广播电台学英语，天天收听《草原英雄小姐妹》，但是口语根本就没有练，只会听不会说。

尽管是这个条件，大家都在奋斗，都在努力。我们两个班 160 个同学，没有一个懈怠，全班都在努力。老师对我们的考试成绩很好奇，考试成绩总不是正态分布的，而是偏态分布，都是 90 几分，没有不及格的现象。100 分的虽然很少，但是大部分都是 90 几分。正态分布应该是大部分都是 70 分、80 分这样，不及格的有，100 分的有。但是我们是偏态分布，不光是一门课程，所有的课程都是这样的。最后学校为了检验我们的真实性，考试的时候 77 级、78 级、79 级三个年级同时考试，而且都岔开坐，前面是 77 级，后面是 78 级，旁边是 79 级。这样考下来谁都没办法作弊，但我们的成绩还是偏态分布，同学们真是非常用功，给我的印象很深刻，这是在学校学习很难忘的一些事情。

老师知识渊博，学生佩服得五体投地

给我们授课的老师知识面都非常宽广。老师知识渊博到什么程度？到现在我们都还佩服得五体投地。刘孝全老师讲《生化》，书是他自己写的，虽然当时还不是全国统编教材，我们认为它比全国统编教材还要精，还要经典。经典到什么程度，他讲的课我们是不看书的，就听他讲课，讲完了下来，再看刘老师讲课跟书上讲的一个字不差，他的知识非常扎实。姜肇文老师给我们讲医用化学的时候说：好，我现在跟你们讲完了，书上怎么写的，你们去看。他上课时根本没看讲义，可讲出来的内容和教材上的几乎一个字不差，你说老师的基本功多么扎实。老师对我们要求也挺高的，张光明老师每次都用诺贝尔奖金获得者的故事鼓励我们，还可以把诺贝尔奖医学奖，哪一年，叫什么名字，因为什么得奖，在他的课程当中穿插地讲。临床儿科的李崇杰老师，给我们授课并不多，但是他把那些知识点比如疾病是怎么来的，这些药物怎么用、起什么作用给你串起来讲，听后受益匪浅。有一次我们实习，他带着老师去实习点看我们，在医院讲课的时候，那些医院里的大专家们都佩服得五体投地。因为我是搞心血管的，对教心血管学的王辑信老师，印象就更深一些，他给我们讲那些超声心电图讲得非常扎实，李如意老师、张光明老师都是一样。

留学意大利

然后说说我自己。从学校毕业以后，经过一些努力，进一步深造，进一步学习，不管是读研究生还是出国到意大利学习，做过一些基本的科研。1982 年大学毕业后，我基本上一直在学习，打基础的时间比较长。真正的工作是从 1997 年开始，实实在在的工作就 20 年，最好的青春、最好的年华在这 20 年当中奉献出来。当然，因为打基础花的时间比较长，心血管外科医生本身成长周期也比较长，我还是比较忐忑，走过的路程比较多，做过全科医生，读过研究生，出国留学学习这个专业，中间还做过血管外科医生。

作为一个成熟的心脏外科医生，是在 1997 年到北京工作以后，当时国内非常欠缺成熟的心脏外科医生，特别是冠状动脉心脏搭桥，当时国内几乎处于起步阶段。虽然我们国家 1974 年就做了第一例冠脉搭桥手术，但是一直到 1997 年，我们国家一年可能还做不到 200 例、300 例这种手术。全国各地到处招纳这种外科医生，我也赶上这个好时光，北京安贞医院是一个心血管专科医院，心脏外科有得天独厚的条件，他们吸引人才，我正好能够发挥所用，受聘后有了用武之地。很快，我们在全国成为专业领头羊。领头羊不光是自己做，还要带领下面年轻医生做，要培训全国各地的外科医生。我们组织了当时国内的一些年轻专家编著了国内第一本冠心病外科治疗的教材，得到业内的公认。我可能是参编那本教材年龄最大的一位。作为两任主编，我召集了国内的出色专家共同编写，迄今为止，那本教材还是我们这个行业内一个经典的启蒙教材。

冠状外科排全国第 3，获全国金刀奖

我为病人做手术有时候通宵达旦，这种情况很多，比如说碰到一个意外，一个手术要做十几个小时，二十个小时也有，可以说很辛苦。

1997 年，我从意大利学成回国，在北京安贞医院实施了中国第一例 BATISTA（左心室减容手术）治疗晚期扩张型心肌病，当时中央电视台派记者对整台手术过程进行了专题拍摄。后来有一天，中央电视台通知我，当时拍的手术情况要在新闻联播节目中播出，而这天我却在远离北京的大庆做手术。

黄方炯荣获"金柳叶刀奖"

我手术做得比较多，除了在安贞医院以外，到全国各地（除了台湾、澳门和西藏没去做过手术）都去过。在全国大概跑了 260 多家医院，做手术、带学生。到去年为止共做了 14000 多例手术，其中有 12000 多个冠心脉搭桥手术。这种做得比较多，做得比较熟练，也得到咱们国内同行一致好评，不管是民间的、行业的，评价都在 Top10。全国各个专业前十位专家排名，冠脉外科里面把我排在第三位，得了一个全国的心脏外科金刀奖。

我的目标就是做一个好医生

从上大学开始，我的目标很明确
就是当好医生。今后不管你学四年、学五年还是学八年，你们的目的就是做医生，就是做一个好医生，对得起学校的培养，把医生做好。不管哪一行，你要是做好了自己的本专业，对社会就有贡献。做医生的时候不是说不做科研，我们的文章、我们发明的那些手术方式，也在国外发表，国外的人经常会引用、采用。同时你的有些体会和经验，也得到同行认可。我是从意大利学习归国，第二次再回到意大利的时候，老师对我取得的成绩感到非常欣慰，也非常欣赏，就把他们意大利的那些新闻记者叫来，在《意大利日报》登了一整版，介绍我的情况。在米兰、罗马、博洛尼亚，好几个地方邀请我去讲学，然后也得到了一些国际上同行的认可。所以我十分感谢那些学校老师的精心栽培，让我开阔了眼界，做了一些事情。

对学校医学教育的建议

要说对学校医学教育有什么建议，我说两点：

一是要探索医学教学如何加强与临床的结合。我们走的地方比较多，见得比较多，比较国内国外的医学教育，我认为他们有非常好的地方值得我们借鉴，就是临床教学和医院临床紧密结合在一起。意大利医学教育是六年，除了基础教育在校内上课以外，他们的临床教学几乎是在医院进行，所以学生毕业的时候，临床知识和经验就比较丰富。可能是我们条件有限，我们这里临床内科学完了，去统一实习，而国外的学生，基础课上完了就到医院里，麻醉科专业、胸外科专业、内科专业，自己选定一个专业，就在那里工作，在临床中学习，多种病例都能见着，边工作、边学习。希望学校在这方面多做一些探索，它不光是我们学校的问题，整个国内的医学教育都是这样，我们要跟临床结合得更紧密。怎么去结合，怎么去开放，怎么去实施，各个学校条件都不

黄方炯做学术报告

一样，可以探索，我觉得这个方面我们医学教育可以发挥自己的优势去探讨。

二就是希望今后国际交流更广泛一些。我们当时比较闭塞，因为条件有限。你看跟武医比，单个人看你可能没什么差距，但是你整体水平各方面比起来还是有些差距的。为什么？它的开放程度不一样，所以我希望这个方面以后能加强，多请些外籍教师。特别是现在更有条件了，我们学校好多校友、好多老师都在国外学习，定期请他们回来，做些讲座就更方便了。我觉得这方面应更加强一点。对学生的培养、学生眼界的开阔、专业的选定，都会有些帮助。

（本文根据 2019 年 5 月 7 日在北京锐思特酒店访谈

黄方烔口述记录整理，整理人：田吉高、郑泽俊、龚海燕）

宜昌师范高等专科学校篇

真心尊师爱才　倾力理解关怀

——徐汝潭同志访谈录

徐汝潭，男，汉族，山东文登人，1927年7月出生，中共党员。1943年8月参加工作（公立小学教师），1947年5月调任区支前指挥部宣传干事。1948年3月随军南下湖北，先后任宜昌专署财（粮）科行政股长、《宜昌报》记者、宜昌专署民政科副科长兼专职党总支书记，宜昌专署文教科副科长、科长，教育局局长（其间在北京教育行政学院学习一年）。1958年11月起任宜昌师专校长、书记。1962年3月起先后任宜昌地委党校副校长、党组书记，宜昌地委副秘书长，宜昌行署科委主任、顾问。

离休后担任一届宜昌地市老科技工作者协会理事长。1987年起连任地市三届桥牌协会主席。1985年至2005年，担任地（市）老年人体育协会副主席。1992年著《第二个春天》，由北京知识出版社出版。2009年著《沧桑记忆》，由三峡电子音像出版社出版。

1958年我调任宜昌师专校长兼书记

1958年7月我去宜昌师专，在那里工作了3年多。此前我曾在宜昌报社做记者。1953年春被调到专署文教科任副科长，同时还有南下的王俊同志调来任科长。那时候的文教科具体负责文化、教育。

当时全地区、整个宜昌市只有一所高中，就是宜昌一中。因此，我到文教科以后，就很着急，就坚决要办二高（宜昌二中），就在现在镇江阁那个地方。当时根据各县教育部门的意见和建议，我们认为作为宜昌专署，不能没有一所高中，这对各县考生都不利，所以，我们当年就向专署反映，希望再建一所高中（宜昌二高），并获同意。于是，当年就做计划，选校址并物色校长等领导班子，同时在各县选拔可教高中的优秀教师，这些工作仅用了一年时间，1954年秋季就开始招收高一学生了。宜昌二高后来很有名气。几年以后，我当了教育局局长。

大概在1955年以后，我就开始思考，各个县能不能都办个中学。因为从1953年起，小学慢慢地就普及到80%左右了，但是中学怎么办呢？当时在比较强一点的小学，人口比较多且比较集中的地方，就戴一个中学帽子，办一两个中学班，来提高老师的教学能力。到1957年，我们下面小学戴帽子的比较多了，也有的在中学的基础上戴帽办高中。像当阳、宜都等比较强的中学就戴个帽子变成高中，那时候叫完中，就是有初中部，也有高中部。特别是宜都、当阳这些地方，有能力就提前一步办高中，那就有高中了。

1957年秋，我在宜昌市教育局长任上被派到北京教育行政学院学习。那是培养地级市行政干部、培训教育部门领导的专门学校，我在那里学了一年，1958年8月结业回到宜昌。当年10月我被调到新办的宜昌师专任校长兼书记，当时一起到师专去的还有一位专做党务工作的副书记，叫雷举才。

宜昌师专，是在原来宜昌师范的基础上办的。宜昌师范当时还在西坝那个地方。后来因为要建船厂，1958年底宜昌师范从西坝搬迁到胜利三路来了，这时候就开始办师专。

徐汝潭著《沧桑记忆》

1956年至1957年办中学时，学校领导不是党员还不行，于是就由区委书记、区长兼任中学校长，就是这样办的二高。办师范的时候，就把一中的副校长张晓光调到宜昌师范当校长。张晓光刚到西坝的时候，一个警卫员在张晓光讲话的时候，还背着枪在旁边站岗。

1958年秋后，全国正值大跃进兴起，搞得热火朝天的时候，学校由中级师范升格为师专；还要办体育班，为体委培养人才；要办幼师班，为幼儿园培养老师；要办文艺班，培养文化歌咏人才；还要办行干班，培养各县的中小学校长。这些外加的班都需要教室和住房，我们只得自己动手，自办烧砖厂，来解决学校的礼堂以及上大课和开大会所需场所的问题。这也是从 1958 年到 1960 年三年多来，师生边读书边勤工俭学苦干起来的，还曾受到当时省委许道琦等领导的赞扬。

我不给老师增加心理压力

学校升格为师专后，集聚了不少优秀年轻人。这一点我们看得很清楚，像师专的李华章、吴伯森、符利民等，都是大学毕业，华师中文系的。吴伯森、李华章、符利民他们几个人，那真是拼命地钻研、拼命地学习啊！符利民是 1938 年出生的，1958 年才 20 岁就毕业了，但学得相当扎实，看的东西相当多。我来师专工作以后，大概是 1960 年夏天，到二高联系增加师专教师的事，听二高金校长谈起符利民老师，很佩服。我要亲见其人，一见面只见他笑声朗朗，没有一点闷闷不乐的影子。这就是一位刚二十多岁，正是进入要干大事年龄的青年，他用眼神告诉我，他以生在有幸的年代为荣，不会去计较人生中的点滴小事，社会总在进步！多高明啊！

那时，学校由中师转师专，唯一的办法就是解放思想。既要肯定老教师的基本功底，鼓励他们不断学习，担重任，更要鼓励刚从华师分来的青年教师努力学习，自我加油鼓劲，并肯定他们的能力。事实证明，这一批青年教师大多得到学生和社会的充分肯定。像符利民老师，一直到现在好多学生还很喜欢他。他从副市长退下来以后，还坚持写文章、写诗、出书什么的，肯动脑筋。

当时正是反右派的年代，学校虽没有右派，但流行说"中游"或"掉队的"之类的词，各校都有那么七八个人。他们多是在白天搞力所能及的劳动，或种菜、搞环境卫生之类。我还记得有一位叫李地文的老师，他很早就担任过前中师的校长一职，据说是"掉队的"干部；还有一位赵肃，也是"掉队的"，这些人几乎成天工作，也很少说话，学校一般的活动都不参加。

那个时候，还有少数戴"帽子"（被错划为右派）的老师，让我心里的压力蛮大。对于这些老师，像谢雨荷老师，每天就是搞劳动。你说我能怎么办？去推翻它？我也没那个本事，不推翻它，看

徐汝潭（右一）在宜昌师专工作期间

着他们又蛮可怜。像赵树这些老师都四五十岁了，也是每天要搞劳动，很辛劳的。但在那个大环境下，我内心就保证一点，不给他们再增加心理压力，这一点我是真做到了。

在当时那种特殊的时代背景下，我努力做到了这一点。包括对青年老师，像李华章、吴伯森都是这样。1961年，在我还没离开师专的时候，就把符利民调到师专来了。那时候虽然学校师生只有1000多人，规模不大，但面临的压力还是很大的。

那时候我经常出去开会，1959年初参加了省党代会。再就是经常下乡，一会儿这里跑，一会儿那里跑，一直到1961年底。1962年，全省的师专下马，宜昌师专也下马了。师专下马对老师们没太大影响，老师们还是自己慢慢地学习，一些老师学习还蛮认真的。

1962年春天，我被调到地委党校，再也没搞教育了。回想我自1948年3月到湖北，在这近70年里，大多时间与教育界有关，但总觉得文化水平不够。退休后的20多年，我常想起在20世纪30年代，我那时还只是六七岁的娃娃，母亲从小讨过饭，没文化。父亲因从十几岁起就从山东到东北吉林二道河子一带挖药材谋生，边劳动边识字，才认得了一些字，识得一些药品。所以，当我六岁时，父母就逼着我读私塾，从《三字经》《千字文》《百家姓》，到《论语》《大学》《中庸》和《千家诗》之类，当时都要背诵给父亲听，这些东西当时能理解的不是很多，但我到了十多岁以后，接触到中学的语文、历史教材，加上1958年在北京教育行政学院进修时经常借书看，我这薄弱的文化基础才有所补益。

下决心腾房给吴林柏老师做研究

担任宜昌师专校长时的徐汝潭

还记得在师专工作的时候，条件十分艰苦。那时候就是靠打井水吃，打水还蛮困难，水质相当差，相当浑浊，井也相当深。喝的也是这个水，我们想办法用明矾把水澄清后再喝。绝大多数老师吃不饱饭，真的是太苦了，没办法。

当时有个老师叫吴林柏，他是宜都人，搞古典文学的，研究《文心雕龙》，相当了不起。他原本在山东曲阜师专，给我写了封信，说他想回宜昌来。我马上给他回信，代表学校直接明确表态同意他来，并问什么时候能来，学校可以派人去接他。于是，他就来师专了。他搬家时书特别多。因为他研究《文心雕龙》，必须把先秦文学的东西都掌握好。这个人有个特点，言语相当少，做人相当低调。他的夫人邓老师，是搞数学的，也了不起。1962 年师专下马以后，他就到武汉大学去了。吴林柏来的时候我们是下了决心的，那时候房子特别紧张，即使再没地方，但我们还是腾出个小屋来给他做研究。

我在宜昌师专工作的时间虽然不长，但 60 多年前老师专的一些老师和部分同学直到现在还跟我常保持着联系，比如当年的文科教师李华章、李超、符利民，数学教师帅绪芝等。尤其是近十多年来，我与挚友符利民、帅绪芝、吴柏森教授几乎天天在网上聊天，这也算是一种幸运，更是一种难得的幸福。还有 1958 年进校、当时的学生会主席叶和明，去年还跟她 70 多岁的爱人一起专程登门来看我，陪我聊天，让我十分感动。几十年前的战友和同志这样善待我，既是给我的鼓励，也彰显出我在教育系统与师生结下的深厚友谊。从这点看来，我感到不虚此生。

就像我在自己所写的自传《沧桑记忆》中所说：经历了沧桑岁月，留下许多难以忘怀的记忆，宜昌师专让我记忆最深刻的要数对老师们的理解、重视与关怀吧！

三峡大学这么重视学校发展的历史，相信学校会越办越好。

（本文根据 2017 年 12 月 13 日于宜昌家中访谈
徐汝潭同志口述记录整理，整理人：杨斌、田吉高、龚海燕）

重师资、师风建设是宜昌师专发展之基

——李超副教授访谈录

李超，男，汉族，湖北宜都人，1933年出生，中共党员，副教授。1952年毕业于宜昌师范学校，1958年8月毕业于华中师范学院中文专业，1958年9月起在宜昌师专工作，1985年至1986年在复旦大学进修。曾兼任宜昌师专工会副主席、校纪委委员、中文系党支部书记等职。

长期从事现代汉语教学与研究工作。1982年参加全国师专中文专业教学大纲审定并编写《现代汉语教学大纲》；1978年参加湖北省汉语组编写高师函授现代汉语教材；公开发表论文10余篇；参加《三峡文库》(三峡文化研究丛书)编撰工作并编写《三峡民俗概观》；公开出版个人专辑《我写我心》。

退休后，爱上绘画，并坚持撰写手记，记亲情、记阅读、记旅游、记感悟，计511篇，并编辑为《老人手记》(上、中、下)三册。

宜都师范建在我家乡——宜都红花套

宜昌师专的前身是1946年成立的湖北省立宜都师范。宜都师范就建在我的家乡——宜都红花套。那个时候我还小，大概十二三岁，住在红花套的街上。我的家当时算是比较富裕的，在红花套还小有名气。我的父亲和当地一个有钱人合作开了一个大商店。所以，我对宜都师范的成立了解一些情况。

学校是怎么来的呢？为什么要建在红花套？1945年抗日战争胜利之后，在四川的荣昌，有个保育院叫荣昌师范。这个保育院是宋美龄基金会办的。她们那个基金会，把战地的孤儿都收到保育院，供他们学习。抗战胜利以后，这些学校要沿着长江往下搬迁。当时有个宜都籍省参议员，她也是当地很有名的人，正担任省立第二女子师范学校校长，叫朱侣柏。她极力申请，希望有一所学校能落到宜都。当时要求具备两个条件：一个是要在江边，便于搬迁；第二要有校舍。红花套镇刚刚具备这两个条件，他们就同意了。

1946 年暑期，我们看着他们搬来的，我们还到码头上去欢迎了。当时我正读小学五年级，当地的师生也非常高兴。红花套还是比较有文化传统的，也就同意把那个校舍给他们，说小学我们以后再修就是了。我们就在民房里读到小学毕业。当时我有个同班同学叫黄琦，他的父亲在宜都师范当老师。他听说我是红花套的，就和我来去同路，我从跟他的交谈中得知了一些情况。

从保育院来的学生是分成两派的：一派倾向于共产党，一派倾向于国民党，两派斗争激烈。后来我们这边调来一个音乐老师，他是师范毕业的学生，我只知道他姓张，他教我们唱《黄河大合唱》里面的《怒吼吧，黄河》，还教我们唱古典歌曲，我们就觉得这个老师很有意思。后来，听说他是倾向于共产党的。再后来，我就报考了宜都师范。

1949 年招生的时候，我就考进去了。当时学校连着招了两个班。他们还选我当班长，我就一直当了三年的班长。开始半年，这个学校里面很混乱，学习气氛不是很好。当时文教局负责人叫杨筱震，他说：这个学校不搬到宜昌去不行！不好管理，教学不正规。于是，1949 年后学校就搬到了宜昌西坝上游的黄草坝。那个地方偏僻荒凉，是原来一所停办学校的校舍，就以那个旧校舍作为宜昌师范的教室。

搬到宜昌以后，学校的名字就改了，叫湖北省宜昌师范学校。此后，文教局也加强了管理，教师从各县调来了一些，教材也有了，办学就比较正规。

我是 1952 年毕业的，毕业以后我被分到宜昌师范附小工作。当时附小没有校舍，就用过去的寺庙做校舍，就在土街头那个地方。那里面有一个紫云宫，我就在那个紫云宫里面工作了 3 年。当然，还经常到师范那边去参加活动。

到了 1955 年，当时有个规定，就是师范毕业以后要工作 3 年才能报考高校。我已经工作 3 年了，就报考高校，结果考取了华师中文系。1955 年我就到华师学习去了。

到了 1958 年，西坝那个地方要建宜昌船厂，他们看上了宜昌师范那个地方。为支援船厂建设，宜昌师范就要搬家，这样就搬到现在的北山坡。当时那里都是茅草地，到 1958 年底校舍就建了很多。

从华师提前毕业回师专工作

在 1958 年"大跃进"那个气氛之下，各个地区都要办师专。华师的毕业生都分到各地区去了，也调不回来了。当时省教育厅请示省政府后就做出一个决定：从华师和武大抽调一部分学生提前毕业来充实师专。我就是这样被抽调出来回到师专的。本来华师的学制是 4 年，我只学了 3 年，我和吴柏森是同年级的。当时我们中文系来了 3 个人，就是我、吴柏森、王湃。当时，他们是 5 班的，我是 6 班的。

吴柏森当时问我："你要回宜昌？宜昌有什么好啊？"我说："宜昌水果多啊！比如峡江的橙子，很好吃，很有名。"他说："那好，我跟你去！"王湃就说："你去我也跟你去！"当时提前毕业的还有其他几个专业的，像欧阳海，也是提前毕业跟我们一道而来的。还有另一所高校的学生，但他们来学校一看是这么个条件，转身就走了。师专的领导就给教育厅打电话说："那不行啊！人不能跑啊！"最后，他们又回来了。

徐汝潭校长特别重视师资建设

李超(右)参加学校教职工运动会期间
与徐振(中)、刘世新(左)合影

徐校长来师专之前是文教局的局长，他是和张晓光对调的。张晓光当时是师范的校长，岁数大而且患有癌症。徐汝潭是年轻的南下干部，很有活力，就把他调来了。他来了之后很不错，有两点我们非常佩服：第一点就是，关心教师队伍的建设和成长。他通过各种渠道把教师队伍建立起来。当时宜昌有个农场。在那个极"左"的年代，有部分华师和武大的老师被放到这个农场去劳动，我们学校就把这一部分人调过来了。这一部分人业务能力非常强，成为我们学校的一部分师资力量。当时，徐汝潭说："我要的是教师，如果他的能力强，你们就给我弄来！"另外还从县里调来一部分教师，加上提前毕业的一部分学生，再加上之后分来的部分学生，就这样，当时宜昌师专的教师队伍里面从华师毕业或者在华师工作过的就占了大多数。

在师资建设上，除加强力量配备外，还十分重视素质能力建设。当时办教师培训班，我们中文专业就办了一个文学班、一个语言班。我当时是搞语言的，文学班就由吴林柏教。吴林柏当时已经是专家了。他是宜都红花套人，当时听说家乡办师专很高兴，就从山东曲阜调回来，当时我们学校还是很重视的。这么有名的学者能到我们学校太难得啦！文学班由他辅导，语言班由徐圣熙老师辅导，他是武大毕业的，后来在华师当讲师。再就是注意从应届毕业生里面选拔优秀的学生去学习，徐校长说这比分来的质量还高一些，这是一个好办法。

再就是徐校长的继任者张国然。张国然校长很平易近人，他说，"文革"后我们师专教师队伍怎么建设呢？当时我们很多人建议在应届毕业生里面挑选基础比较扎实的留校，把这些人培养出来。于是，师专就抓住了这么一点，在1978年恢复高考之前，1976年、1977年我们就招生了，是以华中师范学院宜昌分院的名义招的。1976年开始招生，1977年招生就更多，好像有五六个班。我们就主要在当时的77级各个专业中物色了一批优秀学生留下来了。现在三峡大学里面比如王作新，是当时的76级留下来的；胡绍华、邓新华是77级留下来的，现在都是教授、专家了。我们这些老教师退休以后，他们就顶上来了。

教风学风建设是人才培养质量的保证

宜昌师专抓教风、学风抓得认真，把教风、学风视为人才培养质量之保证。师专的教学都是有严格要求的，严格到什么程度呢？上课前5分钟必须要到教室门口，我们都是这样做的。打了第一道上课铃以后，老师必须进到教室里面。再就是青年教师来了以后，要安排老教师辅导新教师，像孟祥荣就是吴柏森教授辅导的，每个青年教师都是有人辅导的。再就是抓学风，那个时候师专的学风非常好，学生都是认真地读书，所以，毕业出来的学生质量就比较高。

李超（前排右二）与中文专业毕业学生合影

徐校长的思想政治工作很到位

在 20 世纪 70 年代的政治气氛下，老师讲课是有好多顾忌的。有个老师叫张海洋，学生问他：什么叫寒气袭人啊？我们现在是寒气袭人吗？其实学生是故意刁难地提问，还逼着老师回答。只从字面来解释还可以，若联系到政治，那就不得了。另一个音乐老师，他讲俄罗斯名曲，学生就说他崇洋媚外。这样一搞哪个老师还敢讲啊！这个时候徐校长就跟学生讲：老师讲课你就不要去揪辫子，是正常的讲课就不要去多想。再说我们中国也不能闭关自守啊！讲俄罗斯名曲没有什么不好啊！这样一来老师才敢讲。徐校长就这样把思想政治工作做得很到位，敢为老师们排忧解难。

当老师必须具备师德

在师范或者师专工作，你培养的是教师，教师很重要的就是师德。如果没有师德，当老师就不行。因为你要学生有师德，你本身就要有师德，身教重于言教，你自己就要以身作则。所以，当时师资队伍的建设，学校还是搞得很好的，有严格的要求。因为教师本身具有师德，并影响学生，学生才能成为合格的师范生。这就让我想到鲁迅，他的老师藤野先生，给他印象很深。他后来工作的时候想到藤野先生是怎样改他作业的，他就怎么改作业。学校当时规定，老师改作文是不能用钢笔的，要用毛笔沾红墨水批改。这样对学生的影响就比较深，包括我也直接影响到我女儿了。我对她说，你当老师要注意三点，这三点非常重要：第一是自己要不断学习提高，不断补充，把死水变成活水；第二是一定要跟同事搞好关系，和同事相互学习非常重要，每个人都有自己的长处，取长补短你才能提高；第三是对待学生一定要亲近，要多跟学生交流，多关心学生，主要是关心学生的成长。这是我从教四十年的点滴体会。

（本文根据 2018 年 12 月 19 日于三峡大学档案馆会议室访谈
李超副教授口述记录整理，整理人：杨斌、郑泽俊、田吉高、龚海燕）

我的关注与兴趣：宜昌地方文化和古籍整理

——吴柏森教授访谈录

吴柏森，男，汉族，江西九江人，1935年出生，中共党员，教授。1958年毕业于华中师范大学中文专业。1958年8月起在宜昌师专工作，1996年晋升为教授。曾任宜昌师专中文系主任、教务处处长。

长期从事中国古代文学教学、三峡区域文化研究及古籍整理工作，公开发表研究论文30余篇，编辑出版《容美纪游》（注评）、《黄钟大吕歌楚魂——古代屈原戏注评》、《古代昭君戏曲注评》等研究专著。1991年秋至1994年初，主持由全国古籍整理出版领导小组和全国高校古籍整理委员会资助的《明实录类纂》项目《文教科技卷》《自然灾异卷》《军事活动卷》等的编纂并公开出版。

1986年被评为宜昌地区先进教育工作者、湖北省教育系统劳动模范。

1935年2月我出生在江西九江。我的祖籍是湖北黄梅，离九江非常近。

从不了解共产党到申请入党

1937年，日本侵略者打到九江，父亲就带着我们全家回到了黄梅。原来我对共产党没有什么认识，但在我的经历当中，日本侵略者打到我们家乡，我见过日本侵略者。后来国民党那种腐败我也见过。为什么我对共产党有感情呢？

小时候我并不懂共产党。我们那个地方是几不管的地方。有时候日本侵略者来了，有时候八路军来了，有时候游击队来了，有时候国民党也来，国民党正规军也到过这个地方。所以，见得多，感受也多。日本侵略者的那种残暴，我见到过一些，所以很气愤。在九江，国民党的贪污、腐化，我也见过一些。是共产党给我们带来解放。我上学时那个学校有几个进步的老师，一个是语文教师，还有一个音乐教师，他们当时就教我们唱一些从陕北传来的民歌，这样一直到解放。

解放以后，我到九江考中学，当时很顺利地进入了九江中学。当时在九江中学，有很多活动：扭秧歌，上街游行等。学校里原来有地下党，开始我们不了解。上学不久，体育老师就被抓起来了。后来才知道，他原来是国民党军训教官，还是个头目，他当时还带我们扭秧歌呢！

1951年我入了团。解放初期，活动比较多，就参加办板报、写文章，积极参加当时的各种活动。当时我还报名参加军事干部学校考试，但因年纪太小（十四岁左右），没获同意。到1952年，中国共产党九江宣传部就让我当党的宣传员，至今我还留着当时的通知书。

党当时特别重视群众教育，通过设立宣传员这种形式，很快就把党的主张传达到老百姓当中了。后来就宣传禁烟、禁毒，到居委会去讲解。学校给我们发一些宣传材料，我们就先消化，然后就到居委会去宣传。这就是党对广大群众的教育，抓得很好。当时我就成为党的培养对象，参加了党组织的一些活动，一些学习。

中学要毕业的时候，因为我家庭经济情况不好，就报考了九江师范。当时的师范属于全包，包吃、穿、住，那真是天堂，不用担心吃、穿之类的问题。当时我一直是团总支的宣传委员，在临近毕业的时候，我就提交了入党申请书。1955年，我考上了华中师范学院，现在叫华中师范大学。到华师之后，华师对我们的照顾就更好了。

徐特立老人为宜昌师专题写校名

1958年8月，我从华师毕业后分到宜昌。当时华师很重视，把我们几个毕业生用车直接送到码头，一般的毕业生当时没有这样。我来学校的时候，学校还在西坝船厂那个地方，准备搬到北山坡，那里的山还在挖，到处都是泥巴。那时另一所高校也分了两个人，可他们两个到这里一看，转身就跑回去了。

师专筹建情况我不太清楚，我来的时候，只知道这个学校开始招生了。别的系我不太了解，中文系我当时是负责人之一，第一年招生的是一年制，后来还有一部分是从中师转过来，从中挑了一部分，读专科一年级。当时招生的对象中有军人，干部也蛮多，很多人年龄比我大。

还记得有一次学校派我们到黄花场去挑矿石，那时候步行到黄花场有几十公里。当时我选了两个矿石，有个学生年纪比我大，有经验，就跟我说：吴老师，你这个矿石没挑好，我给你选两个。他给我选了两个小的，说：这个好！为什么这个好他没明说。我挑了一段时间后才知道他的用心：挑不动！我们走到黄花场去，连夜又挑回来。这些学生很有意思，他照顾你，又不明说，那都是很有社会经验的一些学生。还有一部分军人，跟我们也蛮好，特别是他们跟我说，您知不知道我们在读北大，我说什么北大啊？他们对我说，您不知道吗？北大就是北山坡大学，这恰好反映了一个情绪：高兴。他想不到在这样一个地方还能办一个大学。这是人民的文化需求得到满足后高兴的心情，反映了当时社会、人民的精神面貌，大家都有一种向上、积极的追求。所以，我们回忆党史、校史，这些东西都是很自然地联系在一起的，跟这种精神是联系在一起的。

有关徐特立老人为宜昌师专题写校名的具体情况，你们还要再向其他人了解一下。我来的时候是张晓光当校长，不久，他就因为喉头患癌症到武汉治疗去了。记得当时的傅天峻副校长还带我一起到武汉去看他，听他说张校长请徐老题写校名这个事是他们早些时候就已经商议好的，给徐特立同志写信后，徐老很快就回复了。其具体过程，包括怎么去找徐特立，怎么去联系的，这些过程我还不熟悉。但是我知道一点，就是徐老非常热情，体现了党对办师专的支持和态度。徐老的校名题字很快就寄来了，详细过程恐怕只有张晓光晓得。

此后不久，徐汝潭校长就来了。徐校长现在还健在，将来有机会可以访问一下他，这件事情我觉得很有意义，我们现在、过去毕业的一些老同学，他们返校，都会在徐特立题字的校门那边照相，留作纪念。

关注宜昌地方文化　致力开展古籍整理

我作为教师，很多课都教，现代文学、写作都教过。但因为个人兴趣，后来我就专教古代文学了。

科研我虽然一直在搞，但真正搞科研是在临近退休以及退休后的这一段。前一段既搞行政，又搞教学，就是常说的"双肩挑"。所以，搞科研的时间并不太多，有时间还写些文章。原先在教务处当过一段时间的处长，后来到快退休的时候又兼学报的副主编。搞学报才让我有了比较多的精力做研究。

科研主要是几个方面：一个方面是到宜昌以后，我比较关心本地的文化，成果就是我把所有关于屈原的戏全部搜集起来了。由于我给学生上课教的是古代文学元、明、清这一段时期的小说、戏曲，需要把古代关于屈原的戏曲集中起来，

吴柏森(右一)与宜昌师专中文系
教师张道葵(左二)、曹文安(右二)、
金道行(左一)合影

而这些资料我们图书馆基本上没有，有些资料连省图书馆也没有。为这个事我就到北京图书馆去找资料，把历史上元代、明代、清代古人写屈原的戏曲都找齐，并将它编成了一个集子。后来湖北人民出版社把它出版了，这是第一个。

第二个就是我把古代关于王昭君的戏，也编成一个集子，由湖北人民出版社出版了。

另外，我了解到清代有一个文学家顾彩，专门到五峰一带容美土司(这个土司是当时湖北比较大的一个土司，它包括的地方就是现在的恩施、五峰、长阳，还包括湖南的一些地方)这个地方来旅游过，我就想办法把顾彩的《容美记游》里面的诗和日记都找到。为了这个事情，我也去了国家图书馆。因为各种版本不一样，要校对，要看，我就编写了《〈容美记游〉校注》，这样更方便阅读。这个书也由湖北人民出版社出版了。后来，我还对容美土司的这些状况做了些研究，写了些文章，这些文章在我们学校的学报上都发过，我就不详细说了。

容美土司对我们宜昌，乃至湖北来说都是值得研究的。他的家族一共有六代人都作了诗集，每一代人都有诗集，但现在有很多诗集已找不到了。我觉得应该尽早把它搜集全，对研究地方文化非常有价值。我曾在学校的一次三峡文化研究座谈会上做了一个发言，介绍了一些容美这个地方的情况，然后我就说我年纪大了，搞不成了，希望有年轻人来搞，当时有老师曾表示愿意跟我一起搞这个事。最近，五峰有个班子在搞这个事，派人到宜昌来找我，我就把我当时在学报上发的一些文章给他看，给他一些线索，建议他到南京图书馆去查。最后他们在上海图书馆找到了钱久林的诗集，就是第一代的那个诗集。去年他们搞了个学术讨论会还把我请去了。

第二个方面，因为我是搞元明清文学教学的，在《三国演义》《水浒传》以及其他的戏曲方面也写过一些论文，后来我成为了省里《三国演义》研究会、《水浒传》研究会的常委。

第三个方面是搞古籍整理。前面讲的屈原、王昭君、容美土司这些都可以算作古籍整理。后来，华中师范大学搞了一个大型的古籍整理项目，叫"明实录"。

就是把皇帝说的话都记录下来，把明代的史录和朝廷发生的重大事情，都分门别类编纂起来，就叫《明实录类纂》。这一部书计划编二十五卷，由于他们人手不够，就跟我们联系，希望我们承担一部分。最后就由我和几个青年教师一起来搞这个事。到省

吴柏森书法作品选

里开会时，商议让我们承担三部，一部是《文教科技卷》，第二部是《自然灾异卷》，第三部是军事方面的。因为《自然灾异卷》和《文教科技卷》这两部分比较小，很快我们就搞完并交由武汉人民出版社出版了。最后的一部军事卷，因为那几个老师有的去读研究生，有的有其他事情，结果只剩我一个人了，最后这一部就是我自己搞的。当时我们学校没有《明实录》，华师就把历史研究所的那一部借给我们。后来我发现武汉汽车工业学院他们学校图书馆有一部《明实录》，当时我就问他们学校能不能把《明实录》让给我们，又不贵，1500元。当时学校勉强同意了，但复旦大学等高校都想要，我们争不过，结果我没得到。

这个事做完后，湖北大学很感兴趣，想搞《清实录》。《清实录》和《明实录》不一样，它保存的资料不完整。后来湖大还是要搞，同时也给我们学校分了一部科技卷，指定这一卷由我来负责。此卷最终由我主编，田强、闫颖夫妇参加。不过，《清实录》这个事后来泡汤了，没搞成，但是我们这一部搞完了。我就是搞一个事非要搞成！因为这是一件很苦的事情，要一本一本地翻阅查找。我们按时交稿了，但他们没搞成，我们就交到武汉出版社出版了。印数不多，只给了我们几本，我们搞编辑的各有一本，剩一本给图书馆了。我的成果大概就是这些。

退休之后我就写点诗。现在《三峡晚报》还比较重视，我发过去的基本上都会用。

章开沅先生表示愿意到宜昌师专工作

最后我还补充一点，最近华中师大的老校长章开沅去世了，我对章开沅先生还有些回忆。我在华师读大学三年级的时候，他被下放到当阳草埠湖农场。在下放之前，他在华师的教学楼前作报告，当时我还写了一篇《雄鹰与麻雀》，把他

吴柏森(左)、符利民(右)与他们的
老师石声淮(中)合影

们比作雄鹰，把不愿意去的人比作麻雀，当时华中师范大学的校报还给我发了。后来我分到宜昌，知道他在草埠湖农场。当时徐汝潭同志正在办师专，一手抓人，一手抓资料，那一群被下放的人他都想要，其中包括章开沅。当时，章开沅也表态了："要我到宜昌师专，我也愿意。"但华师表态：章开沅必须回去！最后，朱辕(副校长)留下来了。后来我就此事写了首诗，《三峡晚报》还登出来了。

我们刚来师专时住的是9.6平方米的房子，一人一间。后来，再来人了，一个房子就放两张床。我当时对房子最高的愿望就是希望能有个套间，后面的可以睡觉，前面的可以看看书，写点东西，多好！现在，不光是学校的发展，整个国家的变化都太大了，学校的变化就不用说了，开始还是泥巴路，所以，有的人来了就走了。

真的是感慨太多，党对教育的关怀，我亲身经历了，记得特别清楚。

(本文根据2021年6月11日三峡大学老干处中区会议室访谈
吴柏森教授口述记录整理，整理人：杨斌、龚海燕)

培养自学、好学、会学的习惯才能
让学生终身受益

——曹文安教授访谈录

曹文安，男，汉族，湖南永兴人，1938年出生，中共党员，教授，1961年毕业于武汉大学中文专业并分配到宜昌师专工作。1989年晋升为教授职称。曾任宜昌师专中文系主任，兼任宜昌师专学报编辑部主编、工会副主席、三峡文化研究所所长、全国师专古汉语研究会副会长等职。

长期从事古代汉语等教学与研究，先后在《光明日报》《文学评论丛刊》《西南师范学院学报》《修辞学习》《湖北三峡学院学报》《三峡大学学报》等报刊发表学术论文、教研论文 70 余篇；编著《古代汉语》教材 1 部（1981年），主编全国师专《古代汉语教学大纲》1 部（1981），主编湖北省师专《古代汉语》教材 1 部（1981 年），主编中南五省师专《古代汉语》教材 1 部（1989），主编《三峡文库》（三峡文化研究丛书，共 10 册）1 部（1992 年），参编《实用汉语音韵学》《古汉语知识专题讲解》，全国师专《古代汉语》教材、《郭璞与夷陵》各 1 部。

1991 年被宜昌市地委授予"宜昌地区专业技术拔尖人才"称号；1992 年被评为"湖北省优秀教师"；1992 年论文《语法的社会性与训诂》（刊登于《语文教学与研究》）被评为"全国语文教师论文大赛"一等奖；1997 年获曾宪梓教育基金会"教师奖"三等奖；2006 年参与完成的"地方综合性大学古代汉语课程教学改革研究与实践"教研项目获三峡大学教学成果奖。多次获得校级"优秀共产党员""先进工作者"称号。

我的履历

1956 年，我从湖南郴州高中毕业后考入武汉大学中文系，当时是五年制。1961 年 9 月被分配到宜昌师专工作，到今年整整 60 年了。1962 年 9 月师专下马停办，我被调到湖北省重点中学宜昌市二中。当时我们师专去了三四十个人。

1974 年，我被宜昌市教育局安排到宜昌市教师进修学校工作。教师进修学校 1974 年才创办，他们考虑到我在师专工作过，有师范教育基底。我在那里工作了 4 年，其中有两年被借调到市教研室搞语文教研。

1978 年 6 月，我又复返宜昌师专。此后，一直在宜昌师专、湖北三峡学院、三峡大学文学院工作。

从教、科研、教学视导累计达 55 年

我本应该 1998 年退休，当时三峡学院又延聘了我几年，至 2001 年退休，我从教共有 40 年。退休后，我又被返聘到学校教学视导团工作，在视导团一共工作了 11 年。我连用了五届，第一届是三年，以后每一届是两年。同时，又被文学院、理学院、经管学院、成教学院、艺术学院聘为学院的教学视导组成员。任学校视导和学院视导共计 15 年，到 2017 年完全退休居家。

此外，我在职期间，还曾被湖北省教委聘为省高等院校教师职务评审委员会文学文科评议组成员，多次去武汉参加全省的职称评审。2000 年，我被宜昌市社会科学委员会聘为市社会科学界学术委员，多次参加有关评选活动。

我长期从事教学工作。包括在师专、三峡学院直到退休后返聘工作期间，我先后为在校专科、本科学生开设"古代汉语""汉语诗律学""音韵学"三门课程(后两门为选修课)；2007 年后，为中文系研究生开设了"音韵学""训诂学"和"中国语言学史"三门课程。此外，退休前还为校内函授生、电大生、夜大生以及其他部门举办的各种进修班、干部班讲授"古代汉语"。1983 年还应聘赴恩施师专讲授过"音韵学"课程。

曹文安(左三)与口述校史工作人员合影

在职期间，我曾担任宜昌师专中文系

主任5年(1991—1996年)，同时兼任宜昌师专三峡文化研究所所长以及汉语教研室主任，并兼任宜昌师专校工会副主席多年；还曾担任全国师专古汉语研究会副会长、宜昌市炎黄文化研究会理事等社会职务多年。

我还长期坚持做科研和教研工作。2003年之前，我先后在《光明日报》《文学评论丛刊》《西南师范学院学报》《修辞学习》以及《三峡大学学报》等报刊共发表学术论文、教研论文70余篇；另外我自编并公开出版《古代汉语》教材1部(1981年)，主编三峡文化研究丛书——《三峡文库》1部(共10册，陕西旅游出版社，1992年)，主编湖北省师专《古代汉语》教材1部(1981年)，1989年应省教委所托主编中南五省师专《古代汉语》教材1部；1981年受国家相关单位委托主编全国师专《古代汉语教学大纲》1部。另外，还曾参编《实用汉语音韵学》、《古汉语知识专题讲解》、全国师专《古代汉语》教材(此三科均已正式出版发行)；参编《郭璞与夷陵》1部。总计，我自编、主编、参编书籍共10部。

我于1983年获批副教授，1988年晋升为教授。1991年我被宜昌地委授予"宜昌地区专业技术拔尖人才"称号；1992年我撰写的论文《语法的社会性与训诂》(刊登于《语文教学与研究》)被评为"全国语文教师论文大赛"一等奖；1997年我获评曾宪梓教育基金会"教师奖"三等奖。2006年，我参与完成的"地方综合性大学古代汉语课程教学改革研究与实践"教研项目，获三峡大学教学成果奖。

我对从教评教的感悟

我从教、评教工作累计55年，体会感悟很多。

感悟一：我们办学要重视教学、科研两手抓，教学是基础，科研是源泉。所以，1991年我当中文系主任的时候，一上台就组织全系老师编写三峡文化研究系列丛书——《三峡文库》(共10册)。

感悟二：就教学而言，我觉得要坚持以教师在教学中的优点、长处来激励、推动教学。所以，我当系主任以后，第一件事就是搞教学经验交流会，通过大家谈自己的经验、长处来推动教学，不应单纯以指出缺点、不足乃至失误来管理教学。当时我们都很注重这一点，哪个老师上课迟到了几分钟、早走了几分钟、作业批改不

曹文安在阅读中

仔细这些问题要指出，但不能作为主题。

另外，我认为课堂教学要坚持三项标准：一是内容上要深入浅出，二是讲解上要声情并茂，三是方法上要师生互动。我在十几年的教学视导中，听课就听了1500多次，就以这三条来评价教学。

感悟三：教师除向学生教授知识以外，更应重视教风学风建设。现在回头来看，在学校学的知识很多在实际工作中都用不上，应该帮助学生养成自学、好学、会学的习惯，这才是让学生终身受益的。我长期在师专老校区那边住，完全退休后，三峡大学本部那边我很少去，但是就我住的这边（老师专院内）来说，我感觉医学院的学生学习风气很好，每年的考研率达到百分之四十几，接近一半。另外，我每天早上很早出来，经常就看到学生坐在外面看书。

感悟四：对学校整体工作而言，要瞄准国内高教发展形势，随时注意调整并抓好人才引进和培养、学科建设、科研提升等工作，积极争取进入国内优秀行列。在这方面，三峡大学做得是很有成效的。

我还记得宜昌师专当年在湖北省师范院校中还是有些影响力的。在当时所有的师专类学校里，宜昌师专是属于第一方阵的。

（本文根据 2021 年 11 月 18 日于三峡大学老干处中区会议室访谈
曹文安教授口述记录整理，整理人：杨斌、田吉高、龚海燕）

以科研带动师资建设是宜昌师专的办学特点之一

——王正清教授访谈录

王正清，男，汉族，湖北宜昌人，1933年7月出生，中共党员，教授。1956年7月毕业于北京大学理论物理专业并留校工作，1979年起在宜昌师专工作。1987年晋升为教授职称。曾任宜昌师专物理系主任、副校长，兼任湖北省物理学会师专分会理事长，中国物理学会教学研究委员会师专分委会主任委员，湖北省第五届政协委员，宜昌市第十届人大代表。

长期从事力学、原子物理教学与研究工作。公开发表科研论文多篇，其中论文《不等核在高能碰撞中的速度分布和流体力学模型》发表于 Zeitschrift fuer Physik C, 32, 93—96, 1986 国际期刊；主编教材2部；曾获得湖北省科技进步奖和教育部优秀教材二等奖。1993年享受国务院政府特殊津贴。

我从北京大学调回宜昌

我是1965年"文化大革命"前夕从北京大学调回宜昌的，1979年5月才到宜昌师专。那时候我们的系主任，也就是后来的北大副校长，曾帮我联系了好几个地方，因为那时候我爱人总生病，调动工作很困难。到1962年初，我收到爱人病危的电报。我请假回家时，系主任告诉我调动的事已跟武大的系主任联系好了，让我和我同学的爱人对调。当时我还问了需不需要去武大和领导见面，他说不用。这样，我就一直等着具体通知，一直等到1962年6月底还没有消息。直到12月份，他跟我说，没有调成。因为什么呢？武大那边调到北大的另外一个人已经报到了，武大这边的名额就被占了。所以，我就去不成了，在北大又待了3年。到1965年，有个什么机遇呢？我同班的同学一个调到西安，一个调到保定。系主任问我是调到武大还是宜昌。我说如果我到武大的话，能不能和我爱人同时调？若不能的话

三峡水利枢纽大江截流前在中堡岛上与师专部分教师合影（前排右四为王正清）

还是解决不了问题，我就干脆回宜昌算了，不到武大去了。就这样我就回到了宜昌。

回到宜昌，开始在七中工作。1969年后又到十四中，十四中离我家更近了。直到1979年宜昌师专缺人，我本来是要到武大去的，但宜昌市不放。当时宜昌师专也招了一些农村的学生，而宜昌的物理教学比较缺人，所以，1979年，我就调到了宜昌师专当物理老师。

我在师专很认真地当班主任

当时宜昌师专物理科（后改为物理系）教师很少，只有七八个人，师资不足。当时办师专是很困难的，很多老师都只熟悉中学课程，没有人去讲大学的课程，只能上一些基础课，力学、热学、电学等，1978年讲量子力学，有四门理论物理只有我能上。我的教学质量不算很差，学生们都很厉害，他们考到物理科来，基础都是很好的。所以说，教学算是顺心如意，还可以。

当时我任物理科主任，1978年、1979年两年没招物理专业。1981年招了一批，物理科招的人比较少。当时的81级那个班，我就是班主任。这批学生很不错，那时候我当班主任挺认真，包括早、晚点名，学生都很自觉。从1978年到1984年、1985年，学习氛围非常好。当时在公汽上都有学生在背英语单词，学习抓得很紧，也出了一些优秀学生，比如向士清，现在在上海光学研究所。还有一个后来读了博士，他们基础都是很好的。物理科教学第一步就是解决师资问题，从八个人发展到十几、二十个人。

抓科研，从组建研究小组开始

1984 年，领导让我当师专的副校长，一开始我是不愿意的。因为我不愿意做行政工作，也不擅长做行政工作。当副校长后分管教学，当时的张校长（张国然）跟我说，要想培养一个校长容易，培养一个教授不容易，就让我到华师去学习。他认为一个高等院校要有教授，要有好老师，他这个想法还是很明确的。

我任副校长后还没开始做行政工作，学校就送我到华师去学习了。到华师后就开始做科研，课题我准备了3 个月。但他们要研究的项目和我要研究的方向不一样，他们就让我自己找题目，我自己找着了，题目定了，就开始做。到了 12 月份，因为要参加整党工作，所以，1984 年底我就回到学校了。后来，我做的那个科研题目由华师的一个研究生接着做了。整党工作结束

国家教委世行贷款专家赴宜昌师专
考察组与学校领导合影（后排右二：王正清）

后，我就再也没有去华师继续学习，就留在学校抓教学、抓科研。

1987 年，老高（指高进仁）来做校长了，高校长还是比较重视科研的，这和我的思想一致，因为我自己是想要搞科研的。华师当时希望我校代培两个研究生，这两个研究生是在华师读完本科后分配到师专的，石亚非、冯笙琴和我就组成了一个理论物理研究小组，这在当时师专里面是比较少的。高校长要我向省教育厅申请研究经费，我当时申请到了 10 万。大概就是这样，在师专把科研慢慢抓起来，而且一直延续下来。到现在理学院物理系的冯笙琴他们做的研究，当时就是我带的，在一般院校里也是比较少的。因为太难，搞实验也难，搞理论也难，他还能够坚持到现在。因为他们研究的是粒子物理，能坚持下来，是很不错的。现在要申请到国家自然科学基金是很难的，因为现在年轻人多，年轻人厉害，不像我们那时候，特别是我们那一届，说是四年制，其实只读了三年半。另外，从 1949 年以后到改革开放之前，高校科研一直是不太受重视的。

以科研促进教学和人才培养

教学管理方面，首先是师资，然后是备课，这一点我们抓得还是比较认真的。我们要求老师上课一定要有教案、要讲普通话，我们各个科（系）都会经常检查老师的教案。特别是对青年老师要求更严，对青年老师还有老带新的制度。所以，我们的教学风气还是比较好的。当时荆州师专的师资队伍比我们强，但是我们的教学可以和他们比。由于当时大部分都是青年老师，所以，要培训青年老师讲普通话、备课，听老师的课、辅导学生。

王正清（前排左七）与宜昌师专
物理系 94 届毕业生合影

再一个就是课程设置。在这一方面，我们还是比较注意紧跟时代的步伐，随着社会的进步，按社会发展的需要来设置。所以，后来增设了很多新专业，即使是老专业也增加了一些新课程和新的教学内容。

我在科研方面没有什么大的成果，比较好的学术论文就是在师专期间，和石亚非、冯笙琴几个人一起合作撰写并发表的一篇论文《不等核在高能碰撞中的速度分布和流体力学模型》，这篇论文发表在 *Physical Review C* 期刊上，还获得过"湖北省科技进步奖"。2007年获"湖北省自然科学优秀论文"三等奖。1993 年获批享受国务院政府津贴。1998 年我指导的学生获得了"湖北省自然科学优秀学生论文"三等奖。

王正清（后排站立讲话者）
参加学生毕业座谈会

再就是编教材。我们开始用的是本科教材，专科用本科教材。后来，高等教育出版社和卫星电视教育需要编写专科学生用的教材。在这之前高教出版社组织编写过一本《普通物理》的卫星电视教材，这个教材获得了国家教委优秀教材二等奖，我参与了这本教材的编写。我参编的教材一共有十几本，这些书在学校都留有样本。

总的来说，在我任学科主任、副校长期间，从我开始，师专开启了科研之旅，以科研带动师资建设也成为我们宜昌师专的办学特点之一。

（本文根据 2018 年 7 月 4 日于原宜昌师专家中访谈
王正清教授口述记录整理，整理人：杨斌、田吉高、龚海燕）

宜昌师专发展的五个阶段及其师范教育特点

——颜克美教授访谈录

 颜克美，男，汉族，湖北秭归人，1941年9月出生，中共党员，教授。1964年7月毕业于华中师范学院化学教育专业。1965年9月起在宜昌师专工作，1999年晋升为教授。曾任宜昌师专化学系主任，宜昌师专教务处副处长、处长，湖北三峡学院师范学院副院长、教务处副处长；兼任全国分析化学教学研究会副理事长兼秘书长。

长期从事分析化学等课程教学与研究、教务管理工作。1993年、1997年先后两次获湖北省政府优秀教学成果三等奖；1994年获曾宪梓教育基金三等奖；主编教材2部：《分析化学》《分析化学实验》均由湖南大学出版社出版；公开发表科研论文20余篇。1982年被评为"国家行政机关先进工作者"；1993年被省教委评为"优秀教学管理工作者"。

我与宜昌师专的缘分

我是1957年进入当时的宜昌师范学校（宜昌师专的前身）就读的。三年后毕业是1960年暑期，毕业的时候就宣布我留校了。留校任教后，为了将来的发展，学校又送我到华中师范学院培训，学校给我付培训费，还给我零用钱，开始3块，后来涨到5块。

1964年我从华师毕业的时候，正是教育稳定发展的时期，我又回到当时的宜昌师范任教，一直到现在。从1964年进入宜昌师范任教，到后来恢复师范专科，到三峡学院本科，再到现在的三峡大学，我一直扎根在这个学校。在几十年任教的过程中，我主要承担了化学专业的分析化学教学，这是我的主要学科，也根据需要教过无机化学、环境化学等，一直到退休。

我把宜昌师专的发展分为五个阶段

第一个阶段就是 1946 年到 1957 年之间，我把它概括为"初创与稳定发展阶段"。当时的宜昌师范是从宜都红花套搬过来的。初创阶段的师资力量、教学水平、教学设备都比较薄弱。通过十年左右的发展，教师队伍、学生数量都不断地增加，质量不断地提高，到 1959 年，学生的规模已经从 50~60 名发展到 1200 名左右，三个年级，最高峰的时候一个年级招 6 个班。在这个时期，学校重视师资队伍的建设，像我们学校原来的教学骨干，如李拱辰，这是大家知道的，曾经被评为全国的先进教育工作者；另有陈廷瑾、李超、李华章，还有符利民等，李华章和符利民都是工作一段时间之后才调走的。这段时间，引进的师资质量都很高，这是稳步发展阶段。

第二个阶段，我把它叫作冒进阶段（1958 年到 1960 年期间）。为什么叫冒进阶段呢？因为在这一阶段，学校是中师的基础，实验设备、师资力量都不是很强，办专科就更是不强。但这个时候要大力发展，扩大规模，增加专业。当时学校有哪些呢？有中师（这是原来的基础），也有专科，有幼师（幼儿师范），还有行政干部训练班，学生人数一下猛增到 1000 多人。而这个时候教育工作者在做什么呢？在大办钢铁。学校组建了一个砖瓦厂，几乎是动用了四分之一的人去做砖。那个时候是困难时期，吃的是稀糊粥，劳动一个多小时以后就汗流浃背，没力气了。还要到外地去淘矿砂，到官庄去挑铁矿，大办钢铁嘛！还到远安去烧木炭，听说炼钢铁用木炭的效果比较好。因此，教学计划总被打扰，正常的教学秩序受到严重冲击。

第三个阶段，我把它归纳为调整、巩固阶段。1960 年以后，全国都在贯彻"调整、巩固、充实、提高"八字方针，在这个调整中，专科下马，就把原来的宜昌师专，划分为两块，一块是成人教育，叫宜昌教师进修学校，一块儿是中等师范学校。成人教育有小教班，培养小学教师；有中教班，培养中学教师；同时还发展了函授教育，和华师联办的本科函授教育，有中文、数学、物理、化学四个专业；还有中师的普通班，后来在普通班的基础上又发展为跟读班。普通班是从初中毕业生中招收来的；跟读班，就是从基层小学教师中没有达到中专水平的选送来跟读的。在这个阶段，师资队伍发展壮大很快，每年至少从华师包括湖大分来四五名毕业生，作为一个规模不大的学校一次能进四五个人是不错的。在我那一届，一次分来了 14 个人，现在退休下来的好多骨干教师，像袁显贵、陈远明、文汇荣等，都是那个时候来的。师资规模可以说从数量到质量，都有了一个很大的发展。

第四个阶段，我把它归纳为：重实践，轻理论教学阶段。这个阶段是"文化大革命"中后期，那个时候的教学内容是什么呢？说要用实践带动理论，那就是要到工厂、到基层去。去干什么呢？学物理的给人家抽水、修水泵、开拖拉机，三机一泵；学化学的呢，就是搞化肥农药，给人家介绍化肥怎么使用、怎么打农药等。实践教学是抓得好，但是忽略了最基本的理论、文化基础课教育。学校在这个时期开办了校办工厂，比如化工厂，我就在化工厂工作过。还到各个县教育局请求支持，帮我们买棉花壳子、荞麦壳子、葵花壳子，把它们烧成灰，从中提炼碳酸钾；还到电机厂修电动机；还开办了校小农场，当时的校办农场办在当阳北庙乡，安排学生一个班轮流去农场劳动。所以说，是把文化基础教育放在次要地位，而搞劳动、搞实践成了主要的任务。实践很重要，但没有文化理论做基础，这个实践实际上就是实用主义。

第五个阶段是健康发展的阶段。这个阶段就是粉碎"四人帮"后的 1977 年到 1996 年湖北三峡学院组建期间。在这个阶段，专业稳定、教育教学质量不断提高，而且数量也在增加。最初有中文、数学、物理、化学专业，两年以后，又成功申报了英语专业，继而又成功申办了政史专业和教育管理专业。这个阶段是师专最美好、最稳步发展的阶段。师资队伍、专业数量、招生人数不断提高，学校的建设、实验条件也不断改善，是一个健康稳定的发展阶段，一直到 1995 年，开始本科招生。1996 年 6 月，正式成立湖北三峡学院，开始本科办学。学院之前曾以湖大的名义联合办过本科自考，1995 年开始就有本科自主招生权了。师专并到湖北三峡学院后，进入了新的历史发展阶段。

师范教育突出了三个重点

我到师专从事师范教育的教学以及后来从事师范教育的教务管理的过程中，深切地感受到师范教育既有普通高等教育的共性，更有自身的特点，我把它归纳为突出了三个重点：

一是重视师德师风教育。高等学校对政治修养素质方面的要求是共同的，但是对于师范教育，更重视师德师风的教育需要有政治基础的师德师风，学校有很大很醒目的标牌："学高为师，身正为范。"师德师风既是对教师的要求，也是对学生的要求。因为我们的学生都是要去当老师的，所以，从纪律、外貌形象、谈吐等方面都应该符合做一个教师的规范，在学生面前要有师表的形象。在师德师风教育中，又特别重视教风学风，并且这成为了衡量教师和学生表现的主要指标。比如说对教师，有严格的听课制度，教师互相听课，不仅是同专业的，不同专业的也要听课，领导听课都有一定的次数规定，而且要填听课卡。学校定期举行教学竞赛，通过教学竞赛来看一个教师备课的认真程度、教学风貌、教学状态等。就是说，不仅要看一名教师教学的知识传授，还要从方方面面去衡量他的师风水平。校团委、学生会曾多次联合组织开展"园丁奖"评选，评选以后报教务处审核，然后报学校领导批准，颁发"园丁奖"。我还记得那会儿"园丁奖"发的纪念品。宜

宜昌师专时期的颜克美

昌的陶瓷不是很出名吗？那年是猪年，就发了一个猪型的陶瓷纪念品。我是连续三届"园丁奖"的获得者。

二是强调专业基础教育。专业基础是教师看家本领的重要指标。为了保证专业基础课程的质量，首先要求老师的专业基础知识扎实。师专的老师由原来的不让报考研究生，到高书记来了以后提倡报考研究生，所以，那个时候大量的老师竞相报考研究生、进修。具体地说，就是对中青年教师，鼓励报考研究生；对中年以上的教师，轮流送到知名的师范类高校进修学习，如北师大、华中师大等。我在华中师范学院进修了一年，方秉万在华东师范学院进修了一年，姚中荣在北师大进修了一年。

对学生加大学籍管理的力度，在那段时间，留级、退学的比例达到了高峰。因为要促使学生对自己负责、对国家负责，而且师范教育是公费嘛，还要对经济负责。对学生的要求，就是严格执行教学管理制度。我还清楚地记得，有一位家长，他的孩子在中文系读书，四门课不及格，其中两门主课两门副课，考试补考还是两门主课一门副课不及格，按规定两门主课不及格就要作退学处理。学生是从秭归农村来的，听说要退学了，家长就到我这里来，在教务处当众下跪啊！还说，我这个孩子从农村来，高中毕业以后考取了你们学校，全村人欢欣鼓舞，为他送行还专门放了一场电影。农村组织放一场电影是很隆重的啊！现在一下退(学)回去，我怎么做人啊！当然，我们是有规定的，我们说如果从你这里破例

颜克美正在做化学实验

了，那以后还能执行学校的规定吗？他不相信，又去找校长，那当然也是不可能改变的。虽然，我们也为之痛心，但是很无奈，没办法，学籍管理规定必须严格执行。所以，最终这个学生还是被退学了。我举这个例子，是要说明当时严格执行学籍管理制度，绝不手软心慈，这样是为了学生好，保证学生的培养质量。

三是注重实践能力培养。实践能力的培养主要是从师生双方面加强。我们对教师有几个规定：第一，新分来的青年教师，都必须下派到中学实践锻炼（任教）一年，因为我们是面向中学培养师资的。比方说张德春，就在秭归实验中学任教了一年；再比如张国华，在当阳中学任教了一年。就是这样，一批新分来的青年教师都毫无例外地到中学去进行了锻炼。这种锻炼，有两个好处，一个是教师自己对实践教学加深了了解。因为我们要培养中学教师，就要了解中学教师需要具备什么样的实践能力。再者，其实这一年对他也是一个考察，因为生活环境是不一样的，在中学要艰苦一些。所以，对锻炼、提高青年教师能力好处非常之大。再就是带队实习，所有的专业教师都必须轮流带队到中学去实习一个月，也就是4周。这4周老师要跟学生同吃、同住、同教学、同备课，而且学生还要评优秀实习生，带队教师也要评优秀带队教师。对学生呢，实践教学从二年级起，每个月都要到中学去听两次课。听课以后回来要评课，评课的发言要有记录。老师在听完以后要对学生一个一个进行评价，包括这一次听课的感受、体会、评论的质量等，组织带队的教师都要有这些内容书面的记录。每个教师带队呢，在出发之前都要有教育实习的规划，回来以后要有总结。在实践能力的培养上，对学生还有一个要求，就是在本学期这门课的实验中，至少要有一个自己的创新实验。

为了突出师范教育的特点，适应中学教学的需要，我们在实践要求方面，还对学生提出了"一口话、一笔字、（文科）一百篇（文章）"的明确要求。其中"一百篇"不是读一百篇文章,而是读一篇要有一篇手记,老师要检查,分到个人。某个老师分到哪个班的哪个组,那个组的每个学生阅读文章后写的手记那个老师都要看(检查);"一口话"就是练就一口普通话,学生必须参加班里的演讲比赛,包括青年教师,也有演讲比赛;"一笔字"是为了给学生提供写好一手字的机会。在当时新修的学生宿舍 32 号楼里每一个宿舍都设有一块小黑板,这就是为了方便学生在寝室的黑板上练粉笔字的,至今还在。再就是实行教育实习一票否决制。如果你的教育实习不合格,指导教师评价你的实习不过关,毕业的时候其他成绩再好,也不能拿到毕业证。什么时候拿毕业证呢?等分配到工作岗位,在这一年试用期中,试用学校的领导和当地的教育局通过考察,认为你合格了,学校才能凭教育行政的最后协议补发毕业证。如果这一年仍不合格,还是不能发毕业证。这个就叫教育实习一票否决制。

为了加大对师范教育类学生的实践教育能力的培养,学校投入一大笔资金(这是高书记想出来的点子),建立了稳定的教育实习基地。这样做有什么好处呢?学生去那里实习,让学生体验教师的身份,责任感就不一样了,觉得教书育人是他的责任,是他的职责和义务。学校投入资金干什么呢?修建宿舍,方便学生去实习有地方住。当时每个县都有两个教育实习基地,而且每年的春季,要召开一次教育实习研讨会,各个县的教育行政部门(多数是局长,少数是副局长)来参会,包括当时的行署教育局局长刘明国,每次教育实习研讨会都是要到的。刘明国退休后,就是李诵国主任亲自出席。李主任不仅出席,还会对上一届的情况进行总结评价。对师专上一年的教育实习,哪几个学校是好的,哪几个学校是需要改进的,以及对我们实习教育的组织、安排、管理,包括质量等方面均提出建议,都讲得很详细具体。所以,每次教育实习研讨会都是实打实地开两天。两天会开完后,还有一天就是在当地的学校参观学习。

学校花了不少的资金,各县教育局也大力支持,因为他们明白,这是在给他们自己培养人才。当时学生分配的原则是各回各县嘛!只有极少数调出本县,多数是要回本县的。因此,当时教育实习的宣传力度很大,都是领导带队,到各教育实习基地进行视察、座谈,这种做法一直延续到三峡学院成立。所以说,实践教育这一块,为师范教育提供了最基本的保证。

正因为师专在师德师风教育、专业基础教育、实践能力培养这三方面特别突出了师范教育特点,所以当时培养出来的学生还是比较受欢迎的。

(本文根据 2018 年 11 月 9 日于三峡大学档案馆会议室访谈
颜克美教授口述记录整理,整理人:杨斌、郑泽俊、田吉高、龚海燕)

我在宜昌师专的履职、改革与思考

——易纪维同志访谈录

易纪维，男，汉族，湖南醴陵人，1938年7月出生，中共党员，研究员。1960年7月毕业于中南政法学院法律专业，1960年8月至1962年6月于武汉大学哲学系学习西方哲学史，1962年7月在湖北大学任教。1971年5月在宜昌地委机关工作，1983年10月任宜昌地委委员、地委宣传部部长。1983年、1988年先后两度当选湖北省党代会代表。1991年7月任宜昌师专党委书记。1996年，由于高校调整合并，又回到市委，任宜昌市精神文明建设委员会副主任。

长期从事党建工作与党建理论研究，主编《建设有中国特色社会主义理论与实践》教材1部；《中欧纪行》一文在《三峡文化》期刊上刊载。

1991年7月组织部通知我调任宜昌师专党委书记。因为很多事情没有处理完，所以，我9月份才去报到。去了以后，一直到1996年的年底，因为要成立湖北三峡学院，我又被调回市委。在宜昌师专工作的时间大概有五年。

开展调查研究

到师专之前，省委也好，地委也好，都没有跟我谈过到学校干什么、怎么干。那个时候的党建就那种情况，所以，我完全凭着自己的思考来对待这个新的工作。我到师专以后，首先跟其他的主要领导打了个招呼，认识一下，然后自己慢慢地进行调查研究、了解情况。我主要调查两个方面的情况：一是了解当时改革开放条件下高校的情况。因为宜昌师专只是高校中的一所，师专这个层次又不在综合大学或者本科层次之内，它属于专科类，所以我需要了解一些其他师专办学的基本情况。为此，我专门考察过当时办得比较好的一些师专，像云南的昆明师专，本省的郧阳师专等。我们大概走了七八所学校，看看人家是怎么办的。二是了解当时学校的老师、干部、学生的情况。我那个时期的调查方式是不公开，我走到哪里问到哪里，有的人知道我，有的人不一定知道我。我就是用这个办法，通过一、两个月的调查研究，掌握了一些基本状况，心中有了一些底。

召开第一次党委会

我到师专两个月后，在广泛考察和深入调研的基础上，召开了第一次党委会，会议着重解决三个问题：

一是明确提出如何贯彻执行党委领导下的校长负责制。开第一次党委会的时候，我就把话说得很明白，这是我来后的第一次党委会。党委会的主要任务是什么呢？当时高校的领导体制叫做党委领导下的校长负责制，我说我这一届来当书记，我就是按照这个制度执行。什么叫作党委领导下的校长负责制？也就是说学校全面工作，党委一定要知道，党委一定要决策。教学行政有哪方面的问题，一定要向党委汇报，否则党委就是空的。

二是所谓校长负责制，是指学校的各项教学行政工作，由校长负责，我是党委书记，不直接管。你们觉得有问题，可以跟我商量。但是，要形成一些大的决定，要干的重要事情，必须经党委会讨论通过。所以，首先明确我们这一届党委实行的是党委领导下的校长负责制，书记的任务，就是贯彻执行党委领导下的校长负责制，团结党委一班人。党委班子里的成员都要有明确的分工，各司其职。

三是如何回应调查情况。在学校的调查中，我明显地感觉到学校

易纪维荣获"光荣在党 50 年"证书和纪念章

的教职员工里面有一些消极情绪，主要表现在：好像师专在外面也没有什么名气，不怎么自信。这样，开会我就讲这么几个事情，就是对学校的教职员工要认真分析情况，正确对待改革开放条件下的教育工作，要大家提振一种精神，一种正气，要自信、自立、自强；每一个教职员工都要有这种精神，自己要为改变这个现状、为本职工作做出自己的努力，这样才能达到自强。后来，通过召开中层干部会和教职工大会，特别强调干部、教职员工一定要自强自立，这个东西别人帮不了忙，这是一个意识形态里面的东西，要发挥自己的作用，要积极投身改革，向着把宜昌师专办成高质量的高等师范专科学校而努力。

进行管理体制改革

师专必须进行改革，是当时学校党委和学校领导班子的共识。从 1992 年 12 月份正式开始，在对学校进行进一步调查研究的基础上，提出学校改革的方案。大概用了 8 个月的时间，研究提出了进行学校内部管理体制改革方案。内部管理体制改革，当然主导思想是在于我，但是还需要很多人来做这些工作。当时像副校长石亚非、刘锦程，还有那个宣传部长蒋明圣，这些同志都做了大量的工作，形成了师专内部管理体制改革的一个方案。

这个方案里面主要实行了那些改革呢？一是实行以聘任制为突破口的人事管理体制改革。因为过去的教师工作，都是由校长决定，你干什么，他干什么，有的老师总是以各种借口推辞工作任务。因此，要改变这种状态，提出实行聘任制，学校任命系科负责人，以系科为主，系主任聘请教师。系主任聘你，你可以受聘也可以不受聘。但一经受聘，你就要遵照新的管理办法。

改革的目的是什么呢？目的是想调动教职员工的积极性。因为当时的教师是个什么状况呢？排课排不下去，有的老师嫌安排的课多了，有的老师嫌课太难了，所以，系主任就很难办。有些课就没人上，人本来就不多，一些课程的安排就有问题了。所以，内部管理体制改革，主要是要调动广大教职员工的积极性，突破口就在这里。你接受聘任了，那么你就要按规定的任务执行。这是相互有协议的，你不受聘我可以不管你。如果搞得好，可以继续聘你；搞得不好的可以随时解聘。这个权利系主任有，教师也有，但是更多的权力给了系主任和相关的部门。如学校的教务处，更多的是进行管理监督，处理执行期间的具体问题。

管理体制改革的另一个方面是实行学分制。学分制要求所有学科的学习内容都有一个很详细的设计，包括怎么记学分，一个学生从入学到毕业要达到多少学分等，都有很明确、很细致的规定。这样的话学生就可以遵循：达到规定的学分，就可以毕业了；达不到规定学分，对不起，就不能毕业，就没有什么别的渠道了。所以，搞了教学改革以后，观察了三四个月，教学情况有很大的变化。我们边实践边总结，也跟省教委汇报。大概在1993年左右，省教委召开教育工作会议，认为宜昌师专的改革是成功的，让我们在省教委召开的会议上作了典型发言。改革的指导思想概括为三句话：内部管理体制改革是关键，教育教学改革是核心，提高教育质量和办学效益是目的。要达到这三句话改革才算成功，达不到这三句话就不算成功。

这是我到师专抓的第三件大的事情。搞改革也是党的建设、思想政治工作的重要内容。

让邓小平理论进教材进课堂

我到师专抓的第四件事是"两课"改革，因为我本人就是学社会科学、学法律的。我就注意观察，了解学校的思想政治教育课（当时叫"两课"），我也看了他们的一些教材，还听了一些老师讲课，深深地感觉到"两课"太脱离实际了，跟我们现实社会结合不紧。我觉得这是个大问题。所以，我那个时候就提出，要从根本上解决这个问题，就是要改革思想政治教育课的内容。过去，我们读大学的时候学的哲学、政治经济学、国际共运史、中共党史，怎么现在都没有了？现在都讲一些很零碎的东西。我看了好几个班学生的教材，内容都不是一样的，你一个版本，他一个版本的，多种多样，没有统一教材。另外呢，讲课的人还不统一备课，各讲各的，各唱各的调，当然学生没有兴趣了。我就讲，这个问题实在是太大了。当时我有一些朋友、一些同学，还有一些在领导层的，我就向他们了解其他地方的情况，当时的状况都差不多。

所以，在这种情况之下，我就提出要自编教材，把"两课"内容加以改革，把邓小平建设有中国特色的社会主义理论纳入思想政治教育课的主要内容。然后，以我为主，就编了一本书，书名叫作《建设有中国特色的社会主义理论与实践》。由于当时以我为主来抓这个事，我大概写了将近一半多。因为工作太忙了，事情太多了，当时我就找方东升来写另一半，还有医专的刘明君等人帮忙再编写了一些，最后集体审定。从1993年下半年开始，就用这个教材了。在那段时间里，我就是思考，改革开放走到今天，是谁主导了这个事情？当时党的十四大已经召开，就很明白了，邓小平建设有中国特色的社会主义理论是我们国家今后改革发展的指导思想。所以，要向学生灌输邓小平建设有中国特色的社会主义理论。每一个学生只要懂得了这个东西，他就有了根本的思路和出路了，他走到哪

易纪维(左)跟口述校史工作人员交流

里都用得上！所以，这个事情我当时下了很大的功夫，我天天到学校去，去了就看材料，看看有关文章对这些问题的表述，现在应该对学生讲到什么程度？然后就坐下来写这本书。

严格地说，大学生的大学阶段，是他的世界观、人生观基本进入完善和确立的时期，这个时候的思想根基打得怎么样，关系到他的一生。我拿我自己打比方，我印象最深的是1957年铁托的普拉演说，当时我就很关注他讲述到的那些问题。所以，直到现在我八十几岁了，还隐隐约约记得铁托在普拉演说的整个过程和大致内容。我就想，如果老师在课堂上向学生把我们党的一些重大理论、重大方针政策讲清楚了，虽很难让学生百分之百接受，但起码大多数学生可以接受，这样学生们就有了立足之本，就有了前行的方向。

我们编写的这本书一共有十章：第一章就是讲社会主义的发展道路；第二章讲社会主义发展的阶段；第三章讲社会主义的根本任务；第四章讲改革是社会主义发展的动力；第五章讲建立社会主义市场经济体制，发展社会主义市场经济；第六章讲社会主义建设的外部条件；第七章讲社会主义建设的政治保证；第八章讲社会主义现代化建设的战略部署；第九章讲社会主义建设的领导力量和依靠力量；第十章讲实行"一国两制"，推进祖国的和平统一。这十章，我花了将近3个月的时间确立这个体系，哪个问题先讲，哪一个问题后讲，怎样使第一章和第二章能有机地衔接，在学生的脑子里打上烙印？这些问题当时确实是费了很多的脑筋。所以，自1993年10月启用，1994年、1995年、1996年，大概用了3年。

所谓"十年树木，百年树人"，我觉得这就是一个"树人"的东西。后来，教育部决定高校要开展"三进"工作，即"邓小平理论进教材、进课堂、进头脑"。所以，我自认为这是我在师专5年里面做的很有价值的一项工作。

除开展以上工作外，作为党委书记，我还认真抓了党风党纪教育，那个时候不叫反腐倡廉，叫纠正不正之风。我们学校小，也比较单纯，但也不是完全风平浪静。所以，对教职工反映的个别干部办事不力、违纪违规问题，在充分调查核实的基础上，在严肃批评教育的基础上，是干部的做必要的组织处理，对有损群众利益的责令当事人赔偿纠正。

说心里话，我到宜昌师专，通过体制改革以后，对宜昌师专今后的发展还是有很多思考的。为师专往哪个方向发展这一问题我曾经专门到过教育部。

我还和医专的谢书记一起带了一批人到大连大学考察过专升本办学。我回来就积极提出，师专是不是要走专升本之路？就是走由专科升为本科这个路。但是，这个路怎么走要市委决策，市委、市政府不定这个事，谁也担不起这个责任，还要跟省里协调。到1995、1996年，就成立湖北三峡学院了。

（本文根据2019年5月27日于三峡大学档案馆会议室访谈易纪维口述记录整理，整理人：杨斌、郑泽俊、田吉高、龚海燕）

我对宜昌师专的深刻印象

——刘锦程同志访谈录

　　刘锦程，男，汉族，湖北枝江人，1952年11月出生，中共党员。1975年毕业于华中师范学院政治教育专业，1975年12月起在宜昌师专工作。曾任宜昌师专副校长，湖北三峡学院师范学院院长、理工学院党委书记，三峡大学财务处处长、后勤集团总经理。现任中华文化促进会万里茶道协作体副秘书长。

　　长期从事高校教学、管理与研究工作，公开发表论文多篇，其中《改革人事制度是深化后勤改革的关键》被评为湖北省高校优秀论文。

徐特立先生为宜昌师专题写校名

　　宜昌师专的全称叫宜昌高等师范专科学校。它的前身是1946年成立于宜都的湖北省立宜都师范学校。是抗战胜利之后，国民政府为安置从四川荣昌师范学校返回湖北的保育生而在宜都办的一所师范学校。经历过几次搬迁，曾在宜都建校，1950年才搬到宜昌。

　　第一次搬迁是从宜都红花套搬到宜昌西坝。第二次搬迁是1958年，在西坝搞工业建设的时候，学校又从西坝搬到北山坡，就是后来宜昌师专那个校址。大家现在还能看到徐特立老先生题写的校名"宜昌师范专科学校"。据张晓光的通讯员1996年回忆，这个题字是在1958年之前，当时的校长张晓光，一个南下干部，托人请徐特立先生题写的。这个题字的原件原来一直存在师专的档案室。张晓光校长是北方人，从宜昌师专的很多老照片里可以看到，师专那个校园里的老房子、老建筑，都有北方的特色，墙面上都建有窑洞似的那个拱。

1958 年，在国家教育发展需求大框架下，学校由师范升格成师专，但到 1962 年困难的时候，师专下马了。直到 1978 年，由于四个现代化对人才的大量需求才得以恢复。所以，经历了这样一个既简短又很复杂的过程。而后，1996 年宜昌师专与宜昌医专、宜昌职业大学合并组建成湖北三峡学院。2000 年湖北三峡学院与武汉水利电力大学(宜昌)合并为三峡大学。

参加全国高校政治理论课教师培训受震撼

我是 1975 年到宜昌师专工作的，在政治课教研室做教师，1979 年到学校办公室做秘书。党的十一届三中全会以后，提出干部"四化"。起初，在办公室做秘书的时候，还没脱离教学岗位，还兼做教学，后来就专职做行政工作了。在师专几十年教学、管理的经历中，在我记忆里留下印象最深的事情有好几个。其中第一个就是参加了一次有震撼力的培训。

1979 年的暑假，教育部政教司集中全国高校的一批政治理论课的教师，在哈尔滨办了一个暑期培训班。我为什么对这一次培训班的印象深刻呢？因为参加那一次培训班，使我思想上很震撼。当时湖北去了 20 多人，我是其中之一，是省教育厅高教处的处长尤兴超带队去的。

为什么说震撼呢？实际上那次会议是把党的十一届三中全会的精神通过高校政治理论课教师培训这样一个平台或者说途径，把它传达到高校里面去。当时我们在家虽然听了十一届三中全会公报，但到了那个培训班上接触到的东西，真的令我很震撼。当时那些报告提到了一些什么问题呢？比如刘少奇的问题，彭德怀的问题，还有中苏关系问题等一系列重大的政治理论问题，那么直接，那么具体。大家想想，那还是 1979 年暑期，我们开始一听都懵了。但是，后来慢慢随时间推移，自己慢慢揣摩、慢慢体会，感到那个培训班了不得。因为那次请来讲课的都是中央部门一些重要研究所的负责同志，或是理论界的权威，他们对十一届三中全会精神理解深刻。培训回来之后，好多内容还不敢传达。我记得当时军分区有个政治部主任，听说我去参加了那一次会，他专门跑来找我，跟我谈了一天，就是了解那个会议的情况。当时的荆州师专还专门请我过去跟他们学校的领导讲过一次那个会议的精神。所以，这是我在师专工作期间印象最深的头一件事情。

师专的建设发展让我印象深刻

宜昌师专这些年来的建设发展让我印象深刻的还有这么几个事情：

一个是教学质量。我们的教学质量当时达到了什么程度呢？在师范专科学校这个层面，应该是处于全国前列了，因为全国的师范专科学校到宜昌师专来学习、考察的不计其数，东西南北中的学校都有。抓教育质量，应该是从20世纪80年代初开始的，是张国然同志做了校长以后。师专的建设发展加快了步伐，张国然同志是功不可没的。

抓教育质量我印象最深的有这么几个事：其一是不拘一格地引进人才。比如现在还健在的王正清教授，后来做了副校长，他早年在北京大学当老师。再比如金道行、廖柏昂、舒怡卿等都是不拘一格引进的人才。其二是培养人才。那个时候，在学生中间重点培养（开小灶），像胡绍华、王作新、邓新华、王尊全等，这一批教授都是当年师专自己培养的学生毕业留校的。当时就发动我们任课教师在学生中间选苗了，给他们开小灶，他们的借书证跟老师一样，可以借同等数量的书，可以直接进入教师阅览室。在当时那样一种环境和条件下能有这样的一些想法，并做出这样的决策是不容易的。其三是抓课堂教学的质量。我们曾经多次搞过教案备课笔记的展示、评比。其四是建立听课督导制度。所以，师专的教学质量应该在当时师范专科学校层面走在了全国的前面。

抓教学质量方面还有一点补充：当时师专下了很大的功夫，也是不惜本钱，抓了教学实习基地的建设。那个时候在几十所中学，包括宜昌市城区、各个县的重点中学里头，我们都挂了牌，建了基地，保证了我们学生的教学实习有比较固定的场所、有固定的指导教师，所以，这也是质量上的一点保障。

我们在抓教学质量的同时，十分注重稳定教职工队伍。那就是通过各种办法或者叫想尽一切办法，努力地去解决教师的后顾之忧。当时我们为解决教师的后顾之忧，做了这么几件事情：第一个是解决一批骨干教师的家属问题。首先是把有工作单位的家属从外地调进来，是农村户口的想办法农转非，在学校里头安排工作，这在那个时候不容易。我记得我跑了很多的县，帮他们去办这些关系，那个时候不是简单的事情，需要县计委下文件，还需要公安部门下文件，才能解决农转非的计划，还得帮他们搬家。我印象最深的是帮龚先柏搬家。当时他是数学系的党支

宜昌师专时期的刘锦程（左一）

部书记。汽车要走公路，但是连到他家的公路都找不到，我们转了几个小时，因为他平常回家都是走的小路。再一个是生活保障，那个时候我们通过北京、武汉、宜昌重点解决了教职工的煤气罐子问题。当时我们一个助教，一年就可以享受 6 罐煤气，教授们原则上一个月一罐，实际上副教授以上是敞开用的。当时外面很多人很羡慕，我们竟然还有煤气存在葛洲坝的煤气站里头。这就为教师解决了生活上的后顾之忧。

还有一个很重要的问题，就是按照中央要求落实政策，把错戴在有些老师头上的帽子摘掉。那个时候我有很长的一段时间，很多的精力放在落实政策上。因为当时我进了领导班子之后，他们跟我开玩笑说，人财物都是我一个人管了，落实政策应该说对当时师专的发展是起了很大的作用的。

再就是校园建设，解决了大家的住房、教学用房、生活设施的建设。修了那么多房子，师专居然不欠账，没有赤字，还有结余，有存款。因为当时师专很多房子的建设，除了争取上级的一些拨款外，还通过一些渠道，是由一些企业来资助建设的。在我印象中，有这么一些单位重点支持过我们：荆门石化、"六一二""五七一○""二八八""三八八"。这些企业都支援过我们资金和物资。物资在那个年代就是钢筋水泥这些东西。

另外就是后勤保障有力度、有特色。具体来说，首先是改革，后勤改革曾被教育部授予"全国后勤改革先进单位"称号；再就是校园绿化，也曾获得全国绿化委员会和人事部授予的匾牌，叫"全国绿化先进单位"。

最后一点，就是 1992 年进行内部管理体制改革，这项改革既全面又有力度，全面调动了师生员工的积极性，提升了教学质量，提高了科研积极性，增加了职工收入，使全员受益。这次改革在全国师专这个层面反响很大，前来学习考察的兄弟学校众多，宜昌师专这时已达顶峰。

要说印象比较深、值得纪念的事情，大概也就这么一些。我也只是一个阶段的参与者、见证者。

（本文根据 2019 年 3 月 22 日于三峡大学档案馆会议室访谈刘锦程同志口述记录整理，整理人：杨斌、郑泽俊、田吉高、龚海燕）

从宜都师范到宜昌师范

——熊光炎校友访谈录

熊光炎，男，1929 年生，湖北宜都市人。

在十分贫困的条件下，靠着勤工俭学先后读完私塾、小学、初中和师范学校。

1944 年小学毕业，1947 年 7 月宜都县立初中毕业。

1947 年 9 月考入宜都师范学校(后更名为湖北省宜昌师范学校)。

中华人民共和国成立之后，历任小学教师、红花套区教育组组长、中共红花套区委宣传委员、中共宜昌市第三技校支部书记等职。

1989 年退休，撰写了自传体回忆录《我的学生时代》，后更名为《长夜难明赤县天——一位贫困学子的民国记忆》。

我 1944 年小学毕业时就有一个奋斗目标——当一名小学教员。小学毕业后幸运地被免试保送升入初中，后来又读了宜都师范。毕业后当了一名教师，实现了小时候的梦想。

宜都师范兴建

1945 年 8 月日寇投降后，抗战中迁到四川的大批学校都纷纷迁回收复地区。恰在这时，湖北省政府为安置四川国立荣昌师范和国立十四中就读的湖北籍保育生，准备在宜昌地区的当阳或宜都办一所师范学校。宜都籍省参议员、湖北省立第二女子师范学校女校长朱侣柏出面为家乡把这所学校争取到宜都来了。校址设在原来的红花套小学，小学迁至红花套街北的乱坟岗另建新校舍。1946年，省立宜都师范学校在我家北面的红花套正式成立，距我家不到3公里。

当时我们一个班50个人左右，多了坐不下。学校有几十个老师，开设的课程有历史、地理、代数、语文、公民，政治、音乐、体育、美术都开全了。宜都师范最初的学生都是在中国战区儿童保育院成长起来的孤儿，从初中读到师范共6个年级。宜都师范在红花套组建后，每年只招收部分学生补充其一个班的学额不足。因此，每年招收本地学生不过二三十人。

宜都师范校址

我于1947年9月考入宜都师范，为其在本地招生的第二届。

宜都师范的校址原为护国寺，又名新花庙，位于红花套街以南半公里，距长江岸边100多米。在抗日战争中，日寇侵占宜都江北达5年多，因护国寺目标显眼，被日寇炮火击毁，只残存少量房子。1945年日寇投降后，红花套小学由白洪溪迁回此地，又在旁边建了一栋6个教室的茅草房。宜都师范迁来时，红花套小学另建新校舍。宜都县政府责成西部红花套、吴家岗、鄢家沱、柳津滩、茶店子5个乡各为宜都师范赶修一栋土木结构的青瓦平房，建了4栋，红花套小学的校舍抵了红花套乡的任务，这样，连同原红花套小学的一栋校舍共5000多平方米的房子作为宜都师范300多名师生的校舍。因还缺房子，家在学校附近的学生都住家走读，还有少部分学生租住学校附近的民房。宜都师范在宜都红花套只办了3年半，我在这里读了两年半。

师范生的伙食全部由国家供给，但标准很低，生活很艰难。粮食不够吃，采用分饭制，每两桌人分一长方形木盒的饭和两钵菜。天晴在操场上分了吃，下雨就到破庙里分了饭菜以后各自找地方去吃。饭量大的同学吃不饱就加水加菜煮了再吃。我们走读生吃不饱，可以早晚在家里吃一点儿。后来，我到内弟许其世家里食宿，就舒服多了。同学们洗脸洗澡都是到长江边进行。学校的保育生很多，抗日期间，他们在四川的嘉陵江、沱江就学会了游泳，现在到长江里游泳，水域更宽阔，更过瘾了。

湖北省立宜昌师范学校

宜昌解放后，校址位于宜昌的原湖北省立第六师范学校未复课，校舍空着。于是，宜都师范奉命于1950年1月迁到该校校舍，更名为"湖北省宜昌师范学

熊光炎在自己家门前

校",1958年又升格为宜昌师范专科学校。

宜昌师范的校址位于宜昌市西坝的黄草坝(现为宜昌船厂和葛洲坝电厂的一部分)。校舍是抗日战争胜利后新修的,砖木结构的机瓦平房,宽敞明亮,校园宽阔,与宜大砖瓦厂(现在的宜昌船厂)毗邻。食宿集中,伙食也大大改善,能够吃饱了,生活也比较舒适。

宜都师范第一任校长

我读宜都师范的3年时间,正处于解放战争时期,全国人民掀起了"反内战、反饥饿、反迫害"运动。解放军节节胜利,已在荆门、当阳一带建立了巩固的革命根据地,叫"荆当革命根据地"。国民党的反共宣传甚嚣尘上,造谣惑众。而张才千、李人林率领的解放军江南纵队驰骋于鄂西南,纪律严明,秋毫无犯,不拿群众一针一线,爱护人民,用事实戳穿了国民党的谎言。中共地下工作人员和我们同学中的党外同情者,也不断地进行辟谣批驳。国民党军队在辽沈、淮海、平津三大战役以后,士气低落,兵败如山倒,大势已去,国民党政权摇摇欲坠,物价飞涨,货币连续贬值,人心思变。学校师生思想也极度混乱,老师们到宜昌、沙市到处兼课,也难得一饱。课堂上,老师无心授课,学生们懒于学习,都抱着做一天和尚撞一天钟的想法混时间。学校纪律松弛,同学们到处游荡,男男女女,三五成群,群众很看不惯。只有少数学生尚在刻苦认真地学习,想学点本事,以便将来求职谋生。

3年里,学校换了四任校长,第一任校长梁瑞麟。第二任校长胡楚宿,湖北来凤县人,40多岁,矮个子,他任宜都师范校长一年,只到学校来过一次,还没待两天就再也见不到他的人影了。第三任校长朱全纪,湖北兴山县人,身材魁梧,学者派头十足,常年住在学校里,能与师生打成一片,他还兼任了几节公民课,1949年宜昌解放时,他走了就再也没有回来,不知去向。第三年因无校长,群龙无首,师生公推地理教师、杨守敬门生、历史地理学家熊会贞之子熊筱崗为校长。宜昌专署文教科杨筱震科长来校考察后,也批准他为校长。熊筱崗为人正直,和蔼可亲,师生关系很好,大家都很拥护他。直到1950年7月我毕业离校时，他还是校长。

1949 年因刚解放，学校没有上什么课。1950 年因旧教材大多不能适用而新教材又还没有印发，老师们只选了部分教材和编写的讲义进行授课。当时社会活动较多，既要搞革命宣传工作，又要参加当地的清匪反霸运动，很多时候在参加斗争地方恶霸。

从宜昌师范毕业

1950 年 7 月，因宜昌专署要了解农业情况，以便领导农业生产，把宜昌专区暑期教师讲习班的 100 多名学员（大多是学校领导）和我们宜昌师范全体毕业生一共 150 多人组成工作队，培训了半个月，由专署农业科李科长带队，于 8 月 1 日乘汽车开赴当阳县淯溪区进行农业普查。去后遇到当地稻田虫灾严重，又转入发动农民捉虫，只留一部分人进行农业普查，查清了当地水旱田亩数、人口、劳力、种植作物和劳力安排等情况。我被先后分配在傅家山、佟家湖两地工作，9 月底才回到宜昌专署进行总结。

熊光炎一家

总结结束后，教师们分别回原地教书。我的同学也分配了，一部分到各县教书，我和少部分同学被留下来参加秋征工作。培训了近半个月后，我们一行 50 多人步行 60 多公里，经南津关、南沱、莲沱、乐天溪、太平溪，来到宜昌县邓村区开展秋征。我被分配在三溪村工作了两个月，完成了任务，年底又回到宜昌专署总结，随后被分配回宜都县文教科安排工作，结束了我的学生生涯。

（本文根据 2021 年 11 月 11 日在宜昌红花套熊光炎家访谈

口述记录整理，整理人：田吉高、龚海燕）

宜昌师专的求学与引路

——谈崇祯校友访谈录

 谈崇祯，中共党员，退休前任兴山县图书馆馆长。

生于1938年正月28日。

1943—1944年就读私塾。

1945—1949年在兴山县余仕坡小学读书。

1950—1952年在兴山县界牌垭小学读书。

1952年9月—1955年7月在兴山初级中学读书(现为兴山一中)。

1955年9月—1958年4月在宜昌师范读书。

1958年4月—1958年7月在兴山县高桥小学教书。

1958年9月—1959年7月在宜昌师专学习。

1959年8月—1965年5月在兴山县黄粮坪中学任教。

1965年6月—1980年6月在兴山县文化馆工作。

1980年7月—1993年3月创建兴山县图书馆，担任馆长，直至退休。

担任兴山县图书馆馆长期间，图书馆工作得到上级和社会的广泛关注和认可。兴山县图书馆1982年被评为"湖北省农村文化艺术工作先进集体"，1986年得到中国少先队全国工作委员会表彰，1987年被兴山县委及人民政府授予"文明单位"，1988年被宜昌地区文化局授予"文明单位"光荣称号。

谈崇祯工作期间先后获得"湖北省图书馆先进工作者""兴山县特等劳动模范""优秀共产党员"等荣誉称号，1985年被湖北省人民政府授予"湖北省三八红旗手"的称号。

我于20世纪50年代中期分别就读于宜昌师范学校和宜昌师范专科学校，当时中华人民共和国成立不久，国家的教育事业刚刚拉开序幕。在宜昌师范学校学习了3年，后来接续升入宜昌师范专科学校学习，有幸成为师范专科学校的首届学生。这两所学校是现三峡大学的前身之一。母校经过多年的发展，已成为一所学科较为齐全、规模较大的高等学府。母校在发展，风貌在改变，母校的精神气质与内涵在积淀，在升华。我理解母校的文化品质为"求索"与"求是"精神，"求索"为对未知事物充满兴致地进行探索；"求是"为对事物本质规律如实地求证。我一辈子受益于母校的培育，母校的教育奠定了我人生的起点和格局。

小学、中学求学之路

我的家乡湖北兴山，山势高矗，峡谷深切，植被繁茂。家乡的自然资源充盈而丰富，尤其动植物资源特别多，为世界上动植物最丰富的区域之一。被誉为"绿色基因库"的神农架大部分区域原属兴山辖区。兴山人文底蕴厚重，享誉世界的文化巨人、爱国诗人屈原，民族团结的使者王昭君，分别于春秋战国和东汉时期诞生于香溪河的沿岸。

1938年正月间我出生于兴山仙侣山与榛子岭原野之间一处叫白庙的地方。我四、五岁时在父母的鼓励下读了私塾，在余仕坡和界牌垭念完小学。虽然年代久远了，但还是记忆犹新。初次上小学在余仕坡小学，小学仅占用一组建筑群前排的部分房屋，此处环境幽静，景色宜人。整组建筑被茂密的树林环绕，其中有一棵很大的银杏树。汩汩的山泉从旁边的山洞里涌出，清澈甘洌。后又继续到界牌垭小学念书，直到小学六年级毕业。14岁时读初中阶段，就转到家乡的县城高阳镇，就读于兴山县初级中学，该中学的前身是"私立武昌大公中学"，抗日战争时期由武汉迁入兴山。

我的小学和中学阶段均在兴山就学，两所小学均离家七八里山路，就读兴山初级中学时，学校距家里有50多里的路程。那时兴山没有公路，全部靠步行。每周要步行百十来里往返白庙家里拿粮食、蔬菜和酱菜，以保证在学校的伙食。深切感受到家乡交通不便利，教育资源稀缺，尤其教师匮乏的问题。自然和社会环境使然，由此我默默地萌发出将来要当一名教师的愿望。

家乡大山的品格塑造了我，上学路上的景色陶冶了我。牵牛花、喇叭花、金银花、月季花，还有花梨树、木梓树、冷杉树等，让我忘记路途的困顿，想起屈原在《楚辞》中描绘过的大山的苍茫质朴，山上的乔木、灌木与地被植物，丰满又多彩。

我想当一名语文教师

我 17 岁那年，接到宜昌师范学校就读的通知，心中无比地喜悦。到宜昌师范学校报到的时候，在家兄的陪伴下，翻过仙侣山，穿越香溪河，步行八九十里山路到达长江边的小镇，乘船顺江而下才到达宜昌。我读师范学校时是在宜昌西郊的黄草坝，那时候刚解放没多久，教学设施、实验室和学生宿舍都蛮简朴。但学校的校长、老师和同学们从内心里洋溢着欢欣，专注于执教、专注于学习是那时的校园风尚。当时师范学校已具备一定规模，校长是张晓光老师。一共有 5 个班，按学生的岁龄大小分班。1 班岁数最小，5 班岁数最大，我在 1 班。那时候到处都缺少教师，师范行业比较红火，我选择了中文专业，立志要当一名中学语文老师。至于选择教师这个职业，选择中文这个专业，也有个反复的过程。原来我初中毕业的时候，熊法春老师是管社科部的主任，他一直动员我报考医护专业，他说医生和护士是很好的职业，建议我今后朝这方面发展。实际上我早已立志从事教师这个神圣的职业。

可能是我热爱教师这个行业的缘故，从宜昌师范学校毕业后，到家乡兴山的高桥小学执教实习，仅不到 3 个月时间，我成为升级为大专的宜昌师范专科学校的首届学生。这是 1958 年秋，这个时候的师范专科学校，已从原来的西郊黄草坝搬迁到宜昌东山的北山坡，当时兴山缺乏中学教师，于是将我们这批从宜昌师范学校刚毕业不久的年轻教师又送到刚刚成立的宜昌师范专科学校进修。在宜昌师范学校的 4 年学习时间里，我如鱼得水，尽情地在师范专业学习历程中遨游，如饥似渴地学习。注重专业课程的精深学习，梳理凝练教育的本质理念，思考培养人才的方法与路径，注重培养自己对自然与人文学科的兴趣，浏览文学名著，尤其喜欢唐诗宋词，利用学校的简易实验室，学习民乐、风琴、书法和绘画等。许多东西我都想学，使自己更好地服务于未来的教育事业。

学校融入地域文化和校园文化，积累形成学校"敏而求索，实事求是"的品格。家乡的山水培育出屈原，屈原的精神和风采又投射到这片土地，是这片土地和师范学校共同的精神财富。在母校宜昌师范学校和宜昌师范专科学校的所学所悟，夯实了我人生的基础，确定了我的发展定位。在为家乡的教育和文化事业服务中，母校传授给学生的那种信念时刻支撑着我，鼓励着我。

师范专科学校毕业后，信心百倍的我怀揣教师梦想回到自己的家乡，在兴山黄粮中学担任语文老师，该中学是我教师梦想实现的地方。命运似乎在与我开玩笑，全身心投入中学语文教学仅两年多时间，我突然嗓音嘶哑了，一时说不出话来。最后实在无法教学，就一直待在中学办公室做些行政工作。后来调到小学，上至校长秘书，下至炊事员，哪里需要，我就去哪里。由于声带嘶哑，职业性的疾患会影响教学，因此我被调到兴山县文化馆工作。

1965年秋至1980年6月期间我在文化馆工作。初期负责期刊的借阅，兼任文化馆与文工团的会计，每月要以刻钢版油印的方式编辑出版农业种植技术的期刊，同时发行至基层，抄录或编辑与时事相关的黑板报等工作。进入70年代，文化馆成立了图书阅览室，我一人专职负责该室的所有工作。由初期仅有期刊阅览，发展到图书的借阅。我多渠道筹措资金，收集民间典籍，筛选有价值的旧书籍，扩充阅览室的藏书。到70年代中期藏书达5万余册。图书室的藏书与借阅是新的业务，随后我多次到省、市图书馆考察学习。我有在宜昌师专打下的基础，所以使图书室的业务不断拓展，在服务县域文化、农业科技方面有所建树。1974年秋天在兴山召开了湖北省图书工作经验交流会，会上肯定了兴山图书工作发展的思路和经验，使之成为全省的样板。

1980年7月正式批准成立兴山县图书馆，组织上安排我担任馆长一职，直到退休。之后我就辗转武汉、北京两地，与老伴一起，分别照顾孙子和孙女，共享天伦之乐。目前，大孙子在英国求学，攻读伦敦艺术大学和皇家艺术学院的硕士学位，二孙子在清华大学读本科，孙女刚上高中，就读于北京市第四中学。我这一辈子很平凡，教过书，筹建过图书馆，哺养了三个孩子，带过孙子和孙女。

筹建图书馆的委屈和欣慰

回想起当时筹建图书馆真是艰难，筹建图书馆头等大事就是必须为图书馆修建一座房子，这样图书馆才有立身之所。20世纪80年代，按原计划，先落实了修建图书馆的计划，紧接着就是确定图书馆建筑的地基。为了争取时间早日建设图书馆，我直接找到当时负责全面工作的万敬知县长，由县长决定文化馆和图书馆分家后的场地基础划分。图书馆建筑旁边是文化馆的旧建筑，要开挖的地基上是文化馆废弃的旧仓库，本来是经县长协调好的地基划分和搬迁工作，文化馆方面却迟迟不搬迁，所有工作因为搬迁而受阻延迟。

万般无奈，得采取措施保障图书馆大楼的建设。现场负责的同事在施工时碰掉了文化馆的两片瓦。文化馆方面采取消极办法，将我拘禁了大半天。其原因在于当时图书馆是文化馆中分离出来的，图书馆已经在建新大楼了，文化馆还是旧的馆舍，有人面子上过不去，做出出格的举动。万县长得知该情况当即批评了文化馆的领导："你们文化馆不努力进取，图书馆有了作为，你们不服气。要在工作业绩中体现出来，不能再阻碍图书馆的施工建设。"

万县长找到我，说你受了委屈。借此机会，我就给万县长提了个要求："我个人受委屈无所谓，只求你一件事，什么都不要，就是建一所崭新的图书馆，你只给我批点钱。"他问批多少，我说批 8 万。他说你要这么多啊，我说建图书馆大楼，怎么也得稍大点。

建图书馆新大楼时，我不懂建筑施工技术与管理，就请了一个监理机构，由监理机构负责新大楼建设的施工管理，对施工环节进行监督，把好质量关。图书馆大楼的建设由此步入顺利推行的阶段，直至竣工。

图书馆的建设是县域文化发展的重要举措。在图书馆大楼的修建过程中，在兼顾现状的情况下，有些应对措施现在看来是较有发展眼光的举措。建设过程困难重重，协调图书馆新址与周边单位的空间衔接，如水电的接入等具体事项，我主动与相关方协调，赢得主动。

图书馆大楼落成后，书记和县长都到了现场，他们都说别看你的个子蛮小，想法还是蛮多。其实不是我想法多。如果固步自封，那就什么事都办不成。我在现场给他们说，一个图书馆如果太狭小装得下几个人呢？书记和县长都说，你做得对，我们还给图书馆再补助一点，用于扩大藏书，扩充期刊数量，扩编人员。

搜集民间特色藏书我也花了些功夫。我找到兴山在京执中医的廖厚泽先生，他的医术高、名气大、中医典籍多，他愿意将藏书全部捐献给家乡图书馆。这样以廖先生的名字命名，我们创办了富有特色的中医典籍图书专馆，在保护优秀民族文化遗产方面，做了有益的探索。

1982 年我荣获"湖北省图书馆先进工作者"，1985 年由湖北省人民政府授予"三八红旗手"称号，1989 年 3 月由湖北省文化厅授予"优秀共产党员"称号，还被评为兴山县"劳动模范"。

圆梦设立教育奖励基金

作为一个师专毕业的学生，我因阶段性的嗓音疾患，离开了中学教育岗位，将一辈子大多数时间用来从事文化和图书馆的筹建和发展工作，虽然有不少收获，也获得不少荣誉，心中始终有一个念头：在我退休后，要想办法为家乡的教育事业做些事情。

去年我和我的 3 个孩子在一起商量，我说："你们爸爸买了多年的股票，卖出后加起来有 30 多万元，遗产你们可以继承。"他们都说不要。我就提议我个人再出点钱，凑齐 50 万元，因为我在兴山县一中读过书，你们 3 兄妹也在那读过书，我们把这个钱捐给兴山县一中。他们都同意。我想弥补没有终身当老师的缺憾，两辈人一起为家乡的教育事业做些贡献。随即兴山县一中设立了湖北省谈崇祯奖励基金会，基金用于奖励在校读书的优秀学生和毕业生。奖励基金数额有限，谨表达我感恩家乡、感恩兴山县一中对我一家两辈人的培养。

我今年84岁，父辈们没有享受到的，我享受到了。我一个大山里的孩子能够走到现在，没有党，没有人民

谈崇祯（前左一）及大儿子向东文（后中）
与口述校史访谈人合影

政府，就没有我的今天。从中学时的住宿到读师范的费用，我自己没有出一分钱。我3个孩子能够上大学，这不是我一个人能够撑起来的，这也多亏了党和国家的培养，让他们3个都读了大学，而且都是比较好的大学。老大向东文是学艺术的，创立了中国地质大学的艺术设计学科，是资深教授，担任学科带头人。二儿子向涛是清华大学毕业，中科院院士，目前任北京量子信息科学研究院院长。老三谈娜是重庆邮电学院毕业，担任中国电信国际公司副总裁。这3个孩子都能在自己的岗位上努力为国家做些有价值的工作。

首笔谈崇祯奖励基金只有50万元，金额有限，主要表达对家乡的感激，回报宜昌师范专科学校对我的培养。我经常跟孩子们讲，你们有今天不要忘了，要不是有党和国家，你们不会从大山里走出来。我想孩子们也会沿着我引领的路前行。

（本文根据2021年9月28日在中国地质大学（武汉）向东文画室访谈
谈崇祯口述记录整理，整理人：田吉高、向东文（中国地质大学））

宜昌师专让我扬起了理想之帆

——董云校友访谈录

　　董云，男，土家族，湖北五峰人，1961年1月出生，中共党员，中学特级教师。1979—1982年在宜昌师范专科学校中文专业学习，1982年毕业离校。曾任枝江一中校长兼党委书记、枝江县教育局副局长等职，兼任三峡大学硕士生导师。

　　长期从事中学语文教学和教育管理工作，2001年被宜昌市教育局认定为宜昌市第四批学科带头人、被评为"湖北省优秀中学语文教师"；2007年、2011年被宜昌市委、市政府授予宜昌市第六届、第七届"优秀专家"称号。2014年9月被教育部表彰为全国优秀教育工作者。2015年8月被宜昌市教育局授予"宜昌杰出校长"称号。2018年5月被湖北省教育厅确认为首批"荆楚教育名家"（湖北省卓越校长）。2018年11月被湖北省人民政府教育督导办公室聘为湖北省兼职督学，之后又被聘为国务院督导办"特约教育督导员"。

　　退休后，应聘为广东外语外贸大学附设清远外国语学校总校长。

　　撰写并发表教育教学论文60余篇，2022年《湖北教育》杂志专门开辟了"董云专栏"，定期刊发教育随笔。出版《学校内涵式发展探索》等个人专著5本。

　　近5年来，应邀在全国作专业学术讲座300余场次。

人生的一段大学教育经历

　　我的人生与大山有一段特别的情谊。从教四十年，一段大学教育的经历就是在五峰。

1961 年 1 月 7 日我出生在五峰。我的父亲是当阳人，当时五峰县有匪患，他随抽调的工作队来到了五峰，后来就在五峰安了家。我遇上了好时代，刚恢复高考，我就在 1978 年参加了高考，可惜当年没有考上大学。正要上山下乡，五峰二中把几个高考分数过了 200 分的人召回学校重读。勤奋苦读了一年，1979 年 7 月高考总分 317 分，超过当年省录取分数线 17 分。

当年我报考的全是法学专业，第一志愿是西南政法学院，结果没被录取。直到 9 月中旬才接到宜昌师专的录取通知书。在师专苦读了 3 年，毕业时学校最初把我分在宜昌地委宣传部。结果突然来了个土政策，说所有宜昌本地的学生都回原籍，我就只能回到五峰工作。当时师专的领导因担心我会因分配的变化而闹情绪，专门派当时的团委书记曹忠新专程送我一个人到五峰，我印象非常深刻。

到了五峰，我被分配到五峰师训处工作，去了半年就成了师训处的副主任，又做了专科函授辅导老师。当时宜昌各县都配有一名函授辅导老师，其中城区的辅导老师是符利民，后来成为宜昌市副市长。五峰的函授辅导老师就是我，后来我说我教过大学，就是因为受师专的委托，给五峰和长阳的函授班讲现代文学，先是在师专集中备课，然后到两个县去讲课，这也算是我从事大学教育的一段经历吧！

校园里的摔打让我不断成长

1987 年 7 月我调到了枝江，在城区一所初中工作了一年。1988 年 9 月初，县教育局把我调到了枝江一中工作。自此以后，我和枝江一中结下了深厚的情谊，"三进两出"一中。在一中工作六年，我带了两届毕业生之后，1994 年 8 月县教育局又把我调到教师进修学校担任校长。这是我人生中很重要的一段经历。

1999 年 1 月到 2002 年 1 月组织又把我调回枝江一中当副校长，主管教学，另带一个班的语文。刚刚工作两年，2002 年 1 月市委又把我调到市教育局担任副局长，主管业务。2004 年到 2005 年以副局长的身份主持教育局工作。2005 年 4 月又调回一中担任校长兼书记。2017 年 9 月，我辞去一中校长职务，做专职党委书记。2021 年 1 月正式退休。

我这一经历在教育系统还是比较特殊的，相当于将老师、班主任、教务主任、副校长、副局长、校长这些岗位都经历了，这对我后来当校长并形成自己的办学思想起到了非常大的作用。也正是在校园里勤奋耕耘，不断改革创新，我收获了许多荣誉，2014 年被评为"全国优秀教育工作者"，2006 年、2011 年两次成为宜昌市党代会代表，2012年6月被选为湖北省第十次党代会代表出席党代会。

正式退休以后，我被聘为广东外语外贸大学附设清远外国语学校的总校长，又开启了人生新的征程。

个人成长往往是随学校发展成长起来的。在枝江一中前前后后有31年，在这个过程中，我在专业发展上有非常大的提升。从2006年起，宜昌市委开始评选"宜昌市优秀专家"，连续三届我都被评为优秀专家；2014年参加湖北省第九批特级教师评选，一次通过。2016年湖北省开始评选第一批正高级职称教师。全省共评出了124人，宜昌13人，我就是其中之一。2015年教育厅面向全省选拔楚天卓越校长，我被选拔为培养对象。经过两年的培养，2018年省教育厅考核选拔，我被命名为"荆楚教育名家"。后来，由于我在学术方面的成就，被省人民政府聘为"教育督学"，2018年又被聘为国务院督导办"特约教育督导员"。

40年从教经历，也形成了我自己的办学思想。提出了"唤醒教育"的思想，把"办一所遵循人性的学校、办一所人在中央的学校、办一所探问世界的学校"作为我的办学理想。撰写了大量教育教学论文，2022年《湖北教育》杂志专门开辟了"董云专栏"，定期刊发教育随笔。出版了《学校内涵式发展探索》等专著5本。

近5年来，我先后在全国开展专业学术讲座300余场次，广泛交流，分享从事教育教学的成功经验。

我还致力于枝江一中校友会工作，激活了校友的巨大能量，为枝江市经济建设做出了贡献。北京校友会、广东校友会、上海校友会等校友会相继成立。特别是2018年3月31日两千余名枝江一中校友"资智回校"活动，投资144亿元反哺家乡，在社会上影响巨大。

母校的那些人那些事

我是1979年9月入学的。入学那天就感受到了老师贴心的服务及其对学生的关爱，内心感觉非常温暖。当年从五峰出来读书特别难，我坐了一天的货车来到宜昌，进师专大门时已经是晚上八多点钟了。当时内心很忐忑，在门房说了我们的情况，门房的老师马上就联系我们的班主任谭传树老师，他来后给我做了一系列安排，很快就安顿下来，这件事我记忆非常深刻。

我们来师专读书，基础是很薄弱的。当时老师们既要帮我们补基础，又要完成大学的教学任务，所以老师对我们要求很严。记得老师要求我们背诵屈原的《离骚》，我花了很长时间才背下来。这对我后来的工作有很大的启示。

学校非常重视学生的综合素质培养，特别重视体育的发展。那时学校经常举行各类体育活动，我在师专的时候是学生会体育部长，组织过很多的比赛活动。湖北省举办第一届大学生运动会，师专领导极为重视。选拔运动员，我有幸被选为队员，我们在教练吴老师的带领下刻苦训练，在比赛中取得了不错的成绩，这也是我人生中唯一一次参加省级大学生运动会。活动能促进人的成长，在师专我各方面能力也都得到了极大的提升。最开始是班级体育委员，后来又当了班长，接着做系学生会体育部部长。这对我之后从事学校管理打下了深厚的基础，对分析问题、事情的处理与决断都有着很大的积极作用。

师专的 77 级、78 级、79 级这三届学生都是教育界精英，这与我们师专教师的功底扎实和教学认真是分不开的。比如当时的巴文华、曹文安、谢道弋、张道葵、郭超煾、李祖林、刘永龙等老师都是非常优秀的教师。当年我们学习外国文学的时候，巴文华老师自己用钢板刻的《外国文学一百例》给我们留下了深刻印象，我现在都还保存着；当时没有统编教材，曹文安老师给我们编写的《古代汉语》教材，我们读了一遍又一遍；谢道弋老师讲现代文学，都是先让我们自己去钻研，再才给我们开讲的，这不就是现在的"先学后教"的范例吗？

宜昌教育发展的根基在三峡大学

我以前不知道三峡大学在全国的影响力，后来外出讲学，走的地方多了，才发现三峡大学在其他省市的影响力越来越大、名字越来越响了。

我觉得宜昌教育发展的根基在三峡大学，像我们学校的老师和领导班子基本上都来自三峡大学，在宜昌各县市也都是这样的。因此，我建议三峡大学在办成全国影响很大、专业特色突出的综合性大学的同时也要加强对基础教育类学院的建设。

宜昌教育发展离不开三峡大学，三峡大学发展的根基也在宜昌，把师范教育真正地发展好了，不仅对宜昌，而且对全省乃至全国都能起到很大的促进作用。现在我也在三峡大学讲课，是文学与传媒学院的兼职硕士生导师。只要母校需要，我都会发挥自己的余热。

人要有理想和愿景，也就是习近平总书记说的要"不忘初心"。我的理想和愿景是在师专读书时树立起来的，时间是 1981 年 11 月 8 日晚上，那天我在床上写日记："我本想成为一名解放军战士，结果来到了师专，既然以后要当老师，那我就把当一名优秀的语文特级老师作为我的奋斗目标吧!"现在，每当我看到那篇日记，很是感慨。现在给老师们讲教师专业成长的时候，我就以这个为素材，希望每个老师都要有自己的理想和追求。

（本文根据2019年12月16日于枝江一中会议室访谈董云校友口述记录及2022年10月联系沟通信息整理，整理人：杨斌、郑泽俊、龚海燕）

宜昌职业大学篇

创办高工班是我这辈子做的最有意义的一件事

——曹诗青同志访谈录

曹诗青，男，1934年出生，汉族，湖北枝江人，中共党员。1958年4月从宜昌师范学校毕业留校，先后在宜昌师范教务处、宜昌师专办公室工作。曾任宜昌市第十三中学党支部书记、校长，宜昌市革委会文教组副组长、政工组秘书组组长，共青团宜昌市委书记，宜昌市知青办副主任（主持工作），宜昌市劳动局副局长，文教局副局长兼任宜昌市工业技校校长和书记、高等工业专科班书记，宜昌职业大学党总支书记，宜昌市文化局党委书记、局长，宜昌市侨务办公室主任、党组书记。

长期从事党政管理工作。与他人合编《三峡名人》(上、下册)并公开出版。撰写并出版自传《草·砖·牛》。

我的人生经历与发展脉络

我叫曹诗青，1934年出生在枝江市顾家店镇高殿寺村，小时候因家境极度贫困，受尽生活煎熬，只断断续续读了两年私塾、几年小学。解放后当过民兵，参加过支前、土改，又读了几年小学、初中和师范。从宜昌师范学校提前半年毕业即留校工作。先后在十多个单位任职，当过中学的书记、校长，市知青办主任，市劳动局、文教局副局长，兼任宜昌高工班、宜昌职业大学党总支书记。退休时，我有一首打油诗，是谈退休前的感言的：

步入工作岗位，三十八年有味。

教育工作开头，侨务工作结尾。

酸甜苦辣都尝，却也无怨无悔。

虽然平淡无奇，却有几分欣慰，

求真务实奉献，晚年还要增辉。

全力以赴创办宜昌高工班

我这一辈子觉得最有意义的，是在党的领导下做了几件有开创意义的事，创办宜昌高等工业专科班(简称宜昌高工班)就是其中一件。我在回忆录《草·砖·牛》中有一篇专门谈艰苦创业办大专的文章，我就此事作简要介绍吧。

20世纪50年代中期，宜昌市曾经办过一所工业专科学校，后因国家遭遇三年困难被迫下马了。从此，宜昌市各方面所需人才，全靠国家分配和设法从外引进，数额有限，远远不能满足需求。"文革"十年，大学停止招生，人才断档。"文革"结束后，全党的工作重心转向经济建设，各行各业急需人才，若等大学恢复高考培养几年再分配下来，那可真是远水难救近火。因此，市委打算恢复工专。

1977年，宜昌市委让我挂职市劳动局副局长，兼任市工业技校的党支部书记和校长。市工业技校是原市工专的旧址，意在创造条件，打下基础，适时恢复工专。

1978年，改革开放的号角吹响。春夏之交的一天，时任管文教的副市长王维顺同志约我谈话，意思是市委决定恢复工专，但现在条件还不十分成熟，先办高工班，由小到大，逐步发展成专科学校。这个任务交由你去筹办，因为你原来办过教育，而且在师专待过。今年就要招生，任务十分紧迫。市委准备组建一个领导班子，你任书记，市委常委、分管市综合战线的常务副市长倪忠俊同志兼任高工班的班长，另外再配两位副班长，正在物色人员。现在实际上还是你一个人去谋划，全靠你了。

他话音落下，我沉思了片刻。当时心情比较矛盾：一方面，恢复工专是势在必行的一件大好事，但没想到来得这么快，而且任务还落在我的肩上。办高校与办中等教育学校毕竟不同。技校目前的条件，除了有几间教室和宿舍外，什么都不具备，我感到这个任务太艰巨了，怕挑不起这个担子。但另一方面，我又想，"文化大革命"十年，教育受到的干扰和破坏最严重，大学已停止招生好多年，没有培养出急需的人才。现在改革开放已经全面启动，邓小平同志特别重视教育工作，1977 年就"自告奋勇管科教"，还提出："教育要狠狠地抓一下，一直抓它十年八年，我是要一直抓下去的。"现在市委决定办高等教育，上顺党心，下合民意，符合形势的迫切需要，又有常务副市长当班长，再大的困难也要克服，值得拼命去办。这是市委对我的信任，也是去做一件十分有意义的事。我要下决心先将高工班筹办起来，然后交给其他同志继续办成正规合格的工专。想到这里，我表了态：感谢市委的信任。我接受这个任务，立刻去筹办。并希望市委、市政府加强领导，多加关照和支持。

回来后，我立即召开党支部会议，传达精神，说明情况，重新进行了分工，请支部成员全力搞好技校工作，以支持我创办高工班。他们都欣然同意。我便全力以赴，以时不我待的高速度将筹备工作全面铺开了。

一是通过市计委向省里申报有关招生计划。

二是请市委组织部配备领导班子，改变唱独角戏的状况。过了些时候，市委就调了市文教局原副局长张振山同志任副班长，分管教学行政工作。再过了些时候，又将转业来宜的原部队院校团职干部王虎同志调来任副班长，专管后勤工作。

三是为保证师资、设备、后勤保障迅速到位，决定设立校办公室和教务、总务两处，并物色相关负责人立即到位。我上门找了市二中教导主任、原在工专任过教务长的安庆云同志，尽管他已年近六旬，还是愉快地答应重返原岗位任职。总务主任一时暂缺，要了个复员军人具体抓，从市委食堂调了个厨师，招了几个农民工当炊事员。校办公室主任是从市外调

曹诗青专著《草·砖·牛》

进的，但不久市文办又把她调到一所中学任校长去了。不得已，我用一位数学教师将市一中的张泽勇同志换来任秘书，但不久他又被调到市委组织部去了，后来他当上了《三峡晚报》的社长。

四是确定了专业设置和招生人数。根据我市当时工业发展现状，机械、电机、电器和医药企业较多，迫切需要人才。于是我们报请市里和省里同意：决定招收学生 90 名，设立电机电器和工业微生物两个专业，各办一个班。

曹诗青(右)与高工班毕业生蒋红星(左)合影

五是组建教师队伍。这是当时最艰难、最紧迫的一项工作,一时很难从外地高校引进有经验的教师。无论公共课,还是专业课教师,都只能从市内中学和企业中物色选调了。而当时正值教育战线拨乱反正,知识分子思想顾虑还较多:有的怕到知识分子成堆的学校来,有的怕高工班办不长,还有的怕单位不放人等。所以,为动员一位教师常常要往返多次,颇费口舌。做通本人思想工作后,还要找其所在单位和部门领导协商,请求支持,最后才呈报市委组织部下调令。

当时我不顾炎热酷暑,不分工作和休息时间,在没有任何交通工具的情况下,不停地穿梭于大街小巷、企业、机关。顺利时还好,有时碰了壁那种难受滋味,只有自己默默忍受。因为当时还没有别的人可以帮忙,我是向市委做了保证的:高工班,我一定要筹办起来,必须战胜一切困难。要成就一件事,有时往往在于努力地坚持之中,我决不能打退堂鼓。

在我的真诚感动下,被物色动员来的有:曾在市工专教过书的市一中化学老师赵聚勋同志,市广播站工程师王宗生、陈贤忠同志,市柴油机厂、电机厂、微型电机厂、红旗电缆厂中学、印染厂、电子管厂、市机床厂等单位的工程技术人员。他们有的曾在高校任过教,有的因为专业不对口,英雄无用武之地。经过我的宣传动员,最后,他们都同意来高工班任教。同时,还有一些好友也积极向我推荐,如郑昌同志就推荐了在工厂任电器技术员的英语教师祝其瑶同志,他后来在宜昌大学任教务主任。另外,恢复工专的消息传出后,有志于教育事业、主动上门自荐者也有,也有个别是从部队院校转业分配来的。在较短的时间内,便有十多位老师来校报到。有公共课教师,如物理、化学、英语、体育、机械制图等课程的,也有专业课教师,如电机电器、生化、工业微生物等课程的。若还有缺,就设法在有关工厂企业聘请技术人员作兼职教师。因为有些工厂正等米下锅,盼着高工班学生毕业后能多分些去,所以都积极支持,愿意合作办学。如三峡制药厂厂长陈远才同志就亲自来校兼课。后来,他把工业微生物专业的毕业生要了一批去,这些毕业生逐步成长为该厂的技术骨干,陈金成同学后来还当上了该厂厂长。

六是制定教学计划。我们组织制定了二年制工业专科的教学计划,确定其中包括一年的公共基础课教学，半年专业课教学，半年下厂实习，进行毕业设计。按照这个教学计划，组织教师安排课时计划，编写教材。

七是公开招生，全省统考招录。宜昌市高工班招生简章在报纸上发布后，我又亲自带人到省招办去录取学生。学生多为上山下乡知青，老三届的不少，也有一部分是招工回城进厂当了工人后报考的。改革开放后，他们赶上了报考大专的机会。虽然是新办的专科班，条件较差，但他们认为终于有机会学习科学技术，提高本领，觉得幸运，非常高兴和珍惜。录取通知书发出后他们都按时到校报到，没有一个不来的。

曹诗青（右一）与湖北省戏研所副所长
陈先祥（女）等人在一起

1978年11月2日是一个值得永远纪念的日子，这天宜昌高等工业专科班举行了开学典礼！

高工班是从曲折的路上走过来的，办到第三届时还能不能招生？校址如何定？规划如何做？这些问题都摆在我的面前。于是，我给市委张健书记写了一封信，但所反映的一些问题，市委一时难以解决。这样，在一无校址、二无经费的情况下，省计委已完全停止了高工班的招生指标。市委为了稳定师生情绪，决定将市电子中专的招生指标拿出40个给高工班，以维持办学。

以高工班为基础改办宜昌职业大学

1983年，根据省里发文的建议，以高工班为基础，改办宜昌职业大学。我记得在这期间，还经历了一次教师评职称，我当时写了一首打油诗：

> 首次办高校，初遇评职称。心里很忐忑，标准把不准。
> 不为名和利，调动积极性。专业和外语，学习抓得紧。
> 聘请专家来，评议显公平。讲师和助教，评了七八人。

教授还没有，只要不断评。育人为目的，蚕死丝方尽。

艰难的环境培养出了良好的校风。当时我们的奋斗目标只是办好高工班，逐步升格为一所正规的工业专科学校。大家为这个目标不怕艰辛，认真教学，团结友爱，生动活泼，为办好高工班而奋斗，逐步养成了良好的校风。

为提高办学质量，我们还组织了部分教职工到武汉、上海等高校学习取经，汲取老校的办学经验，借此机会还从上海交大引进了几名教师。

一年后，市委决定将高工班与市技校分开，搬迁到窑湾原市干校办学。因每年招生有所扩大，学校容纳不下，征得市教育局同意，在市一中和张家店小学内也办了班。那时，教职工到市一中和窑湾等处上班、上课，都靠骑自行车或步行，不论刮风下雨，冰雪寒霜，大家都穿着一双"力士"牌胶鞋，早上起来赶路，从无怨言，从不误点。这种艰苦奋斗的办学精神，十分令人感动。

那时没有福利待遇，都过着十分清贫的生活。学校后来买了一辆卡车，逢年过节，学校领导就把运回来的煤亲自送到教职工家里，舒缓一下他们的后顾之忧，教职工还非常感激。那时干群之间、师生之间感情都非常纯朴、亲切、融洽，给人留下了美好的记忆。

我圆满完成了任务，为国家培养出了优秀的人才，辛勤的汗水灌溉出了鲜艳的花朵。当年看着很不起眼的小小高工班，不仅培养出两届、近200名毕业生，为我市输送了一批急需的技术人才，后来他们都成为各企业的骨干，为宜昌市的经济建设做出了贡献。而且还涌现出如枝江酒业的老总蒋红星那样知名的企业家，更涌现出被任命为国家人社部副部长的汤涛同志等。他们就是高工班第一、二届的毕业生，这也成了我们的骄傲。高工班师生奋力追求的目标终于实现了。

1983年，宜昌高工班改为宜昌职业大学后，为理顺关系，市委又让我挂职市教育局副局长，兼任学校党总支书记。

难忘高工班　想念老朋友

1983年年底，我奉命调市文化局任书记、局长。马述祥同志接任宜昌职业大学书记，主持工作。为方便学生走读，1986年1月，宜昌职业大学迁址到了东山体育场路，学校有了进一步发展。

后又经过整合，宜昌职业大学、宜昌师专、宜昌医专合并为湖北三峡学院，这标志着学校已融入了一所新的本科高校之中。不久，学校又融入了综合性的高校——三峡大学。原宜昌职业大学校址上新建了三峡职业技术学院，这就远远超出了我们原来追求的目标，宜昌的高等教育事业得到了长足的发展。

现在原高工班的教职工在岗的恐怕没有了或者不多了，他们大多退下来了，有的甚至去世了。还活着的开校元勋们现在如果再相聚，回忆当年办高工班的艰难曲折历程，恐怕几天几夜也说不完。大家不知有多感慨！有多开心！有多幸福！我很想念他们，也非常感谢他们！

我于2015年出版了一本自传《草·砖·牛》。我自认为平生没干出什么伟业，平淡无奇，把个人的人生经历分为三个阶段：小时候，是一棵无人知道的小草；事业上，是服从组织安排的一块砖；工作中，是只知埋头苦干、不讲任何条件的一头牛。在高工班的这段经历中，我就是铺垫高工班的一块砖。

（本文根据2019年11月21日于宜昌家中访谈
曹诗青同志口述记录整理，整理人：杨斌、郑泽俊、田吉高）

创业才知艰辛　收获方觉甜蜜

——祝其瑶副教授访谈录

　　祝其瑶，男，汉族，湖北孝感人，1942年10月出生，中共党员，副教授。1966年毕业于华中师范学院英语专业。1978年10月起先后在宜昌高等工业专科班、宜昌大学、湖北三峡学院、三峡大学工作，曾任宜昌电器厂技术工作负责人。

　　长期从事英语教学与研究工作，撰写的《英语的分割现象》《Not与No语言用法及其区别》《工科院校学生过好英语语言关的一点体会》《帝国主义列强侵略对宜昌方言词汇的影响》《宜昌教案发生地点考》等多篇论文在《宜大学报》《宜昌市学报》《湖北三峡学报》等刊物上发表。论文《英语的分割现象》曾获得宜昌市外语学会优秀论文奖。

　　曾自行研制"便携式语言教学系统"获湖北三峡学院工学院1996年教研成果三等奖。

为了外语教学，我自制无线话筒

　　我1942年出生，今年81岁，2002年从三峡大学外国语学院退休，副教授职称。1962年9月我进入华中师范学院（现在的华中师范大学）外语系英语专业学习，本应1966年毕业，因"文化大革命"推迟到1967年12月毕业分配。1969年起在宜昌市电器厂工作，曾主持技术工作（在生产实践中边干边自学）。

　　在宜昌职业大学阶段，当时学校没有语音实验室，为了教学我得自己想办法。我就通过广告信息，邮购了电子零件，自己装了一个无线话筒。除了说话外，还可以播放录音，学生利用自己的无线耳机收听。虽说简陋，但在当时还是很实用的。当时做成了无线话筒后，为了慎重起见，我将此器件拿到市政府无线电管理委员会检查校验，经专家检测，我的器件符合国家无线电管理规定。后来，我以此申报学校科研项目，还获得了三等奖。

怀念宜昌高工班艰苦奋斗的岁月

我所了解的宜昌市高等工业专科班(以下简称高工班)的历史是：高工班成立于1978年下半年。我不知道批文，所以具体时间不清楚。我是经市委组织部下文调到高工班的。1978年10月22日，我从市委组织部领取调动通知时，组织部的同志告诉我说："虽然可以在一个月内报到，但还是要尽快，早点去好。"23日，我就回厂办理了离厂手续，把该办理的事都办完，24日我就去高工班报到了。11月2日高工班举行开学典礼，出席开学典礼仪式的有市里的领导、市教委的领导，学校的领导曹诗青以及宜昌市技校的领导。曹诗青当时还兼任市劳动局的副局长。

当时，高工班是借用技校的校舍。更准确地说，是高工班与技校共用一个校舍，领导也是同一个班子。而这个地方就是1958年原宜昌工专的地址。开学典礼那天是星期三。本来之前报到的老师有四位：化学老师赵聚勋，英语老师安同勋，英语老师祝其瑶(就是我)，机械老师王德俊。其中三位老师参加了开学典礼，而机械老师王德俊因出差到上海买书，未能参加。到今天仍健在的只有我和王德俊两位了。

高工班是经省教委批准为全日制统招统分的学校，学生都是住读。出席开学典礼的学生是：电机电器专业48人，工业微生物专业43人。学校给我的课表是：一三五英语课，分班上；二四六化学课，合班上。这就是第一周第二周的情况。后来曹书记又在多方活动，陆陆续续就有新老师来报到。我的精力都集中在教学上，因为学生是住读，所以，我早上5点起床，6点多钟就赶到了学校，辅导学生早自习。虽然开学了，但老师未到齐。在这种情况下，既然学校机器已开始转动，就要让

祝琪瑶至今保存高工班工作期间获评
先进工作者的纪念品(茶杯+毛巾)

它好好地转。缺老师怎么办？就开电大课，开了好几门。上课收看电视，下课后安排老师辅导。虽然有困难，但领导、老师、学生的心都往一处想，劲往一处使，学校的工作还是很有序的。

高工班首届毕业生中有四位留校任教：工业微生物专业的张亚雄和胡滨，电机电器专业的黄德华和汪德华。这四位的学习成绩都不错。还有分配到三峡药厂的首届毕业生汤涛由厂调宜昌市，进而调湖北省里任职，之后又调恩施州，再后来任山西省委常委、组织部长，现任人社部副部长。还有第二届工业微生物专业的蒋红星，现任湖北枝江酒业有限公司董事长。

高工班的三年是我们齐心协力、艰苦奋斗的三年，所有原高工班的教职工都把这铭记在心中。每每碰在一起，我们都会说一句，"我们怀念高工班"。后来，高工班陆续进来了一些干部和教师，比如，空军西安某部转业的团级干部王虎担任高工班主任(因高工班的名称是班不是校，只能叫主任)。办公室主任岳桂云。之后，还有裴玉喜接手办公室主任，宋淑君管档案，老师也渐渐增多了。

曹书记是我印象最深的一位领导

曹诗青书记为人谦和，善解人意，体贴民情，是我印象最深的一位领导。举个例子说吧，高工班调来一个管后勤的退伍战士黄定树，其妻在宜昌乡下，两地分居。曹书记就在劳动局要到了一个招工指标，把黄定树的妻子招到高工班搞后勤。黄定树本人很高兴，但不知道内情。有一次他与曹书记发生矛盾，之后裴玉喜主任对黄定树讲："你还跟曹书记吵架，你知不知道你老婆是怎么到宜昌来的？"待黄定树知情后，感激涕零。以后逢年过节，或者曹书记家有事，他都会主动前去帮忙，成了很好的朋友。

还记得在20世纪80年代初，全国有一次工资调整，40%的人员可以调资。当时高工班教师有20人，按文件规定只有8个人可升级工资。经曹书记多方努力，结果高工班教师有14人调级了，比例达到了70%。学校还明确把这多要的指标全部给老师。曹书记还说："我尽了最大的努力，但还是未能让20个老师都升级，很遗憾，希望大家谅解。"

高工班开办的时间与葛洲坝水电工程学院相同，但由于宜昌市财力有限，只拨给高工班1万元购买货车，其他全凭省教委拨给的一点人头费运作，相当困难。而葛洲坝水电工程学院就不同了，因为它是水利部所属高校，伴随着葛洲坝水利枢纽工程的建设，它越办越红火。眼看高工班要办不下去了，我们所有人都心急如焚，曹书记的心里也很难受，大家一致的心声是：高工班千万不能走宜昌工专的老路，若是撤销，宜昌市就永远没有市管的大学了。曹书记多次到省里汇报沟通，结果是，暂停高工班招生，改招中专班，继续维持学校的存在。

此时，宜昌市决定高工班与技校剥离，搬迁到窑湾，那里有校舍。窑湾离市区远，没有公交车到达，我们上班时，有的骑自行车，有的就是步行，进去后就是一整天，直到下班。后来，市政府考虑到我们学校地处偏远，教职工上班困难，就从市委党校调拨一辆交通车，连同司机一起调到学校。招收的中专新生及原高工班的学生住读，继续完成学业。这样就形成高工班与中专班并存的局面。学校招收了两届中专班，第二届和第三届高工班学生也全部毕业。

后续怎么办？曹书记很担心。经与省教委沟通，省教委决定，在中等城市开办职业大学，同意我们成立宜昌职业大学。它与高工班不同，是自费走读的专科大学，毕竟它是宜昌市属的大学。可是问题来了，窑湾离市中心太远，不适宜走读，必须在市内办学。曹书记就联系从张家店小学借房子，职业大学就这样在张家店小学里面办起来了。

后来，曹书记调走了，马述祥书记接任。马书记经走访调查后，决定在赵家湾新建校址，这就是宜昌职业大学的校址。

宜昌职业大学的新教学楼落成后，我们从张家店小学搬迁至此。教职工曾议论一件事，从高工班到宜昌职业大学我们走过了一段不平凡的历程，学校继续办学了，大家真希望制作一块石碑，刻上所有为之奋斗的人名，嵌入教学楼一楼外墙，以作纪念。

有人曾问我，工作以来这么长时间，印象最深的是哪个阶段？我毫不犹豫地说，就是宜昌市高等工业专科班那个阶段。之所以印象深刻，是因为我们大家都在其中创业。创业才知艰辛，收获才知甜蜜。我爱宜昌市高等工业专科班。

（本文根据 2019 年 11 月 12 日于三峡大学档案馆会议室访谈
祝其瑶副教授口述记录整理，整理人：杨斌、郑泽俊、龚海燕）

我对职业大学办学特征的思考与探索

——马述祥同志访谈录

 马述祥，男，汉族，山东乳山人，1934年6月出生，中共党员，研究员，副教授。1965年8月毕业于山东工学院机制工艺及设备专业，1984年起到高校工作，1996年晋升为研究员。曾任宜昌旭光棉纺厂厂长兼党委副书记，宜昌大学(宜昌职业大学)党委书记兼常务副校长。

长期从事企业管理、高校管理与研究工作，公开发表《关于学生思想教育问题》《高等职业教育发展的几个问题》《宜昌市教育发展战略的探讨》《关于社会机制的问题的思考》等多篇论文。

旭棉厂长变身职大校长

我认为宜昌市委、市政府领导当时下决心办一所职业大学，是高瞻远瞩的。当时电视台记者专门采访我，问为什么要办这所学校？我就讲了：一个城市到了一定的规模，要想持续发展，要是没有一个高等学校来支撑，那是不行的。大城市不用说，就说我们中等城市，最少要有一所自己像样的大学来支持和支撑经济社会发展。

宜昌职业大学的前身叫宜昌高工班，作为高等学校不行，当时规模太小，地址在窑湾，那里曾经是市委党校的旧校址。我是从旭光棉纺厂调过去的，是市委领导在洪山宾馆跟我谈的话。那时，我正在武汉上党校，听了动员报告第二天正在讨论，陈传江同志就到党校找到我，跟我说："市委决定让我代你到党校学习。

市委领导在洪山宾馆等你去谈话。"我说："你开什么玩笑？"他说："不是开玩笑，是真的。"结果是市委决定调我到宜昌大学当副校长，主持工作，这让我很意外。我说，当初市里调我到宜昌旭棉当厂长，我说："我不敢当，我做梦都没有想过跟棉纺厂打交道。我是外行的外行！"旭棉是市委确定的133重点工程之一（旭棉、八一钢厂、印染厂等都是重点），市里砸锅卖铁也要把这几个工程搞好。为了把旭棉搞上去，宜昌先后聘请了西安、上海的老师傅和专家。现在全国的纺织行业都赚钱，唯独我们宜昌是亏损的，我哪敢去？我实在是心生忐忑、如履薄冰。我是8月份去的，当时还亏损30万。到年底就不亏损了，还倒赚了500万，这下就不得了了。第二年赢利1000多万，第三年也是1000多万。所以，我去了5年，就把它原来的规模翻了一番。原来的3万纱锭叫小型企业，后来发展到6万纱锭、800台布机、产值过亿，就成了大型企业了。国家纺织部追踪了3年后，给厂里的优质纱颁发了国家银牌奖。

在我这边搞得正红火的时候调我到宜昌职业大学去，我就有点想不通。我说，我刚刚站住脚了，又要我去搞别的事。当时，老市长徐行同志跟我谈话说："让你换个地方，到窑湾去，管这个职业大学，把这个职业大学搞起来。"我说："对不起，我尊重教师，但我不想当教师。我尊重医生，但我不想当医生。我的这个性格不适合。当初叫我到工厂，我是外行的外行，去了和大家一起努力，最后总算把它搞好了，那是大家的功劳，不是我的，我在里头只起到了跑堂的作用。而现在呢，又要叫我去搞这个，这不是180度大转弯吗？这个弯转得有点大，我搞不成！"结果呢，徐行有点不高兴。他说："你老马是不是觉得有点怀才不遇啊？"我说："对不起，我没有才，无所谓遇不遇。我说的是实话，我是搞不好。"我还说："政府有多少钱我清楚。即使有钱，在窑湾那个地方，办个大学谈何容易啊！我不求在那儿劳而有功，还求个劳而有效吧！"

后来，组织部派人来找我了。这人我认识。我说："我实在不敢从命，这个事情太大，要是下了决心办个高等院校，要我去，你们就选错了，我担当不起！"组织部的人就说："你必须得去！"我说："不是我提条件，窑湾那个地方光溜溜的，什么依托都没有，学生老师都来回走、来回跑，这

宜昌大学奠基典礼仪式现场
（主席台中央站立者为马述祥）

马忠一(右)、符利民(中)和
马述祥(左)在宜昌大学

是大学吗?"他说:"那你说怎么搞?"我说:"要我去,我就想法重新选址,搬出来。"当然,表面看来是我讲条件,但我说的是心里话。我说:"我图什么?我吃力不讨好,劳而无功!"结果,最后约定,要我先去接手工作,再选址,政府还要审查,选对了,大家同意才可以。

当时宜昌职业大学旧址到处都是荒草、鱼塘。后来,我就找到赵家湾。我 看这个地方好,在东山大道上面,整个一大片都是空地。我就在想啊,这个地方将来是个闹中取静的地方,将来南北有两条主干道,蛮好啊,就选了。选了以后就找市领导,请市委、市政府的领导一起来看,都说这个地方还可以,就建在这里。不久就在此举行了奠基仪式。这就是宜昌职业大学校址的选定过程。

然后是解决学校用地问题。当时规划的东山那一块,871亩地,那是谢远照副市长规划的,结果第一批才征了51亩,第二批又征了多少亩数字我记不清了。规划比较好,后来要建体育场,政府出面跟学校签了个协议:用体育建设拨款建体育场,宜昌大学支持这个项目,提供地皮,建好了以后,有重大的体育赛事,学校让路,重大的体育赛事以外学校可以用。

初办职大对高职办学特点的困惑

办职业大学、高等职业教育,那时全国各地的政府都在搞。我想,可能是因为当时中国的高校不多,招生人数有限,高中毕业生升学率那个时候不到25%。那么,剩下的一大批没有学上,它就成为了社会问题。高中毕业就去就业,没有学历优势,也没有一技之长,你要深造又没处去。所以,在这样情况下,兴办高等职业教育成了客观需要,是社会发展需要。我认为,当时的国家教委也是因势利导。各个地方政府有办地方高等教育的积极性,而国家没有钱,教委也没有钱拨给你办,既然地方政府有积极性,何乐而不为呢?

当时,全国性的高等职业教育,以江汉大学为首的,大家自发搞了个全国性的高职协会。到了第二年,全国高等职业院校举行全国性会议,姚书记去参会了。这个会就把全国职教院校划为五个片区，选举我们学校为中南五省这一片的牵头学校，江汉大学是全国的牵头学校。于是，我们就专心来搞职业教育，对办学的方向、办学的层次、专业的设置、人才的培养这些都开始进行较为细致的思考。

当时高等职业教育的特点是什么？特色是什么？江汉大学概括为："交费、走读、不包分配。"当时武汉市政府前秘书长王千弓是江汉大学的校长，是全国职业院校的领头人。我对他说："王老，你这个观点我不敢苟同啊！"他说："国家都承认。"我说："那当然是国家承认，国家是顺水推舟。你地方政府有这个办学的积极性，应届生、往届生考不上一类、二类大学的，还有机会接受高等职业教育。但'交费、走读、不包分配'怎么能够成为这类学校的特点呢？"结果，王老瞪了我一眼。我想，如果这不是特点，那什么才是高职办学的特点呢？收费是因为没有钱，走读是因为没有宿舍，不包分配是因为国家不给你指标（当时分配是带指标的），但这怎么能成为职业大学的特点呢？

历史证明，所有高等学校后来都收费了，也不包分配了，高职院校也都不走读了。不过，当时的这个定义还是为开办职业院校构建了一个最初的模型。

应用性、区域性、社会性是我们的办学特征

后来，我专门写了一篇文章来回答这个问题。我认为，高等职业院校第一应该是应用型的。大学有研究型的、有教学型的，还有教学研究型的。高职院校应该是应用型的，不是研究型的。研究型适用于一类大学，咱沾不到这个边，你想办也办不成，不够那些条件。第二，应该是地域性或区域性的。地域性，就是高校要适应所在地经济社会发展的特点、基础、层次等。第三，它应该是融入社会的，由政府、学校、社会三位一体共同办校。靠政府，我当时说可以依靠政府，但不能依赖政府。我们要面向社会，就不能脱离当地社会。如果对当地的社会发展、经济需要都不了解，怎么去服务社会呢？必须跟当地社会结合。所以，它的定义应该是地域性、社会性的。要开放办学，不能够关起门来办学。由于办学本来就困难重重，这种教育模式又才刚刚起步，带着很多探索性，谁也不知道怎么搞。所以，就必须由政府、社会、学校三位一体来探索地方的高等职业教育的办学。

我这个人有个习惯：务实。学校怎么发展？大家集思广益。无需讲很多道理，巧妇难做无米之炊啊！首先得解决经费问题。国家不拨款，地方政府当时财政也不宽裕。没有钱怎么办学？我们还开玩笑说，钱不是万能的，但是没有钱是

马述祥(右一)、姚天芹与口述校史
工作人员一起翻看原宜昌大学老相册

万万不能的。当时我们主要靠收学费来维持运行，困难很多。后来随着城市的建设和发展，特别是符利民副市长兼任校长后，市政府设法筹措资金支援学校搞基本建设。再加上学生人数规模逐步增大了，钱也多了些，就这么七拼八凑支持下来。要说在当时全国的同类高校中，别人都还蛮羡慕我们。

职业大学的应用性是社会性的应用，社会性体现在哪里呢？安琪的第一任厂长很有远见，眼界蛮开阔。他当时跟市委汇报说这个微生物工程，有发酵工程、酶工程，第三个就是基因工程，三个不同的工程。我们宜昌首先在发酵工程当中搞出点特色。他现在搞得可以呀！我们就跟他联系开设工业微生物专业。宜昌还有机械制造，制造行业还有点基础，所以，就开设了机械制造专业。中文秘书专业，那是江汉大学的王校长首创的。他是老秘书长出身，包括教材都是他亲自编写的。所有的政府部门、企业部门都需要文案，要秘书，就搞了文秘专业。当时计算机刚刚兴起，我说，既然是个新兴的东西，大家都在搞，都在同一起跑线，我们也搞。搞个计算机应用开发技术，教大家操作、应用，对软件开发有个基础知识，就开设了这么个专业。这些专业都是对应宜昌经济社会发展基础的，要想提高就由企业和学校一起来共同研究怎么提高。电气工程是个老专业，还有以三峡大坝为依托设置的新水电工程专业，就是对应当时水电工程建设和社会经济发展要求的。我们的专业应该是对接了社会需求的，是应用型的、社会性的。因为离开社会，上够不着天，下挨不到地，就寸步难行。

所以我说：我们不能依赖政府，因为政府的钱有限。我们还可以依靠社会，必须借助社会力量办学。因此，我们就与省内外企业、工厂等合作，大概建有十几个固定的专业实习实践基地。实习、实验都在那儿，将来毕业生工作分配也在那儿。学校完全靠自己去建实习厂、搞实验设备，你没有那么多钱，关键是要建社会实践基地，依靠社会力量。当时企业有一些闲置设备，在他们那儿没有用，对我们这儿用于教学还是适用的，我们就依靠一些企业捐了不少。因为建实验基地要花钱。当然，那些设备企业也不会无偿地给你，你必须通过人才培养为企业、为社会服务，三位一体办学校，才能实现互惠互利。

说是地域性的，当时我们明确提出：要以服务宜昌市为中心，辐射三峡库区。为此，我们到四川南川县，跟他们商量，因为他们有人才需求，我们去了一趟就签了合作协议。他们给我们盖一栋学生公寓，我们招他们的学生，大概前前后后为他们培养了七八十个毕业生，是定向为他们培养的。我们并非除了宜昌市的学生，别的地方的学生就不要，而是来者不拒。不是说多多益善吗，我们跟湖南联系得也蛮好。所以，我认为，高职院校应该是地域性的，我们不是全国性的，也排不上省重点。但是，在本地区或者本区域中还是有相对优势的。

开放办学，让学校和师生广泛受益

说开放办学，就是要借助兄弟高校的力量办学。一是我们聘请了当时国内的一些名流、学者、教授。比如武汉大学的终身教授李国平。武大数学系的学生称：北有华罗庚，南有李国平。我们聘请李国平当客座教授，聘请武汉大学曾宪昌当客座教授。还有中国癌症外科的鼻祖裘法祖、华工的杨叔子教授等，我们都聘请来当客座教授，他们都来我校讲过课。

一个不出名的宜昌职业大学，可以去跟这些名流接触、交交朋友。结果呢，这些老教授、老学者，他们都欣然而至。李国平教授跟我讲：高等学校的教师，不管你是教哪个专业的，你必须要懂那个专业的发展史。你教数学，要得懂数学的发展史。我这一听，感觉有道理啊！他又说，老师讲课、学生听课，如果只知其然而不知其所以然不行。他来校讲课，总是把历史渗透在讲课当中。他还说，所有的老师，不管你教哪个学科，不熟悉学科的历史发展渊源，成不了大家。我听后很受启发，老专家就是老专家！

曾宪昌教授讲计算机时说，老子云：大道至简。玄奥的学问，你真正明白了，就非常简单。计算机就是通过、不通过两种可能，但是你应用起来就作用无穷了。他说你现在计算机可以很快算出十的多少次方，但不管是巨型计算机，还是一般计算机，要考核电子计算的精度，都是用一个无理数"π"来观察的。

真是学艺三年，不如见名师一面。你接触了大师，跟我们平常听课完全不一样。所以我说，像我们这样不入流的学校，也必须请大师来帮我们开阔眼界，请大师、学者来交流，我们都能从中受到启发。他们讲，名师并不在于你传授多少知识给学生，而是要教给他一个科学的思维方式，教他一种科学的学习方法，这比那个内容更重要。大师就是大师。所以，我们聘请的那些老师都给我们讲课，当客座教授，这对我们教师的培养，对学生学习兴趣提高都很有帮助。

二是我们到四川去，跟当地的相关部门，包括经济的、教育的部门去接触，谈得都蛮好，共享互利，一拍即合。我们还搞些联谊会，请市里的大企业、大单位的领导来开展交流，以增进感情。我们对上不自卑，叫做争取关怀，争取关注；对下沉到社会当中，了解社会需要，跟社会建立一个彼此融洽的关系，其他的就靠自己了。

那时，国务院副总理李岚清、国家教委主任邹时炎、水利部部长李伯宁，都很支持我们。李伯宁当时来牵头筹建三峡省，我跟他说："李部长，你将来管三峡省，可不要忘了我们这个三峡的大学呀！这宜昌大学，将来你要给我们配点项目，你可不可以远程给我们支持一点？"他当时就答应了。国务院副总理来了，我们接待了，部长来了，我们也接待了，有的还亲自题了字。可以说，我们这也叫做解放思想。对上争取关心，能有点支持更好，不能支持财物，道义上支持也行。所以，国家教委的副司长，副主任都很支持我们，如果关门闭户地办学，谁理你啊？那样你办不下去的。

孔子说：有教无类，因材施教，教学相长。这对现在仍然有指导意义。我们不但要微观地因材施教，还要客观地因需设教。比如专业设置，就应根据社会的需要来设。不能拍着脑袋，想干什么就干什么，得按照社会需求来培养学生。

我们培养出了一批优秀的人才，比如，有国家级的评酒委员蒋红星，有现任国家人劳部的副部长汤涛。还有王丹在香港也搞出点名堂，她是第一个给学校捐献的，捐了台大客车，后来又给三峡大学捐了100万元，那都是我们的校友。

（本文根据2019年3月19日于三峡大学档案馆会议室访谈
马述祥同志口述记录整理，整理人：杨斌、郑泽俊、龚海燕）

我们在宜昌大学的探索与实践

——姚天芹同志访谈录

姚天芹，男，汉族，湖北宜昌人，1937年11月出生，中共党员，副教授。1960年毕业于北京工业学院指挥仪专业，先后在北京航空学院、国防科工委廿基地等单位工作。1986年12月起到高校工作。曾任国防科工委廿基地指挥控制站副政委、政治部秘书处处长，宜昌电子工业公司党委副书记，宜昌大学党委副书记、纪委书记，湖北三峡学院工学院党委书记。

长期从事党政管理工作与研究。研究论文《试论职业大学的特点对学生品行形成影响》《第二课堂教育中的和谐性初探》《试探社会主义商品经济条件下的思想政治工作》《当前坚持党的工人阶级先锋队的主要内容》等先后在《宜大学报》等期刊上发表。

我的大学和军旅生涯

我是宜昌本土人。从前没有宜昌市，现在的宜昌市当时都属于宜昌县。我的家就在老北门外正街青龙巷12号。1956年，我从湖北省宜昌高级中学（就是现在的一中，当时没有一中、二中，宜昌只有一个高级中学）考入北京工业学院学习（现在叫北京理工大学）。1960年，我从那里毕业后被抽到北京航空学院（即现在的北京航空航天大学），并分到三教研室当老师，在那里工作了一年多。1961年，我又被抽到中国人民解放军第二十实验训练基地，分在一部。当时一部是地对地战略导弹部。在那儿干到快50岁时就回宜昌了。到部队去了之后，前6年干技术工作。1966 年部队要加强政治思想工作，要求技术室、技术处、技术部都得派专职的政工人员。我就从 1966 年开始不再做技术工作，转任教导员、政治委员，一直干了八九年。大概到 1985 年左右，我到基地秘书处当过处长，但很快就转业了。

1987 年我被调到宜昌大学

转业回来以后，我的第一个工作单位不是宜昌大学。当时宜昌市委组织部领导跟我谈话，我被安排到宜昌市电子工业总公司任党委副书记。到了 1987 年，有个什么情况呢？高校要限期配齐政工干部。有一天上午，组织部就找我谈话，要我到宜昌大学(实际上是宜昌职业大学)任党委副书记，兼任纪委书记。还让我当天下午就到符利民副市长办公室开会。

我到宜昌大学的时候，那里还处在创业阶段。至今我就记得这几个事情：一个是办学的规模不断扩大。我刚到学校时，校园占地面积大概 100 亩至 200 亩，学生大概是 600 多人。等到并入湖北三峡学院时，办学规模从学生 600 多人发展到了 1200 人左右，占地面积从 200 多亩发展到 500 多亩，教师队伍大概已有百余人。

再一个就是教学设施不断完善。我刚去的时候，学校还只有后面办公的一号楼、教学楼、多功能厅(当时既是食堂又是会议厅)。后来就是符市长访谈中所说的，用市里拨的那些钱修了学生宿舍(学生宿舍 1、2、3 栋)、教学楼(1、2、3 栋)、实验室、教工宿舍、餐厅和图书馆。图书馆那个楼到现在看着也不过时。那些年职业大学经常搞评估，不合格就要亮红牌或者黄牌。我们还好，既没有被亮红牌，也没有被亮黄牌，检查验收都获通过，在职业教育方面搞得还不错。

那个时候高职协会搞分片交流，比如中南片、西北片等，一年要开一两次会。那年全国高职协会在成都开会，我们学校当上了中南片(中南五省)的片长。从这个角度来看，我们学校还不是很差的，说得过去。另外，教学组织机构就好比麻雀虽小，但必须五脏俱全。不管你多大，该有的功能要有，该有的机构要有。虽然人不多，还是要分系、教研室。开始不好分，不好取名字，我就按部队的搞法，就取了个一系和二系。后来发展多了，才把它改成三系一部：机电系、化工系、管理工程系和基础课部，这才算把它搞起来了嘛！学校的发展变化还得到了市政府的大力支持，保证了宜昌大学建设的资金需要。

探索与企业合作办学，破解发展瓶颈

学校想要加快发展，光靠政府支持是不够的，咱自己还得想办法。当时，我们就跟好多企业、科研机构联系，开展合作。首先，我们跟本地的一些企业联系，他们有一些不要的旧设备，在他们那里生产用不上了，但是对我们还是有用的，给我们做实践教学用。当然不能对别人没一点贡献，招收学生时，适当地照顾点，但是必须在分数线以上。另外像符市长说的委托培养。向这些单位的扩展也不完全是政策的主导，那是被逼得没办法了，学校发展需要社会的支持，当然，地方也需要高校的支持。

我们还跟外地的企业联系合作办学。还记得四川的南川市，我们学校第一栋学生宿舍楼就是给他们培养了 20 个学生，他们出钱给我们修的。另外呢，南川市（当时叫南川县）那里有一个旅游区，有一座什么山的有点名气，我们就把学中文的学生都弄到那个地方去，跟他们学习编写传说故事。后来这个县改成了市（即县改市）的时候，还把我和老马请过去参加庆典仪式，我们在那儿还住了一晚呢！

涪陵、万州等地区有些小化肥厂、酒厂都有我们的学生。这些学生是怎么去的呢？就是招生的时候，通过委托培养的方式，由我们为那里专门定向培养的。现在想起来，这些措施为学校的发展还是发挥了重要作用的。

教职工的创业精神值得称颂

让我感触很深刻的，就是我们教职工的创业精神。虽然那时候我们的学校从政策和待遇方面来说，跟普通高校有差距，没法比，但是，我们的老师们都能积极地工作，特别是那种开拓精神，还真是不一般。从一定意义上讲，比那个有铁饭碗的还强一点。符市长说过，为了争取支持，他经常跑这个单位、那个部门。他跑我们也跑，我也跑过。记得那栋教学楼刚建起来的时候，我们领导、老师中午吃

姚天芹（中）正在接受口述校史采访

饭都是在那个三角池那里。

再就是职称评定。受评审权的影响，我们自己不能评，高级职称要交到省里评。省里给我们学校的指标很少。确实有很多老师是不错的，比如刚刚提到过的邓长城，当了好长时间的讲师，在机电方面是比较有名气的。还有一个刘家宝，他没评上。基础部的主任林旗龙，曾经是上海复旦大学物理系实验室的主任，他也没评上。一系的熊天来"文革"之前就是哈尔滨军事工程学院的讲师，在我们这里高级职称也没有评上。但是这些老师并没因此而影响工作，都兢兢业业地在本职岗位上坚持工作。他们这种以大局为重、艰苦创业、甘于奉献的精神，令人感动。

对职业教育特点的思考

对于职业教育的特点，我想，能够把它说清楚的人可能不是很多。据说中国最早搞职业教育的，好像还是一个外国人。后来，各个地方，特别是省会以下的城市，都在搞职业教育，办职业大学，如暨南大学、深圳大学等。但只有暨南大学、深圳大学等修成正果了，现在都排在三峡大学的前头。特别是暨南大学跟几所学校合并以后发展得很不错了。

以前，职业大学业界每年开年会，都要探讨什么叫职业教育。最初总结的定义叫人啼笑皆非，认为"自费、走读、不包分配"就是职业大学，这显然不对。后来比较科学点的说法，一种就是根据职业需要设立专业的学科，这个好像沾点边，最典型的就是天津职业大学。它有一个眼镜专业，开设一些什么课呢？非金属加工，眼镜片不是非金属，它要磨、要切啊！还有加工设备，还有美容，那个眼镜框带着不好看也不行啊！他把这些与科学和学术似乎不大相干的东西弄到一块，为制造眼镜服务，把医学、美学、非金属加工、非金属材料等放到一起，就成立了这个专业。

再一个就是根据职业需要来设立的。这个说法也太笼统了。为什么这样说呢？无论学什么专业，哪一个大学的毕业生出去了不是要从

姚天芹(左二)与口述校史工作人员合影

事一个职业呢？比如，师范学校出来的就是准备当教师，教师就是职业。医学院毕业的出来当医生，医生也是职业。那为什么到我们这个学校就叫职业大学呢？北京医学院为什么不叫北京医科职业大学呢？所以，这个说法也不对。我想了一下，但也下不了一个定义。

但从总的感觉来说，应该是实用性比较强的、专业理论要求比较低的，当时就把它归类到职业大学里面。专业理论要求高了，不叫职业大学。因为它专业要求层次比较低，它是实用性的，搞研究的要求比较低。它不是培养设计人员和研发人员，而是培养应用型人才。职业大学学生的层次，最多也就是应用和维修这样的水平，不是把学生培养出来去搞设计的。我就是这么想的。

重视学生入学教育和养成教育

从职业教育的特点出发，学生思想工作必须针对学生的实际情况。新生刚入学，有的很高兴，三年紧张的高中生活结束了，现在可以放松、自由了。有的则感到很失望，为什么考了这么一个学校？情绪很低落。所以，我很重视学生的入学教育，要通过入学教育使他们认识到，在人生的道路上受到挫折是正常的。要激发他们继续向前的信心。所以，我们的军训时间比较长，会把这个入学教育加到里面去。

这里面首先要讲高考不是一锤定音的。职业大学也能培养出人才的。我就举个例子，我们职业大学的前身高工班的第一届学生有个叫汤涛的，就是从宜昌基层干起来的，现在调到山西省当副省长了。你将来能不能干得比他好？我看你能干到他这个程度，向他看齐就不错了。

还有一个蒋红星，现在是枝江酒业的董事长，国务院政府津贴享受者，也是我们学校毕业的。你再看看宜昌市政府很多部门的负责人，比如外贸局的副局长、西陵区副区长等不也是从宜昌大学毕业出去的吗？有时候我开玩笑说：我们这些人在社会上不敢做坏事，你不知道走到哪儿，就会出来一个人喊你一声"姚书记！"你到银行取钱，银行也有人热情打招呼："姚书记，我来帮您办！"就说明我们这样的学校还是有前途的，不是没前途的，要增强他们的自信心。

第二个是要看学校发展。看发展规划，了解学校发展前景，有助于增强学生的信心。

第三个就是要千方百计创造一个提升学历层次的途径，比如成人教育、专升本这些都是比较好的。我们曾经跟湖北大学、湖北工业大学等几个大学联系过，在我们这里读 3 年后就转到他们那里去接着读本科，然后发本科毕业证。哪怕是成人教育也好！这样就开辟了一个能让学生上升的空间。再一个就是要培养学生为人民服务、为社会作奉献的思想。要求学生扎扎实实地学习，做一个对社会有用的人才。我就是从这些方面把他们身上自卑的思想去掉。

政治思想方面，我的指导思想是比较明确的。由于我很了解部队里面的养成教育，因此，我也比较重视对学生的养成教育。从行为科学的角度说，不是所有的行为都是在你把行为的道理想通之后，才开始行动的。好多是在形势的要求下，在制度的约束下，你长期这么去做，最后逐步成为习惯的。从心理学角度也好，从行为科学角度也好，这个我认为都是成立的。部队为什么一天到晚训练立正、稍息，把被子叠成豆腐块？要干啥？这就是养成教育。该守纪律的守纪律，该收拾的要收拾。所以，我认为，宜昌大学的学生，在这些方面，从军训开始，可以说是管得比较严的。像什么穿拖鞋，衣冠不整，夏天穿背心进教室都不行，你得出来。这是个人的行为规范和礼貌问题。包括男女学生勾肩搭背，这些虽然禁止不了，但也得管。人的行为有两性，第一个是排他性，第二个是私密性。你在大庭广众之下搂搂抱抱，那不符合公共行为规范的要求。虽然管的效果甚微，但总感觉不管不行！夏天穿个拖鞋就往教室跑，诸如此类的一些小事情都要管理。这就使宜昌大学的学生辅导员他们比较辛苦了。当然，还有咱们保卫处的同志，因为学生到了学校，我们就要对学生负责，这就是我比较强调养成教育的原因。

宜昌市教育学院并入宜昌大学

我前面说的学校发展的规模等数据，都单指老宜昌大学的那一部分，没包括后来并入宜昌大学的教育学院。在地市合并以后，当时有两个教育学院。市政府决定，保留原来宜昌地区的教育学院，把原宜昌市教育学院划入宜昌大学管理。当时是张万英副专员分管此事，我跟她说，他们的专业跟我们没办法合，你把他们弄到宜昌大学去怎么办？她说：要保留人才。我说：人才保留在这个地方长期不用，最后就废了。后来，从大局出发，还是同意合过来。当时教育学院的领导，包括书记、校长，都划到了宜昌大学。划过来后分别担任了副书记、副校长。另外他们还有一部分教职员工，也划过来了。

其实，当时的宜昌教育学院也是由两部分合成的。其中，核工业部曾在莲沱有个工厂叫 827。827 厂决定搬迁以后，有个留守处。那个地方有近 3 万平方米的房屋建筑，有近 200 亩地，宜昌市政府就把它全部划到宜昌市教育学院了。所以呢，教育学院在那里就有了那么大个地方。当然，现在莲沱那地方已成了三峡大学的一部分了。

（本文根据 2019 年 3 月 14 日于三峡大学档案馆会议室访谈
姚天芹同志口述记录整理，整理人：杨斌、郑泽俊、龚海燕）

宜昌教育学院的前世今生

——许泽东、黄有芳同志访谈录

许泽东，男，汉族，湖北天门人，1938年12月出生，副教授。1960年7月毕业于华中师范学院物理专业，1975年起先后在宜昌市师范学校、宜昌市教师进修学院、宜昌市教育学院、宜昌大学、湖北三峡学院工作。

长期从事普通物理教学与研究工作，公开发表论文多篇，曾多次被评为学校先进工作者、优秀共产党员。

一、许泽东访谈部分

关于宜昌教育学院的变迁，我还比较了解。

我是1960年华中师范学院物理系毕业的，当时分到宜昌师专附中（1962年改为宜昌市七中）工作。1975年我从七中调出去，到了宜昌市（注：指地、市合并前的宜昌市）师范学校。老黄（指黄有芳）是1958年参加工作到七中的。我们是老同事，还同住过一个寝室。后来我和老黄又都调到宜昌市师范学校去了。

老黄到宜昌市师范工作后，担任学校党支部副书记，其实是宜昌市师范的实际负责人，是我的领导。

宜昌市师范学校是1975年成立的，是为宜昌市培养小学教师的一个学校。现在宜昌市城区在岗的、包括已经退了的，好多都是宜昌市师范毕业的学生。当时各地都有为本地培养初中、小学教师的师范学校，比如当阳师范、宜都师范等。宜昌市师范学校主要是为宜昌市城区培养师资。

宜昌市还曾在 1964 年设立过一所教师进修学校，全称是宜昌市教师进修学校，是专门为当时宜昌市在职初中、小学教师进修、提高而成立的一所学校。1966 年"文革"开始后停办，1974 年恢复办学。

随着我国教育事业的发展，国家对小学和初中教师提出了学历达标要求。那时候小学教师要求中师毕业，初中教师要求大学专科或者本科毕业。由于达标任务重、要求高，1981 年 3 月，宜昌市师范学校就跟宜昌市教师进修学校合并，成立了宜昌市教师进修学院。主要任务是开展初中、小学教师学历达标培训。

那时候参加达标培训的都是在职的中、小学老师。那些没有达标通过的，首先是通过讲课培训来考核达标；再就是通过函授学习来达标。当时有师专的、省教院的、华师的等多所学校的函授，这些专科、本科学校搞函授培训的很多任务是由我们学校协助完成的。后来市里需要培育教育干部，教师进修学院在 1987 年 6 月又改名为宜昌市教育学院。记得在 1991 年、1992 年教育学院搞得比较火热时，学校还派人到江苏、浙江去参观学习过。

1993 年 7 月，宜昌教育学院又合并到宜昌大学了。1996 年 6 月，宜昌大学、宜昌医专、宜昌师专三个学校合并成湖北三峡学院。三峡学院搞了一段时间之后又与武汉水利电力大学(宜昌)合并成三峡大学了。整个过程就是这样。

教育学院的前身宜昌市师范是中师教育，作为培养小学老师的学校，是按照中等师范要求来办的，学校是自己独立办学；后来的教师进修学院，还作为专科、本科的函授教学基地，协助宜昌师专、省教院、华师做好师资学历培训。让我印象最深的还是在师范和教师进修学院那段时间，为宜昌市中小学教育还是尽了一些力。特别是为了达标，当时宜昌市有伍家、西陵、点军三个区，老师们去搞培训，一搞就是一天，要么就是一个上午。再就是为华师和师专等学校做函授辅导，要下到县里面去授课，时间又大多是在星期天或寒暑假，老师们蛮辛苦。这方面印象也比较深。

黄有芳，男，汉族，湖南蓝山人，1937 年 9 月出生，中共党员，高级政工师，高级讲师。1958 年 8 月毕业于武汉师范专科学校化学专业，毕业后分配到宜昌师专附中(后改为宜昌市七中)工作，1976 年起先后在宜昌市师范学校、宜昌市教育学院、宜昌大学、湖北三峡学院工作。

长期从事化学教学及党政管理工作。曾任宜昌市师范学校党支部书记、副校长，宜昌市教育学院党委委员、院办主任、党办主任等职。曾被评为宜昌市教育系统优秀党员。

二、黄有芳访谈部分

我是 1976 年上半年去宜昌市教师进修学校的。此前我跟老许（指许泽东）都在师专附中工作，1974 年，我和老许还住在同一个寝室。我和老许在一起工作是最久的，直到退休。

我是湖北师专毕业的，教化学。当时的湖北师专在马房山，跟华师相邻，全称是湖北师范专科学校，后来并入武汉师范专科学校了。1958 年我毕业后被分配到宜昌师专附中，教化学。我 1976 年到师范工作的时候，刚开始是教书，后来就做办公室的工作。

我在师范做负责人时，师范的条件还蛮差，蛮艰苦，地点就在现在的樵湖岭小学那里，范围蛮小。那时师范学校里面还有一个养鱼池，喂了鱼，还分给教职工。后来成立了宜昌市教师进修学校，搬到金家台了，学校面积有近 20 亩。条件虽有些改善，但老师们却蛮辛苦，因为要下到县里面去上函授课，而大多数时间是在星期天或寒暑假，假期基本不能休息。

后来，办的班就更多了。前前后后办的班有行干班、中师班、幼师班，还有英语专科班、物理大专班、中文大专班等。其中，幼师班、中师班、中文专科、政史专科、财会班等主要是脱产学习的班。

黄有方（左三）、许泽东（左二）与口述校史
工作人员合影

当时由于教师不多，大家工作任务很繁重，任务也很明确。但那时候从领导到教师，心比较齐，比较团结，比较能吃苦，所以，给宜昌市教育系统培养了不少的干部和教师。特别是培养的市郊区学生，好多都成了区、乡里的教育教学骨干。学校成了地市合并前宜昌市初中、小学教师及教育干部培养的

摇篮。

从宜昌市师范学校到宜昌市教师进修学院，再到宜昌市教育学院，再到教育学院跟宜昌大学合并，再到宜昌大学并入三峡学院，最后又合并成三峡大学，这个进程我和老许都经历了，既是见证人，也是参与者。这也是我记忆里面最值得回忆的经历。

（本文根据 2021 年 6 月 20 日于三峡大学档案馆会议室访谈

许泽东、黄有芳同志口述记录及相关资料整理，整理人：杨斌、龚海燕）

从八二七到三峡大学，我们一直在坚守

——汪世桥同志访谈录

汪世桥，男，汉族，河南兰考人，1945年11月出生，中共党员。1965年参军，1971年2月至1987年4月在核工业部八二七厂工作，1975年9月至1976年10月在湖北省财专进修。曾任八二七厂党委委员、团委书记，八二七厂行政处副处长，宜昌市教育学院莲沱管理处副处长、湖北三峡学院莲沱管理处副处长，三峡大学莲沱管理办公室主任等职。

我从焦裕禄故乡来到八二七

我是河南兰考人，跟焦裕禄是老乡。焦裕禄在兰考当县委书记的时候，我只有十几岁。我是一个孤儿，父母很早就死了，本来准备去孤儿院的，但因为焦裕禄任县委书记时，县里对我们照顾得还可以，每年给我们发两套衣服、一条裤子，帮我们解决了生活困难。我有四姊妹，我是老大，父亲死的时候我才11岁，当时完全是靠政府救助的。当时相当于在孤儿院，但我不愿意离开家。焦裕禄当时是工农干部，他从来不坐车，至今我都还有印象。

当我们几兄妹长大一些了，政府就培养我们参加工作，对孤儿有很多照顾。1965年我就去当兵，后来因身体不好，就转业到八二七厂（简称八二七或827）了。八二七是一个三线建设基地，是1969年建的，最后定址在宜昌的莲沱。当时它的领导机构是湖北省军区领导的一个指挥部，主要领导人是武汉总公司的，具体事宜由湖北省军区副政委王廷彦主持。我们当时的一把手全是军队的，副职都是地方的。当时成立了指挥部，另有一个政工组、一个生产组、一个办事处、一个后勤组、一个独立团，这是机构的情况。独立团是当时下来的军工，一共600多人，两个干事。副指挥长杨广远以前是李先念的秘书，他现在调到北京去了。人员组织有两个单位：一个是五零四，一个是四零四，主要负责技术。这些技术人员曾参与我国第一颗原子弹爆炸。工人都由这两个单位领导，时间不长，1973年就成立八二七厂。八二七厂的党委书记是徐世昌，我是党委委员。机构主要有组织部、党委工作部、武装部、保卫部，还有保卫处、行政处、教育处、机动处等几个机构。当时第一批领导就提了57人，这57人绝大多数都是解放前参加革命工作的，就我一个不是。当时我调到组织部参加团委的筹备工作，开始提拔的团委副书记，后来的副处级干部，党委委员中就我最年轻。

到八二七以后，领导比较重视我，送我到湖北财专脱产进修学习，提高学历。党委开始是临时党委，我一开始就是党委委员，一直到1973年。后来开党代会正式成立党委，一直到党委解散，我都是党委委员。八二七的领导都是离休干部，他们都很有经验。

从1973年以后的建设到厂部解体，我都参加了。八二七经历了三个阶段：第一步是大上。当时搞三线建设要求进山、靠水、隐蔽。为建八二七厂，当时有哪几个部队参与建设呢？一个是三七四部队，他们的编号和我们一样，都是工程编制。他们是一个独立师，专门为八二七建设来的；二十二公司是主体力量；还有大批民工叫三线战士，负责修路等。这就是部队的建设组合，都是为八二七建设而来的。外面很多为八二七做的附属工程就不说了。第二步就是缓建。到20世纪80年代中期，八二七开始缓建。第三步就是停建，下马了。

下马之后，八二七怎么办？当时，有个去向问题。开始是准备把八二七交给地方。交之前，我们开了党委会研究，当时有三个地方要八二七厂：一个是宜昌地区，一个是宜昌市，还有一个是二十二公司。经过我们党委扩大会讨论，大家一致认为要交到宜昌市。核工业部和宜昌市联合写报告，最后决定交给宜昌市。

宜昌市组织了一个专门班子，负责接手八二七的财产和人员安置。当时的领导是谢远照副市长，他是管这块的。先是人员的分配，再是物资。物资分配有两块：

汪世桥(左二)与口述校史
工作人员合影

一个是现在华祥那个地方。这一块就交给市交通局，由市交通局安排，连人员都调动了，包括退休人员也交给它。当时核工业部补发一百万给宜昌市来处理这些问题，资金是1987年上半年到位的。第二块就是莲沱那一块，财产就是属于市政府的了。组织部跟每个人都谈了五分钟，当时是蒋部长找我谈的，谈得很简单。他说一方面是因为我比较年轻，另一方面是因为我在这里多年，比较熟悉当地的情况，财产就准备交给我，让我负责。要我组织留守的53个职工（其中有干部、工人、教师）维护这个地盘，随时保持正常运转。当时我也没多想，就问他这是征求意见，还是组织决定，他说这就是决定了。

留守十八年，我们没有丢失一寸土地

从1986年起，我负责带领职工留守厂部莲沱，在那里整整待了18年，直到最后退休。那一块当时市里委托教委管，我们的费用怎么办？罗清泉市长每年批给我们15万元。15万元按当时的工资水平只能勉强维持住，不足的由我们自己想办法弥补。我们也想了很多办法，通过教委每年搞两次教师培训：一次是暑假，一次是寒假。当时市政府还是比较重视我们的，给我们配了10辆车，有小车、轿车、货车，还有一辆面包车。我们50多个人哪里用得着？我提供了3辆车用于接送参加培训的教师、老教授，还有学生等。由教委代管和第一次合并时，李诵国是教委主任（后任三峡学院副院长），袁洪是教委政治部主任（后来是宜昌大学副校长），我们的情况他们两人是最清楚的。第一次合并之后，市教委的书记搞了一次现场办公，亲自去看了之后还比较满意，就奖励我们一万块钱，最后财务实际给了五千元。我现在回想，也还是很感谢。

我到现在都很感谢市教委、三峡学院、三峡大学，特别是三峡大学。从合并至教院再到宜昌大学、湖北三峡学院、三峡大学，前后有五个单位代管我们。第一个是教育学院，第二个是宜昌大学校办产业管理处。湖北三峡学院成立后，我们由工学院管。三峡大学组建后，我们又划入后勤集团，由后勤集团代管。

三峡大学为我们解决了后顾之忧

三峡大学领导曾到我们那里看过几次。看了以后，校领导对我们比较满意，当得知我把大家的养老统筹都给买了。我的这一做法得到了当时学校党委陈书记的肯定。

第二个是这个地方的财产维护得不错。可以说，我没有丢失一寸土地。这里整个房屋设施都是维修了的，我是拿奖励的那些钱来维修的。维修以后我马上能收到效益。但是，如果另外叫我拿钱，我真的没有钱。

再就是给大家解决了一套住房，我们在宜昌盖了一栋房子。这个钱从哪里来的？主要是三峡大坝开发前期工程时，我们抓住一个机遇，得到了一笔补偿款，再就是租地筹了一点，共筹集了近 1000 万。我们在宜昌盖的那栋房子就是原来湖北三峡学院那边，现在的职业技术学院门口那一栋。后来我们还把房产证办下来了。

三峡大学还把我们在职的和退休人员的工资都解决了。2005 年年底，刘德富校长打电话让我过来。在他办公室，他告诉我说："你们的问题从 2006 年 1 月 1 日起正式解决。"当时我一听，十分高兴，这个问题已经 18 年了，终于得到了解决！到现在，我还是感谢他们！也要感谢前面提到的那些单位。虽然他们没能解决那些问题，但是，他们还是付出了自己的努力，我也理解他们。正是这段时间，八二七在原子弹制造上是功臣，都是做了贡献的。当时他们都住在 50 平方米的房子里。我特别感谢三峡大学的党委。现在我们 53 个职工都退休了，已经去世了 11 个人，退休金都是统筹发放。三峡大学对这个事情的处理也让我满意。因为我们这部分职工若安排不好，那我一辈子心也安宁不了。

八二七还是让人怀念的，包括调走的同志，每年都会来到八二七；到深圳的，每年八月二十七号都要一起聚会。八二七是个代号，它原来对外是一个国营的机械化工公司。我们从部队下来，都得经过严格的审查，要求比较严格。那时候我们从事的是保密性很高的工作。现在还有很多在八二七工作过的人，都经常想来这个地方看一看。他们来了都找我，因为我是从基层到上层最后又到中层，接触面比较广，跟工人、同级干部、厂里干部都接触过。他们一来就找我，我就陪他们去转转、去看看。他们也可以算是三峡大学的校友，因为在这里工作过的。

（本文根据 2021 年 10 月 14 日于三峡大学校史馆访谈
汪世桥同志口述记录整理，整理人：杨斌、龚海燕）

用专业创业立业，将爱心奉献社会

——蒋红星校友访谈录

蒋红星，男，汉族，湖北枝江人，1963 年出生，中共党员，正高职高级工程师。1979—1982 年在宜昌市高等工业专科班(宜昌大学前身)生物工程专业学习，1982 年 7 月毕业离校。曾任湖北枝江酒业股份有限公司董事长、宜昌市慈善总会会长、湖北省人大代表、湖北省政协常委、湖北省工商联合会副主席。

2000 年荣获"湖北省十大杰出青年"，2000 年获得国务院工程技术专家特殊津贴，2003 年荣获"湖北省五一劳动奖章"；2004 年荣获"湖北省劳动模范"及湖北省"优秀中国特色社会主义事业建设者"，2005 年荣获"全国劳动模范"，2007 年荣获"全国关爱员工优秀民营企业家"称号；2008 年当选北京奥运会火炬手，2009 年荣获全国"优秀中国特色社会主义事业建设者"；2015 年被中国食品工业协会评为"中国白酒历史杰出贡献人物"，是湖北改革开放 30 年特别贡献人物和宜昌市首届最具影响力劳动模范、道德模范。

母校的培养我是永远也忘不了的

我是 79 级宜昌高工班(宜昌高等工业专科班的简称，宜昌职业大学的前身)微生物专业的学生，1979 年入学，1982 年 7 月毕业后分配回了老家枝江。

我对那时候学校印象最深的是刚入学时的那股兴奋劲。我们大多是从农村出来的，是恢复高考后的第三届大学生，年龄都很小，我入学的时候才 16 岁，我的同学们大多也都是 16 岁至 17 岁。第一次到宜昌，从农村出来成了大学生，觉得很兴奋。现在跟孩子们提及这些，他们都不能理解。

在学校学习了 3 年，印象深刻的是当时学校的条件比较差，直到我们毕业进入社会后才知道原来我们念书时候的校舍，包括学校的一些设备都是借的。但是，现在回头看的时候，恰恰印证我们赶上了一个非常好的时代。所以，我们经常在总结自己人生的时候会发出感慨：要是早生几年或是晚生几年，我们的命运可能会完全不一样。

我们这一代，特别是跟我们年龄差不多的，社会上有个所谓"新三届"（1977年恢复高考后）的说法，就是 77、78、79 这三届的大学生，可以说是命运最好的一代人。我们刚好在学知识的时候，赶上了恢复高考，这是决定我们一生最关键的时刻。现在我们都是快 60 岁的人了，事业也即将谢幕。不管我们做得成功也好，不成功也罢，不管事业做得大也好，小也罢，都离不开学校的培养，这是永远也忘不了的。

老师给我的印象及其对我一生的影响

我们那个时候，因为年龄小的缘故，跟老师的交流并不多。但是，老师给我们的印象以及老师对我们一生的影响却不少。

为什么这么说呢？因为当时我们的年龄普遍都比较小，老师们除了教我们知识外，更多的是在生活上给我们关怀。

我印象最深的是我们经常睡午觉。有时候想睡懒觉不想上课的时候，老师会像家长一样到寝室叫你，或者打打你屁股啊，这样的场景很多。印象最深的老师有这样几位：一个是教化学的赵聚勋老师，还有教数学的安庆云老师。赵老师是湖南人，讲一口湖南普通话，我们喜欢学他讲话。当然，最多的还是喜欢他的教学方法，我们从没看到他上课带过讲义，讲授的内容好像他都背下来了。我们那一届还有个生活老师叫符美章，她是枝江人，与我是老乡，虽然我们交流并不多，但我感觉她就像我的亲人一样。

当然还有其他很多老师，包括学校学工处的老师。因为我参加工作以后，跟他们的交流接触比较多。那时我刚参加工作，毕业的时候是学工处管分配。说到分配，我个人认为对我影响是非常大的。我记得 1982 年分配的时候，那时候还是国家统一分配，因为我们学校是省属高校（实际上是市属的），主要的去向是武汉、黄石、宜昌。我们班 39 个学生有两个选择：到城市去或回家乡、回县城。我是回家乡工作的毕业生之一。当时我的想法很单纯，我觉得我家里条件不太好，就想离家近一点能够更多地照顾家里。现在回过头来看，我当时的这个想法还是非常好的。因为那个年代正是尊重知识、尊重人才的年代，重视大学生的氛围特别浓厚。基层，特别是县城最缺少大学生，最缺少人才。我回到县城比留在中心城市发展的机会多了，比如参加学习、参加培训之类的比留在城市的机会更多。

难忘的大学同窗情

当年我们那个狭小的寝室总共住了 10 个人，现在我们相互之间还经常保持联系。我们也经常回忆在学校的一些趣事，都觉得最快乐的时光是在大学的那 3 年。

同寝室的 10 名同学，7 人是从农村出来的，3 人是城市的，其中 1 个人虽然是城市户口，但也是在农村长大的。我们在上学之前，多少都遇到过吃不饱肚子、家庭经济不宽裕、生活很困难的情况。讲个笑话，当时上 3 年大学，我母亲就给了我 24 元钱，但我从来没有感觉到贫困，没有感觉到没钱花，没感觉到在生活上跟别人有什么不一样的地方。因为学校的助学金足够我们生活了，而且还比我们之前的生活好多了。一个人生活不愁，从以前的衣食都无法保证到衣食不愁，就觉得很快乐了。

学生的年龄差距很大，也蛮搞笑。我们这一届还好一点，我们的学长们，仅仅高我们一个年级，但他们很多都是三十多岁了。我们都喜欢跟他们在一起，跟他们在一起就像是小弟弟小妹妹跟着哥哥姐姐们的感觉是一样的。他们有什么活动，不管是学校组织的集体活动也好，还是课余的自由活动也好，我们就特别喜欢跟他们跑。他们对我们也像哥哥姐姐对弟弟妹妹一样关照。我印象很深的是我们那个学生会主席叫陈哲佳。我参加工作后，跟他交往、交流很多，因为他毕业回京山县了，办了一个酒厂，我也是做酒的。我记得那时候他是学生会主席，我们还请他帮我们照过相。

我们同学之间像亲兄妹一样，直到现在我们聚会的时候还会经常用一些读书时的外号相互称呼，很亲切的。我们寝室有 10 个人，现在回想起来感到很欣慰、很自豪。当年我们那个寝室的同学关系很好，非常团结。现在在宜昌的有 7 家人，差不多每个月都有一次聚会，而且这几十年都是这样过来的。珠海金鸿药业股份有限公司董事长上官清，也是我们寝室出去的；兰清道也是，他现在是加拿大渥太华大学教授；李开德也是我们寝室的，现在在三峡大学艺术学院。

为求专业对口，到枝江酒厂创业立业

我毕业以后，最初是被分配在枝江最大的一个工厂，就是现在三宁公司的前身——枝江化肥厂。当时厂里很重视，那年回枝江的大学生总共只有八九个人，很少。我是唯一一个学工科的，就分到当时最好的企业——枝江化肥厂。我们枝江人把枝江化肥厂看作培养工业干部的黄埔军校，枝江所有管工业的人，不管是政界还是商界，有成就的领导几乎都是从这个厂出来的。但我在这个厂只工作了3个月，因为我的专业是工业微生物，做工业发酵方面的。当年那个厂跟现在不一样，还处于很偏远的地方，从县城到工厂基本没有公共交通，唯一的交通就是走水路坐船去，从县城到工厂几乎要花一天的时间，当然跟现在不能比。由于那是个很偏僻的地方，很多人都想从那里调出来，但我从那里出来不是因为这个。

我去了以后，能感觉到工厂的领导对我很重视。我印象最深的是，我去的第一天，我们的厂长、书记亲自到县城去接我。到那里3个月后，我自己感觉专业不对口，就给当时的县人事局负责人写了一封信，说我的专业不对口，能否将我调到专业对口的企业？当时我并不是很了解枝江酒厂，但我知道酒厂跟我的专业是很接近的，是我们专业方向的。我就说能不能把我调到酒厂去？没想到过了几天，调令就来了。我的很多同事就说，你这小鬼，你怎么才来这么几天就调走了？你走的谁的关系啊？我那时候就是农民的孩子，跟谁都没有"关系"。所以说，是我赶上了那个时代，就是真正能体验到地方政府、单位，包括国有企业的管理部门，对人才的那种尊重和珍惜。我就只写了一封信，他们就真的把我调到酒厂了。我是1982年7月到枝江化肥厂的，当年11月份我就调到枝江酒厂了。

调到枝江酒厂也很搞笑，那时候很老实嘛。当我知道我调到酒厂的时候，人家通知我第二天报到，我就找人借了一辆自行车准备先骑回家看看。那时候骑自行车从化肥厂到我家里要骑一整天，而我家离酒厂很近，大概就一两公里，就在江口镇。我就骑了一整天的自行车，结果骑到酒厂门口。我一问，没想到很多人都知道酒厂要来个大学生，说厂里的书记明天要去接他。我也不知道书记是谁，也不认识。听人家都这么

蒋红星（中）向湖北省领导
李鸿忠（右）汇报企业发展情况

说，我一想书记要去接我，怎么办呢？我只好又连夜骑自行车返回化肥厂，等他们来接我。

现在来看这只是个笑话，但说明那时候社会、企业对人才的那种渴求和尊重。这样，我就在枝江酒厂从 1982 年一直工作到现在，可以说所有的青春都贡献给酒厂了。我从做技术工开始，再到任枝江酒厂的副厂长，1997 年任总经理，1998 年任枝江酒业董事长，把一个年销售收入不到 6000 万元的企业发展成为全国白酒行业十强。

在酿酒行业内，那么多的老总，除了茅台酒业的季克良是做技术出身的外，做技术出身的我算是第二个。我一直是做技术工作的，在做董事长之前，我做了 9 年的总工程师。我们这是个传统的行业，真正的前沿技术不是很多，但是对技术的掌握、理解和把握是很重要的。特别是传统产业，现在我们枝江酒业的生产工艺被评为"湖北省的非物质文化遗产"。

我是依靠所学专业创业立业的，党和政府、社会给了我很多荣誉。我 2005 年被评为"全国劳动模范"，2006 年被评为"全国优秀社会主义建设者"，还享受国务院特殊津贴。同时，我也是湖北省第九届人大代表，第十届、第十一届省政协的常委。可以说，社会给我的荣誉是非常多的，但这离不开学校对我的培养。

通过助学、助建奉献爱心

因为我本身是从农村出来的，是教育改变了我的一生。所以，当有了一定的资源以后，我就特别关注贫困学生的求学问题。其实，助学活动是我们《楚天都市报》的一个品牌。我赞助的是第二届，这个活动把企业和社会紧密地联系起来。这个模式是从我们那个时候开始的。我们公司在助学这一块，从 2001 年开始，每年拿出一定的资金，资助一些贫困学生上学。我自己在 2011 年的时候，个人出资设立了一个助学基金，当年出了 1000 万，每年资助 100 个贫困大学生。到现在为止，资助了大概 1000 多人。这个基金是由我个人出资，由枝江市慈善总会负责管理的，到现在营运都还非常好。公司在这一块累计差不多花了上亿元的助学资金。所以，我在 2015 年被表彰为"全国扶贫工作先进个人"和宜昌市的道德模范，也上过中国好人榜，这当然已是前几年的事了。

除资助学生以外，我还参加过其他的一些公益活动，如支持五峰修路。我在报纸上看到一个五峰的老党员，70 多岁了，他的家乡被一座山隔断，只要在山中间开一个隧道，就能连通家乡。刚开始他就自己带着村民进行山洞的挖掘工作，挖了几年。我知道这个事情后，就主动找到他说我来帮他们办，这是我第一次帮五峰人。后来我们就在五峰扶贫，我们在五峰的扶贫前后大概花了500多万元。我们公司有个中层干部是五峰的，他是湖北工学院毕业的。后来我们还把他送回去，他现在是五峰劳动人社局的局长。再比如支持省委倡导的"三万"活动——"挖万塘"，我们就花了200万，挖了200口堰塘，帮助解决农村的灌溉、水利设施年久失修问题。当时要求一个村要有一个当家的堰塘，主要用于蓄水、农业用水。这个活动全称叫"万名干部进万村挖万塘"活动。

（本文根据2020年1月7日于宜昌馨岛大酒店（市人大代表会客室）访谈
蒋红星同志口述记录整理，整理人：杨斌、郑泽俊、龚海燕）

湖北三峡学院篇

见证宜昌高等教育的发展

——符利民同志访谈录

符利民，男，汉族，1938年出生于湖南攸县。1958年毕业于华中师范学院中文系。杂文家，教授，中国作家协会会员。1961年起在宜昌师范专科学校任教。历任宜昌市教育学院院长、宜昌大学校长，宜昌市人民政府副市长。

20世纪70年代以来，以笔名"符号"在全国包括香港地区报刊发表杂文、散文、评论千余篇。结集出版有《中国当代杂文精品大系(1949—2013)：约瑟夫的阶级成分》《敢自嘲者真名士》《岁月如斯》等10部；作品入选《中国当代杂文二百家》《中国最佳杂文》《中国杂文精选》《最受大学生喜爱的杂文100篇》《最受中学生喜爱的杂文100篇》等100多个选集；作品数十篇被转载、赏析、评介，选作高考试题、中学生课外读物；先后获"中国新闻奖""全国报刊副刊金奖"等十余个奖项。

曾任湖北省杂文学会副会长，《湖北杂文》顾问，宜昌市杂文学会会长、名誉会长，宜昌市作协名誉主席，宜昌市炎黄研究会顾问，湖北省高校评置委员会委员等。

我觉得你们口述校史工作小组做了一件很有意义的事情。回顾历史对于学校今后怎么发展，对于整个宜昌市，都是有很大作用的。

我也是三峡大学的老职工

其实，我不只是作为宜昌市政府曾经的成员来关注、参与过宜昌高校的建设和发展，我也是三峡大学的老职工。1961 年我就到了师专，是当时宜昌师专的开创者、书记兼校长徐汝潭把 23 岁的我从宜昌二中调到师专的。所以，师专的老同志我都比较熟悉，有的还是老同学，我本人在师专也住了 20 多年。1986 年底我是直接从师专搬到政府院子里来的。加上我老伴一辈子也就一个工作单位，就是由宜昌师专直到三峡大学。所以说，我对三峡大学还是很有感情的。但是搞口述，也有一定的难度，主要是年代比较久远。我 2001 年退休，已经退休十七八年了。如果从开始算起就有 30 多年，有好多东西记不清楚了。年岁一大，尤其是数据、年代，就容易模糊不清，这也通常是口述历史一个比较大的问题。我翻了一下当年的工作日记，但是堆积的资料太多，没有办法找到。我从政 18 年，就是有材料一下也翻不到，所以，完全凭记忆。关于数据和年代的问题，你们还要斟酌核实。加上我现在说话思维不连贯，口齿也不大清楚，所以，只能讲一个大概。你们的提纲我看了一下，逐一回答不好回答，就按照我熟悉的历史，拣要点来讲述吧！

宜昌大学的前身是高工班

宜昌大学的前身是高工班，校址在樵湖岭那里。当时办学也是为了适应经济和社会事业发展的需要。当时的主要负责人是曹诗青，后来的市文化局局长，之后又在市侨办当主任。现在已经八十好几了，比我大两岁。学生像汤涛就是高工班毕业的，后来他在团市委、市政府办任职，之后到团省委、鄂州市、恩施州、省政府、省委常委，然后到山西省委任常委兼组织部长，现在是人社部副部长。我上次在电视里看到他，已满头白发。另外，像枝江酒业的蒋红星，他也是高工班毕业的。所以，他们这两个都是宜昌大学校友会的头，汤涛是第一任会长，蒋红星是第二任会长，后面便成为名誉会长。这应该算是宜昌高校培养人才质量的代表。

随着改革开放的发展，葛洲坝工程的兴建，三峡工程的酝酿筹备，我们感到宜昌高教事业的发展已经势在必行了。光靠专科性的大学比如师专、医专以及葛洲坝水电工程学院，还不能满足需要。专业比较全面的、综合性的太少了。所以，想搞一个综合性的大学。当时宜昌市委、市政府就决定要创办宜昌大学。这里特别要提到的就是市委副书记、分管文教的书记马中一，他出了很大的力。从办学背景上讲，大概就是这样的。

筹建宜昌大学

办宜昌大学我也不是最先接手的，开始是副市长崔传礼，他管了一段时间，比较短。然后是我，从1986年正式接手，我做的工作也不多。因为当时我还分管教、科、文、卫、外事、档案、宗教等。另外，依照当时中央是李鹏副总理兼教委主任的模式，我还兼首届市教委主任，其中普教是大头，还有中等职业教育，精力顾不过来。

这个里面做事最出力的应该就是宜昌大学的领导班子。三位领导：一位是马述祥，党委书记；还有一位副校长叶淑毅，已经去世了，跟我同年，1938年的，很好的一个同志；后面来了一位，就是从航天部二十基地转业到地方的副书记姚天芹，现在还健在。校内很多重要的、尤其是具体的事情，主要都是他们在做，我没有做太多的事情。我做的事情，大概可以从这样几个方面来说：

第一个，抓规划。办一所大学不是办小学、中学，几亩地几十亩地那么大的范围，从校园面积到招生规模，还有仪器设备、图书等一系列的事情都要提到市里来解决。当时规划的土地，就是现在三峡职院的这个范围，将近500亩土地。当时我们就抓这个，用文件的形式把它固定下来。没有政府红头文件你搞的就是无效的。面积你要把它控制住。可是，因为没有那么多钱，一下征不了那么多的面积，只能搞局部的，首先就把学校前面的这一部分征过来。刚才提到的这3个人，还有原来管教学的高工班的林旗龙这几位。特别是马述祥和叶淑毅，他们都是从工业战线上过来的，懂经济，也有新的思路和魄力。纺机厂当年主要就是由党委书记马述祥负责把它建立起来的，所以，市委马中一副书记就很看重马述祥。马述祥及时有效地把学校前面的土地征过来了，迅速搞了基建，把教学楼、综合楼和旁边的实验楼建起来了。

我为什么要首先抓规划呢？必须用文件形式把它固定下来。因为政府成员经常换届有变化，分管教育的副市长在我退休后连续换了很多人，像贾庆生、黄利鸣、焦红、张永红等，换到后来我也不认识了。何况下面的各个部、办、委、局、学校也是不断

湖北省副省长韩南鹏(前排：中)就三峡大学筹建来宜视察时与符利民(前排：右二)等人合影

在变。前面的决定，后任就搞不清楚了，又要重新从头说起，重新申报。所以，必须要用文件的形式固定下来，口说不为凭。现在看来，这个事情是做对了。

第二个，就是计划内和计划外的招生规模怎么处理？这个我是把了一下关的，因为那个指标是我争取来的。计划内指标必须控制规模，不控制就不能保证质量。为了人才需求和改善办学条件，还得扩大招生规模，那就要搞点计划外指标。争指标实际上就是争财力，在这个上面要把点关，就是规划、计划这些大的方面。

第三个就是班子。我原来也是搞普教的，后来所在的师专、教院也是单一性的。现在我们这个宜昌大学是综合性的。当然眼下还刚刚起步，谈不上国家级大学，也不可能按照那个要求办，但是也要有所加强。所以，我们当时吸收人才的时候，注意从经济战线特别是工业战线把一些优秀骨干、普教中的优秀干部吸纳进来。比如把电机厂的高工邓长城教授吸纳进来，中南矿大的刘衍茂也吸纳进来。他去世后，我亲自前往为他送行。后来又吸纳了市教委副主任袁洪进来。他原来虽然是搞普教的，但熟悉教育内部的规律。现在看来，这个也都还是有必要的。

第四个就是作为一个大学，不论是硬件和软件，都应该有所加强。这需要从全市的层面来部署协调。首先它的占地面积、建筑面积，包括仪器设备、图书、固定资产，说到底还是一个经费投入的问题。当时的宜昌市还是很艰难的。因为实际上只有城区这一块，看起来数字很大，把葛洲坝电厂都纳入进去了，但是实际上我们经济块头很小。所以教育经费投入很紧张。在经费投入上，当时的市长、市委书记罗清泉是功不可没的。他当时果断地做出了一个决定，就是开征城市建设配套费。那时全市大兴土木，到处都在搞建设，面积一增大，人口一增多，就需要建小学、中学，大学，教育需求量就大。当时，市委、市政府就开征了城市建设配套费，以建筑面积来提取教育配套费。在此之前，我们根据国家法规制订了一个方案，就是收取城市附加配套费，筹集普教经费，主要是普及九年义务教育的经费。罗市长很有眼光，我们原来的附加配套费每年大概

符利民(右四)等人陪同国家教委原主任
何东昌(右五)考察三峡大学申办工作

只有200万到500万元。数字记不准确，这个城市建设配套费一搞，资金就一下增加到了一两千万元，相当于以前的十多倍。这样连续征了大约5~8年后才取消。这项措施对于解决我们教育的燃眉之急起了关键性的作用。我作为主管的副市长，这个时候很注意分配比例。城市教育附加费已经给了普教，建设配套费当然应该向地方高教倾斜。我现在记不清楚这个比例，反正有不少资金投到了宜昌大学。因为要建大楼，引大师，栽大树，没有经济实力根本就寸步难行。所以，后面连续好多年宜昌大学资金渠道解决了。宜昌大学发展很快，建了图书馆、教工宿舍、学生宿舍。

第五个，在专业设置方面，我也是强调要注重社会实践，要将宜昌大学辐射到整个宜昌和三峡地区。所以，当时马述祥他们不光着眼在宜昌市内发展，还向涪陵，万县地区发展。我参加过他们的一次活动，就是到涪陵地区的南川市搞合作。跟他们市长、市委书记接触以后，他们也觉得我们宜昌大学不光是宜昌的大学，也是三峡地区的大学。当时宜昌大学的学生已经在三峡地区经济建设中派上了用场。这个南川，别看是个小县市，它那个时候就有铁路、矿产，经济发展势头很不错。宜昌大学已经并将继续为他们培养人才，解决了他们的需求。如果一所大学只单一地培养没有实践能力、纯书生型的学生，是不能解决社会对人才的需求的，那就是办学的方向性问题。

申办三峡大学

前几年何伟军校长邀请马中一副书记、万久才副书记和我到学校参观考察。看校史展览时，看到了三峡大学筹建中的一些我没掌握的材料，比如说我当宜昌大学校长时的照片。同时也发现有一个比较大的空缺，就是《宜昌日报》总编范长敏采访撰写的《三峡省筹撤始末》，他也给了我，让我给他提意见。因为这个过程我是首先直接参与的，最有发言权。

我在带有记实性的回忆小册子《读书阅世六十年》中写了这样的一段话：为了适应三峡工程兴建，兴办一所现代化综合性大学的重任，历史性地提上了宜昌市的议事日程，按照时任市委书记罗清泉的要求，我多次率队去国家教委汇报。有一次专门送材

1990年2月宜昌市副市长符利民(右)在北京向三峡地区经济开发办公室主任李伯宁(左)汇报三峡大学申办工作

2018年12月符利民(左二)接受三峡大学口述校史工作人员采访

料，就是由医专黄利鸣主任去北京的，他那时是我们三峡大学筹备组办公室主任；张永红当时也是宜昌大学的，马列主义教研室主任，后来他们先后成为宜昌市政府副市长。

为了筹建三峡大学，我先后到北京找过老省长郭树言。郭树言这时已经到国家计委去了，是国家计委副主任；也先后三次就三峡大学的申办找过三峡省筹备组组长李伯宁，三峡省筹备组的组长就是未来二峡省的省委书记、省长。他自始至终都是非常支持的。老头和蔼可亲，很有点诗人气质，还写诗，写书法。昨天我还翻到了和他的合影照，是珍贵的历史照片。当时他对三峡建设的热情令人感动。我们还到了国家教委副主任，也是我们华师校友邹世炎的家，获得了他的热情接待。我是1958年中文系毕业的，他是1960年历史系毕业的调干生。他跟兴山县的特级教师周世安很熟悉。对宜昌办教育、湖北办教育，感情是很深的。他也说服了原先分管高教、后来分管职教的副主任王明达。王有严重的心脏病，但态度积极热情。根据全国高等院校设置评议委员会委员、中南财大的老校长洪德铭的提议，我们特地聘请了中科院院士、华中科技大学校长、学部委员杨叔子，中科院院士、同济医科大的裘法祖以及陶醒世，华中科技大学德高望重的老教育家朱九思，搞了一个高规格的专家顾问组指导学校筹建。组长开始好像是韩南鹏，以省政府的名义组建。副组长是谁记不清了，我只记得孙德华是副组长之一。然后就是这一排专家，由省政府正式行文。这个影响力是很大的。第一次会议就在华科召开。当时大家态度积极，兴致很高。我也是第一次见到这些大人物。

再就是我们到国家教委原主任何东昌在清华大学的家中，请他来宜昌实地考察。因为他是老主任，原来又是管高教的，所以把他请出来，作用很大。老先生很倔的，他不轻易答应人，但我们去的时候老先生很热情，后来他就答应了。来到宜昌，把他说服也是不容易的。他很注重办学条件，询问要言不烦，相当严谨。这里保存有照片。何东昌虽然已经离休，当时陪同参加的有省教委的袁继凤、陶醒世，再就是我们宜昌的高进仁、鲁知文、马述祥，袁洪应该也在场。图书馆里有一张合影照片可以为证。

同时来的还有北京大学的党委副书记王学珍，一位个子不高、穿着朴素、和善的老革命。他的态度也是积极热情的，我还陪他坐同一个车厢。

还有就是率领宜昌3所高校的领导去长沙参加全国高校申办评审会（负责评审各个地方大学的申办问题的会议）。当时国家教委计划司的司长是徐敦煌，主持全国高校的审批工作。我们开车带着3个人赶去长沙，但不知什么原因，第二天到的时候听说会已经开完了，结果是四川三峡学院通过了评审，没有我们的份，很遗憾。

我在回忆录中还提到，为申办三峡大学我进入中南海，来到李岚清副总理办公室的事。怎么到中南海李岚清的办公室呢？这个还跟罗清泉书记有关。大约1991年前后，李岚清从当阳机场来宜昌，接待他的有韩南鹏副省长、罗清泉书记和我。在来宜昌的车上，他问到了宜昌的普九，他说，光靠你们自己的力量能不能完成普九？罗清泉书记让我说。我说，我们市辖多个少数民族县、贫困县，光靠自己的力量是难以真正完成的。李岚清是抓教育的，他就问得非常仔细，罗清泉书记在车上还简要汇报了三峡大学的筹办情况，并请他为三峡大学题写校名。他询问了申办进展情况，答应在申办成功后题写。由于路上行程很紧，他就把他秘书王京平的电话告诉了我，说以后再谈。有了这句话，我就索要了王京平的电话，记下来了。他和他的夫人在桃花岭饭店用午餐，当时作陪的就是韩省长、罗书记和我，也提到了三峡大学的问题。后来到1997年，我带《土里巴人》到北京汇报演出，获得文华大奖，就借这个机会请王京平去看戏，打电话给他送票。他原来说过到北京去找他，这样我就去了。从中南海北门进去，王京平直接把我接进去。李岚清副总理当天不在家，王京平就将意思进行了转达。王说，他答应了要写肯定会写。过了不久，他就把那个题字寄过来了，题字为"办好湖北三峡学院，为三峡、宜昌经济和社会发展作贡献。李岚清"。字迹清秀朗洁。

这里还补充一个细节：就是当时在筹办三峡大学过程中起草文件，韩副省长要求明确写清楚关于学校的体制、背景、硬件条件等内容，为了发展三峡大学，建的时候说是地方性大学，是宜昌市办的，省里头没人来管，省里有部办的，省办的，而这是市办的，要明确写清楚。我们考虑一个市的影响力规格太低了，条件也有限，所以在提到未来三峡大学建立体制问题的时候，提出：省市共建，以省为主。韩省长说那不行，必须是省市共建，以市为主。一字之差，差别极大。那当然是他说了算。后来韩南鹏副省长退休，接他班的是王少阶，我也因工作变动到人大了，现在也不晓得正式文件是怎么写的。因为，以省为主的话钱主要由省里来拨，现在来看，估计是以省为主。

还有，当时我们搞了一个大规划。就是将宜昌大学、医专、师专、葛水院四校合并，还把当时的东山体育村、宜昌大学山体后面有争议的两百多亩地，都包括进去了，这样才达到条件；而且把一些学校，包括市农校、交通汽车学校等都包括进去了。当时还是由市里牵头，召集市体委、城建、宜昌大学等各个部门统一协调规划的。

关于湖北三峡学院领导班子

最后说说湖北三峡学院的领导班子问题。孙德华主任曾当面征求我关于学院领导班子的意见，校长该由谁来当？他的意思就很明显了。我参与了筹办全过程，出力最大。但是我说，一个人只能做一件事，把这件事做成了就不错了。我回绝了他，主动推荐了高进仁、鲁知文两个一把手。他们两个现在都已经是副厅级了，一个当书记，一个当院长。宜昌大学党委书记马述祥，能力很强，有水平，功劳不小，理当进入学院领导班子。但是他已到了年龄，由正县升为副厅已不可能，只好忍痛割爱。

这里面还有一个细节，就是三峡学院的校刊创刊号要我写一篇文章，文中我把毛主席的诗词《卜算子·咏梅》中的诗句改了一下，把"待到山花烂漫时，她在丛中笑"改成"待到山花烂漫时，我在丛边笑"，被细心的校对发现了，询问是不是写错了。但是院长鲁知文说："没错，我了解他。"为了申办三峡大学，我做了自己应该做的一点事，后面看着三峡大学的蓬勃发展还是很欣慰的。

（本文根据 2018 年 12 月 18 日于宜昌家中访谈符利民同志口述记录整理，整理人：杨斌、郑泽俊、田吉高、龚海燕）

湖北三峡学院的由来及办学探索

——鲁知文教授访谈录

鲁知文，男，汉族，湖北公安人，1938年11月生，中共党员，主任医师、教授职称。1963年6月毕业于湖北医学院医疗专业，9月到宜昌地区医院(后改为宜昌市中心医院)工作，1971年和1981年两次赴阿尔及利亚中国医疗队任儿科主任，共工作4年多。1994年晋升为主任医师、教授。1991年调入宜昌医专工作。曾任宜昌地区医院儿科主任、副院长、院长，宜昌医专校长兼党委副书记，湖北三峡学院院长。

长期从事临床医疗、医院管理和高校管理与研究工作。1978年被宜昌地委评为"模范共产党员"；1988年被卫生部评为"全国卫生文明建设先进工作者"；1990年被湖北省政府授予"劳动模范"称号。

湖北三峡学院的诞生，是在宜昌市政府的亲自主导下成功申办的结果。当时我在宜昌医专任校长，宜昌医学专科学校究竟怎样发展？我们在思考。宜昌市政府想把医专、师专、职大合并起来组建一个三峡大学。根据当时的情况，国家教委评审专家组已通过命名三峡大学评审，然而国家教委的领导建议我们改为扬子江大学。符市长说，三峡省的筹备在宜昌，三峡电台也在宜昌，什么都是三峡，怎么能叫我们扬子江呢？不行！教育部的专家组考虑到万州市也在申报三峡大学，我们湖北宜昌申报三峡大学在先，就把万州的"三峡大学"取名四川三峡学院，就是现在的重庆三峡学院。把我们的叫湖北三峡学院，所以，就这样把我们定名为湖北三峡学院。

当时，宜昌市委的党代会给我们提出了一个明确的办学目标，就是尽快把三峡学院办成三峡大学。学校党委也明确提出，首先要把三峡学院办成一所合格的

国家教委专家评审团来校考察时评委会主任何东昌
（前排右题字者）为学校题词(右一：鲁知文)

本科学校。在这个总的奋斗目标下，我们主要做了三项工作：

第一，我们这个学校是由三所专科学校合并组建起来的，首先要办成合格的本科学校、本科专业、本科学科，这是我们的第一要务。我们的办学定位呢？应该是一个综合性、应用型、区域性的高等院校。为什么又是区域性的呢？因为是省市共建，而市里的投入也很大。所以我们要服务于湖北省、服务于宜昌市。这就是我们对办学的一个主要的定位。在这个定位的基础上，在抓好本科教育的同时，要发展硕士研究生教育。服务于基层，服务于社会，培养基层紧缺的人才。

第二，打破原来的学科分类，重组了人文、医学、理学、化工、机械、管理、艺术、外语，特别是旅游等学科。为什么要设旅游学科呢？这个学科的设立是根据区域发展的需要和宜昌的区域优势而确定的。它是一个文化层面的学科，调为宜昌有三峡文化、三国文化，还有许多的伟人和名人，最典型的代表有屈原、王昭君、欧阳修等。三峡文化是因为我们地处三峡峡口风景区。还有一个，宜昌也是土家族的发源地，在长阳武落钟离山。所以，我们要紧紧地抓住宜昌区域资源的优势，开设服务于旅游的专业，把旅游确定为重点发展的学科。同时我们还汇集人文学院、体育学院和艺术学院的研究力量组建了三峡文化研究所。

另一块是医学教育，因为宜昌医专前身已经有近百年的办学历史了。它的前身，其历史可以追溯到

鲁知文(前排右四)在支援阿尔及利亚省医院
任队长时，医院院长全家欢送回国队员合影

1923 年的安庆博医技专。医专的办学历史悠久、特色鲜明，培养的人才不仅服务于湖北省内大的或中等的医院或学校，同时它也面向全国，还培养了不少去国外留学的学生。因此，在医学教育方面，我们除了侧重于培养稳定、安心服务于湖北省和宜昌市的医务工作者以外，还要培养他们继续学习、研究的基本素质和能力。所以，从医专毕业的学生中相当一部分在工作一段时间后又能走向硕士生教育、博

时任卫生部长崔月犁(左一)来校考察。
鲁知文(左三)陪同

士生教育这么一个阶段。我们在医学教育中，既注意培养学生的基础知识、基本技能，又特别注重培养他们继续学习的能力，这就为发展研究生教育做了必要的探索和准备。

再一个方面，化工企业是宜昌地区的支柱产业，比如说宜化(原来的国投原宜)，兴山的兴发集团以及安琪酵母等。所以，在化工、化学和生物专业的人才培养当中，我们也加强了与企业的合作办学，这样来培养服务于社会的一些应用型人才。这是对服务区域经济的办学思考和实践。

再就是继续维持师范教育的特色，因为国家对师范教育相当重视。我们既然组成了一个综合性大学，而且我们原来的师范专科学校也有雄厚的实力和人才，比方说我们现在研究屈原文化、昭君文化，这些研究都包含在师范教育研究领域里面。所以，在这个方面，我们不仅保留并重视发展了师范教育，另外，在学科建设当中，我们也进行了积极的探索，成立了很多新学科。而这些学科为后来三峡大学的学科建设应该说奠定了一定的基础。比方说体育学院、艺术学院，还有生化学院以及理学院，都是在三峡学院的相关学科建设基础上发展起来的，是有了一段时间的实践的。与武汉水利电力大学(宜昌)合并以后，充实了土木建筑工程和水利建筑等学科，办学实力得到进一步加强，不仅服务于三峡区域，还服务于全国水利电力行业。之所以湖北三峡学院和武汉水利电力大学(宜昌)能成功合并，就是因为它适应了高校改革和国家社会经济发展的大趋势。

在三峡大学合并前后，我们积极主动地配合省、市、水电部和国家教委的工作，就说希望跟他们合并，得到了国家教委的大力支持。所以说，作为湖北三峡

学院，经过 4 年的办学，在各方面还是为今天的三峡大学合并组建，成为综合性大学，创造了条件，做出了贡献的。

第三个就是在国家教委计划建设司直接指导支持下，我们跟华东理工大学、浙江大学、华中科技大学、同济医科大学签订了支持三峡学院本科教育、研究生教育和教学管理及培训等合同并得到实施，为今天的三峡大学发展也奠定了一定的基础。

（本文根据 2019 年 4 月 19 日于三峡大学档案馆会议室访谈
鲁知文教授口述记录整理，整理人：杨斌、郑泽俊、龚海燕）

把三峡学院尽快办成合格的本科学校

——高进仁同志访谈录

　　高进仁，男，汉族，湖北汉阳人，1943 年 10 月出生，中共党员，研究员。1965 年毕业于华中师范学院数学专业并被分配到中央民族大学工作。1972 年 8 月调入宜昌医专工作。1996 年晋升为研究员。曾任宜昌医专副校长、党委书记，宜昌师专党委副书记、副校长、党委书记、校长、湖北三峡学院党委书记等职。

　　长期从事高校管理与研究工作。公开发表论文 11 篇。1991—1992 年，承担国家教委基础教育研究项目《我国中部地区中小学素质结构与师范院校课程结构改革研究》，并获湖北省第二届教育科学优秀成果三等奖；论文《做好思想政治工作，把竞争机制引入高校分配工作中》发表于 1988 年《学校思想教育》第 2 期；参与编著《人生之路的思考》(第二章)由中国地质大学出版社出版，并被评为 1994 年优秀书籍三等奖。

我在宜昌医专 17 年

　　我是 1972 年从中央民族大学调到宜昌医专的，暑假期间报到。当时的医专赵茂林是党委书记，还有两个副书记：一个是杨震洲，一个是廖亚远，他是军宣队的。副校长(当时称革委会副主任)是罗虹、徐辅桂、吉天祥三个人。下面设三个处：一个是教务处，处长是于丁；总务处是黄昌寿，政治处是廖亚远兼主任，刘志刚是副主任。

　　我是 8 月份来的，11 月份医专召开了第一次党代会，选举产生了党委会，赵茂林任书记，杨震洲和廖亚远任副书记。委员有三个：一个副校长，再加一个教师代表何大秀，还有个学生代表，是一个叫朱红的工农兵学员。她是武汉军区总医院送来的，是7206班的一个学生。我来了以后，第一个任务就是筹办党代会。所以，我对当时的情况记得很清楚。

直到1973年才成立办公室，在这之前只有一个打字室，有一个打字员兼管档案、收发、印章。刚成立办公室的时候，没有主任，就叫我负责。三个人：我、刘新池和丁应秀。打字室就归到办公室来了。后来我到了政治处。当时政治处有哪几个呢？廖亚远是副书记兼处长。我们办公室是一个套间，里面就是刘志刚同志，外面是武金兰、鲁尚勤和我，共3个人。我来之前是郑声秀。我们3个人分工是怎样的呢？鲁尚勤管人事，武金兰管组织，我就管宣传。原来郑声秀管宣传，因为她是妇产科医生，不愿意搞行政。本来我也不愿意搞行政，杨校长就给我做工作。就这样，我就一直在那里。

真正成立办公室是付伯湘同志来了以后，就是1974年年底。当时任命了3个人：一个是我当政治处主任，付伯湘同志当办公室主任，杨红同志当团委书记。大概是1974年11月，因为那个时候我不在学校，在长阳乐园公社开门办学。乐园曾经是当时全国医疗卫生系统的先进医疗单位。

从1975年起，卢克田同志主持工作以后，赵茂林同志和原诚同志就当顾问了。到1984年，我们走上学校领导岗位，我、张光明同志就上来了。1984年的5月我们开始主持学校工作，一直干到了1986年10月。

湖北三峡学院的申办过程

申办三峡学院是在1992年，开始申办的是三峡大学，不是三峡学院。1992年的一天，市政府通知我们去开会，市政府是很少通知我们开会的。我就打电话问是什么会，得知是王明达同志（原来国家教委副主任）来宜昌的时候看了葛洲坝，宜昌市领导把市里的发展规划跟他作了汇报，他就说：一个城市没有几所大学做支撑，城市的品位就上不去。他的意思是要有教育文化。所以，他建议宜昌市建一个大学。当时符利民同志对建大学这个事是很积极的，拿出来的方案是想把已有的三个专科学校合并组建成一所综合性大学。这样，市政府就决定召开这个会，准备说三校合并这个事。我说这个事光我们去开会怎么能定？这个高校的组建合并，省教委不说，我们能轻易地说是合并还是不合并？所以，我就叫王正清同志（时任副校长）去开会，我到省教委跟孙德华同志汇报。我说宜昌市召集我们开会，要把三校合并，你们教育厅是什么意见？你们说搞，我就去开会，你们说不搞，我以后就不去开会。孙德华说这是个好事，你们可以搞。

后来，我们就开始筹备了。符利民同志对筹备工作很积极。当时是符利民同志牵头，我们三个学校再加上市教委的同志，成立了一个办公室。那个办公室在哪里办公呢？就是市教委在北山坡的招待所，在胜利三路那里。最开始就是写报告，编简报，一期一期的简报。什么征土地、增加设备、增加人员，主要是从办学条件来入手。

再一个就是考察学习。那个时候扬州的高校已经合并了，我们就到扬州大学、青岛大学去考察。第一次到国家教委去汇报是符市长带着我们四家：市教育局一家，我们三家学校一起去的，李诵国、我、老鲁、马述祥四个人，住在宜昌市的驻京办事处。当时国家教委的主任是朱开轩，朱开轩没有让我们谈什么，要高教司和计划建设司的同志跟我们谈。之后又找到何东昌，当时何东昌同志是高校设置评审委员会的主任。我们就找到了他，把我们的情况向他汇报了一下。后来，请他来考察了一次，他说国家教委对这个事情是支持的。

当时的申报过程主要就是每隔一段时间出一份简报，反映我们筹备的动态。简报发给谁了呢？发给国家教委高校设置评审委员会各个评委。后来得到了省里的支持，就成立了一个湖北省"三峡大学筹备小组"。在南湖宾馆开的会，组长是韩南鹏，副组长是孙德华和符利民，还有几个委员：计委的一个副主任，财政的一个副厅长，再加上我和老鲁（鲁知文），这就是筹备小组。这以后就邀请评议委员到宜昌来考察、听汇报。那个时候中堡岛还在，符市长对接待工作作了一个安排，我们是在一条船上汇报的。当时比较得力的就是洪德铭。洪德铭是原来中南财经政法大学的党委书记。他是西南联大毕业的，他是积极支持的。在他的倡导下成立了省专家咨询小组。专家咨询小组有他，有朱九思、杨叔子、裘法祖，再就是武汉大学的一个副校长侯建昌。接着，咨询小组在武汉专门开了一次座谈会，就是我们的申报报告拿出来了，请他们提出意见，看哪些地方要添加内容，哪些地方要删减。

1993年，我们分头拜访了评议委员会的委员，将修改好的报告交给他们。当年12月，国家高校设置评议委员会开了一次会，就是来讨论高校设置问题。我们符市长蛮高兴。那个时候那些专家们认为我们各方面都还可以，都对我们学校合并表示认可，条件初步具备了。当时四川申报了万县师专叫三峡学院。我们当时报的是三峡大学。结果四川那边获得批准了，我们这边的申报没有被批准。

后来，符市长说我们不搞三峡学院，就搞三峡大学。这样又接着申报三峡大学。直到1995年，我们才获批组建湖北三峡学院。

湖北三峡学院的办学定位

宜昌地、市合并后召开的第一次党代会提出："湖北三峡学院要尽快办成三峡大学。"这是宜昌市委对三峡大学办学目标提出的要求。因此，湖北三峡学院成立以后，学校的奋斗目标就是要把湖北三峡学院办成三峡大学。当时的办学理念就是要紧随着整个社会形势的发展变化。我们把办学看得很严肃，总觉得三所专科学校的基础只有那个样。所以，我们的办学定位就是，首先要办成一所合格的本科学校。

办学的步骤首先从组织工作入手。三个学校合并的时候，我们组建干部队伍和科室，原三校配备的干部我们基本上在职的人都安排了，基本上是比较稳定，也没有什么偏向，确实是按照干部的情况和要求来的。所以，团结很重要。对干部的使用确实做到了量才录用，最后通过考察，合格的就任命，机构干部就到位了。其次，建立规章制度。管一个学校要以制度管人，要把学校的教学秩序理好，把工作顺序理好，就在于制定规章制度。所以，我们成立之初，就重在制定制度，比如党政工作、教学管理、行政管理、人事管理、财务管理等各方面的规章制度，后来还出了一本《湖北三峡学院文件汇编》。第一学期基本上是干部的调整和制度建设。当然在这个过程中师资队伍的建设也至关重要。合并之前，我们三个学校在办学过程中都很重视师资队伍建设。三峡学院成立了4年，自1996年6月正式挂牌后，1997年、1998年、1999年三年开了三次中层以上干部大会，一年搞一次总结，一年提出一年的目标。虽然三峡学院办的时间很短，但是我觉得这为后来三峡大学的本科教育奠定了基础，有人员的基础、制度的基础、运作方式的基础。

大概到1998年、1999年这个时候，全国高校合并已成为一种趋势。我们到教育部汇报工作时，陈至立同志、李岚清同志讲的主要就是浙江大学的合并，吉林大学的合并，扬州大学的合并。跟我们讲了这些之后，就问我们学校有多少教授，有多少副教授。当时他们没有提到过我们的合并可不可以，但是我们的目标就是要把三峡学院办成三峡大学。他们说一个大学的层次要看你们的专业怎么样，师资队伍怎么样。当时，我们的专业应该说通过扩展以后还可以，但是师资队伍确实还是比较弱一点，当时我们教授数量还不多，副教授比较多一点。后来，国家教委和省政府决定将武汉水利电力大学(宜昌)和湖北三峡学院合并组建成了三峡大学。

三峡学院办学的时间虽不长，但那个时候就是两条：一条就是打好基础，办一个合格的本科学校；第二个就是争取办成三峡大学。

医专办学特色鲜明受称赞

我 1972 年从中央民族大学来宜昌医专，到 2003 年退休，先后经历了宜昌医专、宜昌师专、三峡学院和三峡大学四个时期，到三峡大学时退居二线且时间不长，但对医专、师专的办学特色还是很有感触的。

宜昌医专重视师资培养、教学科研，团结氛围好。医专具有较长的办学历史，对师资队伍建设、教学科研的重视，既是它的办学传统，也是它的办学特色。1972 年我到学校，那个时候就已开始办教师英语的普及班、提高班、专业班了，当时像吴宪国、李如义、谢宝善他们，这一批人的英语就是从那个时候抓起来的。从初级班到提高班再到专业班，所以，到后来像司远珍、黄自平他们的外语都是通过学校培训出来的。当时，英语不过关在医专是站不住脚的，所以很重视外语。

再就是重视对青年教师的培养，打基础。当时留校的学生和新分来的教师一律要经过考试。如果是基础课部的，所教课程的实验全部都要亲手做一遍，带学生的时候必须先过实验关。所有的实验全部从头到尾做一遍，加起来有几十个实验呢！那就是要求站在教师的位置上去体会为什么要做这个实验，要达到什么样的程度。本学科的除了本科的教材考试以外，还相应指定他们看几本书，然后进行考试。同时与本学科相关的学科也要进行一次考试。这就是当时学校对新教师的三门考试：外语考试，本学科的考试和相应学科的考试。比如教病理的，就要考生理；教生理的就要考病理；教解剖的就要考组胚；教微生物、寄生虫的就要考生物学。相应的学科要搞清楚，这就是要求你这个教师不仅要懂得本学科，还要懂得相应学科，切实打好基础。有一次黄自平找到我，他说这是对我们新教师的歧视，我说你这是瞎说，这是为了你们好，是为了你们将来的发展。所以，要在医学院当一个教师立足是不容易的，那时很难。医学院好的学风、教风就是从这里开始的。

所以，有好几次校友回来都说医专的学风是一般的高校没有的。青年教师里面像司远珍、黄自平，你到他们宿舍去的时候，他们基本上都是在看书，没有在那里闲着。黄自平他原来只是初中毕业，都是通过老教师的指导，自己学习，是学校培养出来的优秀青年教师。有一次文历阳（时任武汉同济医科大学副校长）同志跟我一起在省里开会，他对我说："老高老高，你们的青年教师真的很厉害。"我问怎么了？他说："你在我那里委托培养的教师在外语考试上，在基础课的考试上都是在前几名。"因为我们那个时候委托培养的研究生，都是在同济医科

高进仁(左二)与口述校史
工作人员合影

大学、湖北医学院。医学院很重视教师的培养，这是一种办学能力的体现。

1983年全国高教工作会议在武汉洪山礼堂召开，当时参加会议的是于丁同志和我两个人，因为在我们省里开会，所以我们就去听了。1983年的那个会上提出来，为了提高高等学校的师资队伍水平，可以委托培养研究生，就是委托相关院校培养研究生。从1984年起，医专就开始选送第一批委托培养研究生了，到我1987年调离医专的时候，当时我们就有27个研究生，这些人后来都成了骨干，像黄利鸣、张昌菊等都是。

再一个是医专的团结氛围，包括领导班子的团结，师资队伍的团结都是很好的。领导班子中的那些老同志给我们带了一个好头，那些老同志们虽然有一些分歧，但人和人之间没有你搞你的，我搞我的，一直到后来的领导班子基本上都很团结。师资队伍中教师都是互相帮助、相互提高。还记得1985年，任心濂同志来学校考察班子，因为那个时候上面要下文把专科院校变成副地级，就由省高校工委组织部来考察。他考察了回去以后，有一次我到省里去，任心濂(当时是省科教部副部长，后到武汉大学任党委书记)就跟我说："老高啊，你们医专虽然很小，但是教职工的那个气势、那个氛围好多学校都比不上！"

宜昌师专改革影响力大

我是1987年3月到宜昌师专的。我初到师专的时候，师专办中师的风气还较明显。副校长朱辕同志是从华师来的，他就跟我讲了一个看法，他说，师专要有办大学的气概才能发展得好。我去师专以前，学校基本上没有什么科研项目。《三峡大学校史》记载的一些项目，主要是老师们去兄弟院校进修的时候在导师那里参与做的，只是参与。省级的项目一个都没有。我1987年去了师专以后不久，就赶上要报当年的科研项目，但没有人报。我就跟王正清同志说要他报一个项目。我对他说："你报一个，你带个头，然后带动大家搞起来就好了。"当时他就报了一个项目。

第二个就是在培养师资方面。当时有人认为，师专这一块教好书就行了，还要学什么外语？搞什么科研？还要什么硕士？都不需要！所以，当时的师专，我去的时候，只有4个在读硕士：胡绍华、王作新、邓新华，再就是一个外语的曹海英，不搞委托培养。

第三个就是编教材。当时，除了省里指定要编写的教材以外，他们不主张自己编教材，我说编教材不是一个很高的层次，但它是提高教师教学能力、专业能力的一个有效途径。所以，我去了

宜昌师专工作时期的高进仁（右二）

以后，在科研、培养师资队伍、提高办学能力方面下了些功夫。到三峡学院合并的时候，师专那一块除了外语系以外，中文、数学、化学、物理专业年轻的教师基本上都是研究生，老教师基本上都是副教授以上职称了。

师专还有几个情况是比较好的：一是改革劲头比较大，敢于探索，学校对管理体制、教育教学、后勤进行了全方位的改革，有力地推动了学校的建设与发展，成效很大。二是学习风气、学生纪律、教师工作积极性方面比较好。可以这样说，到了20世纪90年代的时候，在上班上课的时间，在外面游荡的人基本上没有。有一次孙德华同志（时任省高教厅厅长）来宜昌开全省职工教育工作会，住在市教委招待所，他早上就跑到学校来悄悄地看，大概九十点钟，我去听课了，办公室的同志到教室找我，说孙主任来了。我一见到他，他就跟我说："我今天早上在这里转了半天，你说的还是真的，你们的教学秩序还是搞得比较好，在上课的时间，在工作的时间，路上没有闲逛的人。"到20世纪80年代末90年代初，宜昌师专的办学层次、社会影响都有明显提高。我刚到师专时，曾去参加全国师专工作的一个会议，我说我是宜昌师专来的，别人都不知道湖北还有一个宜昌师专，可见那时学校的影响力还不大。后来，我们师资队伍情况怎么样呢？可以说，在全省来说那就是第一二名的位次了。我们加强培养以后，才有了这样一个地位。所以，后来在1993年左右，国家教委教育司在我们这里开了一个全国师专课程改革研讨会。全国来了80多所师专，在我们这里开的就是关于师专的课程改革会议，我们在这个会上作了一次发言，主要讲课程改革，这是当时师专办学历史上层次最高的一次重要的会议。

（本文根据2019年4月19日于三峡大学档案馆会议室访谈高进仁同志口述记录整理，整理人：杨斌、郑泽俊、龚海燕）

顺应发展要求　推进学校合并

——袁洪同志访谈录

　　袁洪，男，汉族，湖北宜昌人，1948 年 6 月出生，中共党员，副研究员。大学本科毕业，曾任宜昌市教委政治处主任、教委副主任。1992 年 12 月到高校工作，先后任宜昌大学党委副书记、副校长，湖北三峡学院副院长，三峡大学党委常委、副校长。

　　长期从事教育管理工作。曾多次在《湖北日报》《书法报》等报刊发表诗词作品；个人诗集《求索吟稿》2018 年由华中师范大学出版社出版。曾任湖北省中华诗词学会理事，现为三峡大学求索诗词学会会长、中华诗词学会会员。

关于校史编写工作

　　先说一个题外话，校史的编写确实是一个非常艰苦、非常困难的事情。因为我们学校的办学历史，往前追溯，有近百年的历史，再加上学校变迁比较频繁，变动比较大，而历史资料、历史档案比较少，所以很难。三峡大学合并以后，马萍同志和我都主持过校史的编写工作，当时主要是根据档案资料编写。但由于档案资料比较缺失，虽然有了那个初稿，但是现在回过头来看，严格按照校史编写的体例要求，应该说还不太完善。所以说学校要编写比较真实、科学、详实的校史的话，还需要再下功夫。包括校史起草人老裴(指裴玉喜)同志也有此看法，还需要在原有的基础上进行充实和完善。现在要编写口述校史，我认为非常好。这既是对原有校史的充实和完善，还要形成文字，同时也能让人感觉更加生动、亲切，让校史活起来。当然这可能也要再下些功夫。

宜昌市委、市政府为什么要主导几所高校的合并

建在宜昌市的高校为什么要进行合并？合并到底是好，还是不好？我做了一些认真的思考。其实，高校的合并，就宜昌市而言，除了国家的大形势外，也是宜昌市自身发展的内在要求和客观规律。为什么这样说呢？我原来在宜昌市教委工作，在机关工作了9年，无论是接触到的教委同仁也好，还是接触到的宜昌市领导也好，其实，宜昌市对于本市高校，特别是对于办高质量的高校一直是情有独钟的。

我之所以这样说，是因为宜昌市在文化大革命以前也是办过高等工业专科学校的。但由于三年困难时期，国民经济薄弱，1962年下马了。可是，宜昌市的领导对于在宜昌这个城市办高校还是很有激情的。尤其是随着宜昌市的经济建设和社会发展不断进步，这种激情越来越高。就宜昌市而言，先后经历了两次高校合并，合并层次一次比一次高。所以，我认为，它是宜昌市经济建设和社会发展的需要，有它内在的需求和客观的规律。

宜昌市原来是一个比较小的城市，宜昌市真正的发展是从两坝建设开始的。首先是葛洲坝的建设带来了宜昌市的初步繁荣，后来三峡大坝的建设更是对宜昌市的建设和发展，起到了相当大的助推作用。两坝的建设，促使宜昌市的发展步伐较原来同类的城市要快一些。这当然得益于国家建设的布局，宜昌有这个得天独厚的条件，可以搞水电，国家又把这个水电中心放在这里。先建葛洲坝、再建三峡大坝，这对宜昌市的经济建设和发展繁荣起到了极大的促进作用。经济发展了，肯定需要人才，城市繁荣了，那就需要高层次、高质量的文化和教育，这不仅是必然的，而且这两者是相辅相成的。

所以，从20世纪80年代末期，宜昌市就开始在比较艰苦的情况下着手抓高等教育了。当时宜昌市领导的基本初衷，就是想先把宜昌市的工专恢复起来，但是办一所工专哪有那么容易呢？因此，从20世纪70年代末开始办高工班，高等工业专科班。

高等工业专科班是在一种极其困难的情况下办的。当时我已经到教委工作了。我的体会是"三无"：第一，无地；第二，无钱；第三，无人。无地，就是连基本的校舍都没有。开始办高工班地点在哪里呢？就在原宜昌技校——樵湖岭那里，在技校旁边办，当时是曹诗青同志负责。后来，那个地方因为别的原因，不能继续办了，就借地方办。一直到1991年，宜昌市才在东山村那个地方建起了宜昌职业大学。是专科性质的职业大学。

宜昌职业大学的前身就是高工班。据说原来宜昌大学最初的规划不仅包括东山村现有部分，而且包括710研究所那一块地，全部是规划给宜昌大学的。这一块的面积是多少呢？将近800亩。后来，因为710研究所要搬进宜昌市城区，市里就以胜利三路的延伸段为界，把它划开了。一边规划给710，另外一边就留给了宜昌大学。因为当时宜昌大学还没建嘛，把那个地方规划在那里，当时规划的面积大概是多少亩呢？也很可怜，330亩，但地的问题总算解决了。

第二是没有钱。办高校光靠宜昌市财政的钱，那是杯水车薪，根本不可能的。后来市长罗清泉同志、市委副书记马中一同志都亲自想办法帮学校筹措资金，最后通过征收教育配套费才基本上解决了宜昌大学建设初期钱的问题。

地和钱的问题解决之后，再就是第三个问题：人。当时市委、市政府给宜昌大学政策：可以在本地和外地吸引人才，尤其是"双师型"的人才，就是本科毕业、既能当老师又能当工程师，这种"双师型"的。所以，宜昌大学领导班子的成员，除了我以外，都是属于双师型的。马述祥、陈贤忠、叶叔毅都是从企业来的。姚天芹虽是从部队来的，但他过去也是学工的，后来在电子局工作过。领导和老师都是这样的。后来，人的问题就基本上解决了。

当时宜昌市的领导是个什么想法呢？除了不仅要办高工班，要在高工班的基础上办宜昌大学外，他们还有一个想法，就是要在宜昌市成立（当时他们没有用"合并"这个词）高教中心。这个高教中心的设想，实际上就是后来合并的雏形，也是初步设想吧！意思就是说宜昌大学是市办，师专、医专是省办，今后能不能想办法把这些融合在一起，成立一个高教中心。

当时，宜昌市建了体育场。建体育场，市委、市政府是做了蛮大努力的。体育场修建以后，市委、市政府想把体育场划转给宜昌大学，体育比赛和办学兼顾。体育场建设是在东山村的330亩以外的。如果体育场一划进来，那学校面积就扩大了，资产也扩大了。所以，他们就是要把这个地方搞成高教中心，师专在这里，医专也在这里。宜昌大学为什么规划布局在东山村呢？除了城郊接合部有地以外，按他们的设想，实际上就是要把文化、教育、体育方面的

袁洪（左二）与口述校史工作人员合影

大建筑都规划在这一块，要在北山坡这一带形成一个高教中心。所以，宜昌市委、市政府对于建立这个高教中心，对于促进高校合并是非常积极，非常有热情的。因为它是经济建设和社会发展的需要，作为市委、市政府的领导有这种动力。

虽然建这个高教中心的设想没有正式以会议的形式或者书面的形式提出来，既没有见诸会议，也没有见诸文字，更没有形成文件，但是他们是有这个想法的。后来呢，

退休后的袁洪

正好遇到机会了，高校体制改革，高校合并。所以，宜昌市很积极，最开始是想申办三峡大学。申办三峡大学由谁牵头呢？符利民副市长。我记得成员有教委的李诵国主任、师专的高进仁书记、医专的鲁知文校长、宜昌大学的马述祥书记。这5人组成申办三峡大学领导小组。为申办三峡大学，符市长还亲自带队到长沙，参加国家教委的高校设置评议委员会的会议。符市长搞事蛮认真的，他对办宜昌大学也好，办三峡学院也好，积极性都非常高。所以，我原来在职的时候，几次在学校领导班子当中就提出过，三峡大学能有今天，得益于宜昌市委、市政府领导的关心、重视和支持。我们这些人，千万不要忘记过去那些支持三峡大学发展的罗清泉书记、马中一副书记、万久才副书记、符利民副市长，千万不要忘记这些人！所以，三峡大学合并后，曾专门把这些老领导请到学校来，给他们介绍情况，让他们参观校园。

我个人认为，宜昌市的领导对三峡学院和三峡大学的合并有一种自觉。这个自觉不是凭个人的好恶，而是着眼于宜昌市经济建设和社会发展需要有一个高水平的高校。

三峡学院的合并顺应了全国高等教育改革大势

正好在20世纪90年代，中央要进行高等教育管理体制改革、办学体制改革、领导体制改革、投资体制改革等。三峡学院的合并组建正是在这样一个好的宏观形势下进行的。当时三所高校的领导，在这个方面都不计较得失，积极支持高校合并。我认为，无论是过去的三峡学院，师专也好，医专也好，宜昌大学也

好，从领导层来讲，都没有抵触心理，都认为合并是个好事，可以促进学校的发展。所以，当时申办三峡大学，后来获批为三峡学院，就是我刚才说的当时的领导小组，他们5个人都是很积极的。他们还专门到青岛去考察，到长沙开会，因此，三峡学院的合并比较成功。大家都感到三校合并以后只会是1+1+1>3，可以促进学科融合，可以促进学校提高办学层次，加快学校的建设和发展。所以，学校领导班子的心也是比较齐的。正因为有这几方面的原因，内在的、外在的、全国的这个大形势，所以，有力地促进了宜昌市高校两次成功的合并。当然三峡大学的合并更为成功。

（本文根据 2019 年 4 月 23 日三峡大学档案馆会议室访谈
袁洪同志口述记录整理，整理人：杨斌、郑泽俊、龚海燕）

湖北三峡学院组建及其对三峡大学发展的意义

——石亚非同志访谈录

石亚非，男，汉族，湖北宜昌人，1955 年 6 月出生，中共党员，理学硕士，副教授。中国高能物理学会会员，1994 年获评"湖北省有突出贡献的中青年专家"。1977 年 7 月毕业于宜昌师专并留校工作。曾任宜昌师专副校长、湖北三峡学院副院长、三峡大学副校长、三峡大学党委副书记(期间曾兼任过纪委书记)。

长期从事理论物理教学和高能重离子碰撞研究，公开发表学术论文 40 余篇，参编高校物理教材和教参 2 部。1997 年、2005 年先后两度获湖北省政府普通高校优秀教学成果三等奖，2007 年获湖北省自然科学三等奖。

从申办到组建

湖北三峡学院的组建实际上还是比较曲折的。开始的目标就是三峡大学，湖北三峡学院这个名称的来历也有故事。当时教育部派了发展规划司的处长韩进(他现在是武汉大学党委书记，北师大物理系毕业的，和我同专业)来宜昌教工活动中心协调学校名字。什么意思呢? 我们报的是三峡大学，如果批不了就叫三峡学院，但是他们认为还要加一个限定词，比如说三峡科技学院或者三峡什么学院，因为当时四川也申报了三峡学院，需要区别。符利民副市长当时也参加了协调会。最后教育部下文的结果是，在三峡学院前加地名，四川的叫四川三峡学院(现在为重庆三峡学院)，湖北的叫湖北三峡学院。1996 年 5 月份，湖北省委做出决定，组建了湖北三峡学院领导班子。

三峡学院(湖北三峡学院简称)组建以后虽然只有短短的 4 年，但经历了两个大的阶段。第一个阶段是从合并以后到 1998 年，下设三个二级学院：医学院、师范学院、工学院，由学院领导三个二级学院。成立了一个机关，机关不大，人员不多。总体讲，还没有进行实质性融合。这两年是一个磨合期，困难很多。

第一个阶段过了一年多，大家感觉不是那么一回事，这个搞法不行。到 1998 年上半年，高书记、鲁院长就开始酝酿，要进行改革、搞实质性合并。后来，就组织了一个小范围的班子做改革方案。大概是 1998 年 7 月份开始做方案，由组织部刘瑞林、人事处胡世梅、教务处黄利鸣等做方案。所以，我个人认为，1998 年以后三峡学院才正式成为一个整体。因为组建了新的二级学院，整合全校师资配置。包括干部人事制度改革，当时也做了方案。但是，刚刚启动了大概一年多一点，到 1999 年我们已经得到了比较准确的消息，就是要进行新的合并，组建三峡大学。这样，有些工作就停下来了，特别是干部人事制度的改革就停了，其他的就按部就班地工作。这就是组建后的第二个阶段。

从磨合到融合

三峡学院组建后，领导班子的指导思想是很明确的，就是要尽快把三峡学院办成一所合格的本科学校。围绕这样一个基本目标，开展了大量的工作。从我分管的工作来看，实际上是很具体的。首先是要有一个统一的本科教学计划方案，所以不管第一个阶段，还是第二个阶段我们都要有。其次是按照教育部对本科的要求来搭建教育平台，当时最具体的目标就是要争取在第一届获得学士学位授予权。到 1998 年，我们整合全院资源配置，重新组建二级学院。当时我们有一个受援的事情，就是教育部发文，请重点大学支援我们办学。当时我们学习华东理工大学，组建了基础学院，基础学院就整合了公共课资源，包括医学方面的生物化学都进了基础学院。组建的医学院不变，工学院和师范学院整合成理工和文管，这样就组成了四个学院。

国家教委世行贷款专家赴宜昌师专考察组
与学校领导合影 (后排中为石亚非)

为了实现办成合格本科学校这个目标，需要统一思想。记得那个时候我在省教育厅里开会发言时讲到，从合并到 1998 年上半年，学院办了 11 期党校，就是为了统一思想。我们当时做的工作，归纳起来主要是四个事：

第一个就是抓稳定，统一思想。那就是怎么样把三峡学院办成一所合格的本科学校。

第二个就是要抓基本建设。主要实现的目标就是要争取获得学士学位授予权。这是跟葛洲坝水电工程学院原来的情况完全不一样的，有一些基本的要求，我们在那个期间是实现了的。相应的有一些专业性的调整，师资队伍的配

石亚非（左二）与口述校史工作人员合影

备，实验室和教学队伍的管理，有些可以讲是从零做起。对于教学工作，教务处非常重视。开始是把原医专教务处副处长黄利鸣调到教务处主持工作，后来，考虑到黄利鸣是民主党派的代表人士，为加快培养，使他进步得快一些，加上他党派的事比较多，而教务处的工作很具体、繁杂，所以就让他回医学院当院长去了。这样，就把原师专教务处颜克美同志调过来主持教务处工作。颜处长是一个非常优秀的人才，过来以后在抓教学的基本建设方面是立下了汗马功劳的。老颜抓教学这个事情是非常有经验的，年纪比较大，也不计较个人得失，他还是我的老师。

第三个是我们也讨论抓教改。教改当时比较热的是什么呢？就是基础教育的公共平台。合并前的三个学校都是单科学校。单科学校的缺点是什么呢？就是我们能够开出的专业和课程有限。师专主要是一个文和一个理，就是师范类的；医就是医学类；原来宜昌大学这一块就是工科和一个工商管理。所以，我们当时一个很重要的思想就是要不要统一搭一个多学科的平台。我们当时的想法就是统一这么一个思想，我们当时定位叫多科性大学。

第四个就是争取受援。当时的教育部发规司、高教司对我们这里很重视，所以就由教育部，后来又与卫生部联合发文，请两个重点高校支援三峡学院。一个是华东理工大学。华东理工大学原来支援的是万州的一个电大，后来就对口支援我们。这个对我们化工专业的发展帮助很大，包括我们现在的很多设备都是那个时候进的。还培养了很多师资，包括罗华军等同志都是华东理工培养的硕士。第二个就是教育部和卫生部协商，由当时还没有合并到华科（华中科技大学，下同）的同济医科大学对口支援三峡学院的医学教育。所以，前几年医学院请文历阳教授来学校指导评估的时候，文校长（曾任同济医科大学副校长）点名要见我，

因为那个时候他是同济对口支援的组长，我是三峡学院的组长。华东理工大对口支援，我是组长，那边李鸣是组长，当时他是副校长，后来调到上海体委去当副主任了。到1998年和1999年的时候，由于世界银行贷款，华科他们获得了贷款，贷款中有一个条件就是要帮助一个"手拉手"的学校。最后，华科就选择了我们三峡学院，实际上一直到三峡大学我们依然在进行两校合作。所以，当时我们得到三所大学的支持和帮助，这对三峡学院的建设影响很大。华科的支援一直持续到三峡大学成立，一直持续到他们把项目做完，大概是到2003年。

抓统一思想、抓基础建设、推进教改和抓受援，这几条对当时三峡学院的发展起到了很好的促进作用。特别是援助当中，每年双方轮流安排，就办学思想进行讨论，一次在上海，一次在宜昌；同济的一次在武汉，一次在宜昌；华科的一直是在武汉周边，比如咸宁、黄冈等地方，这对我们办学思想提升有很大的帮助。因为重点大学办学思想不一样，对我们影响很大。据我所知，武汉水利电力大学对原葛洲坝水电工程学院怎样办重点大学的办学思想也有重要影响。我们过去就是专科学校，怎么办本科院校？办学思想的交流当时起了很好的作用。在三峡学院的几年间，我们基本上建立起了本科基础教学的管理，就是弄清了本科教学要怎么搞。同时，促进了科研起步。我记得当时成立了科技处，是谭德福当处长。我们原来是专科，没有什么重要的科研，从成立科研处开始，我记得年科研经费已经达到两三百万了。

回想起那几年，在三峡学院合并那个特殊情况下，开始是没有实质性合并，后来才进行了实质性合并。起初因为政策不明，没有什么确切的政策，大家主要是磨合。我在省教育厅开会发言时讲，叫做磨合期两年，融合期两年。记得当时我们做了一个规划，1998年合并融合期两年，从2000年开始，我取了一个名称，就叫化合期。化合期的目标就是用5年时间建成一个合格的本科院校。后因三峡大学的组建就跳过了化合期，直接到了一个更高的平台。

三峡学院组建对三峡大学发展的意义

我既经历了三峡学院的合并组建过程，又经历了三峡大学的合并组建，并且都是领导班子成员，且都分管过教学。站在三峡大学的角度来看三峡学院的合并组建，我认为其意义是深远的。我把它归纳为"一二三"：

"一"是实现了一个转变，即从专科到本科的转变。这有利于三峡大学合并后的对接。如果三峡大学组建时是三个专科、一个本科，那模式是完全不一样的。而我们用了4年多一点时间，严格来说，从招生角度是用5年时间实现了由三个学校合成一个学校，由专科层次到本科层次的转变，哪怕这个转变只是初步的。因为在教学计划、人才培养模式等方面，我们获得省专家组考核评估，包括实验室都很顺利地通过了评估，建立了一整套本科人才培养模式。这样，三峡大学在组建的时候就比较顺利地实现了合并以及各方面管理的对接。至少合并以后都是用本科的教学方案来对本科人才进行培养。那个时候我的印象是，到2000年合并的时候就已经没有专科生了，专科生已经全部毕业了。所以，我认为它第一个意义就是三峡学院这4年实现了这个转变。三峡大学合并以后，在一定意义上，如果没有前面这个转变，我们可以想一想，那我们的教学管理也好，行政管理也好，难度就更大，这个我认为有重要意义。从历史的角度上来讲，它是一个机遇。我曾联想到葛洲坝和三峡大坝的关系，修建葛洲坝就是为建三峡大坝做准备，修葛洲坝为建三峡大坝积累了很多经验。

"二"就是奠定了两个基础，这有利于三峡大学合并后形成综合性大学。三峡学院合并4年当中，我认为奠定的第一个基础，就是学科基础。我们原来4个学校（含教育学院）都是单科性的：师范院校的学科就是文科和理科；医学院来讲那是非常专业的医学学科，宜昌大学是工科带一点管理。除宜昌大学的专业和武汉水利电力大学（宜昌）的专业有一点重复外，医学、理科和文科跟原来的武汉水利电力大学（宜昌）形成互补。这样我们合并后的学科有八大类，后来艺术分开了，成为九大类学科的综合性大学。三峡大学合并就两所学校，一个是湖北三峡学院，一个是武汉水利电力大学（宜昌）。武汉水利电力大学（宜昌）下设四个学院，其实四个学院就两大类。其中三个学院是工科类土木水电、电气工程和机械；另一个就是管理学院，建林同志是院长，马萍同志是书记，属于管理类。两校一合并就完全不一样了，马上就有了文，理，医，教等，成了综合性大学，而且以工科见长。所以，我认为三峡学院的学科基础是我们现在综合性大学的重要来源。三峡大学合并时，一下子本科专业就四五十个。我查了一下现在是75个，我退下来的时候是73个。所以，我认为三峡学院的多学科为形成今天的综合性大学奠定了很好的基础。

第二个就是奠定了师资基础。我仔细回顾了一下，从三峡学院开始，包括在医专、师专、宜昌大学的后期，但是主要是在三峡学院，我们在培养师资上是下了大功夫的。主要是做了两件事：第一个是大力提高在岗教师的学历。我们现在的两位校领导邹坤、黄应平副校长都是那个时候读的博士。还有我熟悉的冯笙琴、胡绍华、王作新、邓新华等都是在这个期间读的博士。学历一下子上来了。当时，高书记是非常重视这个的，使得我们有一批教师的学历得以提高。因为专科的时候老师只要有一个本科学历就行了。这样，我记得到2003年5月三峡大学为迎接本科评估，党委决定搞硕士化工程的时候，我们就有了一个很好的基础，如果没有那个基础不行。另一个是借助于支援我们的三个重点大学培训教师。医学的到同济，化工类的到华东理工培训，包括罗华军、杨昌英他们。另外，从华东理工引进一批设备，也去进行人员培训，全都由华东理工大学负责，华东理工大学还是很认真的。华科也是这样的，华科当时的秦副校长是组长，后来换了几次，秦校长调动以后，就是当时的副校长周祖德为组长。所以，当时就借助于这三个重点大学培养、培训了一批我们的老师。

"三"就是探索了三项改革，有利于三峡大学合并后统一思想，走改革发展之路，这个很重要。现在回想为什么三峡大学合并以后领导班子的思想非常统一。少岚书记也好，德富校长也好，在合并以后用什么思想来合并办学这方面的想法，大家非常一致地赞同，班子非常一致，包括中层干部也非常一致。我记得在龙盘湖开党委扩大会议，大家意见都非常一致，就是要走改革之路。只有改革突破过去那些东西，我们才有可能获益。

第一个改革是内部管理体制改革，三峡学院从 1998 年开始，大家得出一个共识，那就是要以学科为基础组建二级学院，而不是以别的为基础。以学科为基础组建二级学院也是三峡大学组建以后的思想。我们回顾一下，三峡大学合并组建时，党委就委托我和马克雄等同志做内部组建方案，实际上当时做了三大方案，包括分校区两个方案。现在回过头来看，当时选择的集中一地办学是非常重要的。结果，三个方案到龙盘湖会议一讨论，大家非常一致地赞同。当时排除了各种各样其他的选择，决定集中一地办学。

当时又对组建学院进行了讨论。我经常说李敏昌有个功劳，当时跟我上"书"关于组建政法学院的问题。什么意思呢？就是一个学校的公共课管理体制问题，包括我们在三峡学院也说探索基础学院问题，这个探索对一个教学型学校来讲，我觉得还是有很大意义的。但对于一个教学研究型大学来说，如果只上公共基础课，教师的科研就上不去，高水平师资就引不进来，也升不起来。

三峡大学合并以后至少有五大公共课，怎么安排？当时我们探讨：外语要不要大外部，原来这边是大外部，体育要不要公体部？原来不是公体吗？原来这边叫社科部，就是说政治课谁上？还有数学、物理，这是五大公共课。是组建公共课部分类？这是很多大学的做法，还是以学科为基础来讨论？李敏昌就写了一个信，写了一个正式报告给我们，我当时就提出来讨论，最后得出一个结论，三峡大学组建后没有一个公共课部，均依托学科组织公共基础课，如：外语有外语学院依托学科。当然我们说还有素质教育和艺术学科。组建当时的理学院，当时搞的数、理、化，后来一分为二，但是总的指导思想是一致的。这个思想是哪里来的？我认为，从我们历史的角度来看，三峡学院在前几年就做了一个探索，就是以学科为基础来组织，使得我们三峡学院布局得很好。当然我们三峡大学现在就是这样的布局。我经常开玩笑说，我有点小功劳，对现在三峡大学二级学院的名字我有点贡献，参与了命名和最后的定稿，都是什么与什么学院，就是学科越来越交叉了。比如：水利与环境，土木与建筑、生物与制药等，都反映了一个特点，我认为这个特点就是以学科为基础组建学院。我认为这对三峡大学来讲还是很重要的，有利于实质性合并。

内部体制叫做三级建制、两级管理，从三峡学院开始就实施了，当时叫院系，后来，我们三峡大学就是校院系，当然三峡大学这一块深化了。所以，我觉得，后来三峡大学的发展和我们在三峡学院试行的一些改革措施是一脉相承的。我们当时合并的两家一讨论，思想很快达成共识，就是怎样组建新的组织机构，并赋予二级学院比较大的人、财、物管理权。德富校长到澳大利亚学习以后得到了启发，最后推动了内部体制改革。

第二个改革就是教学改革。这个教学改革也是两个方面，一个在体制上。只要是合并院校，从教学的管理来讲最重要的是什么呢？那就是怎样整合资源。所以，我们三峡大学合并以后在整合资源方面做了大量工作，实际上这个东西，从三峡学院开始就在做工作。原来三个学校都有自己独立的课程体系，比如说化学，医学要化学，工科要化学，师范要化学，这个化学怎么走呢？生物也是这样的，三家都有啊！当时我们就做了统筹，三峡大学成立以后进一步整合。举这个例子是说要整合教育资源。第二个就是怎样看待公共课，公共课是必不可少的。但是用什么样的组织形式？从三峡学院开始我们就探索，有成功的，也有不成功的，不成功的我们认真吸取教训。基础单列有它的优势，加强了基础课。但是，基础单列也有它的劣势，特别是对一个高水平大学来说它不合适。第一，一直上公共课那谁愿意来呢？博士引不进来。我们在教学整合上对于基础课的态度，实际上是总结了三峡学院那个经验教训。所以，到了三峡大学我们的组建就没有太大的难度。正因为这样，各个学院发展得都很不错，现在每个学科都有了硕士点，如果只上公共课是很难得到发展的。

第三个改革就是干部人事制度改革。我认为干部人事制度改革当时虽只是一个起步，但是改革的指导思想是明确的。为什么到三峡大学大家能够很好地适应呢？当时竞争上岗力度很大，搞了那么大的动作，我们不评价它的正确与否，但是大家能够接受，实际上就是大家已经有了改革的思想准备。

（根据 2019 年 4 月 23 日于三峡大学档案馆会议室访谈
石亚非同志口述记录整理，整理人：杨斌、郑泽俊、龚海燕）

走在高教改革前列 为组建三大奠基础

——黄利鸣教授访谈录

黄利鸣，男，汉族，湖北监利人，1958 年出生。三峡大学医学本科，武汉大学医学硕士，华中科技大学管理学博士，长江商学院高级工商管理硕士（EMBA），教授，博士生导师。

现任全国政协委员，中国统一战线理论研究会常务理事，湖北省人民政协理论研究会副会长，世界中医联合会森林康养专委会顾问，湖北省病理学会顾问。是湖北省有突出贡献的中青年专家，跨世纪学科带头人，全国先进科技工作者。

历任三峡大学副校长，医学院院长，宜昌市人民政府副市长，湖北省卫生厅副厅长，湖北省教育厅副厅长，湖北省社会主义学院院长，湖北省中华文化学院院长；中国医院管理学会常务理事，湖北省医院协会会长，湖北省中医管理学会会长，湖北省参政党理论研究专委会会长，湖北省红十字会副会长。

是第九届全国人大代表，第十二、十三届全国政协委员，第十二届湖北省人大常委会委员、湖北省人大人事任免委员会委员，第十届、十一届湖北省政协常委，湖北省政协教科文卫体委员会副主任。

是第九届、十届、十一届、十二届民盟中央委员，第十一届、十二届、十三届民盟湖北省委副主委，第十二届、十三届民盟湖北省委监督委员会主任。

主持国家自然科学基金项目、湖北省重点科研项目等十余项，获湖北省科技进步奖、教学成果奖等多项，专著、编著、撰写论文百余部篇。

我是 1977 年恢复高考后进入宜昌医专医疗本科专业学习的首届学生。1982

年毕业留校任教，1988 年开始从事管理工作，先后任医专教务处副处长，三峡学院教务处副处长（主持工作）、医学院院长，三峡大学医学院院长、校长助理、副校长，湖北省卫生厅副厅长，湖北省教育厅副厅长，湖北省社会主义学院院长等职。

我曾经历了三峡学院和三峡大学两个重要的合并组建及改革发展阶段。当走出局外，反观三峡学院和三峡大学的合并组建过程，既历历在目，又感慨深切。

走在全国前列的高教改革

自 1992 年开始，以宜昌医专、宜昌师专、宜昌大学三所专科学校为基础申办组建一所新的本科院校，应该说，当时的宜昌市委、市政府，包括三校的领导是具有超前的战略眼光的，应该是走在全国的前面。20 世纪 90 年代初，我国以学校重组形式进行高教改革的还很少。在我的印象中，全国高教体制改革很成功的第一家是 1992 年江苏省的扬州大学，它就是把扬州的农学院、扬州医学院等多所高校合并组建而成的。

扬州大学是 1992 年成立的，我们申办三峡学院也是 1992 年。当时我们参与申报合并组建的学校中，宜昌职业大学是市属的，宜昌医专和宜昌师专是省属的，而当时牵头来组织申报的是宜昌市委、市政府。因此，从这个意义上说，我感觉到宜昌市委、市政府的眼光比较长远。同时，也适逢两个契机：一个契机是地市合并之后，组建成了大宜昌市，要使宜昌市社会经济全面发展必须有一个与之配套的综合性大学；第二个契机是三峡大坝要上马建设。当时的领导层，包括医专、师专和宜昌大学的领导，在市委、市政府的领导下，申报工作是很齐心的，符利民副市长牵头了申报工作。

申报工作反映了当时的宜昌市领导层和三校领导具有一种战略眼光、一种战略思维，以及对当时整个高等教育发展趋势的把握站在地方社会经济发展和高等教育发展的高度。因此，我感受

2020 年 8 月，黄利鸣（右二）随全国政协重点提案督办调研组就"大别山革命老区振兴发展"在河南督办调研。左二为全国政协副主席邵鸿。

到的第一点就是，申报合并组建综合性大学顺应了当时发展的需要。

黄利鸣参加中国人民政治协商会议第十三届全国委员会第五次会议留影

第二点是在整个申办过程中，三校都没有私心、没有考虑个人利益，按照市委、市政府的要求积极地参加，都在围绕一个目标一起努力地去做。我在省教育厅工作过一段时间，了解一些合并学校的情况，宜昌高校的合并没有自身利益的纠葛，都在按照市委、市政府的意图去申办组建综合性大学。当时申办时，不叫三峡学院，就叫三峡大学，起点就高，就是申办综合性大学。当时包括所有领导层没有考虑个人利益、自己学校的利益，群体的小利益，都是一个声音进行申办，这一点是非常难得的。我认为这是三校领导层的一种崇高的思想境界，这是我感受的第二点。正是有了这么一个战略思维，有这么一个统一思想，所以，我们在申办的全部过程中，在论证的过程中，表现出来的就是齐心协力。刚开始的那段时间的筹备工作我不清楚，后期我参加了。申办方案报到了省教育厅，省政府、省教育厅都给予了积极支持。

当时合并组建的高校并不多，我们是1992年申办的。但是好像有一点，我现在还有点印象，就是当时有人提出，你们宜昌市搞综合性大学是不是有点太超前？但是，通过我们多方面的努力，后来他们的态度，包括对我们整个工作的支持、对工作的指导，还是比较到位的。有一件申报往事记忆犹新，当时在教育厅的指导下，向教育部进行争取，时间很紧，通知我们赶到武汉去，说教育部要我们立即上报材料。符利民副市长带领石亚非和我等同志在宜昌市驻汉办（汉阳的十里铺）日以继夜地连续工作了几天，到最后定稿完成。我们正要进行大量复印时，突然停电，我和石亚非同志就点起蜡烛审稿，跑到外面街上去复印。申报材料备齐后由我代表筹备组，代表宜昌市，也代表三校向教育部报送。省教育厅负责发展规划的处长和我一起送到教育部，并向时任教育部部长、分管部长进行了口头汇报。

虽然到1996年6月三峡学院才正式组建，但省政府的文件是1995年下发的。三峡学院的组建在全国、湖北省仍然是属于走在前面的，也就是说通过这种组建的方式来进行高等教育改革，在国内还不多见。

三峡学院对宜昌市经济、社会发展的积极作用

一个不断发展的城市应该有一个像样的高等院校与之配套。通过高等学校的人才培养、科学研究和社会服务，来促进当地社会经济的发展。当时，三峡学院成立后就定位于为本土培养人才。比如医学这一块，绝大多数的人才就分配在宜昌，现在宜昌各级医疗卫生机构人才的主体是原来的医专、原来的三峡学院医学院和现在三峡大学医学院培养的医学生。宜昌各级学校里的教师和相当部分行政管理人员，也是当时宜昌师专、三峡学院和现在的三峡大学培养的学生，大学与城市的发展是相辅相成的。可以说，从原来的设计到后来成立之后所起到的作用，应该是达到了基本的目的，发挥了应有的作用。

前期的高校合并为三峡大学成立奠定了良好基础

2000 年三峡大学的成立，其过程从当时看来，来得似乎有些突然，没有组建相关的筹备班子，好像也没有什么申报过程，是教育部和省政府高层之间研究决定的。但从另外一个意义上讲，湖北三峡学院的合并以及武汉水利电力大学跟葛洲坝水电工程学院合并成立的武汉水利电力大学(宜昌)均为三峡大学的组建奠定了很好的基础。

从三峡学院和武汉水利电力大学(宜昌)到后来的三峡大学可以说是水到渠成，这是一个重大的历程，也是一个重要的历史、重要的工作基础。几所学校先前合并的经验和一些基础工作为后来的合并奠定了基础。以三峡学院的组建为例，在三峡学院整个合并组建过程中，高书记、鲁校长、马书记，他们都是一条心往这儿努力，包括抽调人员、组织申报材料、外出调研、向上级汇报等，都是齐心协力的。整个申报过程可以说为后来教育厅、省政府和教育部各级领导对在宜昌市设立一所综合性大学的必要性、可行性的认同，也奠定了良好的工作基础，我认为这是具有历史意

黄利鸣参加武汉市体育比赛获奖留影

义的一步。

后来，三峡大学的合并组建，我只是见证者，不是直接参与者。但是我站在曾任三峡大学领导成员的角度来看，三峡学院的成立，三峡学院的合并组建，以及武汉水利电力大学跟葛洲坝水电工程学院合并成立武汉水利电力大学(宜昌)，这几步都为三峡大学的成立奠定了良好的基础。这个基础既是一种组织机构的整合，减少了后来多校合并工作的难度，也是一种办学品质的提升和准备，为日后三峡大学在较高的平台上健康发展打下了坚实的基础。因为三峡学院成立之后升格为本科，按本科进行办学；武汉水利电力大学(宜昌)成立是 211 学校，按部属学校进行运作。因此，从办学的品质、档次、工作和申报的难度上，都为三峡大学的成立打下了良好的基础。

日前，三峡大学之所以能在省属高校中走在前面，甚至能够在全国产生一定的影响，与当时原来宜昌的 4 所高校的工作基础，特别是 20 世纪 90 年代两个学校先期的合并所形成的各方面工作基础是分不开的。

(本文根据 2019 年 4 月 8 日于武汉湖北省社会主义学院会议室访谈

黄利鸣同志口述记录整理，整理人：杨斌、田吉高)

葛洲坝水电工程学院篇

我所知道的葛洲坝水电工程学院兴建

——郑守仁院士访谈录

郑守仁，中共党员，长江水利委员会总工程师、中国工程院院士。1940年1月生，安徽颍上人，教授级高级工程师，享受国务院特殊津贴专家。

1963年毕业于华东水利学院（现河海大学）水工专业。在长江水利委员会先后担任葛洲坝工程设计代表处副总工程师、长江水利委员会副总工程师兼葛洲坝工程设计代表处处长、隔河岩工程设计代表处处长；1994年至今任长江水利委员会总工程师兼三峡工程设计代表局局长。1997年当选中国工程院院士。先后负责乌江渡、葛洲坝导流、截流设计，隔河岩现场全过程设计，1994年起负责三峡工程设计。长驻施工现场，及时解决许多与设计有关的技术难题，为葛洲坝工程大江截流及围堰设计施工、隔河岩工程质量优良、提前一年发电和三峡工程设计、施工作出了贡献。

负责的工程设计项目先后荣获国家科技进步特等奖2项，一等奖1项、二等奖2项；国家优秀设计金奖2项、银奖1项；省部级科技进步特等奖1项，一等奖4项。发表学术论文65篇，出版著作6部。获发明专利两项。1994年被人事部授予有突出贡献的中青年专家。湖北省清江公司、中国三峡工程开发总公司先后授予他"隔河岩工程特殊贡献者""三峡工程优秀建设者"称号；2003年获国务院三峡工程建设委员会授予"三峡工程建设先进个人"称号；2004年获"何梁何利基金科学与技术进步奖"；2005年获"湖北省科学技术突出贡献奖"；2015年获"钱正英奖"；2017年获"国际大坝委员会终身成就奖"；先后获得"全国先进工作者""全国五一劳动"奖章、"有突出贡献的中青年专家和优秀科技工作者"、"隔河岩工程建设有特殊贡献者"、"三峡工程优秀建设者"、"三峡科技创新终身成就奖"、"水利部劳动模范"、"湖北省劳动模范"、"湖北省优秀共产党员"、"最美水利人"等奖励和荣誉称号；2019 年 9 月荣获中华人民共和国成立 70 周年"最美奋斗者"称号；2019 年 12 月获"三峡科技创新终身成就奖"。

葛洲坝水电工程学院建立，实际上还是和葛洲坝工程有关，那个时候叫三三〇工程局，后来改成葛洲坝工程局。如果不搞葛洲坝工程，也不可能成立葛洲坝水电工程学院。我是 1974 年葛洲坝工程复工的时候到葛洲坝，一直到葛洲坝工程搞完又到隔河岩、三峡工程，基本上一直都在这里，其中打交道最多的是葛洲坝工程局。

当时葛洲坝工程局有一个职工大学，那个时候叫三三〇工人大学，后来又叫三三〇工程局职工大学。葛洲坝复工的时候就不叫三三〇工程局，后来改成葛洲坝工程局，周总理亲自在这里听了汇报。后来成立了葛洲坝工程技术委员会，我们长办林一山主任牵头，成员有水电部钱正英部长，廉荣禄代表葛洲坝工程局，还有省里的代表。一直到 1977 年恢复高考以后，实际上主要还是葛洲坝工程局。听说江汉油田从大庆带来的石油专科学校，后来改成江汉石油学院，迁到荆州，就是现在的长江大学。改为石油学院的时候，廉局长就向上面反映：江汉油田能搞一个大学，葛洲坝这么大一个工程也应该有一所大学，那个时候好像听说他跟李先念比较熟，李先念就跟教育部讲，江汉油田都可以有一个石油学院，葛洲坝也应该有一个水利水电学院，为葛洲坝、为将来搞三峡工程培养技术人才。

郑守仁院士在水电工程现场

所以那个时候整个葛洲坝水电工程学院的基建投资都来自葛洲坝工程项目，并不是教育部另外给你批基建的，所以那时候实际上就是明确要为葛洲坝工程、为三峡工程培养人才。因为李先念是建设三峡工程的积极分子，他是要搞三峡的，所以他就是要为葛洲坝、为三峡培养技术干部。水利部原来只是管葛洲坝职工大学，改成葛洲坝水电工程学院之后，水利部也把它当作水利水电重点院校来办。那个时候有一个武汉水利电力学院，后改成武汉水利电力大学，再后来把你们学院也拉进去，他们还派了一个校长来。

1996 年合并以后，葛洲坝水电工程学院就成了武汉水利电力大学宜昌校区。葛洲坝水电工程学院第一任院长可能还是葛洲坝的头。那个时候学院基建是来自葛洲坝工程局投资，所以当时第一任学院领导都是葛洲坝的领导兼任。

同时那时候非常明确的就是为葛洲坝工程、为将来的三峡工程培养技术干部。水电部副部长刘书田同志还兼任过葛洲坝水电工程学院的党委书记。现在查资料查不到，廉荣禄也走了，实际上廉荣禄是支持这个学校办学的积极分子，跟学校的成立密切相关，因为他是葛洲坝技术委员会的成员，经常到北京开会，他跟李先念副总理特别熟，他肯定是通过李先念这个渠道做了一些工作，后来教育部批准成立。钱正英部长那个时候经常到葛洲坝来。有时候要过革命化春节，她那时候好像基本上都在这；围堰施工、截流设计，经常召集开会。因为她在这里开会，廉局长联络，还有刘书田他们都参加。当时非常明确，葛洲坝水电工程学院要为葛洲坝、为三峡工程服务，在长江干流上修这么大工程，尤其是三峡工程，世界最大的水利水电工程，要为它培养技术干部，所以水利部也是把学校当成重点。国务院领导、教育部、水利部（后来又叫水电部），对你们这个学校的要求都是应该为水利水电重点工程培养科技干部。

更翔实的资料现在找不到，因为我们只是听廉荣禄讲过，那个时候好像同时把江汉油田的石油学院和葛洲坝水电工程学院这两个学校都批了。如果李先念副总理不发话，教育部虽然批了，这个基建不会来自葛洲坝工程投资。

第一任学院领导都是葛洲坝工程局的领导去兼的。我们那时候在葛洲坝工地经常参加钱部长的会，她对大江截流、发电的方案非常重视。1981年大江截流成功之后，为了抢围堰，春节她都在工地，经常开会。在这之前，粉碎"四人帮"之后，我们林一山主任的意思是，要搞葛洲坝的话，要先做三峡水下围堰、纵向围堰水下部分，不然将来水深增加20多米，难度会增加。所以他提出来后，水利部当然也是很支持的。原来有个150方案，1986年就开始去施工准备了，那个时候三峡也热了一阵。

我们葛洲坝工程1974年复工，1975年、1976年就是搞二江泄水闸、二江冲沙闸，再一个就准备大江截流。在葛洲坝施工比较紧张的时候，葛洲坝水电工程学院1978年被批准正式成立，那个时间是比较紧的，因为恢复高考不久，你们就要招生。

用一生写好"守"字

郑守仁

中国工程院院士
三峡枢纽工程设计总工程师

我后来查了一下，廉荣禄局长的工作报告基本上都是讲怎么样搞工程和工程资料这些方面的，你们这个学校他没有提到，或者你们再到葛洲坝工程局的档案室查一查。因为我是听他讲过这一段历史，关于葛洲坝水电工程学院，主要他拿江汉油田这个理由向上面反映，江汉油田都能办一个大学，为什么葛洲坝不能办一所大学。那个时候他讲话，特别强调创办葛洲坝水电工程学院就是要为葛洲坝、为三峡服务，培养人才。

（本文根据 2019 年 6 月 25 日在三峡坝区长委办访谈郑守仁口述记录整理，访谈人：李敏昌、田吉高、郑泽俊、龚海燕，整理人：田吉高、龚海燕）

办成正规的有特色的水电工程学院

——赵树同志访谈录

赵树，1925 年出生，陕西绥德人。1944 年绥德师范毕业后参加陕甘宁边区政府工作，投身抗日战争。1947 年被选拔调入西北野战兵团至解放战争胜利。于 1951 年参加抗美援朝战争。

回国后，先后在武汉军区、宜昌军分区工作，历任宣传干事、宣传科长、团政委、政治部主任等职，并多次立功受奖。1976 年转业至葛洲坝工程局先后任政治部主任、党委副书记等职。1982 年 5 月至 1987 年 8 月任葛洲坝水电工程学院党委书记。

享受国家正部级医疗待遇。

我 1925 年出生，今年 93 岁了。

我现在年龄大了，记忆力是零零碎碎的，没有系统性，没有质量。

我退下来后，一直在护理长期病重的老伴，很多活动都不能参加。现在年龄已大，脑细胞已是碎片记忆，手头又没有资料，只能讲一个梗概。近些年我住在武汉水利电力大学二儿子家里。二儿子已退休，很多单位要返聘他，他不去，说是为了我要尽义务到底，是我扯了他的后腿。

依托葛洲坝工程局办学

从 1982 年 5 月至 1987 年 10 月，我在葛洲坝水电工程学院工作 5 年多。刚到葛水时，学校已运作了 4 年，马上有第一届毕业生。学校创造了当年决策、当年组建、当年招生的奇迹。当时，水电行业尤其缺乏人才，当年依靠葛洲坝水电工

程局、葛洲坝职工大学两个支柱办学。

葛洲坝水利枢纽工程是毛主席批示的工程，到哪都是一路绿灯：要钱有钱，要人有人。有葛洲坝工程局的资助，我们本专科学生一起培养。本科是葛洲坝水电工程学院，专科是葛洲坝职工大学。张浙是书记，刘书田是水利部副部长，又是葛洲坝水电工程学院党委书记。当时学校在征地、

赵树(左二)接受口述校史访谈

建设等方面都没有问题，很快就落实了办学资金、物资等，又从葛洲坝工程局调入许多工程技术人才作为师资。后来刘书田回到水电部时，葛洲坝水电工程第一台机组已经发电。

为水电事业培养人才

我是葛洲坝工程局党委副书记，同时受命担任葛洲坝水电工程学院党委书记。我是师范生毕业，当过小学老师，学过《矛盾论》《实践论》，办大学没有经验，办高等教育是菜鸟。时任水电部部长钱正英要我到部里去谈工作，我到了北京水电部后，钱部长正在开会，利用会议休息期间的 20 分钟接见了我。她指示：部党组决定要我当葛洲坝水电工程学院党委书记；要把学校办成正规的有水电特色的水电学院，为水电事业培养人才；工作中有什么事就找教育司许英才司长。

大家知道，我们这所水电工程学院，顾名思义，它的根本任务是为我国水电建设事业培养、输送高级工程技术人才。这个培养目标，国务院批准建立这所高等学校时就是十分明确的。4 年前，我们在上级党委的领导和关怀下，胜利地完成了当年批准建校、当年招生的任务。建院 4 年，我们走过了艰苦的历程，取得了较大的进展。但是，我们也应当清醒地看到，学院新建，百业待兴，特别是在全党处在伟大历史转折的时候，有许多工作有待调整、整顿，才能逐步健全、完善起来。我院与历史悠久的高等院校比较，在教学等各方面都存在不小的差距。为此，我们要振奋精神，发奋图强，在原有基础上再前进一步，把我院办成正正规规的、符合国家要求的水电工程学院。我们决不能马马虎虎、凑凑合合地办，而且一定要办成有水电工程特色的高校。

什么是水电工程学院的特色呢？从我院教学实践的体会来说，除了全面贯彻

党的教育方针等共同的要求以外，我们培养的学生，首先应是忠诚党的水电建设事业，热爱水电建设事业，立志为祖国的水电建设事业献身的人才；第二，具有艰苦奋斗、吃苦耐劳的高尚品德，做到以苦为乐，甘愿钻山沟、战恶水，为人民造福；第三，在业务技术上，受到具备工程师条件的基本训练，走上工作岗位后既能适应设计，又能适应施工，又能适应管理，并能独立地处理设计、施工中的技术问题。

开创学校工作新局面

我从北京回来后，很快召开学校党委会传达部里的要求，贯彻党的十二大精神，讨论如何开创学校新的工作局面，研究学校发展相关具体事项，明确了葛水往哪里走，往哪里去，明确了办好葛洲坝水电工程学院的目标，讨论时大家觉得很过瘾，很解渴！

经过大家讨论统一了思想，做出了如下决定：

一、办学目标。按照钱部长的要求，学校的一切工作要有利于把学校办成正规的有水电特色的高校。正规是普遍性，特色是特殊性，关系到培养什么样的学生。用现在的话说就是打造品牌，即有觉悟，能吃苦耐劳，愿意终身为水电事业服务这样一个培养目标。从后来的反映来看，不错，我们学校的毕业生到工作单位后，能力强，能吃苦，很多水电行业的人才都是葛水培养的，如刘德富等一大批人才。

二、立规矩。院党委决定从 1982 年秋季学期开始，建立每月一次思想分析会制度，讨论人才培养中的问题。并且还规定中层以上干部每周听一次课，了解前沿的教学情况。

三、恢复了教育工会。在湖北省高校中我们是第一家召开了教职工代表大会。教学这一块，着重解决师资队伍建设问题。学校的教师大部分是来自水电工程局的工程技术人员，他们转行来办教育。侯文理是原职工大学的教师，徐大平、徐治平是从水电工程局调来的。学校缺乏长期从事教学工作的教师，质量上弱，数量上少。我们想了不少办法：1. 伸手向上级要人。2. 请兄弟院校支援。专业教师主要从武汉水利电力大学、华

2019 年 3 月，赵树同志在三峡大学

北水利水电大学聘请来校授课,课完人走。3. 中层干部以上能教学的都到教学一线上课。如徐大平、曾德安是清华大学毕业生,陈培根教专业英语,盘石教水工建筑。4. 选择自己培养的毕业生留校,派送他们出去进修、访学、跟读研究生班,想尽一切办法逐渐增强教师队伍的力量。后来还请来外籍教师。教师队伍建设是办学的永恒主题,不论何时都要抓好这项工作,才能确保出人才。5. 抓后勤保障工作,要逐渐满足教学需求。办学之初,教师住房紧缺,开始时只能住工棚,很艰苦,柴米油盐等日常生活用品都要走几里路到望洲岗。当时,学生也是很艰苦的。我当时是葛洲坝工程局党委副书记,可以依靠葛洲坝工程局解决很多学校后勤所需。

为了保证把我院办成正规的、有特色的水电工程学院,就必须从多方面扎实工作,艰苦努力。第一,各级组织要抓好十二大文件的学习和贯彻,把它当作第一件大事来抓,用十二大精神统一全院师生员工的认识,明确办好学院的指导思想,共同为开创学院建设的新局面而奋斗。第二,全院各个部门和每一个人都要进一步树立以教学为中心的思想,明确教学是我们的中心工作,努力做到为教学服务,全院一盘棋,以主人翁的态度创造性地工作,辛勤地劳动,共同为培养合格的人才献策出力。第三,我们要继续发扬和树立团结创业的精神,全院师生员工、各级组织,上下一心,人人争取为培养高级工程技术人才作出较大贡献。

钱正英部长对学校很关心,她只要来到葛洲坝工程局,我都主动去向她汇报学校工作。水电部陈庚仪副部长每次来工程局,我都请他来学校。筑巢引凤,当时没钱,筑不了,引不来。相当长一段时期,老师们都享受葛洲坝工程局的施工津贴,钱虽然不多,但是享受到了。

(本文根据 2018 年 1 月 23 日在武汉大学赵树二儿子家中访谈
赵树口述记录整理,整理人:田吉高、龚海燕)

优良学风是培养人才的必要条件

——吴国栋教授访谈录

　　吴国栋，男，汉族，1927 年 1 月生，湖南攸县人。中共党员。1951 年毕业于武汉大学水利系，留校任助教和校党总支委员。1954 年分到武汉水利学院，历任系党总支书记、系主任、校党委委员、科研生产处处长，校学术委员会委员，教授。1984 年 5 月—1990 年 9 月调任葛洲坝水电工程学院首任院长。1990 年 9 月调回武汉水利电力大学任教授。1991 年 8 月离休，1997 年至 2005 年任省高校老协常务副会长，现任顾问。2000 年至 2005 年任武汉大学老年协会和武汉大学老教授协会会长，现任其首席顾问，2000 年至 2008 年任湖北省老教授协会一届常务会副会长，现任顾问。

　　1993 年享受国务院政府特殊津贴。1995 年获武汉市"支援三峡 发展武汉"先进工作者称号。1996 和 2006 年先后被武汉水利电力大学和武大水电学院评为优秀共产党员。著有《青年之友》一书，1997 年和 1999 年先后获湖北省教育系统和湖北省及中国教育系统关心下一代工作先进个人称号。2008 年被评为武大离退休先进个人。被湖北省老教授协会于 1997 年和 2004 年先后授予"科教工作优秀奖"和"老教授事业贡献奖"。被湖北省体育局、老龄办、老年体协授予"2003 年度湖北省百名健康老人"称号。先后兼任中国水利学会理事、省水利学会常务理事、中国水利学会施工专业委员会副主任、中国水力发电工程学会施工专业委员会委员、湖北省水电学会常务理事。《湖北水电》编委会主任兼主编。原水电部、电力部、水利部和电力企业联合会等政策研究中心研究员、湖北高校高级教师职务评审组成员、《长江明珠》编纂委员会副主席、《中华人物辞海》(当代文化卷)特邀顾问编委等。

主要著作有：参编全国通用教材《水利工程施工》《施工技术》《大坝砼》。主审全国通用教材《水利水电工程项目管理》。完成了国家"七五"攻关课题等科研项目。先后发表论文、译文70多篇，发表格律诗100多首。

2019年获中组部通知享受副省(部)级医疗待遇。

我于1927年1月出生，湖南攸县人。1984年5月，我从武汉水利电力大学奉调宜昌，出任葛洲坝水电工程学院首任院长。

狠抓考风

我到学校工作后，办学指导思想很明确，经过调查研究，主要是从以下几个方面入手：

第一，抓考风。

第二，抓教师队伍建设，提高教师地位。

第三，抓学风。

第四，抓基建。

关于抓考风。一方面要调动学生学习积极性，端正考风，重在教育好学生做人。我们在拿奖项上比不过清华、北大等重点大学，但在学会做人上我们要超过重点大学。所以，把抓考风当作学校的重点工作来抓。

我作为院长，负责主持学校行政、教学工作，痛感那时的考风不如人意。作为新官上任三把火的第一把火，我在全院师生大会上明确指出，彻底杜绝考试作弊，坚决纠正分数贬值的现象，宣讲优良学风是学校培养出好人才的必要条件。学生4门功课不及格就达到退学的规定，伴随而来的是有两个学生当时被勒令退学。在平均主义思想的影响下，退学的同学扬言："院长打破学生的饭碗，我们要打破院长的饭碗。""我们阶级兄弟掉队了，这是我们的奇耻大辱！"还蛮厉害的呢！

当即，我找来各系党总支书记、系主任开会，并且当着这个班的学生的面说：下面是我对这个学生的答复。古往今来，办了好多大学，几乎无一例外地实行考核制。无论哪所大学都有淘汰，我们淘汰多了淘汰不起，但必须淘汰。不淘汰就等于优劣不分、勤懒不分，智愚不分。人民培养了你，你却弄虚作假，我们现在如果勤懒不分，当年"白卷英雄"张铁生就是反面例证。勤懒不分、养懒汉的结果是打击勤奋。没有竞争就没有活力，这是千真万确的真理。如同今日实行市场经济是为了推行法治经济、搞活经济一样，严格考试也是为了实行公平竞争，多出人才，出好人才。实践证明，竞争是促进学生勤奋学习、激励学生的有效途径，业精于勤，荒于嬉；行成于思，毁于随。著名思想家、文学家、政治家、儒家代表人物之一的荀子在《劝学》篇中说："无冥冥之志者，无昭昭之明；无惛惛之事者，无赫赫之功。"这就是说，你没有潜心钻研的精神，就不会有洞察一切的聪明；没有默默无闻的工作，就不会有显赫卓著的功绩。当前，世界各国人才竞争、经济竞争激烈，有利于和平环境中涌现人才。竞争是国家与民族的希望所在，如果弄虚作假，好坏不分，就是愚昧。他只看到眼前利益，没看到长远利益，我说他思想糊涂，头脑简单。这样一说，学生幡然醒悟：院长还是为了我们的利益啊！终于明白了事理。

经过一番细致的组织工作，我们全院统一思想，上下一致，狠抓了考风建设，从当年起，考风焕然一新。为此，《中国教育报》1986 年 3 月 15 日在第一版刊登了我院校长办公室副主任田吉高撰写的《杜绝考试舞弊歪风，良好的学风正在形成》的新闻搞。

提高教师地位

关于提高教师地位。当年，我想将资深的数学教授甘以炎老师从武汉调来我校教书，但武汉水利电力大学不同意。我原本可以带老伴一起来教学的，却把这个名额换成了甘教授。为了培养好的教师队伍，我们努力争取到免费外籍教师来我校任教，水电部在当时也只有河海大学与我们学院才有这样的待遇。前些时候听到三峡大学的何伟军校长说：健康、有才能的人才可以延聘。我认为这对学校而言，是最有价值、最实惠的一项人才政策。

重视学风建设

关于抓学风。学风是学习目的、学习态度、学习方法的综合表现，是考风、教风、校风的综合体现。我们强调学风建设，除了想方设法抓考风、教育学生端正学习态度外，还要鼓励学生积极参加各种竞赛。

1985 年 6 月 6 日下午，我向全院学生干部和各系分管学生工作的负责同志作报告时讲了三个问题：鲁莽、小勇与大勇；"框子"与"笼子"；有理想与打基础。帮助同学们分清鲁莽、小勇与大勇的界限，从而有针对性地进行这方面的一些教育。一个人有时受点委屈，受点气，能够忍让，这并不是弱者的表现。相反，为

吴国栋在书房

了芝麻大一点事，动拳头、捅刀子，那是鲁莽的表现。只有为国家的利益、为人民的利益挺身而出，那才叫大智大勇。

"框子"是指束缚人们思想解放的一些东西。"笼子"是指反映客观规律的方针、政策和规章制度。在改革中，我们一定要注意分清什么是"框子"，什么是"笼子"。从哲学的角度讲，改革是必然的；从整个历史看，改革是绝对的。我们的改革，要结合我院的具体条件，多做一些实事，少搞一些花架子。

关心青年成长

多年来我养成了一种习惯，喜欢与青年人谈心。谈话的中心内容，也是围绕怎样学习，怎样做人。谈话时间大多是在入学之初和毕业时。青年人一般喜欢与我谈心，因此我谈的劲头也越来越大。

我在葛洲坝水电工程学院时，经常给同学做报告。我将报告的主要内容和发表的短文编印了一本书，名叫《青年之友》，发给学生和做学生工作的政治辅导员。

为了提高报告、短文的质量和效果，我总是要求自己做到：言之有的，言之有据，言之有理，言之有情，言之有文。

所谓言之有的，就是报告和短文既要围绕成才这个大题目，又要针对同学的思想，做到有的放矢，切不可无病呻吟。

所谓言之有据，就是说的道理一定要以事实为依据，事实既要有历史的，又要有现代的，最好是身边的。

所谓言之有理，就是要求报告、文章、谈话富有哲理，逻辑性强。

吴国栋接受口述校史访谈

所谓言之有情，报告要富有强烈感情，要富有爱子之心，要从学生利益出发，教育学生要这样做，不要那样做。要动之以情，就要爱之有情。

所谓言之有文，我喜欢运用成语和古诗，例如要学生吃苦，我说：有人说人生有两杯水，一杯是甜的，另一杯是苦的，都得喝下去。聪明人先喝苦的，后喝甜的，其结果是越喝越甜；傻瓜蛋先喝甜的，结果是苦不堪言。接着我要求同学牢记两句诗：从来好事天生俭，自古瓜儿苦后甜。教育学生用功时，就希望他们牢记：功之成，非成于成之日。古人学问无遗力，少壮工夫老始成。

当然，要做到上述五有，需要长期积累。

什么力量促使我这样做？答曰：我认为于国于校于己都必须这样做，也甘心情愿这样做。对国家来说，人才的希望是在青少年身上，在于使青少年成才。对学校来说，学生有成就是学校最大的光荣，学生成才是学校办学的最终目的。对自己来说，学生有出息是老师最大的幸福。

我坚信善有善报，我相信生命的价值在于奉献，关心下一代成才正是大大的善事，也是我余年值得奉献的大事，也是能够奉献的事业，所以我将终身为此而努力奋斗。

把基本功搞扎实

最近，我听说有的同学很希望将来成为管理干部，这个想法是好的。我们国家现在是管理干部奇缺。技干转向管理在国际上也是一个趋势。同学们的理想如果和国家的需要一致，就是有出息的重要条件之一。大学生、研究生教育只是奠定了一定的专业基础知识，还不可能直接解决工作岗位上遇到的一切技术问题，这个基础非常重要。如果基础不厚、不广，将来就很难上去，后劲就会不足。

我经常对同学们说，你身上肩负的担子越重，你学习的机会就越多。能者多劳，劳者多贤。你能挑80斤担子，咬咬牙就能挑90斤、100斤，也就挺过去了，挑的劲就大了，慢慢提高得就快。如果你只挑50斤，你就得不到提高。一个人乐于服从、肯于吃苦、忠于职守，不管到哪都能得到领导重用，有一番作为。

我殷切地希望同学们迅速成才。大学四年和毕业后的五六年，这十年对同学们来说是黄金的十年，关键的十年，成型的十年，你们有没有出息，出息的大小，主要看这十年的基础如何。差之毫厘，失之千里。现在同班同学彼此应该说差别不大，可以说在毫厘之间，可是二三十年后，就要失之千里了。"鹏雀分明在来年"，我的这句话，给大家留下很深的印象。同学们要好好把握自己，不要马马虎虎、随随便便，还是要把基本功搞扎实。

关于抓基建

学校的基础建设工作很重要，我强调要按照规划逐步实施，把它抓紧抓好。校园是学生进校后的第一课，在校园内走路时，第一步要做到下雨不用穿套鞋；第二步要求夏天不戴草帽；第三步要做到四季长青，花不断时。

筹备成立葛洲坝水电工程学院建筑设计研究院。设计院要不是承揽学校的工程项目，就不可能承包校外的工程。学校的基建工程、教学实验用房及职工住宅等建筑大多是我们自己的建筑设计研究院负责完成的。

（本文根据 2018 年 1 月 24 日在武汉大学吴国栋家访谈
口述记录整理，整理人：田吉高、龚海燕）

葛洲坝水电工程学院建校初期回顾

——易运堂同志访谈录

易运堂，男，生于 1939 年，湖北汉阳人。曾任葛洲坝工程局副局长，葛洲坝集团副总经理，负责西南区域市场开发，兼任二滩、漫湾、大朝山等西南地区工程项目负责人。1978 年 11 月至 1981 年 3 月先后任葛洲坝水电工程学院筹建领导小组副组长，葛洲坝水电工程学院党委副书记，同时任葛洲坝工程局副局长，主要负责学院校舍的筹建工作和师资方面的准备。经过近半年夜以继日的奋战，学院基本具备开学条件，在水电部的大力支持下，从水电系统有关工程局和部属有关院校抽调、借调了一批有教学经验的教师支援学院办学，保证学院于 1978 年 10 月顺利开学上课。

葛洲坝水电工程学院是 1978 年恢复高考制度后兴办的。1978 年 4 月份，水电部发文并经国务院批准在葛洲坝工程范围之内兴建一所高校，就是葛洲坝水电工程学院。它是以葛洲坝工程命名的，是部里办的，不是葛洲坝办的。

成立葛水院筹建领导小组

葛洲坝工程局向部里提出，学校当年兴建，当年招生开学。这样时间很紧张，葛洲坝工程局成立了葛洲坝水电工程学院筹建领导小组。当时我们学院的第一任党委书记开始是张浙，后来是刘书田，刘书田是水电部的副部长，葛洲坝工程局党委第一书记。刘书记找我谈话，说："老易啊，你是不是把学院的筹建工作这个任务接下来，别的没什么要求，就是要求当年要招生开学。"我说："刘书记，你看这干到 9 月就 4 个多月的时间，怎么能把一所大学建起来呢？"他说："你动个脑筋想一想嘛。"当时的葛洲坝工程局在现在三峡大学校址有一个工人大学，工人大学实际上是一个专科学校，葛水在那个基础上来发展。当年招了 3 个班，3 个专业，一个是水工，一个是机械，还有一个电气，一共 124 个学生。当时我跟张浙书记负责学校建房子，说搞这么大个工程，时间很紧，但还是要一步一步的，万丈高楼平地起。我当时问张书记："具体怎么搞，你有什么设想？"张书记说："我年岁大了，还不是你在那里负责。"

抢建校舍

易运堂在水电建设工地

当时我们葛洲坝有个机械分局，机械分局是专门做房子的。我找了机械分局的领导，确定一个副局长配合。我说你得不得力我都清楚，谁能干谁不能干我都知道。就这样组成一个专门的施工队伍，大概有两百多人，包括打杂的工人一起。不管怎么弄，但要求一要保证质量，二要保证工期，必须在 9 月底以前验收合格，因为招生最晚也不能弄到 10 月去。当时基建分局的六公司很拼命，有时候晚上赶工粉刷，挑灯夜战。这样赶工期一直到 9 月的中旬，就是十几号，就基本完成了，包括内部粉刷一起。当时教学楼没有分开，来不及分。除了这个以外，生活设施要配套，当时的生活设施只能满足工人大学的几百人，学生一百多人，教学管理人员大概有二三十人，再加上师资力量。当时我的想法主要有两点，第一个是学生要有上课睡觉的地方。第二个要有老师，你把学生招来要有老师上课。

抽调教师

水电部对建设葛洲坝水电工程学院也很重视，专门有人来给我们出谋划策，我们办不到的事都要请示他们办。当时的师资都是在 9 月份以前筹备好的，华东水利学院、武汉水利电力学院等高校每一个学校支援 5 个老师，一共 15 个，这样基础课教师就有了。来的都是中年教师，都是有经验的，大部分是讲师，教授没有。15 个高校老师加上专业课的老师，包括水利部所属 10 个工程局在内，还有别的工程局抽调的有经验的技术干部，中年以上的技术干部当时大概抽了 20 多人，加上学校各部门的人员，包括教研室、教务的、实验的，七七八八，这些人都是葛洲坝出来的，"长办"也有个别来的。像教务处的处长候文理，他原来是葛洲坝工程局的，我在政治部工作时和这些人打交道比较熟悉，这样就有保障了。生活设施是在原来葛洲坝工大食堂的基础上扩建的，实验设备在灰色的砖房里。这样，在各种准备工作做了以后就进行检查，检查是不是具备开学的条件。招生也是派人一起商量着搞，当时招生的质量还是比较高的，相当一部分都是那些上山下乡的年轻人，他们上山下乡吃过苦，对国家恢复高考非常感激，非常珍惜考取大学的机会。

在基建过程中，工人是相当吃苦的人，条件是比较差的。因为要建楼房，施工设备也比较少，毕竟不像地方的基建单位，很多设备都不配套，要配套的话必须从工地上搬，但使不上劲来。好多灰沙都是工人扛的，有的工人一天干两班，技术工、打杂的人员配起来有两拨人，两拨人 4 个月建两栋楼房，还有生活设施房子，很不容易的，加班加点地搞。

尽量把老师生活照顾好

再一个是学生招来以后，生活条件比较艰难。我记得从几所水电部院校借调的老师，住在山包上的"碉堡楼"，上面连厕所都没有，厕所都在山坡下，很艰苦。我尽量把老师的生活照顾好，原来工大没有专门的食堂，我们为外来的老师建了专门的生活区，老师们有专门的教工食堂。道路一下雨十分滑，不好走，出来上厕所都要带棍子，不然无法行走。没有办公楼，用的原来工大的图书馆，那个灰砖楼是原来工大的图书馆，就用那个图书馆来安排老师的宿舍兼办公室，那条需要拄棍子的路走了五六年，后来才修好了。外面的老师不愿意来，但是我们一个系统的老师都来了。一个系统的，他们说应该支持。"文化大革命"以后十年都没有招生，应该帮这个新办的葛洲坝水电工程学院搞好教学。后来就修路，先修台阶，

易运堂（中）接受口述校史访谈

一个楼房不是那么快就搞得起来的。那个时候的学生也很好，有城市的，也有农村的，主要招水电部所属工程局的学生，好像都招，也不全招的是工程局的。我记得部里还有一个优惠条件，只要你是工程局工作人员的子女可以降分录取，优惠 10 分还是 15 分，招来的有工程局的子女，也有各地方的子女。

我是 1978 年成立筹建领导小组的时候进去的，一直工作到过完 1981 年春节，当年 2 月份我到南京华水进修学习去了。原来葛洲坝水电工程学院有两个副书记，吴玉田当时是副院长，后来我去进修的时候，吴玉田才由副院长改为副书记。

校领导与师生同甘共苦

当时老的副院长们都是在食堂里打饭吃，不到教工食堂去的，为什么呢？因为那个房屋的条件有限，我们为了照顾老师，特别是外界来的老师、从各工程局调来的技术人员，要把他们的生活照顾好，好像各个部门的都是在外面站队买饭吃，那些院领导都是这样。领导在这样艰难的条件之下不能搞特殊化，所以我们商量也在外面吃，这样就跟学生、职工一个样子，当时这个气氛还是蛮好的，学生们也团结。我记得第一年过春节，就是开学以后第一年，1979 年春节，大概留校的有 30 多个学生。学生当中还有困难户，那 30 多个学生也刚来，人生地不熟。我们小区地段也比较背，在山那边，所以我就到学生宿舍里去看他们，关心他们，问大家是不是第一次在外面过春节，他们说是啊，是第一次在外面过春节。我还带了一些糖果，大家吃一吃，说说笑笑就过去了，让他们觉得老师还是重视他们的，不是把他们扔在学院就不管了。到了第二年还是第几年听说搞了勤工俭学，搞勤工俭学同学们也感觉好，能够挣点钱，那时我已经离开了，去进修学习，学完后我还是回工程局去了。离开的这几年，师资各方面都配备得蛮好了。后来发展就快了，我只听说，再没回过学校。葛洲坝工程局对外承包工程，我一直在四川、云南这两个省，一直干到退休才回来。在还没有合并三峡大学时听说学校举办 20 周年校庆，当时我还给学校打电话说我回不来，送了点纪念品。

办学的经费，部里文件上说要葛洲坝代管，管什么，就是管建房子，管完开学就不管了。部里从工程账上拨款，要用多少钱当时没有限制。经费就是从葛洲坝财务账上来的。

接受国家计委检查

我记得那一年，恢复高考制度后，1978 年要发展一批高等学校，大概几十所。真正搞起来的，就是葛洲坝水电工程学院、江汉石油学院，就是这两所开学了，搞起来了。当时，国家计委派人对新办的高等院校进行实地检查，看到葛洲坝水电工程学院学生宿舍有了，师资有了，办学经费也有了，新招收的三个专业124名学生已开学上课，学校的位置很好，宽得很，具有发展空间，检查人员认为很好，感到满意和放心。

你们问到葛洲坝工程局总工程师曹宏勋也是葛洲坝水电工程学院副院长，但一直没有到任是什么原因？曹宏勋是个很好的老技术干部，他是从丹江口来的，他对水工混凝土很有研究，他还曾经任湖北省政协副主席，结果还没有开学他就退休了，身体不怎么好，退休后就回苏州居住了。我有一次出差还跑到曹总家里去看他，他生活很朴素，一个平房。他要是来了的话当时在葛洲坝水电工程学院是一块牌子，他很有名，搞了一辈子的混凝土。

（本文根据2018年12月5日在葛洲坝青玉茶楼访谈
易运堂口述记录整理，整理人：田吉高、郑泽俊、龚海燕）

水电是我们的办学特色

——徐大平教授访谈录

徐大平，男，汉族，1943年8月生，天津市人，华北电力大学教授、博士生导师、中国电机工程学会高级会员。

1967年清华大学热工量测及自动控制专业毕业。1979年3月加入共产党。

1961年至1967年清华大学热工量测及自动控制专业学习。

1967年至1979年水利电力部第一工程局参加工作，在一营运输队当内燃机车司机，后任技术员。

1979年调到湖北省宜昌市原葛洲坝水电工程学院任教师，先后承担大学物理、电工学、自动控制理论、检测与转换技术等课程教学，历任讲师、副教授、教授。后任自动化系主任、院长办公室主任、副院长、代理院长、院长。期间，主持完成了葛洲坝二江船闸活动桥提升控制系统、吉林水工机械厂门式起重机力矩限制器等的设计和技术改造项目。

1993年调北京动力经济学院工作，任副院长。

1995年参与组建华北电力大学，先后任党委副书记和常务副校长、校长、华北电力大学党委书记，兼任北京电力管理干部学院院长，同时任中国高等教育学会理事、中国电力教育协会理事、北京电机工程学会副理事长等职。

大学毕业后从事水电工程建设10余年。现主要从事自动控制理论及方法的研究和教学工作，担任本科、硕士研究生、博士研究生培养工作，参与完成国家863/CIMS目标项目"先进控制策略在大型火电机组DCS中的应用及控制软件包的开发"研究项目，获中国电力科学技术二等奖，主编了《风力发电原理》教材，由机械工业出版社出版。在国内外重要刊物上发表学术论文 20 余篇，指导智能控制理论及方法研究方向博士生、硕士生 10 余人。享受国务院政府特殊津贴，2008 年退休。

既然是口述历史嘛，那就凭记忆了，可能有些很细致的东西，也不一定记得住。现在年岁也大了，人家都说，新事记不住，老事忘不了，坐着就打盹，躺着睡不着，这就是老的表现，但那些突出的东西还是记得住的。

从工程单位到高等学校

我 1961 年考入清华，当时清华是 6 年制，1967 年毕业，但实际上文化大革命又拖了一年。1968 年分配到东北的原水电部第一工程局，参加工作时间还算是 1967 年。在水电工程局，主要是接受工人阶级再教育，大概前后一两年时间。第一工程局接收了清华大学、大连工学院、中国科技大学、北京大学等大概三四百名毕业生。我们就是跟工人一样，同吃、同住、同劳动、开山修路、开挖出渣、运送混凝土，三班倒工作。后来，我当了技术员。十年多的时间里，有几次出现生命危险的经历。有一年发山洪，一位工人师傅淹死在江中央，半夜 12 点仅有一台探照灯照着江面，我只身去打捞。有些人回忆起那些年，往往只是牢骚。当然客观地讲耽误或荒废了这批大学毕业生的专业，但我觉得还是有一些收获的，使我真正了解了工人师傅，了解了生产实际，锻炼了意志。我利用所学的知识，也搞了几项设备改造。

邓小平同志主政以后提出科教兴国，科技是第一生产力，1977 年恢复高考。我们那时候要求专业对口，因为我是学热工测量及自动控制的，不是学水电的，正好 1978 年葛洲坝水电工程学院刚刚成立，缺老师，当时葛水教务处的于成珍老师就到水电一局去挑人，通过部里把我们 3 人（还有郑根保，曹振生）调到葛洲坝水电工程学院当教师。1979 年调来学校后，葛水刚建校，房子非常紧张，调来的教师缺少住房。我印象最深的是，为安排我，陈培根副院长就把自己的办公室让出来给我一家住。开始我在物理教研室教大学物理课，后来就跟着学生升级，大学物理课讲完了就进入专业基础课，给他们讲电工原理课。然后教专业课，像什么检测仪表、自动控制理论，等于是跟着学生们升级。原来不叫系，叫自动化科，我在那当过副科长，后来叫系了，就是系副主任，然后系主任，然后院长办公室主任。我当院长办公室主任的时候，赵树同志当书记，吴国栋同志当院长，后来我当副院长，然后就当院长了。1990 年我是代理院长，纪万松是代理书记，他代理了两年书记，我代理了一年院长，后来他当书记我当院长了。

我的体会就是一个学校要搞好的话，班子的团结非常重要。要求班子里的每个人要正，不能谋私。你不仅要接触系主任，甚至对老师、对工人，你都应该跟他们平等地相处。而且班子内部也是一样，我特别感谢咱们葛水的老领导对我的信任和帮助。我后来做了院长，跟纪万松书记两个人比较注意经常互相沟通想法，班子的气氛也比较好。对创建部属一流学校，我觉得从底子上来说，这个学校是不够厚的，建校时间不长。积累呢，有一部分老师是由原来工程单位来的，尽管他们有比较多的实践经验，但是总的看教学的水平，还是底子比较薄的，科研方面也比较薄一点。

大学要有大师

我比较注意的几件事：一个是抓师资。我觉得师资是最根本的，大学者不是有大厦而是有大师，所以说师资特别重要。那个时候的师资主要就是引进，胡翔勇就是清华研究生毕业分过来的。为了要外语老师，我跑到长春地质学院调危鸣辉老师，当时武汉的海军工程学院也要他。他们两口子都是学外语的，外语都还不错，还当过主任。我跟他们谈了，并跟他们人事部门说要把危鸣辉的档案带走，我们学校要了。等我把档案取走一个多月，海军工程学院通知说他们学校也要他。那个时候就想从各个方面引进一些师资。学校内部就是培养年轻人，像刘德富、李建林、杨锋等。另外就是重视课堂教学，重视学生对教学的反应，这方面从老领导开始就是这样。可能就因为我当时教课比较好，就逐渐安排我负责一些工作。学校还从武汉水利电力大学引进来数学教授甘以炎。

另外一个就是抓实验教学。一个工科院校，你没有实践的条件，都是纸上谈兵，那其实不行。学校争取经费建水工厅、实习工厂等。我就不同意目前很多学校，只看重论文，不太看重实践，这样培养出来的学生解决实际问题的能力差，用人单位怎么会欢迎。从学校的定位来看，你本来就是工科，是培养工程师的。我在清华的时候，当时清华叫作工程师的摇篮，培养工程师的。葛洲坝二江船闸活动桥提升的同步，就是我带着我那个班的学生毕业设计时做的。因为在清华就有一个说法，真刀真枪搞毕业设计。我的印象就比较深，就觉得尽可能地去结合实际项目给学生做毕业设计。在实践中，他们会加深对理论的理解，就会更好一些。重视实践，他到了实践中，他会解决实际的问题，这样有好处，所以我当时带着他们去做，必须要从实际出发，不能光从理论上看。

要发挥基层的积极性

学校工作从管理的角度，就是要发挥基层的积极性。虽然那时候葛水的规模并不太大，发挥各系的积极性，就是给系、部、处放权。通过开务虚会统一思想。我到了这个学校以后也是弄这个务虚会。葛水到了暑假的时候，就到周围凉快点的地方开，在大老岭开过党委扩大会。处级干部跟学校领导都在那待两三天，不谈别的，也不谈太具体的事。首先是思想统一的事，然后结合到一些具体措施也可以。我记得那个就是，一个是放权，另外放权的前提要求是系主任或者处长们这一层，要理解学校办学的意图，不然你放权就乱了。大家在思想上统一了，那么系跟处跟管理学校的职能处室的关系才能协调，工作才能做好。事实证明那么做了以后，基层的积极性发挥出来了。学校的创收问题，没有是不行的，但是一定得掌握度，在这个问题上很容易出事儿。

我自己的科研项目，一个是解决葛洲坝船闸提升不同步问题；另外一个是搞吊车的力矩限制保护，那是吉林水工厂要求做的。我开过吊车，而且我做过非常危险的事情，力矩超限，吊车有可能会翻到坝下。所以后来我就觉得力矩控制是很重要的一个问题。

1993 年 11 月部里把我调到北京动力经济学院，一年后就开始筹备华北电力大学。电力部成立一个筹备领导小组，由副部长查克明当筹备领导小组组长，部人教司司长和我当副组长，开始组建华北电力大学。大学刚组建时，原来两个大学，两个班子，再加上一位部领

徐大平接受口述校史访谈

导，实际上是 1 个副部，5 个正司，12 个副司。班子的团结问题，班子的协调问题，挺大的事儿。副部长常在北京，学校校部在保定，他兼任了一年华北电力大学党委书记校长，我做党委副书记，常务副校长。然后我做校长，调来一位省电力局局长做书记。到北京后，经历了组建大学、高校管理体制改革、电力体制改革，后来学校又划转教育部管理。到了北京以后，承担有自然基金项目和国家的 863 项目，横向的也做过一些。华北电力大学在教育、电力体制改革中有了好的归宿，为学校今后发展打了基础。当然，这些都是大家努力的结果。

办学要有自己的特色

　　总的来说，办学除了要有远大的目标，一定要从学校的实际出发，要有自己的特色，水电就是我们葛水的特色。要不然的话，你丢了这个，你跟人家怎么比？你把你自己的长处丢了，把自己的周围的关系都丢了。但话又说回来，如果不能够给人家解决实际问题，谁白给你钱？还是要靠为企业的科研服务取得经费支持。

徐大平(左七)会见国外高校代表团

（本文根据 2019 年 5 月 6 日在华北电力大学档案馆采访室访谈
徐大平口述记录整理，整理人：田吉高、龚海燕）

做思想政治工作的有心人

——曾德安教授访谈录

  曾德安，男，1941年12月生，广东省梅州市兴宁人，汉族。1962年10月加入中国共产党，1965年6月和1968年4月先后从清华大学水利工程系本科和研究生毕业。先后任工程师、副教授、高级工程师和教授级高级工程师。1968年5月至1982年3月分别在水电部丹江口工程局安装团和长江葛洲坝工程局机电安装分局从事水电机电安装技术工作和管理工作，任葛洲坝工程局安装分局副局长。1982年4月至1990年9月在葛洲坝水电工程学院工作，先后任院科研生产处副处长、机械系主任、院党委办公室主任和学院党委副书记。

  期间，每年给水建系学生讲授"水电站"课程中的"水轮机"篇；1988年获水电部水电科学基金资助，该资助项目的成果以"水轮发电机推力瓦新材料的试验研究"为题、本人为第一作者在《水力发电学报》1990年第3期发表；1986年起，和广大学生政治辅导员一起，探索政治辅导员自身学习、学生工作和教学之间的科学安排之路。1990年9月起调至广州抽水蓄能电站联营公司(现广东蓄能发电有限公司)工作，任电站工地指挥、公司副总经理和公司总经理直至退休。1995年获国家科技进步二等奖。

  我是1959年在广东参加的全国高考，考上清华大学水利工程系，当时清华大学的本科是六年制，1965年大学本科毕业。在毕业前参加了清华大学研究生入学考试，又在清华大学读研究生，读了不到3年的时间。在清华大学本科读的是水利工程系的水电站动力装置专业，研究生时期由于1968年文化大革命的原因就提前分配了，所以研究生的课程基本上没怎么学。研究生的那个专业叫水力学，在大学的经历就是这个样子。

从水电建设工地到高等学府

1968 年 4 月底 5 月初我就离开清华大学了，分配到水电部丹江口工程局，在丹江口工程局机电安装工程处，在那里劳动，当施工技术员。

1968 年到 1973 年我是在丹江口工程局，1973 年调到葛洲坝工程局，那时工程局负责机电安装的叫安装团，不叫安装分局。我到葛洲坝以后在机电安装团当政治处副主任，后来是叫安装分局，当副局长。在葛洲坝工程局机电安装处主要是参加葛洲坝二江电厂 1 号机到 7 号机的机电安装，调试和监视运行以及参加 2 号船闸的安装调试工作，到 1982 年就提任安装分局的副局长。在葛洲坝还亲自参加了葛洲坝大江的截流，在我工作的那段时间里见到了水利部的副部长刘书田，在他身边，每天联系各地到处跑，下班去跟他报告发现的问题。正好那段时间是葛洲坝大江截流，刘书田是前线总指挥，所以大江截流的时候我在现场。到 1983 年我就调到葛洲坝水电工程学院了。

努力做好教学科研工作

一到葛洲坝水电工程学院，科研处是陈培根副院长分管的，还有一个是江菊生副处长。我到科研处当副处长，过了一段时间就调到机械系当主任。正处级是需要水电部批准的，我，徐大平，王明德我们三个都是水电部专门下文的，徐大平是自动化系主任，我是机械系主任，王明德是纪委副书记，都是由副处变为正处，水电部批准的。1985 年我被水电部任命为葛洲坝水电工程学院党委副书记，在葛洲坝水电工程学院无论是在科研处还是在机械系当主任或者党委副书记期间，我都是一边完成行政工作，一边进行教学工作。1990 年我希望调回老家广东，经批准就调到了广州抽水蓄能公司，我是 1990 年调回来的，调回广东的经历就不说了，跟三峡大学的校史关系不大。

这是我个人的主要经历。教学方面我主要是教水工系的同学，教水力机械课程，这个课程不多，一个学期才 28 个课时，一周两次，讲一个多月就可以讲完，这样我既做学生工作又做教学工作。78 级、80 级及以后的水工系的机械课程都是我讲的，79 级王硕朋那一级的水力机械课程不是我讲的。我没有参编过什么教材，没写过什么自编的讲义，教学方面主要是这些。

科研方面，1979 年在完成行政教学工作以后，根据自己的科研，写论文的工作我还是具体做了。在葛洲坝水电工程学院期间，在院报上还有其他一些刊物上都发表了好些论文，我没有统计，比较有名的一篇是发表在《中国水力发电报》上，还有一篇发表在《水利水电技术》上。发表在《中国水力发电报》上的这篇文章是水电部1988年科学基金资助项目，我利用批下来的这笔钱做了水利发电机械项目的研究，即用自己研究设计的聚四氟乙烯塑料推力瓦代替传统的锡基合金推力瓦在宜昌喻家嘴小电站进行试验，取得成功。1989年12月我投稿的，1990年采用，在《中国水力发电报》第三期上发表。第二篇1989年发表在《水利水电技术》杂志上，关于葛洲坝二江电厂水轮机运行中的一些问题及改进方法，主要是我在葛洲坝工作期间发生的这些问题与电厂的同志一起写的。这两篇是具有代表性的，其他别的论文技术含量没有这么高了，这两篇论文技术含量最高。

完善思想教育工作体系

因为我是院党委副书记，党委分工我管学生思想政治工作。在这方面我觉得主要有三点还是值得说一下的，第一是大力倡导支持建立学生业余党校，现在我不知道党校有没有坚持下来。我在学校的时候学生业余党校还是萌芽状态，我主张把它制度化。我记得是一个星期还是两个星期上一次课，不是正式的上课时间，都是课外活动时间或者双休日。这个我觉得很有好处，因为除了在学生的政治课上对马克思列宁主义毛泽东思想进行理论学习，在业余党校这个阵地上他们对党的一些基本知识、对我们党的一些任务、对党章的了解是很有作用的。业余党校管理比较严，学习期间要写体会，学完考试合格还要发一个结业证书。这个做法始终坚持下来了，这是对马列主义政治课的一个很好的补充。对青年学生来说，是了解党的基本知识的一个很好的途径、很好的方式，这是第一点。

第二我大力倡导学生政治辅导员制度，对这支队伍的水平提高也尽自己的努力。我在任期间，亲自带他们到武汉去，看武汉水利电力学院的一些做法，工作制度是怎样的，是如何管理的。还到了华中工学院，华中工学院很重视，教务处长等亲自接待，给我们介绍辅导员制度运行情况，还到了湖北大学，就到这三个大学去

曾德安（中）接受口述校史访谈

曾德安在南方电网

了。宜昌师专和医专可能也去了，看看人家的政治辅导员怎么做的。下了狠心，对他们水平的提高尽我自己的努力吧，这是政治辅导员制度。

第三就是形成了一个政治思想分析制度，定期召开思想分析研讨会，根据不同时期学生当中的主要思想反映，大家一起来研讨，一起来分析，有什么问题，怎么来解决。分析会主要是学生为主，定期的教师也有。开会以前会先发通知，这一期是什么内容，是教师的还是学生的，大家做准备。在学生思想政治工作方面我就介绍这三个方面。第一个是自己倡导的；第二个是尽自己的努力，当时的辅导员制度还不正规，怎么提高他们的工作水平，亲自带他们到武汉去学习取经；第三个是思想分析工作制度。第四个是教师方面的工作。定期召开教职工代表大会，但是教职工代表大会不是我在任期间弄的，我们是湖北高校第一家，有什么意见，有什么建议都可以说一说，还有对领导班子的监督，有什么意见也可以说，还有住房分配制度是大家很关心的，这个是提了不少意见的。

寄语当代大学生

说到对当代大学生有何寄语，我非常希望咱们三峡大学的同学，在中华民族伟大复兴的事业当中贡献自己的聪明才智，贡献自己的力量，为这个伟大复兴事业添砖加瓦。具体来说，学生要认真学习书本知识，学习前人总结在书本上的这些知识，不要瞧不起。在学习当中，同学之间可以互相学习、互相讨论，在老师那里虚心学。在社会上要认真学习怎么做人，了解社会，学习怎么把书本知识运用到社会上，这个也得学习。具体两个一百年，第一个一百年，2021 年建党一百年，没有两年就要到了，第二个一百年是 2049 年，建国一百年，本世纪中叶，实现我们中华民族的伟大复兴，使中华民族屹立于世界民族之林。在这个事业当中，希望我们三峡大学的同学多做贡献，贡献自己的聪明才智。眼下，要学好完成自己的学业，还要到社会上好好学习。

可以说，因葛洲坝工程的兴建，才有葛洲坝水电工程学院的建立。葛洲坝水电工程学院是在原来葛洲坝职工大学的基础上，1978 年经水电部批准建立的，这个学院是以这个工程为前提的。反过来，这个学院又为中国的水利水电的发展起了很大的推动作用。当时吴国栋院长还在任的时候，讨论过办学方向，我印象深刻。当时我们紧挨着葛洲坝工程，我们围绕是培养施工型人才还是设计型人才还是管理型人才进行讨论，大家看法是不一致的，当时还没敢往科研型人才办学这方面想。我们就是为工程服务的，葛洲坝水电工程学院在工程方面主要着重于施工、设计、管理，当时主要是想注重施工，工程师是全方位的，施工是它的一个方面，施工管理、工程设计、工程运行……应该涵盖水电工程的方方面面。

葛洲坝水电工程学院的建立对我国水利水电的发展有什么意义，看看我们遍布在全国各地的毕业生的情况就很清楚了。我很关注这些报纸。在中国电力建设集团下面的北京水力规划设计院，负责人就是葛洲坝水电工程学院毕业的。樊启祥也是我们的校友，樊启祥分到三峡总公司以后，他在会议上说葛洲坝水电工程学院的人才培养还不错，他现在是三峡总公司副总经理。类似的还不少，我记得还有一个郑征宇，到南水北调办公室去了。还有一个水利系的我知道的，本来是机械系的，分到水利部最后也当了什么院长的，名字我记不起来了，有很多这样的例子。葛洲坝水电工程学院的建立，促进了全国水电技术水平的提高，为水电技术的发展做出了一定的贡献。葛洲坝水电工程学院因工程而立，葛洲坝水电工程学院建立以后，又促进了工程的建设，二者是相辅相成的。

总的来说，这个学院经过大家的努力，现在办学 40 年了，这个规模，这个水平，凝结了大家多年的心血。

（本文根据 2018 年 11 月 27 日在广州南方电网会议室访谈
曾德安口述记录整理，整理人：田吉高、龚海燕）

岁月峥嵘话葛水

——陈启新同志访谈录

陈启新，男，汉族，1936年3月出生，湖南桃源县人。

1951年2月参加工作，1955年12月加入中国共产党，高级工程师。

曾任葛洲坝水电工程学院党委副书记、副院长。1951年2月至1952年5月，在湖北人民革命大学保险专业学习，其间，于1951年12月参加通山县土地改革，为工作队队员。

1952年6月至1958年9月，湖北省保险公司监察室办事员，科员，主任科员。

1958年10月至1971年1月，在丹江口工程局修配厂任党委宣传部部长，工程局党办秘书。

1971年2月至1978年9月，在三三〇工程局(后称葛洲坝工程局)四团任副参谋长，拌合厂政治处主任。

1978年10月任葛洲坝水电工程学院宣传部长，1981年10月任学院党委副书记，其间在河海大学特别班管理工程专业学习两年。1987年8月至1996年7月任葛洲坝水电工程学院副院长。参加与武汉水利电力大学合并工作，系筹备组成员。

我是1978年葛洲坝水电工程学院成立当年10月初调来的，葛水10月15日召开成立大会，我来了就开始筹办开学典礼，搞起了宣传工作。

我1936年出生，刚开始参加工作在湖北省财政系统，银行、保险都工作过。在1958年建设丹江口水利枢纽工程的时候，我就被抽调到丹江口去了，原计划3年完工，后来工期延迟，到后面真正建设完成，我们丹江口水利枢纽工程局划归水电部管理。1971 年葛洲坝新建的时候，我就被调到葛洲坝这边来了，在葛洲坝工程局待到 1978 年。当葛水筹备建校的时候，1978 年 10 月份调到葛洲坝水电工程学院。开始是做宣传部的副部长，后来 1981 年 11 月，部里任命我为副书记，一直搞到 1996 年底退休。可以这样说，从葛水建校到后来葛洲坝水电工程学院和武汉水利电力大学合并，这整个过程我都参与了。

确保首届本科毕业生质量

葛水当时的发展道路还是不平坦的。葛水是在粉碎"四人帮"，恢复高考后成立的。党的十一届三中全会拨乱反正，把全党工作的重点放在社会主义建设形势下，当时社会主义建设事业是国家的重心。各方面人才也是急缺，葛洲坝工程局感觉到青黄不接，老的老，中年的也不多，年轻的更少。水利部领导也发现人才不够，加上葛洲坝建在宜昌，部里明确要建一所本科院校，当时国务院批准建设的 55 所高校中就有葛洲坝水电工程学院。我们做到当年建校、当年招生、当年上课还是非常不容易的。4 月 1 日批准，10 月 15 日就开学上课，这该有多少事情需要做呀。当时土地是工人大学的 139.5 亩，就是在这个基础上建的，人员也是从工程局抽的，组成人员班子。当时校舍建设大致有 5000 多平方米，几个月时间完成。我们刚来的时候连道路都没有，还是泥巴路，汽车都开不过来，回想当时确实是很艰苦的。

建校以后，国家计委来考察，他们觉得有些冒进，把新建的不合格的要减掉。后来国家计委的计划司派人前来，到学校一看，基本上有了办学的规模，学生也到校了，也开始上课了，这样才保住这个学校。如果不是在三三〇工人大学这个基础上来建，要等到第二年国家把计划批了，有了钱再去办，那学校也就不存在了。当时虽然条件很艰苦，但基本的教室、宿舍、食堂、运动场等基础条件都有，再就是老师都是从水电部属相关高校借调来的，来支援我们上课，这对我们的学生培养很有关系，我后面还会讲到。当时开的基础课大部分都是教授带的，裘网乡教授、杨教授，英语课是武水年轻的亢有荣老师带的。

水电部副部长杨振怀(左二)
视察学校，右一为陈启新

建校以后，当时社会上认为本科院校的成人教育和工大搞在一起不正规，也存在各种各样的问题。这个问题要从不同角度来看，像葛洲坝集团当时每年也分不到几个大学生过来，只有自己建设大学。当时教育部的副部长黄辛白说："像你们这样，又有爹管，又有娘管，怎么会不好呢？"他到我们这里来视察，也讲到了当时全国新办的学校又多，老校又恢复，经费就有限。当时除了部里拨款以外，工程局也拨款。还有水电三局也拨款，要求我们每年给他们培养 50 个人，所以当时学校发展还是非常快的。我当副书记的时候，也兼任了职工大学的党委书记，沈国泰也是葛水院主持工作的副院长。所以当时我们根据社会的需要办了成人教育是正确的，我们是按照实事求是的指导思想办的。至于当时信息交流不方便，这个问题很突出，问题是葛洲坝和三峡工程都是世界级的顶尖工程，有很多技术问题都是开创性的，是世界领先的，很多学术会议也在宜昌这边葛洲坝、三峡工地召开，所以后来我们的老师都是就近参加了这些会议，回来后将得到的知识通过讲课、学习传输给学生。

第一届本科生怎么保证质量，保证办一个合格的本科大学，这个问题对当时的学校来说还是很不容易的，条件很艰苦。本科教育是大学的第一层。我们也要保证第一届本科生要学到东西，各个大学也是大力支持我们。要保证教学质量，教师是关键，从华东水利学院、华北水利水电学院、东北电力学院抽调老师过来，他们支援我们教学一直到 1982 年，整整 4 年。部里也下了一个文，各个工程局，包括长办，每个单位抽 10 个人给葛水。徐大平，清华毕业的，教学也不错，后来在学校当院长。徐治平、郭其达、郑根保这些老师教学很不错，后来也是各个院系的骨干。

当时来的一批都很不错，每个工程局抽调过来的人，学校评出的第一批副教授，都在这中间产生的。所以这些同志有教学的经验，又在施工单位工作过，讲专业课那是绝对到位的。除了听老专家讲专业课之外，学生接触实际也多，三三〇广播天天在我们山顶上播，学生像在工地上一样，都能听到工地消息，都有世界级的实际经验可以观摩、考察。基础课有老专家讲课，专业课有技术人才讲课，又有实地观察考察，这样就比那些老校好。我们学校培养了一批献身水电事业的大学生，第一届、第二

陈启新(右二)与口述校史
访谈工作人员合影

届学生毕业后，我们到各个单位去考察，大部分人对我们的学生给予了好评，说我校的大学生是分得去、留得住、用得上、信得过的。当时还有一个学生要求说，如果青海有指标他就去青海。当时毕业的 123 名大学生绝大部分都有毕业证和学士学位证，都有两个证。在这些毕业生中间，现在过了三四十年回头看一看，在今年院士候选人中间有两名，是我们的毕业生。后来各个工程局的负责人、设计院的负责人中间有不少是我们的学生，第一届毕业生中间像工程局方面的郑征宇、天津的丁建敏，虽然他们大部分后来读了博士，但也说明我们本科教育确实是办得不错的。

与武汉水利电力大学合并

学校的发展证明发展才是硬道理。我记得 1991 年左右，电力部的教育司让武水和葛水商量联合的事。当时火车票难买，还要找关系，我记得罗晋芳到处去跑，就搞了一张卧铺票，后来就吴国栋院长一个人去，我没去。武水的刘肇祎校长对合并这个事很重视，亲自跑到车站去接，一看就去了一个人，以为我们是不太愿意合并，就没搞成。当时部里讲联合是自愿的意思，不是下了决定。当时学校规模很小，师资力量也不足，派到外面去学习的青年教师基本还未学完。到了1995 年谈联合的时候，学校也得到了提升，这次联合不是你愿不愿意，而是部里要求必须联合。一个是查克明副部长，还有一个是中南电管局林孔兴局长，再就是武水和葛水抽人参加，我们学校的纪万松和我两个，讨论怎么联合的问题。这次联合的时候，我们学校规模已经有 2000 名本科生了，加上成人教育已经是3000 多人了。学校里面硕士毕业的、博士毕业的回校任教的也很多，当时像刘德富、徐卫亚都慢慢有了成果，可能我们年轻人的研究成果还超过武水的一些年轻人，当时联合还是有基础的。

在联合的过程中，我们到武水去开会，部里面派了一个纪委书记，宣布武水的班子，宜昌校区只有三个人负责，一个是林天宝校长，再就是书记汪仲友，还有一个副书记是杨峰。晚上纪委书记找我谈话，问我们退休有什么事要谈的、有什么要求，我们什么个人要求都没谈，就认为 3 个领导太少。部长也问我们有什么意见，我们就说能不能设几个助理，他们就采纳了这个意见，召开了校党委的第一次会议，定下了两个助理，到宜昌来宣布的时候，就形成了三个领导和两个助理这样的格局。后来曾校长也到宜昌校区来了，坚持在这边工作。

三峡大学合并组建

第三次是三峡大学合并，和武水合并之后宜昌校区的负责人都是副职，湖北三峡学院的院长、书记都是正职。葛水院从 1978 年开办都是正厅级，现在变成副厅级，谈合并的时候不可能不就这个问题讨论了。我和纪万松已经退休了，从旁观者的角度，向部里写信建议要转正。不转正的话，以后没有正职干部，今后两个学校合并的时候，怎么发展，以什么为培养目标，很多问题都大不一样。这是学校发展成三峡大学的情况，也是非常不易的。再一个有可能不是把三峡大学作为校名，不仅是名字的转化，就连学校总部设在哪里也都是问题。当时如果不是设在这里，而是在城里，不可能有那么多钱买那么多地，发展成 3 万多学生，现在看来设在这里是正确的选择。三峡大学合并之后，应该算是全国合并院校中合并得好的，办得好的，还是很不错的，和这些问题、这些事都是有关系的。再说，一步一步做不好的话，有可能我们自己发展不起来，最后还是有可能走到实习基地的老路上去。如果宜昌只是武水实习基地的话，那现在就不一样了。宜昌和襄阳是省域副中心城市，两个地方在对比条件的时候，说到其他条件，两个地方都行，但是有一条大学建在宜昌不是一下能做成的，发展到有博士、硕士全套的招生，学科也比较齐全，建这样的大学，需要一个过程。

教师队伍是办学关键

我想谈一下教师的培养工作，在这方面我有一点自己的想法。学校要办好，关键是教师队伍，这个问题老的领导班子非常重视。当时的办法，一个是调，给政策调。当时曾德安是清华的硕士，工程局把他调来学校也是非常不容易的。还有调来的数学教授叫甘以炎，他调来之后，好像武水还很舍不得，走了一个骨干教授。当时甘以炎的家属在武汉的户口老解决不了，后来我们帮助他解决户口的问题，因为当时学校还和葛洲坝工程局在一起，葛洲坝工程局公安处管着户口，通过这个渠道协商解决这个问题，他是以这样的形式调过来的。

再就是培养年轻教师，当时学校搞了一个委培的管理办法，就是教师能够带薪去外面学习，考取硕士、博士，跟我们委托带薪培训的学生一样，但是有个条件，培训完之后要回学校服务几年，用这个形式来培养人才。从国家恢复高考第一批大学毕业生里面，我们抽了不少人去学习。当时说老教师是单位的人梯，新来的人踩在他们的肩膀上，他们在学校多讲一些课，让新人去学习，这样培养出了一些骨干。部里面为了解决学校内部的问题、教职工内部的问题，刘书田副部长下了很大的决心，当时生活标准比葛洲坝要高。还有一个就是房子，当时国家对公务员的房子有两个标准，一个是64平方米，另外一个是48平方米，葛洲坝比48平方米多了一点就50平方米，我们盖的最低是55平方米。院长楼，就是4号、5号住宅楼，当时葛洲坝还没有，宜昌市也还没有，要不然留不住教授，吸引不来人才。我们考虑了这方面的问题，和武水合并的时候我们工资比他们高一级，当时本来是一样的。1994年还是九几年的时候工资改革，里面有一条规定就是全国一个标准，部分单位只要经济条件允许会调高一点。我们学校是从师专还是医专哪里得到的消息。后来我们也是利用这个政策，学校除了上面拨款之外，每年都要自筹一些经费。我当时不管财务了，学校说让我去部里面办个证明，后来还是财务处那个年轻的科长郑天菊和我一块去的。我们制作了很多的报表，开了那个证明，这样我们就多了一级。所以在和武水合并的时候，他们比我们少了一级，听说合并了之后，他们也和我们这边一样了。在待遇上，我们还是要想办法解决实际问题。我们委托代培和学生签订合同，当时决定争取用7到10年的时间，50%的年轻教师通过培训和业余自学能够达到硕士研究生的水平，制定了这么个规划。同时还派出老师到国外学习，也是属于培养骨干。教师队伍能够做到这样一个水平，班子里面这个决策是对的，你要是靠分配那一点也完不成。

发挥教代会作用

我从1978年到宣传部，管学生工作也管宣传工作，1981年10月以后做副书记还是分管这些，但是增加了工会、共青团的工作，搞政治思想工作大概有六七年。主要是做了3个方面的工作，第一个围绕中心联系实际来做，第二个发扬民主依靠群众来做，第三个是解决思想问题和解决实际问题相结合来做。好多思想问题也是实际问题引起的，实际问题不解决，只讲大道理，不一定能够解决问题，只要是合理的，能解决的问题就应该解决，我想围绕中心是肯定的。围绕十二大的会议精神，将解放思想、实事求是作为我们学校的思想路线，落实到我们教学管理和行政工作中。

发扬民主，依靠群众，主要是通过教代会、学代会这种形式来做工作。因为教代会能够把学校中的一些意见、问题提出来，通过会议的形式把它办成提案，交给有关部门来落实，推动学校事业的发展，这就是依靠群众的力量。1983年6月我们学校召开了首届教职工代表大会，认为学校搞民主管理要制度化不是开一次会就算了，要把教代会当作学校民主管理的一项重要任务。

当时学校实行党委领导下的院长负责制，同时党委领导下的教职工代表大会制度还发扬民主，发动教职员工，特别是教师，共同办好大学，所以民主管理这方面就出台了教代会的管理办法，要成为制度。我们提出教代会除了审议、监督这些职能以外，对于关系群众切身利益的问题有决定权，其他属于建议、审查，其中最重要的第一条就是分房管理的办法，第一次教代会就是讨论分房的办法。过去分房有人开后门，有思想问题也有实际问题。我们采用教代会管理办法，成立分房委员会，不是学校领导、分管的部门批了就行了，通过委员会来管分房，这样大家就没有什么意见了。今年盖了房子，谁能分到，大家按顺序来，其中体现了教师优先分房。第一次教代会开了以后，省教育工会在1983年还是1984年的时候，到我们学校来开了一个现场会议，把学校的民主管理推进了一步。中间我去武汉大学学习了两年，1986年回来以后我就分管基建后勤工作。我是从工程局出来的嘛，比较熟悉这些工作。1986年回来之后我是副院长就分管这个，就没有再搞思想工作。

推行基建投资包干

我搞基建工作的时候，学校属于"三边"，边教学，边招生，边建校，每年的基建任务还是比较多的。前面的基建工作做了很多，我来了之后管这一块，首先搞的是基本建设投资包干，当时国家建委有一个2008号文件，就是对基本建设的投资包干，搞招标、投标。其中有一条就是在保证质量和工期的情况下，投资如有结余可以分成。分成比例是50%，学校所得50%中的60%归学校集体使用，20%纳入学校的集体福利，20%给基建办的工作人员作为奖励基金，有这么一个政策。我来了之后，发现原基建办经常和建筑队吃吃喝喝，工程质量马马虎虎，我对此有点意见。我们想要隔断他们的关系，要搞竞争投标，对建筑队进行审查。再一个就是跟部里面搞投资包干，按这个政策走学校也有好处，大头节约。这样投资包干以后，解决了这个问题，只有严格管理，核算上面国家定量结算，这样才有节约，才有奖励。这以后，基本上杜绝了和建筑队之间的不良风气。

值得注意的是基建和绿化这个问题。当时绿化科是由总务处管，我自己的体会就是不断地填了挖，挖了填，总是不好看。绿化交给基建办公室统一管理后，实行统一规划，避免出现这个问题。我认为学校的绿化工作搞得还是很过硬的。基建这一块，我们和建筑队之间也不要他们请吃请喝，没有很多别的开支。盖主楼的时候，就考虑商业楼那块儿，当时的办法就是先跟他们谈好，这个楼不是要搞临时建筑嘛，盖临时工棚，你就盖个楼，正规的房子。你们作为工棚用完了，这个房子就交给我们。这也是几十万块钱的东西。盖招待所的时候，旁边有个三层楼也是这样的，没有人得建筑队的好处。如果当时说建筑公司给你一个红包，这就是贪污腐败，我们就从这个形式来增加学校的节约。我们这样整的话，那一块这几年没有出过大的问题。除了搞房屋建设，当时学校的两部车就是节约的钱买的，除了交50%之外，剩余的50%的30%买了当时办公室那几部公务车，也是用的那个钱，投资包干以后到我退休之前还有节约的钱。我在学校的时候盖了几栋大房子，从接待中心到主楼18400多平方米的房子，加上各种税不到1000万就盖好了，盖的还有招待所和体育馆。我管的时候就干了这几栋大楼，设计也是学校自己设计的，还可以。

后勤方面是实行有偿服务，把部分投资服务纳入商品经济的轨道，按照企业化的管理，独立核算，自负盈亏，把过去由国家全部负担的供给性服务变成经营性服务，在不增加编制不增加投资的情况下，采取了有效微利服务的办法来增加收入，来补充教育经费的不足。当时教育经费的拨款中间用于后勤的不少，这个钱具体我们没有统计数字。后来学校进行改革，一个是食堂方面，学校很重视。食堂方面学武水，据说在武汉的时候有个说法是吃在武水，这是有名的。我们当时跟武水学，搞食堂管理，他们的办法很多，集体采购，拼差价，买粮食买肉都是批量经营，想办法在保证食堂质量的情况下，把它办好。当时总务处膳食科、汽车队、招待所都是搞成包干。公寓化管理我们做得还是比较早的。公寓化管理搞完之后，卫生条件、服务管理都还可以。当时汽车队搞独立核算，省里也是第一个。除此之外，我们成立了驾培中心，找部里要了20亩地，其他学校都还没有这个条件，我们办了驾培学校。这样做了之后，我们的毕业生就有了四个证：毕业证、学位证、英语四级证、驾驶证。总的来说，这些经营包括接待中心实施承包经营、后勤改革，在省里面我们还是比较靠前的，还做了一些工作。

（本文根据2019年10月30日在三峡大学档案馆会议室访谈
陈启新口述记录整理，整理人：田吉高、龚海燕）

做大学生的知心朋友

——杨锋教授访谈录

杨锋，男，1957年8月生，安徽淮南人，教授。1982年毕业于华东水利学院（现河海大学），获理学学士学位；1988年7月毕业于武汉大学，获理学硕士学位。

1993年任葛洲坝水电工程学院基础课部党总支书记、主任。

1995年任葛洲坝水电工程学院院长助理。

1996年7月任武汉水利电力大学（宜昌）党委副书记。

2000年6月任三峡大学党委副书记。

2001年9月至2018年6月任武汉音乐学院党委书记。

长期从事大学物理的教学和理论物理的研究，方向为工程领域混沌现象的研究。近年来参与高等教育学等方面的研究，主持多项教研和科研项目，其中省级科研项目一项。近几年来，发表《水轮发电机组调速系统中混沌运动的研究》等论文10余篇；公开出版教材6部，其中《大学物理教程》获1998年湖北省科技进步成果三等奖。

我1957年8月生，安徽淮南人。1982年华东水利学院本科毕业，当年元月分到葛洲坝水电工程学院。我是学校物理师资班以应用物理专业分过去的，实际上华水读的专业是水工建筑。一个学期以后，相对来说学习比较好的，抽了一些去物理师资班。从工作经历来讲，葛洲坝水电工程学院对我的成长起到了决定性的作用。在工作回忆中我经常想：我一个外地人在葛洲坝水电工程学院一步一步成长起来是很快的。

从事物理课教学

一进入葛水就感觉各级领导对我们这一批年轻同志都很关心，当时基础课部三个领导，即郑根保主任、李国举书记和徐治平副书记。徐治平是搞物理的，我一开始跟他助课，在基础课部那几年很愉快，也属于成长得比较好的。徐治平逻辑思维能力很强，板书也好，口才也好。后来我也跟王大智助过课，他也是物理课讲得非常好的一个老师，备课水平很高。我后来就向他们学习备课，课要全备掉，连例题都要备掉，非常熟练，让学生感觉这个老师水平很高，所以这个工作他们下的功夫很大。后来基础课部主任熊辉对我也是非常关爱，在整个工作过程中，当时那些领导、那些长者对我们的关心关爱回忆起来很感动。

我 1985 年考到武汉大学读研究生，在读研过程中学校就希望委培，然后在这个过程当中，包括熊辉主任，到武汉有什么事情就专门去看我。我 1988 年按期毕业以后就回去了，当然也有很多人没回去。基础课部是数学、物理还有英语这几门学科，还有英语实验室就是语音室，青年教工多，我那个时候去了就是团支部书记。当时电视机房、乒乓球室应该说搞得很不错，包括其他一些系的老师到我们基础课部来看，到我们的电子机房来看 *Follow Me*，研究学习。

走上管理岗位

我 1988 年回学校，1989 年开始走上管理岗位，担任基础课部党总支副书记，到了 1993 年就是基础课部的主任兼书记。1994 年下半年我到中央党校学习，国家机关分校就是电力部的党校，我们当时发的毕业证都是胡锦涛校长签名的。我们在中央党校电力分校学习，是电力部第一批中青班。1994 年，我记得当时很多同学都不错，在电力系统中做得比较好的，像钱建国就是南方电网的老总，还有李清培，很多吧，我们那个班号称是电力系统第 1 期的中青班，1994 年底去的，1995 年初回来。回来了我就没有到基础课部上班了，我是 3 月份任职的，任职大会就是徐大平院长去宣布的。徐大平院长 1993 年下半年调到北京，因为那个时候我在北京学习，经常到他家里去，后来我长期跟他有很多来往。对我们的成长，徐大平院长很关心，指导很多。

1995 年元旦之后从北京回来，徐大平院长送我到火车站，我碰到了纪万松书记。他跟我讲，你回来以后就不要到基础课部上班了。实际上我在基础课部做主任是从 1993 年的 3 月到 1995 年的元月，不到两年的时间。后来任院长助理，协助汪仲友党委副书记工作。汪书记主管学工，我当时一直跟他，主要精力还是协助他管学生工作。

我做院长助理的时候，院长还是徐治平，徐治平是物理学科的，我们在葛洲坝水电工程学院推行了一个比较大的改革，就是开放性物理实验。比如这个学期做 8 个实验，我可以开 15 个实验，学生可以根据自己的兴趣和他的专业自由的选择哪一个。第二个做实验的时间可以自由选取，可以预约，开放式实验就是物理实验室向学生全面开放，包括实验的项目、实验的时间全部向学生开放，这个当时抓得还不错，获得了武汉水利电力大学教学成果一等奖。当然这个能够做成，应该说徐治平院长起到了决定性的作用，没有他的支持这个事很难。当时教学楼一共只有 6 层，我们物理实验室占一层，这表明当时学校比较重视工科学生，物理是基础，对以后影响很大。我当时课还在上，只不过是晚上多牺牲一点休息时间，把课备得好一点。徐治平院长、熊辉主任、王大智主任还有一些老师，讲课水平都很高，深受学生欢迎。我也是向他们学习，第一在内容的选择上要花巨大的时间，比如说把市面上的普通物理习题一网打尽，要不然学生来问你结结巴巴地说不出来。当时我们也在老教师的指导下，徐治平是教务处副处长，跟着他助课。他一个月会让你上一次习题课，然后对你的讲解认真审阅。比如说讲这一章，需要登记哪一个错得多，什么问题，你根据这个跟他汇报一下，你说这个习题课讲这两章，根据我改作业的情况学生哪几个知识点有问题，那么针对学生的主要问题，找一些习题跟学生讲，通过这些习题加深学生对这些概念的理解。讲了以后，写好以后他再帮你看，看了以后，我们再继续讲。

经历与武水合并

葛洲坝水电工程学院当时提的口号是办正规大学，学校刚刚组建，朝气蓬勃。当时从各方面调来的水电系统的人员，大家都想把葛水办好，葛水的定位就是为工程一线培养技术人才。很多抽调来的都是从工程上来的，比如徐大平就是从白山抽过来的，徐治平是从丹江抽过来的，他们在工程一线，对工程单位需要什么肯定很了解。两校合并以后我就做武汉水利电力大学（宜昌）党委副书记，班子里书记是汪仲友，副书记是我，校长是林天宝，就是武水原来的副校长，把徐治平院长调到武水做副校长，这样便于两校合并。

两校合并也是电力部的一个想法，当时电力部、教育部有规定，一个部只能办两所高校，你要是不能合的话就要交给地方。这样权衡之下就保留了 4 所，即把保定的华北电力学院和北京动力经济学院合并，把我们和武水合并，组建武汉水利电力大学(宜昌)。当时我们学校希望名字改成水电大学(宜昌)这样是最好的。我们学校抓住这个机遇，合在一起了。当时电力部就加大投入，只要进211，电力部就给钱，我们学校合并进入武水的时间非常好。

学校得到快速发展

合了以后，葛水有很多想法，提出要进行学科调整。为了这个，林校长做了很多贡献。他跟武水熟，就提出研究生教育的起步，他本来是研究生导师，就以武水(宜昌)校区的名义开始招研究生。曾维强调到武水本部，实际上他一直协助林校长工作，后来他接任了林校长。

根据教学需要，学校成立了一个水电站仿真试验室，作为重点实验室，当时成立的时候电力部其他高校还没有。包括水工、机械都有一些进211的举措。根据武水的学科建设布局，就是补充他们的不足，因为我们这边主要是贴近三峡和葛洲坝。为什么搞仿真实验，就是大的电厂培养水电工人的时候你不可能今天断电，明天断电，然后我来试验怎么搞，要建实验室模仿这个大型机组。我们天天到电厂去看那个控制台，完全是按照控制台做的。武水至今没有仿真实验室，可能是电力部给他们的定位更高精尖，我们主要是在工程技术一线深造。从1996年合并到2000年把我们从武水剥离出来交给地方，他们并入武汉大学，这几年葛水或者叫武水宜昌校区它的发展也可以说是突飞猛进的。

我们当时评高级职称全部按照武水标准，对葛水教师的培养力度是很大的。利用与武水合并这几年，把葛水发展得很好。特别是这几年的基建也比较快，整个建设可以查资料。合了以后进211，电力部就加大投入，两边就都给钱。当时钱是一方面，硬件是一方面，包括软件。

加强国际交流与合作

国际交流与合作这一块，原来葛水有，但是没有合了之后多。当时武水国际交流与合作多，推动了我们。林校长也很重视，印象很深。成立了国际合作交流处，加大国外交流、走出去学习国外先进的技术。为什么电力企业要这样做呢，因为电力企业科学技术的应用和世界接轨相对来说比别的学科要快，如葛洲坝电厂，它的换流站全部都是西门子国际一流的设备。中国很多教育投入都不大，那么你课本上教的东西，实际上工程上不用，已经淘汰了，必须要跟国际接轨。

我印象很深的，当时林校长带我，还有胡翔勇和游敏，我们四个去德国访

杨锋在学校大会上讲话

问，到了柏林应用科技大学。我是学物理的，我提出来看看他们最基础的实验室，他们就说那可以，来看看测量。我一看就惊呆了，他们的测量实验从最简单的游标卡尺开始到卫星测量全部都可以做，可以接触所有的测量包括激光。我们学校哪有这种实力。第二个，他们那个大学和电力企业设备制造公司的合作非常紧密。他们专门安排我们参观了西门子公司，我们一看很震惊，西门子的生产车间里面，比如生产一天的机械铺装置，它的牌子都定在那里。这个设备是什么时候订的货，这个是哪个国家订的，别人的生产都是订单式的。我们那个时候还搞计划经济，还是那种我不管有没有人要，先生产了再说，别人那就是不一样的。那就是技术，从最原始的到最先进的别人全部大力设实验室，所以这个对我们的理念，对我们的教育帮助还是很大的。

主抓学生思政工作

关于思想政治工作，我花了很大的精力抓学生工作。葛水当时有一个非常好的特点，不管是老师还是搞管理的干部，包括原来的学工队伍对学生的关爱，那是非常非常深的，学生工作做得很细，不像现在还要规定班主任要到寝室去。那时候是主动去，你这个小孩今天怎么了，怎么情绪不对了，那班主任对学生的关爱是发自内心的。陈中秋老师在机械系当班主任，学生生病了，她在家里煮好鸡蛋面条送到寝室里给学生吃。后来她是学校党校的领导，搞党校培训，那种敬业精神，那种搞工作追求完美的态度，确实值得学习。

我那个时候搞学生工作，记得张萍是处长，何伟军是团委书记，邓曦东做就业工作，现在看很多人都是那个队伍的。我去了以后考虑怎么提高学工队伍，特别是对年轻人的培养教育，原来的传统一定要发扬，一定要继承对学生的关爱。第二呢，对青年学生，那个时候还是精英教育，这些孩子都很有思想。怎么把这一支学工队伍带好，党委对我管他们也是很支持的。我当了党委副书记之后干部调整，学工队伍里每个系有一个书记、一个副书记，副书记主要是抓学生工作。对党委副书记的选拔，学校就希望选拔年轻的，同时一般要具有硕士学位的副教授。王炎廷是典型，他是水工系副主任，后来他跟党委提出要当副书记去管学生工作。当时我很高兴，王炎廷是北大的，因为学生工作不是你讲的对不对，你讲的肯定对，他听不听呢，就看你对他的影响力。如果两个人在专业上有共同语言，那么往往就能成为他的引路人，成为他的知心朋友，关键你说话有影响力这个最重要。当然对学生的关爱，这个传统一定不能丢，我经常去查寝室，每周去一次。

重视学生队伍建设

学校党委对学生队伍的建设很重视，那个时候的葛水已经定编定岗了。我跟汪书记和林校长沟通也很透，和林校长在招待所里、在他家里也讲过很多。我说林校长我提个建议，他说这些蛮好，那个时候领导对我们年轻的队伍一般都是鼓励，包括没有合并之前徐治平当院长的时候，他是看着我们成长的。当时我还搞过人事领导小组组长、财务领导小组组长，做了很多这样的事情。领导直接说杨锋看看，我就来搞，关键是得到了很多中层干部真心实意的支持和帮助。当时田主任就是个典型，论资历论水平都是很高的，那时候写材料是葛水的"一根笔杆"。我回忆那个时候真是相当不错。

我还有一个印象比较深的，电力部毕业生分配，应该说花了很大的精力。第一次信息发布，有电力系统的高校和教育部的高校，有电力部系统的专业，我去就把各个省学生的名单带上，比如安徽的电力公司来了，就把学生名单给安徽电力公司人力资源部。过几个月信息协调说名单过来了，就说名单你这样分，然后就是中间调节。我记得江苏电力机关给搞到安徽电力，我说这不行，一定留在机关，这个是学生会主席，这个是党员，你要重点培养。后来有的单位就跟我讲，说葛水的学生是真的好，用得上也留得住，但是有一点，就是表达能力、做领导的能力要培养，我回来就跟领导汇报了。后来就搞演讲比赛，培养学生要敢于讲话，要会讲话。我们毕业生很多到电力系统，大量是到工程系统、到水电工程局，大学生一般是三五年之后就要做项目经理，那你要没有领导才能是不行的。所以我回来以后就搞大学生演讲，从班级开始，每个班都要搞，每个系搞，然后推到学校来搞，促进学生表达能力的提高。

我还提出班干部要轮流当，把这作为培养学生的手段。有很多学习很好、书呆子型的学生，他到工作岗位上后往往不太适应，不善于和人打交道，不善于共同去完成一项工作。你要交给他干，他说可以，但是你说这一项工作需要几个人合作，那就不行了，这就需要有点协调能力。我提出学生干部要轮流当，要培养他们的表达能力，要搞各种社团活动，搞得很响亮。比如说搞个板报比赛，他们把板报搞出来不知要讨论多少次，你说这样搞，他说那样搞，搞成一件事情，都是需要妥协的。这个事情很幼稚，但是一定要支持他们搞，不要搞一些假大空的活动，学生就是一定要让他们实践。不管搞什么活动，我就是想尽一切办法来提高他们，学校的书记、校长都很支持。

我抓学生工作每个月都要开一次学生思想工作的会议，教职工那一块实际上是党委纪万松书记抓得比较多，后来是汪仲友书记抓。葛水有一个非常好的做法，宣传部搞了一个教职工思想分析会，也是每月一次，魏文元部长负责，就是分析学生、教工中的热点。各个总支部书记在会上讲教工的一些反映，然后学校党委书记可以利用这个会议讲这段时间学校的工作，政策出台的背景，书记就可以向教职工解释，这样上下互动，便于掌握。一个是总结这一个月的情况，教职工的热点问题，教职工的反映，这是一种非常好的形式。后来我到武汉音乐学院抓党建，就借鉴当时的做法，每个月搞一次总支部书记会，总结这一个月来的党建工作情况。我们布置工作后大家谈一下都是怎么做的，互相交流，同时讲教职工的热点问题，讲学校对教职工反映的热点问题是怎样回应的，并且还要做记录。第二个，会议一定要通报相关部门，办公室同志要作一些记录，把它梳理出来。我觉得这是一个很好的办法，作为党委工作的一个制度，每月一次党总支书记会必须坚持。

那个年代学风较好，大部分学生学习都很努力，就是要想办法让这些学生能够比较成熟地、理性地看待社会上的一些问题，特别是随着市场经济、改革开放、企业权力的增大，他们怎样适应这种制度。电力系统的收入比较高，学生当时全部是在电力系统内分配，他们没有什么大的意见，只不过有好坏之分。总体来说，学生在学习方面没有操很多心。主要还是行为管理，有睡懒觉的，有男女交往的问题等。再就是怎样提高他们的综合素质，出去以后能够更加适应社会，一个是技术要过硬，第二个要有协作精神、团队精神，要能吃苦。葛水的学生一直在电力系统，特别是在水电施工单位、省电力公司，我们的学生做到地市一级一把手的很多。姚志荣从湖南来，

杨锋（右三）与口述校史访谈工作人员

我带了他一年课，李文立现在调到陕西去做纪委书记了，他是从湖南调来的。包括下面的二级单位，像孝感公司，很多公司的一把手都是我们学校的学生，有的做了大企业老总，有的都做到正厅级了。朱万奎原来从清江公司出来的，清江公司后来合到能源集团，他被提拔到清江置业，现在是清江投资公司老总，长江产业基金投资也给他们公司了，现在很厉害，干得不错。抓学生工作很辛苦，但是也很有意思。看着他们成长，特别是他们走上工作岗位以后他不会忘记你，你付出得多，他就记得你。我有一年到南京去走访，有一个学生还把当年他毕业时我的签字复印了给我看。那个孩子学习很好，家庭非常困难，他考上河海大学读研究生，但是学费他交不了，不能发毕业证。我就找汪书记反映，他家里是真的困难，学习又好，后来学校作为特殊情况处理，品学兼优的孩子给他适当地减免。

学生工作要针对年轻人搞活动，跟教务处、学工处两家合作，围绕学习搞一些竞赛。我记得电力部经常搞一些统考，其中有英语四级考试，其通过率被视为本科高校的一个铁指标，还搞数学、物理统考，这导致基础课部压力非常大。葛水提的口号就是办正规大学，在电力系统一定不能低于上海电院、东北电院，一定不能比他们低。学校领导对我比较信任，数学、物理、英语这三门课历年统考，我们学校都很不错。有一年英语四级考试，屈琼老师所带的班的通过率大大高于电力部高校的平均通过率，但由于她很年轻，分房排不上，学校特别奖励给她分房的资格。

1993年学校搞改革，第一次是在宜昌大老岭开会，当时任命我当基础课部主任，徐大平院长就跟我谈，他提出工作要达到什么标准，他还说我提的要求他们也可以满足。我说当时接任基础课部主任的时候，两个副主任李齐放和胡翔勇都被调走了。后来我们提了两个，学校也蛮支持。那个时候真是压力大，学生辅导员和搞学生工作的副书记，一定要配合学校工作。当时学生入校成绩电气的最好，那你就要考第一，因为你的学生进来就比别的学生成绩高。机械的可能成绩好一点，成绩最差的是水工，但是水工的孩子很刻苦，感觉那个年代对知识的渴望，体现了整个社会的大风气。那时候学生排队买饭，都会把英语单词本拿出来念一下背一下。我1996年是副书记，2000年学校合并后还是副书记，2001年5月我就被调到武汉音乐学院了。

借鉴葛水的好经验

我现在的很多做法都是从葛水、武水（宜昌）带来的。比如说一个青年老师，你怎样去关爱他，我到这边做了很多这样的事情。这个青年老师在这个系搞不好，很苦恼，领导也很头疼。他们中有的来找我，我就说行。因为我们有很多系、钢琴、附中、演艺、音教、钢教，我就说钢教搞不好就调到附中去，换一个环境他可能就好了。

当时田主任当院办主任的时候，见到我们都很客气，对于我们这些青年教师的关爱也是发自内心的。你不管有什么事情，不管是工作上也好，生活上也好，只要跟领导说，领导一定都会想办法给你解决。我结婚的时候，需要一间房，还要铁丝铺一下搞一个顶。后勤说："可以呀，那你来领。"领的铁丝很多，席子也很多，我把铁丝一拉上，把那个席子下面贴个白纸，就相当于吊了个顶。那个时候整个格局、那个风气，从上到下，我印象很深。

树立全校一盘棋思想

当时每周要跟领导汇报工作，与教务处联系多，教学计划的调整、课程建设和教学内容的更新，每年都要做。普通物理理论学时 120，实验学时 70，一共190，接近两百，最后都要砍。为什么，因为专业课要增加，就减我们的学时，物理学时后来就减到 140，减到 160，减到 180，这个我也都能理解，不能太本位了。但你要跟各个系主任谈，你为什么要减，你减了干什么，那你要减 36 个学时，你也不能都减我基础课部的，大家都是一盘棋。教务处组织各个系首先按课程方案来探讨，它提出来应该做什么调整，我们作为课程规划单位也要就他这个方案谈一下对这个课程后续的基础性课程要做些什么，你不能简单说就减了。比如说理论课时减到 120 的时候，我们要求根据不同的系、不同的专业，普通物理开得要不一样，比如说电气，电学就开得多一点，比如水工，力学就开得多一点，比如机械，相对光学多一点。保证什么呢，就是在这个大家都掌握基础的情况下，有所侧重。那个年代我就想全校一盘棋，互相协作，互相扶助比较好。你像我在武大时，武大物理系的数学课程就自己开，不要你开，省得你跟我扯，我全包了。除了英语你找英语的开，其他的那些课他全部自己搞，这有什么好处，这就避免了学科建设的冲突。这个也是我到这边来深有体会的一件事。一个系作为一个运营单位和其他系之间会有矛盾，我说我主要围绕育人，你的孩子如果在这个系读书，你觉得要开什么样的课程最合理，但有三分之一的课你不能动，比如英语、政治、体育、思政，还有三分之二的课。我们大家都从这个角度来谈就好谈，要不然有扯不完的皮。那个时候我还年轻，走上管理岗位也比较快，当时领导给予我很多的支持和帮助，我做副书记也好，做院长助理也好，跟各个部门一起协调，各部门都不错，我也是充分把他们每个部门的意见，充分地表达，充分地考虑。

工作力求简单化

从葛水到武音来这么多年，我力求简单化，我说你们谈论工作的时候就说你们的想法是什么，为什么要这么做，都提出来，你们把道理讲清楚就行了，还有就是鼓励中层干部要敢于负责。你要不这样的话，都是揣摸领导的意思，那这个就要命了，领导也是人，他也会偏心，加上各种环境的影响因素往往不一定能够处理得很科学，很合理。我一辈子就在两个单位工作，在农村的那一段知青搞了两年，其他的就是在宜昌那边16年，这边17年，中间在武大读了3年书，退休。我在这边就多搞了一年，要不然正好两边都是16年。但是我真正的成长，还是在葛水那边，在那里的工作时间长。我21岁离开淮南，考上大学走了，到南京读书，在南京读4年书就回来了，之后就没有离开湖北。工作时间上就两段，就是宜昌和武汉，就两个学校。葛水那一块，我现在老回忆，那个时候包括部门的老领导对我们都很好。

至于业绩，就是发表一些论文，大的就是获得武汉水利电力大学的教学成果一等奖。我在葛水对一些教授、高级工程师，对那些讲课水平非常高的老师非常尊重，说实话他们没有什么特别高的要求。像王大智老师，他一辈子就在教普通物理，他教得非常好，就行了。你说非要求什么没必要，你不可能要求每个人都像徐治平那样，逻辑思维能力又强，考虑问题又周全。我在武音这么多年，大家对我一直都是高度认可的。可以这样讲，在武汉音乐学院，每一个学科的教授，我跟他们的个人关系都非常好，不管是舞蹈，声乐，还是钢琴，当领导就是给他们提供非常好的环境。

（本文根据2019年4月8日在武汉音乐学院办公室访谈
杨锋口述记录整理，整理人：田吉高、龚海燕）

大学为我的发展奠定了基础

——王建鸣校友访谈录

王建鸣，男，1957年6月生，汉族，河北武邑人，1976年6月加入中国共产党，1971年10月参加工作，在职研究生学历，管理学博士，经济师。

1971年10月至1979年1月，宜昌市三三〇工程局基建处水泥厂工作；

1979年1月至1982年6月，葛洲坝水电工程学院自动化系工业电气自动化专业学习；

1982年6月至1985年3月，宜昌市三三〇水泥厂烧成车间电工技术员，党支部副书记、书记；1985年3月至1998年6月先后担任荆门市经委生产科副科长、科长，荆门市一轻工业局副局长，经委副主任、主任、党组书记，经贸工委书记，经贸委主任，荆门市政府副市长、党组成员。

1998年6月至2002年1月，天门市委副书记，天门市代市长、市长，(1998年9月至2001年1月，在华中师范大学马克思主义理论与思想政治专业读硕士研究生学位)；

2002年1月至2006年3月，天门市委书记；

2006年3月至2006年5月，湖北省政府副秘书长、办公厅党组成员；湖北省经济委员会(省中小企业发展局)主任(局长)，2006年5月至2007年6月，党组书记。2000年9月至2007年3月在华中科技大学管理科学与工程专业读博士学位)；

2007年6月至2012年12月，黄石市委副书记、黄石市代市长；黄石市委副书记、黄石市市长；黄石市委书记；市人大常委会主任；

2012年12月至2013年1月，湖北省发展和改革委员会主任、党组书记；

2013 年 1 月，湖北省人大常委会副主任。

第九届、第十届湖北省委委员。

葛洲坝水电工程学院 1978 年建校，我们作为葛水院招生的第一批学生，感触很深。第一，这个学校以前是没有的，是在国家重视教育这种大局下才得以诞生的。第二，这个学校的成立得益于国家对水电建设的重视，为什么在宜昌而不在其他地方呢？武汉已经有一个水利电力学院，为什么在宜昌也要搞一个葛洲坝水电工程学院呢？因为国家的重大工程项目葛洲坝工程落户在宜昌。第三，葛水院除了招收本科以外，还面向我们葛洲坝工程局内部招生，我们就属于内部招生职工班的受益者之一。

大学读书学习　打下深深烙印

我是 1971 年参加工作后再去读书的。考试是 1978 年，但真正到学校去已经79 年初了。这个学习机会是多难得啊，要讲体会的话，第一是我个人受益于国家重视教育、受益于国家发展这个大局，特别是在湖北、在宜昌的投资，我们受益于注重对一线工人的培训与培养，在这样一种大局下，我才进入了这个学校读书。我们这批学生，非常珍惜学习的时光，晚上教室的灯光很晚才会熄。那个时候的环境不像现在，我们快毕业的时候，那栋大楼才建起来，才有阶梯教室，过去就是一排排的平房，很简陋的。但是学生们都非常刻苦，非常自觉，珍惜时光，珍惜学习的机会。第二，得益于学院的校领导、团队的那种敬业、精心、以学生为本的管理理念。不说别的吧，那个时候大部分学生心里想，我们好不容易来读书了，抓紧时间来学业务知识吧，但学校在政治学习方面也抓得很紧。第三，在德智体全面发展方面，抓得很紧。文艺宣传做得很好的，学生食堂有一个很简陋的舞台，在那组织的文艺晚会令人印象深刻。再一个就是在操场举办的体育运动会，还有我们学校值得骄傲的男子篮球队是很强的。强在哪呢，学校领导重视。其中有一个插曲，就是比赛的时候发生了碰撞，我被别人的胳膊碰出了口子，院长说，你看那个小王，跳那么高，跳到篮板上去了，说明学院的老师和校长都很关注。就在学院的操场边上，我还记得医务室的人员拉了个凳子在边上，麻药都不打直接给我缝了几针。

我印象最深的是学校宣传部的大喇叭，经常广播一些贴近学生生活、学习的相关内容，而且学生会也组织得好，班党、团支部和班委会都很努力地工作。我还有好多同学，毕业以后跟我联系最多的，就是我介绍他入党的。当时入党，需要两个介绍人。后来好几个人都成为了一线的骨干，有一位是袁飞，到非洲去了，每年回来都到我这坐一坐。他说忘不了当时的那段时光，我一想，当时的那段时光的确是我们印象最深的，特别是老师那种敬业精神。我们去读书的人，严格来说上大学之前文化基础知识是很差的，很多都在补课，补的过程中按照老师的要求，有的理解得快一点，有的掌握得多一点，有的掌握得少一点，老师不厌其烦。数学老师万德华，每天的板书都是满满。还有一位是教数控的老师，他的那个创新精神到今天都值得学习。他教我们自动化的课程，讲逻辑这些很清楚。自动化体系中有一整套的教材，大家自编的一套教材，叫数控理论，用了镜像原理，按照镜子照像得到的反馈信息形成的一套控制理论，镜像原理给我的印象非常深刻。那个老同志年龄很大了，他说他自己研究的一套数控理论叫镜像原理。还有一个教哲学的老师，哲学讲得好，讲政治经济学、马克思主义原理，讲得入脑入心。我觉得在学校，政治理论课当时学得是很好的。他上课的时候台下鸦雀无声，而且是上大班课。我不知道现在的学生对这门课反映怎么样，反正我们当时听的时候是这样。总体来看，那段时间的学习还是得益于国家，这是第一个方面。

第二得益于学校，得益于校领导治学管理的理念和教师团队辛勤的耕育。很多老师在上讲台之前是在一线工作的，他们备课都非常认真，再加上学生学习很刻苦、自觉、勤奋。我记得有一早一晚的自习，早晨食堂边上都是背英语的人，一篇一篇的课文，大家都是那样背下来的。那时候的教学条件哪有现在好啊，听、读、写的那种装备都没有，就是靠老师在课堂上教，就是靠自己听磁带反复地练习。我们读书的那几年对我一生都留下了难忘的印象，打下了很深的烙印，也为我一生的学习发展奠定了很好的基础。好多人都认为大学的学习是受益匪浅的，我每次到宜昌去，他们就告诉我三峡大学发展得怎么怎么好，后来不是几所大学合并了嘛，总部、基地还在那。后来我到国外去，有两次和国外的交流工作，三峡大学都参加了，我们都希望把三峡大学介绍到国际上多交流。上次是在美国，就是人大和美国的议会之间的交流。我们希望通过人大这个工作平台加强我们学校和国外的学校进行交往。三峡大学派的人很优秀，出去也讲得很好。因为要在很短的时间将自己推销出去，要介绍给别人，让别人了解自己，这也是一件很不容易的事。总之学校这几年发展得非常好，特别是何校长跟我说，三峡大学在学科建设方面有些已经在全国名列前茅，比如像水电、电气方面做得很好，在临床医学方面我们也做得很好，我觉得这是我们的特长。当初葛水院成立也好，包括医学院合并、师范合并，这几个专业都是与我们现在生活紧密相关的，发展的前景和前途都是非常宽广的。祝愿我们三峡大学在下一步的发展过程中，把这些特色、优势尽快尽好地发挥出来，在湖北，在全国，特别是经济大发展的情况下，我们学校办学的空间很大，无论是师资还是教学或是学生的培养方面，可塑的空间都是很大的，汇集的资源都是很多的。当然发展的过程中也会有很多的困难，就像人在长个子的时候，需要各种营养。申报国家重点实验室就是充实学校营养特别好的一个途径，我们一起做工作都是为了母校好嘛。

静下心来做事

在工作当中，学校、老师给我们留下来的，我们一直在坚持和秉持，比如说静心的问题，比如好学的问题，比如说求实的问题，这些用到我们工作当中。我是从技术员开始干起的，如果不静下心来学习，学校学的那些知识在工作当中是远远不够的。踏上工作岗位最重要的是静下心来，我记得当时受益最深的是，一个是跟着工厂里的工程师直接学。第二个是在实践当中学，当时正处在一个发展阶段，甲方和乙方每天早上都有一个技术交流会，这个技术交流会对我们刚参加工作的人来说压力是很大的，我们头天晚上就必须把第二天图纸上交流的技术问题都要一一搞清楚，对于我们这些缺乏实践经验、仅仅在学校学了几年理论知识的人来讲，这个难度还是比较大的。所以说如果没有向工厂的工程师学习，没有实实在在静下心来摸索每一个生产环节的生产要领，是没有办法参加这种技术交流的，我个人感受是要静心。第二好学，就是学习学校老师教的知识。我们学的课程数也不少，总结起来二三十门课，书有一大摞，回过头来，真正参加社会，投入生产生活还是远远不够的，很多东西要重新学习。我学的是自动控制，到工厂以后，遇到的就不仅仅是弱电、热工仪表，还包括强电、配电、车间动力等一系列的涉及电力方面的问题。做电力的同志仅仅懂电还不行，还要懂生产工艺有什么要求，所有的一切都有要求，要好好学，多学习。为什么说要求实呢，所有的工作要能够一步一步往前走的话，都要从每一个问题开始研究做起。我在工厂时，感觉到还是得益于学校给了我们良好的基础，打开了一扇通往学习的大门和思

王建鸣(中)接受口述校史访谈

考的广阔空间，这是在学校受益最多的。到工厂以后，工人、技术人员这些人就是我们的老师，他们那种朴实的敬业精神，为我们树立了很好的榜样，这是我们一生都在追求的。

我参加工作以后，一想到原来身边工作的同事都有很深的情感，很多值得回忆的故事，这是在工厂。到了政府、有关部门之后，碰到最多的问题是知识一下就不够了，为什么呢？一个专业岗位到一个综合岗位，一下觉得学的那点东西没有办法应对工作了，所以我就报名参加了统计专业学习。当时很多人劝我，这个统计专业是最难学的，因为对数学的要求非常高，但是我研究了一下数理统计的课程，它对经济工作是非常有用的，既包括会计专业，也包括在经济分析方面的一些知识，特别还囊括我们国家的财政方面的分析，我就觉得这个专业是非常好的。在近8年的时间里从最基础的课一直攻到本科，我重新把它学了一遍。中南财大计统系的教授给我答辩的时候，他说你是不是统计局局长啊？我说不是。他们答辩时提问："统计下一步的发展趋势是什么？"这样一个题目书本上找不到答案，我就答道："恐怕我们下一步要利用数理统计的知识将误差控制在一定范围，在样本点的一定趋势上，加大抽样调研的力度来研究研判我们发展趋势的问题。"他一听我这个话，觉得我好像是搞统计工作的人。讲这个故事，就是为了说明我在进入政府工作之后，工作面宽广了就觉得知识不够了，就加学了这么一个专业。我当轻工业局长，包括在荆门啤酒厂干扩建工程，包括到经委、经贸委当主任，需要的知识面就更宽了，学习这个专业对我非常有益处。

学完了这之后我觉得知识还不够，还要学，就报了华师的马克思主义思想政治专业，学习毛泽东思想、邓小平理论，也用了好几年的功夫把专业学完，华师一个马克思主义专业很好的导师在答辩完后建议我继续读他的博士生，我说我们在职的人学习多难啊，要混个文凭容易，但是真正想学到东西很难。当时我利用礼拜六、礼拜天的时间来上课，那个老师也蛮好的，针对我们都是礼拜六、礼拜天上课。那时我在荆门工作，早上三四点钟起床，花三四个小时赶到学校上课，上完课从武汉再赶回去。在读省委党校的时候，我跟他们讲在省委党校学习的3个月，我们礼拜六、礼拜天都不回去，就在这儿学习一些课程，利用这样一些时间给自己充电，增加自己的知识面。我个人认为，一生当中是学校和三峡大学的老师给我们奠定的基础，为我们的学习点上了一盏灯，给我们治学开启了一扇大门。之后在华科学些管理学，也是在这个基础上，工作面的增加要求我们增加更多的知识，所以就自修了管理科学。

我体会到一生当中最多的还是学习，包括参加工作以后，电视也没看多少，除了新闻联播，别人讲起来头头是道，我听起来一脸茫然。一个是兴趣点不在那，还有一个是内在的有一个压力，我们那个年龄，有那些生活经历的人，都很珍惜学习机会。学习非常有帮助，我当经委主任的时候，我们有个统计科长，拿了张报表给我看，我看了一眼说："你这报表是错的。"他说："你没算怎么知道我错了？"我说："你知道吗，一张报表就是一篇统计文章，我看你的报表不会看你的小数点的，我看你的逻辑关系，你这逻辑关系不对称啊，工业产值与工业增加值之间有比例关系，税收和销售收入之间有比例关系。"他后来发现了，说："对不起，我把小数点搞后了两位。"我自己在分管工业的时候，我跟我下面的人说："你这报的数字不对啊。"他说："怎么不对？"我说："工业总产值是多少？你报的工业增加值是多少？工业增加值的合理比例虽然有结构、有关系，但是它有一个区间，在这个区间内大致八九不离十，超过这个区间就一定是搞错了。"他回去一查确实是错了。讲了两个例子，大家觉得学习有用吧，这是学校给我们留下的宝贵财富。学校的老师和我参加工作后身边的这些工人、干部、管理者也给我留下了很深的印象。在工厂做事，来不得半点的虚伪，停了就停了，想把它再开起来不是靠说能开起来的，把这个作风带到真正从政的时候我觉得非常好。

在求真务实中创新

我讲个例子，我当时到天门市当市长、书记之后，赶上了国家的大改革。中国从来没取消过农业税吧，在税费改革当中都有一个过程，在没取消农业税之前，国家是在减轻农业负担。有一段历史外界可能不是很清楚，但是在地方工作的同志印象很深刻。农业税在50年代核定了之后就没有变过，因为它涉及一个上缴基数问题，是一个体制问题，体制问题一般十年、二十年都不会变。经过这么多年变化以后，农民的田发生了变化，农村修公路要占用一部分，农村修水利设施要占用一部分，农村修学校要占用一部分，这样七占八占过去交税的一些田地面积就发生了一些变化，但是上交国家的税却没变，这在农民当中形成很大的矛盾。我过去搞工业时遇到过这些事情，去了之后发现农民的意见怎么这么大啊。下去调研走访，基层干部和群众就跟我讲，我没有这么多田，要我交这么多税，

王建鸣(右二)与口述校史访谈工作人员合影

这不合理。我就问搞财政的这些同事，说为什么不给他们减呢？他们告诉我，国家的体制没有变，国家没给我减，我怎么给他减呢？上交国家一分钱不能少。当时处理这个矛盾问题的时候，我就把求实的经历用上。我跟大家讲，干部首先要统一思想，农民没种这么多地，你让他们交这么多钱，没有道理啊，虽然国家没给我减，但是我们要从农民没种这么多地要交这么多钱的角度考虑，应不应该收他的，大家说确实不应该收，这样大家统一了思想。我说怎么办呢？空额在那里，谁来填呢？靠自己，这个压力是很大的，自己又不能造钞票。首先要统一思想，把这个定下来，因为这个核心的本质是从你执政的基础的角度来考虑，你是从你自己好过日子来思考问题，还是从农民的安定、稳定、合法权益来考虑问题，从这个角度大家一想，真正我们要求的实，不仅仅是财经数据上实的问题，而是我们执政党的同志怎么样考虑执政为民，后来大家统一了思想。然后我就跟大家说，当时中央没有这个政策，省里也没有这个政策，然后就内部统一了这个观点，这个事情涉及千家万户，涉及广大的群众，一定要经过村民代表大会，要经过村级组织和乡镇这三级，把群众会议开好，把代表工作会议开好。当时我跟他们提了三项要求，第一，村民开会要三分之二以上的人同意。第二，文书要健全，我要备查。第三，乡镇要做好核查，要做好见证。把这三件事做好之后，一下减了6万亩。我把这个矛盾一化解，农民们的感情完全不一样了，说你们这是实事求是。乡镇干部做面向农民的工作就好做了，因为提的问题解决了。为什么讲这个事呢，真正从执政这个角度来思考问题，第一是要学习，把中央政策学好。第二就是要静下心来做调查研究，研究他反映的诉求是什么，我们要解决问题的本质是什么。第三是要务实，也就是求实的问题，这个最大的好处就是，求实者最终是受益的，这个事情最后就是中央把农业税取消了。但是转移支付的税没有取消，我只承担了一年，就是说我填那个空填了一年。现在天门市每年都能得到这一笔转移支付，所以说实事求是不是吃亏，实事求是得好处啊。

我们在日常生活中有一个求真的问题，还包括一个创新的问题，不创新根本做不到。不求真，你根本不知道在执政中真到底是哪个真，除了事实的真还有一个群众满意不满意的真，还有一个执政的真。做政府工作、单位工作的人，不在这个上面下功夫，仅仅在数字上做工作，那也不叫真。所以我个人认为，体会最多的，还是一个静下心来，一个好学，还有一个实干，简单就是静心、好学、实干六个字来概括。我上中央党校的时候，《学习时报》的老师要采访我，我说眼睛要向下，精神要向上，身子要沉下去，心要静下来。现在做任何工作都是，回过头来看，我们真是要静下心来研究的话，还真没有什么难得倒中国共产党的事情，我是这样体会的。我们这个体制，这个机制，你只要静下心来研究，真的难不住他。包括中美摩擦这么复杂，难得倒我们中国吗？我们的四个自信是非常坚定的。回过头来，中国的发展得益于这，没有党的领导哪有今天啊，我们做基层工作的人感触最深。为什么又不要对外宣传呢？我们做很多事情创新的时候不对外宣传，外界很多时候会用是否有这个文件规定来衡量你，没有文件规定的是对是错呢？类似这种创新的例子不是一个两个，我们用创新来化解矛盾。讲心得体会，真正最深的体会是在这样一些地方，没有红头文件，但群众又需要，又解决核心问题、本质问题。

因地制宜　勇于开拓

我后来调到了黄石工作。黄石是个老工业城市，是国家资源枯竭城市 12 个试点之一，第二批 32 个试点城市也包括了黄石，第一批、第二批把整个黄石市都纳入了，说明这个城市困难的地位。调去之后我就跟大家商量，转型怎么转，靠什么转，大家要想好。大家说黄石过去最习惯挖矿，我们最擅长做的就是钢铁，你让我们做别的我们也不会啊，别的产业我们也没有啊，我们的轻纺产业都没有了。我们在一起讨论，我说首先思想要统一，我们进入第一批第二批国家资源枯竭城市，说明国家对资源枯竭城市的关心、重视，我们不能老躺在过去为国家贡献了多少钢铁、创造了多少税收，躺在这个功劳簿上睡觉，那都过去了。现在多困难啊，70 万人口，有 20% 是下岗退休的工人，哪个城市有这么大的面啊？工人困难到什么程度，到菜场去找那些价格最便宜的菜买。再看那个棚户区，那住的工棚。改革开放多少年了，这个时候最最重要的还是要振奋精神。我当时去国家发改委汇报，表示我们黄石一定要创建国家资源枯竭城市转型的全国示范市。他们说王书记，这不可能吧，第三批加起来有六七十个，上百个了。当时我们回来后就内部商量，转型怎么转，从战略上研究。一个城市发展，最重要的是功能问题。过去那种开矿、办钢铁的功能，在那个时代是非常契合的，所以说贡献大、地位高。现在不行，功能要调整，这是一个功能问题。第二，转型怎么转，要形成新的资源汇集能力。这是我们当时提出来的，叫

王建鸣(右二)在基层调研

三大战略嘛，就是大城市的战略、大产业的战略、大园区的战略，创建国家级转型示范城市，这个目标提出来大家眼睛一亮。黄石是工业城市，城市人口比较集中，下一步的发展趋势，有城才有市啊，有人才好做生意啊，大城市靠什么支撑呢？大产业，要把产业做大做强，习近平总书记反复提的，实体经济发展问题。大产业怎么做，不能遍地开花，不能村村冒烟。我们做了园区，这是一个逻辑紧密相关的关系，在这个基础上形成全国的转型示范城市。黄石这个城市，大冶、黄石已经基本上融为一体了，虽然区划没有调整，对外还是七八十万的人口城市，事实上已经是一个人口过百万的城市了。去看一看就知道，我们通过体制上的创新，把大冶的乡镇托管到黄石来。区划不能调整，这是一个硬性的规定，不能调整怎么办呢？我们就采取托管，把这个地方发展成为一个工业园区，黄石和大冶通过一个工业园区形成一个整体。我们提了个口号又不是单纯的工业园区，叫产城融合，千万不要做成什么概念呢，产业就是产业，城市就是城市。要以人为本，一个人，八个小时以内，所有的生活都能够解决，产城融合，把这个园区形成了。大产业怎么做呢？一定要利用我们沿江、沿铁路、沿高速公路的优势，经济学上叫点轴发展原理，发展最快的地方一定是交通非常便利的地方，我们在长江和高速公路边上布局这些大的产业。

现在黄石这些大的产业已经形成了，像特钢、冰箱压缩机已经做成了全国第一，现在的劲酒，全国第一，水泥在全国也是很好的。我刚在电梯上碰到华新的老总了，他们在阳新开工布局了日产一万四千吨熟料的水泥窑，将形成新的成本、质量市场竞争力。转型发展我们通过招商引资，无中生有，形成了以 PCB 为基础的电子信息产业集群。目前湖北黄石正发展为全国三大 PCB 板块之一。现在研究产业增长最快的是什么，是数字经济，PCB 是数字经济不可或缺的基础产业。我陪中国大陆和台湾高峰理事会郭金龙理事长，他在深圳和昆山开会提的问题，在黄石他们都没有提。我说郭书记，我们引他们这些客商来之前，按照 PCB 产业发展的要求做了 4 年的功课，把客商们需要的基础设施做好，所以，您到我们这里来召开座谈会，他们跟您提的是全国性的问题，比如金融方面的有关问题，PCB 这个产业特有的问题他们不会提了。前些天，我问了一下黄石的市委书记，他们的 PCB 产业集群发展势头良好、工业增加值现在全省第一，增长速度全省第一，原因在哪，黄石有后继的支撑，有新生代的产业在发展，过去是"无中生有"，没有基数，你说发展快不快？所以讲体会的话有一点，依然是创造性。还讲个例子，前两天，长江航道局给我送湖北长江航运产业发展的白皮书，我一翻，黄石现在是全省唯一港、铁无缝对接的港口，我问他们为什么武汉没有这个港口啊，阳逻是很大的港口，为什么没有啊。他们说阳逻港口的铁路也到不了江边，唯独黄石可以。我们很早就进行黄石三大产业的布局，产业需要什么？需要物流。物流需要降成本的物流，需要大物流，我们当时把铁路改线，把新港建起来，把铁路引到港口去，无缝对接，以我们国家最好的港口集团来做，一下就把功能提起来了。所以这次生产报告中提到了建设国际物流中心，就在黄石边上，下一步在湖北发展快的就是靠这样一个投入，国际物流再加上港、铁、水、空的无缝对接，为一个地方的经济发展奠定了一个很好的基础。

讲地方的工作，困难大家都有，只是不同而已。但是真正要想做好工作，还是要静下心来，还是要研究国家政策，还是要想方设法创新，实实在在地干工作，就能干出一番广阔的天地。讲这些，一个天门，一个黄石，我待的时间比较长，天门我待了 8 年，黄石我待了 5 年半，接近 6 年。实际我真正待的时间长的还是荆门和宜昌，参加工作在宜昌，包括读书，一直到调到荆门市之前。我是 1985 年调到荆门，1998 年到天门，2006 年调到省里，省里两个地方工作一年，2007 年到黄石，2012 年到省发改委，最长的时间还是在基层。

大学要办出特色

你们要我给学生提点希望，我希望年轻人要尽心学习，报效祖国，成就人生。只有在报效祖国的过程中才能实现自我价值。对我们学校，我个人认为，你们的想法特别好，我非常赞成，我积极帮忙一起做工作，为母校的发展添砖加瓦。学校在一个城市，是对一个城市发展的支撑啊。我希望，学校第一是发挥优势，我们的学校是得益于水电，得益于临床，这是我们的优势。第二是办出特色，现在的大学还是要办出特色来。第三就是追求卓越。田老师当时给我留下的印象很深，因为我是学校篮球队的，经常不回家，放假学校不让我们回去的。夏天那么热还在集训，虽然很艰苦，条件也差，但是大家的精神面貌非常好。我记得当时操场不知道被我们跑了多少遍。阶梯教室刚修起来的时候，大班上课，那个时候上课我在喊"起立"。大家都起立，班干部嘛，当时分工有一个人做这个工作，我觉得挺好。

（本文根据 2020 年 1 月 15 日在武昌东湖大厦省人大代表会客室访谈
王建鸣口述记录整理，整理人：田吉高、龚海燕）

我在高校二十年

——马萍同志访谈录

马萍，女，回族，1963年9月出生，山东济宁人，1985年7月参加工作，1984年12月加入中国共产党，大学学历，管理学硕士学位。现任湖北省委统战部副部长，省民宗委主任、党组书记，省第十二届政协民族和宗教委员会副主任。

1981年9月—1985年7月，葛洲坝水电工程学院(现三峡大学)电力系统及自动化专业学生；

1985年7月—1991年9月，葛洲坝水电工程学院教务处副科长；

1991年9月—1993年7月，北京科技大学高等教育管理专业第二学士学位学习1993年7月—1995年7月，葛洲坝水电工程学院教务处科长；

1995年7月—1997年3月，管理工程系副主任(主持工作)；

1997年3月—2000年9月，武汉水利电力大学(宜昌)校办副主任、经济管理学院党总支书记；

2000年9月—2003年12月，三峡大学人事处处长、三峡大学校长助理、三峡大学党委常委、校长助理、三峡大学党委副书记；

2003年12月—2010年5月，湖北省妇女联合会副主席、党组成员(其间：2005年3月—2007年7月北京大学与国家行政学院公共管理专业学习，获硕士学位)；

2010年5月—2013年4月，黄冈市委常委、纪委书记；

2013年4月—2017年4月，湖北省委统战部副部长，省社会主义学院党委书记2017年4月—2017年5月，湖北省委统战部副部长，省民宗委党组书记；

2017年5月—2018年1月，湖北省委统战部副部长，省民宗委主任、党组书记；

2018 年 1 月—2022 年 3 月，湖北省委统战部副部长，省民宗委主任、党组书记，省第十二届政协民族和宗教委员会副主任、中国共产党湖北省第十一届委员会委员；

2022 年 3 月，湖北省委统战部副部长。

我 18 岁在山东参加高考，来到了湖北宜昌，在刚刚成立不久的葛洲坝水电工程学院就读电气系工业电气自动化专业。

毕业留校工作

初来学校，还是觉得比较失望，学校新建，规模太小，大学的氛围不是很浓。到处光秃秃的，非常艰苦。印象当中，当时如果想买点东西包括我们到了以后取行李都要走很远很远。1981 年那年发大水，等不到行李，都快入冬了，被子到不了，当地的同学就借给我们用。要买点东西，或者发个电报都要到葛洲坝，有半个多小时的路程，也没有车，就是走着去，走着回来，非常艰苦。当时都有点打退堂鼓，想放弃，休学不上了。但是后来，我觉得大家还是慢慢适应了新的环境。特别是学校的老师和领导，给我们的关心和帮助，深入到教室、宿舍做工作，嘘寒问暖。辅导员彭淑珍对我很关心，我慢慢地适应了环境，融入这样一个集体。

学校老师来自全国各地的水电工程局，实践经验很丰富，一边教学一边研究，适应从工程师到教师的转变。这些老师很努力，对我们学生的教育启发还是很大的。我们来自五湖四海，我们班最明显的一个方面，就是大家听不懂语言。当时有一位教数学的老师叫陈练寒，她水平很高，是数学上的专家，但是她可能是湖南人还是哪里人，口音一点都听不懂，急啊，她很努力地讲，我们也使劲地听，使劲地记，可是没听懂。那时候也克服了很多的困难，也有许多的

马萍(左二)与口述校史访谈
工作人员合影

老师、教授都讲得非常好，像张绍荣、堵瑞先、曾维强、徐大平、徐治平都给我们上了课，优秀的教师还是给我们很多的教育和启发。在大学这 4 年中，我曾经当过学生会女生部长，也当过学习部长。那段时间学生不多，我们之间互相帮助，学习还是比较容易的，老师们都非常尽心尽力。那个时候就只有一栋教学楼，只有小教室，包括这个阶梯教室，我们晚上在那儿上自习。沈国泰做过几年牵头的副院长，晚上也到教室里面去查看学生上课自习的情况，也问我们工作、生活、家庭的情况，体现了学校对学生的关心。我记得 1984 年还是八几年，中国女排第一次拿到世界冠军，那个时候我们都端着碗在食堂看大电视，兴奋啊。后来学校排球队和篮球队也就组建起来，当时我还成为校女排队的副队长，我们在一起，当时很艰苦，但还是很愉快地度过几年学习时光。

我是在大四入的党。前不久，我们开展"不忘初心"主题教育活动，统战部就到省委组织部，把我们的入党志愿书原件都找出来了，送到我们手上，让我们回顾、感受、找初心。我拿到入党志愿书，看一看当时的照片，包括这个字迹，当时写的发自肺腑的一些感受、认识、打算。这一晃，35 年过去了，我的入党介绍人有两位，一个是王勤美，当时是负责学生工作的党支部副书记。另一位汪先荣，当时是我们系党总支书记。我看这个入党介绍的意见，对我还是给予了充分的肯定，对我存在的不足，也写出了意见。35 年过去了，看到这个志愿书以后，唤起了多年前的回忆，对我们这次的主题教育很有帮助。当时是怎么表的态、宣的誓，现在回过头来看，30 几年过去了，做得怎么样，也是一个警示，同时又让我对当时的一些领导、老师，包括一些同学、校友也都进行一点回忆，觉得还是很美好的。

率先用计算机排课

大学这 4 年虽然很艰苦，但是收获很大，对我今后的工作、生活、人生都奠定了很好的基础。我留校以后，就到教务处工作。当时教务处缺年轻的干部，特别是要加强教务管理，怎么用现代化的手段来提高教育管理的水平，我是学自动化的，就留下来，工作了很多年。在那期间感受很深，也培养了我走向社会，怎么样才能在一个好的环境当中去历练，形成扎实的工作作风，那几年对于我来说是至关重要的。当时教务处处长是徐治平，有一位叫李业鹏是副处长，现在已经去世了，还有一些同事非常敬业，对我的影响很大。有一位老先生叫肖研衷，湖南人，非常敬业认真，培养了我们严谨务实的作风。还有一位叫黄益群，热情、豁达，也很坦率、直爽，一是一，二是二，做得好就非常高兴，做得不好马上就批评。在教务处工作期间大家非常敬业，全校的考试卷子我们都要自己印，自己装订，自己分装，一直要送到考场。包括考完之后要收回来，再交到教务处登分，经常加班加点，把桌子摆好，然后顺着我拿几张，你拿几张，合订订上，数好顺序，这样加班加点，非常辛苦。

后来随着现代化设备的普及，教务处的领导鼓励我发挥优势。所以我尽快组织研发了计算机的管理系统，特别是排课系统，就是用计算机排课表。排课表是很难的事情，各种约束很多，我们就研究怎么样把这个管理信息系统建好，那时候搞得比较杂，外单位都没有，我们还是取得了很好的成绩。排完之后，在我们学校里发挥了作用，已经用计算机在排课程表。水电系统的高校，乃至全国的一些高校都来我们学校取经。应社会的需求，我们办了多期培训班，把系统教给大家，怎么样往里输入一些要素，怎么样把课表打出来。那时候在水电系统的学校乃至全国的高校中产生了良好的影响，也提高了知名度。在教务处最初工作的这几年，得到了锻炼，培养了一些务实、勤奋、扎实的作风。同时，也在一定程度上发挥了我的一点专长，做出了一点贡献。

在工作中历练

我从教务处到北京学习了两年，1991年到1993年，在北京科技大学，是单位送出去学习高等教育管理。1993年从北京回到学校，不多久，就把我调到了管理系做副主任，主要是管科研，管教学，管行政事务。当时系主任是李建林，我们在一起合作，这几年是管理专业、经济学科快速发展的一段时间。后面我又再次回到经管学院任党委书记，又工作了几年。那段时间不断地上新专业，扩大招生，扩大规模，新增专业，招聘人才，吸纳了一大批优秀的年轻教师到学校来工作，是快速发展的一段时间。学院工作，我们更多的是接触教师，接触学生，和大家打成一片。系里的班子，后来是学院里的班子，当时李建林在做院长，我们非常团结，一开始我是副主任，后来做学院的书记，配合得非常好。学院适应当时国家经济发展的需要，不断增加新的专业，扩大规模，满足社会的需要。那个时候学校学院也实现了快速的发展，当时吸纳的人才，现在都已经成为咱们学校的中坚力量，经管学院出来了很多优秀的教师。我在学院全方位地接触教学工作、科研工作、管理工作，接触教师、学生，有很好的机会提升自己的管理能力和业务能力。

1997年我到校办，当时老主任就是田主任，田主任是咱们学校校办的老主任，能文能武，是非常优秀的校办主任。当时也是通过学校党委研究，把我调到校办做副主任，因为没有主任，我牵头负责。在那儿工作的几年，对我来讲还是个很严峻的考验。因为不具备这样的一个能力和素质，过去工作的这个单位和岗位可能侧重于某一方面。那么作为校办来讲，要做好上下左右的协调沟通，要做好三个服务，需要很强的协调能力和政策理论水平，这个方面感觉压力很大。这段时间林天宝校长从武汉调到我们宜昌校区做校长。林校长是非常有能力、有水平的一位专家型的领导，对干部要求严格，也非常关心。我们的工作可能做得还不够到位，但林校长对我们还是很包容、很关心的。我觉得最突出的感受就是和武汉水利电力大学合并，这段时间大家既为与武水合并能够提高我们的教学科研水平而高兴，同时也为学校怎么样在这个合并当中谋求自身的发展，保持自己的特色而努力。经常和武水做一些交流、沟通，研究两个学校怎样协调发展的问题，从中我也得到了锻炼，开阔了视野，提高了怎样办好学校提升办学水平这方面的能力。两三年的时间，印象还是很深的。与湖北三峡学院合并为三峡大学是2000年，我觉得又是一个难得的发展机遇，特别是省委也高度重视，研究、配备了强有力的领导班子。当时领导班子非常团结，大家都觉得是一个很好的机会，整合力量，扩大我们的学科优势，能够在新的起点上再度出发。那段时间可能最重要的就是合校合心，也遇到很多的困难。

合校以后不多久，学校党委就安排我到人事处做处长，也是我很难忘的一段经历，当时方方面面需要整合，教学需要整合，科研需要整合，干部人事的各种关系、工资等都需要整合。但是两边是不一样的，包括工资的标准、渠道，甚至大家的一些习惯、背景都不一样，情况较复杂。那个时候每天我还没有到办公室，门口就已经排了好多人，就等着一个个地了解政策，询问有关问题，也提出一些难题，我每天很辛苦帮着化解一些矛盾。但是那段时间很快实现了学校合校合心，快速扩大学校的规模，与宜昌市建立了良好的关系，得到了巨大的支持，特别是省委、省政府、省教育厅、省委组织部，也给予了支持，提高了学校的影响力，像我们三峡大学的党组织关系，也是报到省里，应该说也是努力得来的，很不容易。这段时间，我觉得我们班子还是齐心协力的，教职工人心所向，虽然面临了很多问题，但是大的方向、大的趋势还是一致的。

马萍(中)接受口述校史访谈

应该说在全国范围内，我们属于合

并最为成功的典范之一。事实证明，合并是非常正确的，三峡大学今天的发展与成就，得益于 2000 年成功的合校，并且全校上下不懈地努力，才有了今天的这个地位和成就。我先做人事处长，再做校长助理，后来又很荣幸地提为学校的副书记。对我来讲，当年轻的干部那还是诚惶诚恐，虽然有组织的关心，感觉自身的能力还没有达到，这个期间还是努力地工作，落实好校党委的一些决策和部署，把工作做好，协助书记、协助校长，凝聚人心，谋求发展。

三峡大学培养了我

2013 年 12 月我接到通知离开三峡大学。我 1981 年入学，1985 年毕业，工作也有 18 年了，其中有两年在北京，这 20 多年占据了我人生当中非常重要的一段时光，是宝贵的经历，我还是把学校看作我的母校和根据地。现在在任何其他单位都不可能有这么长的时间，所以对学校还是有非常深厚的感情。很多老领导、老同事、朋友，虽然联系不多，但是常挂心间。希望三峡大学能够在继承中得到不断的发展，能够不断提高综合实力，办出特色水平。学校好，我们在外工作的同志备感自豪。也希望学校的各位老师，能够快乐地生活，身体健康，也希望我们的校友，勤奋学习，做出成果，为我们学校争光。

三峡大学的影响还是很好的，一个是学科实力很强，大家是认可的。再一个校园很漂亮，学校规模很大，这些大家都是有目共睹的。只有办出特色，办出优势，才能发展，才能吸引更多的人到三峡大学从教，在那儿安居乐业，才能让去学校的人包括去宜昌的人能够喜欢我们这个地方。它不一定很大，也不一定位置特别好，就是有知名度和吸引力。

三峡大学培养了我，回过头来想，当时我的能力和水平，远远是不够的，但是学校对自己培养的学生很厚爱，给我创造了很多条件，培养锻炼，可能能力有大小，但自己很愿做出努力，很希望团结、合作，把工作做好，也很受益。所以我们在一步步地成长，这和在三峡大学受到的教育、历练以及得到了一些帮助有很大关系，我很受教益。

（本文根据 2019 年 10 月 12 日在湖北省委统战部会议室访谈
马萍口述记录整理，整理人：田吉高、龚海燕）

打造水利专业的王牌

——郭其达教授访谈录

郭其达，男，（1932 年 11 月—2021 年 8 月），湖南桃源县人，中共党员，教授。

1939—1953 年在桃源读小学、初中、高工。

1953 年 8 月参加工作，1956 年 7 月武汉水利学院水工建筑专业毕业。

1956 年 8 月—1962 年 4 月湖北省水利电力专科学校教员。

1962 年 4 月—1970 年 5 月湖北省水利三团技术员。

1970 年 5 月—1978 年 10 月葛洲坝工程局荆门水泥厂技术员、工程师。

1978 年 10 月调葛洲坝水电工程学院，曾任水建系系主任，代理党总支书记。先后主讲"弹性力学""水工建筑"等 5 门课程，曾任湖北省力学学会理事、宜昌市力学学会理事长、中国水利学会会员。

公开发表《等层高刚架中结点有相对线位移的单元杆端弯矩方程——兼论力矩分配结解有结点线位移刚架》《重视大学一年级学生的非智力因素的培养》等 9 篇论文。完成宜昌中包水电枢纽工程可行性研究报告，负责全面技术工作。

1987—1989 年在安康闸墩预应力仿真模型试验中参加部分模型设计工作。

我 1932 年出生于湖南桃源县。1939 年至 1945 年在桃源县农村读小学。1945 年 2 月在湖南桃源泥窝潭心道中学读书。1950 年 9 月考入湖南沅陵高工，后更名为湖南工业学校。

1956 年 7 月，我从武汉水利学院水工建筑专业毕业。1956 年 8 月至 1962 年

4 月在湖北水利电力专科学校任教员。1962 年 4 月至 1970 年 5 月在湖北省水利厅三团任技术员。1970 年 5 月至 1978 年 10 月在葛洲坝工程局荆门水泥厂任技术员、工程师。

人生第一次自我选择

1978 年 10 月 15 日葛洲坝水电工程学院成立开学后的第二天，我由荆门水泥厂调入学校。来这个地方是我人生第一次的自我选择，以前都是走已经安排好的路。我在学校曾担任过水建系系主任、系党总支代理书记、建筑工程设计所所长，还有葛洲坝职工大学副校长、葛洲坝水电工程学院高教学会副理事长，另兼职担任了宜昌市第四届科协副主席、宜昌市力学学会理事长两届、湖北省力学学会理事，是中国水利学会会员，国务院三峡建设委员会移民局咨询专家，国土资源部湖北省地质灾害防治工作咨询专家。

1992 年，我曾获得由湖北省教委董必武教育奖励基金授予的"教育兴农先进工作者"荣誉称号，获三峡大学科技进步一等奖，湖北省科技进步三等奖，湖北省老有所为科技贡献奖二等奖等，完成科研设计项目共计 41 项。1993 年 4 月，我晋升为教授。

其中一个奖项是关于三峡库区最有名的灾害防治，跨流域工程水资源规划是当时最大的工程，科研经费 124 万。我参编了两个规范，三峡库区地质灾害防治工程设计技术要求，我是第二作者，这本书花了 6 年时间才完成。三峡大学当初并不以地质灾害防治为第一研究项目方向，这个事情是日积月累的。因一个契机就此开始了在全国有名的地质灾害防治工程。此外，我先后发表了十几篇关于地质灾害防治的学术论文，若干教学研究论文。

激发家国情怀

当时的葛洲坝水电工程学院水建系是个了不起的地方。最鼎盛的时期，二分之一的学生，三分之一的老师在水建系。现在因水建系诞生了三个专业三个学院——水利与环境学院，土木与建筑学院，半个经济与管理学院。这都是在当时的水建系的基础上成立起来的。水利专业是我们三峡大学的王牌，在原有的基础上，现在不断发展，越做越大，越做越强。

1978 年是特殊的年份。那一年召开了全国科学技术大会，邓小平在会上提出科学技术是第一生产力。这是马克思主义的观点，强调知识分子是工人阶级的

郭其达(中)在家里接受口述校史访谈

一部分，号召大家向科学技术现代化进军。郭沫若院长发表了书面讲话《科学的春天》，现在回忆起来，激动的心情还是无法用语言来表达。那个时代，激发了广大知识分子无限的家国情怀，不为名利钱财，只是觉得已经到了自己该做点什么的时候了。

葛州坝水电工程学院建立初期，学校办学条件艰苦，当时只有两栋房子，既作为学生宿舍，又当作教室、教师办公室，还是行政办公的地方。学生需要受教育，国家需要人才的问题已是迫在眉睫。葛洲坝水电工程学院建设目标明确，即培养工程应用型人才。1978年，当时的学校开设有三个专业。第一个学期招收了三个专业124人，即水利工程建筑40人，水利工程机械42人，工业企业电气化自动化42人。那一批人，现在都成了国家栋梁。

水利部当时发了一个通知，让部属各个设计院、水利工程局都出一部分人来葛洲坝水电工程学院参与学校的建设。而事实上真正来的是工程局的多，这一批来的人主要是工程师，他们的优点是对生活的艰难有一定的适应能力，但缺点是他们没有教学经验。于是水建系注重教学，注重备课，更关键的是注重试讲。第一个办法是不管什么年龄段的教师，必须通过试讲的门槛，对他们的要求不仅是要有科学的逻辑、严密的推论，而且语言要有文采，甚至讲课时还要有点风趣，不然学生会打瞌睡。

第二个办法就是，老师带着备课的任务去别的学校学习，注重培养。水建系

郭其达在水建系教职工大会上

有80%的中年教师先后去过其他学校备课，青年教师硕士和博士进修跟读学位的大概有20来人。为了活跃教职工业余文化生活，当时还成立了一个博士合唱团。

我曾担任弹性力学、运筹学等6门课程的教学任务。在长期的课程教学实践中，我十分重视教学规律的研究和探索，认真备好每一门课，每一堂课。我认为课堂授课效果要好，所

有任课教师就要进行充分备课，这是搞好课堂教学的基础。培养教师队伍是目标，其次是发展新的事物。当时科研工作艰苦，一是个人的力量较弱；二是平台较低，于是把水电设计当作科研来办，举一反三。

90年代初期，我当时主持设计完成最大的项目是神农架的娘娘庙和白渔洞两个水电站，设计费是24万，取得了较高的经济效益和社会效益，此时科研有了些发展。作为技术负责人（总工程师），我主持完成了中国特色水利枢纽工程可行性研究，获得较高评价。科研是为了培养教师队伍，而科研所得绝不是为了自己去获利，而是让每个教师都有收获，我称它为鞭炮效应。当时系里给每个人都发了一件风衣，这是团结队伍的一种措施。

注重学生情商培养

我写了一篇关于大学生的论文，总述大学一年级学生非智力因素培养，这篇论文被湖北省高教学会印刷成册。大一是非常重要的时期，大学的成绩跟入校成绩几乎没有关系。为此我做过研究——一年级的前5名，和10年以后的前5名相关性是0.8，这非常密切。所以我提出要加强对大一学生的培养，不光是学业，还有非智力因素的培养。我想对青年人说，世事洞明皆学问，人情练达即文章。特别是现在，知识不是力量的唯一。现在是信息时代，人们不能完全扑到书上去，当年叫作非智力因素的培养，现在叫作情商培养。

作为水建系主要负责人，我在行政工作中努力践行三原则：即决策信息共享原则，责任共负原则，个性各异原则。这三原则结合起来促进了水建系各项工作的开展。

（本文根据2017年12月21日在郭其达家访谈
口述记录整理，整理人：田吉高、龚海燕）

学生成才是我最大的安慰

——杨达夫教授访谈录

杨达夫，男，（1937 年 11 月—2022 年 1 月），江苏宜兴人，中共党员，教授。

1960 年 7 月上海交通大学起重运输机械专业毕业，同年参加工作。

1960 年 9 月—1964 年 8 月在武汉水利电力学院施工系工作。

1964 年 9 月—1970 年 12 月在水电部十三局科研所任技术员。

1971 年 1 月—1978 年 7 月葛洲坝工程局技术员、工程师。

1978 年调葛洲坝水电工程学院机械系工作，曾任系副主任。

曾为中国水力发电工程学会、中国水利学会、中国机械工程学会会员，主讲起重机、工程机械等课程。参编《大型工程施工机械化》等教材，主编《金属结构设计》教材，1982 年至 1987 年由水电部聘为水利电力类教材编审委员会委员。1987 年被聘为水利部、电力部高等学校机械类专业协作组成员，1994 年被聘为电力部教师职务评委会机械学科组成员。1978 年获三三〇科学大会奖，1978—1981 年连续获学校先进工作者。

1991 年 3 月—1994 年 4 月先后主持完成液压抓斗起重机方案设计和液压抓斗初步设计、引水隧洞及压力钢管检修设备研制等，曾获武汉水利电力大学科技成果一等奖，1996 年获政府特殊津贴。

1960 年，我毕业于上海交通大学，学的起重运输与工程机械专业。同年分配在武汉水利电力学院任教，那时是国家分配的。1964 年应我本人要求调动工作，结果水利部把我调到山东马颊河工程局，在工程局科研所工作。当时马颊河工程局刚成立，有很多设备，但是我没有在工程局科研所工作，我在一机部北京昌平参加了一个重点科研项目，一直搞到"文化大革命"前。1970 年，我调到湖北宜昌市，在葛洲坝工程局工作，1977 年晋升为工程师，葛洲坝工程局当时有 2300 多名技术员，第一批晋升了 32 个工程师。

1978 年 5 月 4 日，我联系从葛洲坝工程局调到葛洲坝水电工程学院工作，调令早就下了，上头却不放，拖了半年才来。

筹建物理、化学实验室

到学校后，我接受的主要工作任务是筹建物理、化学实验室，负责购置实验设备。因为葛洲坝水电工程学院是当年成立、当年招生，首先设备要搞上，物理、化学的实验设备都是我买的。那个时候化学设备很难买，需要公安局批准，如果你买得多了，有些化学用品是有毒的，需要经过批准才能购买，我就是筹集这个，而且还筹集了制图仪器设备等。一开始到学校挺难的，后来组建了机械系，我担任系副主任。当时我做工程师的工资是正科级待遇，但是副主任挂职却是副科级，我当时一看也没吭声，没这个待遇也就算了，我也没计较这个事，也没跟学校说。在系里我主管教学、科研，是学科带头人。1982 年被聘任为水利电力部高等学校专业教材编审委员会委员，为做好教育研究，提高教育质量等做了大量工作。1994 年我晋升为教授。

主要科研成果

我在认真做好教学行政工作的同时，还努力完成了一些科研项目。第一项是 5 吨—180 半缆索起重机设计。第二项是 CW—3000 型滚切式挖掘机实验研究。还有第三项 DBQ4000 吨塔机臂架结构 CAD，这是用软件来设计的，为吉林水工机械厂设计。第四项 SD95—1 型引水隧洞检修设备研制，为清江隔河岩水利枢纽工程研制的。第五项大倾角带式输送机研制，这是为湖北某个机械厂研制的。以上项目都是由我主持研究的，并于 1996 年 2 月因在自然科学方面做出突出贡献而获国务院政府特殊津贴。1996 年 4 月，被电力工业部特聘为高等学校重点学科

杨达夫接受口述校史访谈

建设评审委员会委员。

杨达夫(中)与口述校史访谈工作人员合影

我的主要科研成果有：1965年在北京昌平参加国家重点科研项目CW—3000型滚切式挖掘机试验研究工作。1971—1978年在葛洲坝工程局技术创新29项，获工程局科学大会奖，发奖金15元，那个时候那是第一次发奖金。提起葛洲坝工程研发，我为它设计了一个设备，用到26个钢板，要在六月份洪水来之前必须完成，完不成又要拖一年。汛期是不能够开挖的，所以我就设计了这个东西。1994—1995年主持完成清江隔河岩水力发电厂委托的，大型引水隧洞检修设备研制项目，获国家专利，获武汉水利电力大学科技应用一等奖，获葛洲坝水电工程学院科技进步一等奖。1997年获宜昌市科学技术专家证书。2008年被评为宜昌市优秀老年科研工作者。2011年荣获湖北省老有所为科技贡献三等奖。

心系国家水利事业

我1998年4月退休，同年5月被聘任到三峡工程设备公司工作，参加过广西龙滩大型设备进口审查工作和溪洛渡工程建设。我65岁至72岁进入老年组，还在30米、50米的高架门机上处理一些疑难问题，那时只要不慎，脚下一滑掉下去就会粉身碎骨，但我都勇敢地挺过来了，因为我心里想的是国家的水利事业。退休以后，我还担任宜昌市科技协会会员，2008年获宜昌市科学技术专家证书，还参加了大倾角带式传输机的研制。

我还出版了一些个人著作。1965年1月，我在武汉水利电力大学的时候参编了《水利工程机械》教科书，由机械工业出版社出版。1987年11月参编《工程机械》一书，1987年11月由水利电力出版社出版。1994年，我主编的《金属结构设计》教科书近60万字，由水利电力出版社出版。1993年参编《水利水电工程启闭机设计规范》，这是水电部组织的，由水利电力出版社出版。1987年主审《施工机械与施工机械化》一书，由水利电力出版社出版。1997年主审《电力生产过程概论》一书，由水利电力出版社出版。2006年，我在广西龙滩水电站写了一本

《龙滩大型施工设备操作、维修、保养规范》，花了 20 天时间。我是龙滩设备施工专家组成员，所以每年都要去个四五次，一般都是一个星期到 10 天，这次写书花了 20 天，要解决施工设备上面的问题。

对学生要以严为主

从学校开创至今，历尽千辛万苦。我们的学生要珍惜来之不易的学校条件，认认真真地学好老师教授的每一堂课，将来到社会上会大有作为的。从我们第一届毕业生最近回来交谈，老师们深有体会，几十年来从教兢兢业业，学生现在都是社会的英才，这是我最大的安慰，不念任何私心，所有的付出都是心甘情愿的。

我在教育培养学生方面的心得体会是，对学生要以严为主，同时真诚地希望学生好好学习，把自己所学到的知识发挥到社会实践中去。如何上好一节课，保证课堂教学效果，当然老师首先要认真备课，全心全意教好学生，学生要认真听讲做笔记，师生共同配合才能取得良好的教学效果。我有一个特点，当我这门课上第一堂课时，走进教室首先跟学生约法三章：第一，我现在上的课学生认为自己听得懂的话，可以不来上课，但是你不能在课堂上自由出入，影响课堂。第二，老师布置的作业必须是自己独立完成，不准抄袭，大胆放心地做，错了下次改正就行，怎么理解怎么做，这样学生就有一个自觉性。第三，考试必须是严格的，一般来说有 7%~10% 的学生不及格，从这一点来说学生还是有些害怕。

我特别注重实践

对待学科方面的看法，我认为机械工程师是搞机械的，要接触社会，了解社会时代的不断发展和需求，不断创新、求实、完善，把学科建设方向列为重点。另外一点就是要重视实践。我当时带的学生做实习都要上一线，我带学生跑过好几个地方，如武汉、杭州等地。学生考试不及格曾经向老师求情，哪怕差一分59 分我都不让及格，那个时候要求比较严。还有个女学生考试成绩不及格，到我家门口哭，我只能让她回去好好复习。

我总觉得，我在学校的工作都是应该做的，应该好好干一番事业。我退休以后在三峡搞了两年多，我特别重视实践，解决现场的问题，招投标实际的审查，这个过程我都掌握得很好，我那时是专家组成员，主要负责召集专家们开会。

我特别注重实践。当时葛洲坝建设需要大量沙石料，到处买不到，襄樊有一家供全省用的，根本供应不了。但我们大量需要，怎么办呢，我们就去参观。参观不让照相，结果看了以后我回来就设计了一台，制造了一台。还设计了拖轮，因为拖轮是需要经常更换的。筛沙的网、运沙的拖轮、抛料机三项设计，我个人比较满意。

葛洲坝水电工程学院创建的时候，我跟第一届毕业生的感情最深，一起度过了艰苦的4年。那个时候学校条件很艰苦，洗澡都没有地方洗。住的是部队留下的房子，还是党政办公楼等。1978年，葛洲坝水电工程学院是当年批准、当年筹建、当年招生、当年开学，10月15日，学校成立大会和开学典礼同时进行。

机械工程系今后的发展方向，要接触社会调研，要随着社会时代的发展和需求，不断创新，求实完善，把学科建设方向列为重点。长江后浪推前浪，要把我们学校越办越好，为国家培养更多优秀的人才。

（本文根据2018年11月7日在三峡大学老干处会议室访谈
杨达夫口述录音整理，整理人：田吉高、龚海燕）

从科研起步到初见成效

——王经五高级工程师访谈录

王经五，男，1933年9月1日生，河南信阳市人，汉族，中共党员，高级工程师。

1955年8月武汉大学水利学院水工建筑系毕业(本科)。毕业后于1955年8月分配至武汉燃料工业部中南水电工程局(后更名为水电部武汉水利发电设计院)工作，任技术员。

1956年至1958年在水电部武汉水力发电设计院负责"白莲河水电工程"的设计与建设，任水工设计室引水道专业组长，白莲河工程设计代表组副组长。

1958年至1960年在水电部长沙勘测设计院工作，期间参加拓溪水电工程，五强溪水电工程的设计，任水工设计室引水道专业组长，于1960年提升为工程师。

1961年11月由水电部长沙勘测设计院任命为"梓木洞水电工程"设总。

1963年6月任命为"广西南宁武鸣灌区"设总。

1964年参与海南岛水利规划并负责海南岛"通什水电站引水道工程"的设计。

1969年10月至1978年10月在葛洲坝工程局工作。

1978年至1982年12月在"水电部中南勘测设计院"(即原水电部长沙勘测设计院)工作，任设计部科研所和技术负责人。

1982年12月调水利电力部葛洲坝水电工程学院工作，历任科研科科长、科研处副处长、党总支书记(正处)。其间兼任《葛洲坝水电工程学院学报》主编，还被中国电力企业联合会聘任为"电力政策研究员"。在葛洲坝水电工程学院工作期间，一直主管科研工作，1993年11月退休。

1994年3月应三峡开发总公司多能公司聘请出任三峡工程监理至2002年，其间取得中华人民共和国电力工业部监理工程师资格。

从葛洲坝水电工程学院建校初期一直到我退休，正是科研起步这一阶段，我都经历了见证了。但已过去二十多年，我的年龄增高，86岁了。现在想把这个事情，想想我们这一段空白，说一说，有点力不从心。有些事情还有些印象，但是科研项目的名称、参与科研人员的名字记不清楚了，可能有些不太准确的还请各位领导谅解。但这个也是有资料可查，有档案可查。

为祖国水电建设贡献青春

我1933年9月出生于河南信阳，中共党员，高级工程师，1955年7月毕业于武汉水利学院。武汉水利学院是武汉大学分学院，归到武汉大学了。我长期在中南水电勘察设计院工作，以前是在武汉，后来搬到长沙去了，现在改名叫中南院。在那个期间从事水利工作，担任子母洞工程设计总工程师。后来就调到葛洲坝水电工程学院，担任科研处副处长，党支部书记，学报的主编，一直从事科研管理工作并兼任中国电力企业联合会的理事。我们学校有两个，刘峻德和我。

在湖北省来讲，水利跟电力系统那个时候叫社团。我是水利协会的理事，水力发电工程协会的理事，原来经常到武汉开会。我1955年从武汉水利学院毕业以后，国家统一分配到武汉水力发电设计院，现在是中南水利勘测设计院，一直到1982年。现在中南院还有一个分院在宜昌，我们来了三分之一的人，接近500个人，所以在设计院跟工程局这个阶段我是从事设计科研工作。1982年葛洲坝建成了就被调到学校来，一直到1993年退休，到学校以后就一直从事科研管理工作。

在来学校以前，我主要是参与刘家峡和白莲河工程。刘家峡工程是北京设计院设计，我们中南院派了一个人参与设计。之后建白莲河水电站是中南院自行设计的第1个水电站，还有柘溪水电站、东江水电站。后来就是葛洲坝水电站，我主要从事设计科研工作，担任组长、负责人。单位很重视我们这些年轻人，当初青黄不接什么都没有。我们到了以后，一直到后来全面负责15个水电站的设计工作，担任设总。我刚刚说的那些水电站，都先后建成发电了，取得了一定的经济效益、社会效益。对于我来说，为祖国的水电建设事业贡献了青春。那个时候三四十岁的样子，多次被评为"先进生产者"。

科研开始起步

从1982年到1993年，我来学校到退休这一段工作期间，长期从事科研管理工作。那时候学校牵头的是沈国泰副院长，主持学校行政工作，他原来在葛洲坝工程局是我的老领导。我是试验室科研所的负责人，他是技术处的处长，所以他知道我在科研部门工作。他对我说你在勘测设计单位也是搞技术，这么多年了，来学校教教书吧，把这么多年学的东西教给学生，传给下一代啊。但我报到的时候沈院长却说，我们不想让你教书了，你就到科研部门工作。这样就服从分配，我就一直在科研部门工作。在院长的正确领导下，经过全院科研工作人员的共同努力，我们这个学院从科研起步到初见成效，为我院的科技发展打下了一定的基础。1990 年，我也取得了一定的荣誉，学校评选我为优秀党政干部。从入校一直到退休，还兼任学校的学报主编，学报出刊近 20 期。葛洲坝水电工程学院学报，在 1989 年湖北省高等学校评奖中被评为二等奖。另外我在 1989 年被中国水利学会表彰为水利建设事业发展辛勤工作 30 余年的业绩，我受到表彰并获得荣誉证书。30 多年我都是在水利系统工作，1999 年入选专家库。科研工作有个人的也有学校的，1955 年到 1982 年在这个中南院从事勘测设计工作的时候，完成了多项工程设计、科研项目，这些成果都已经应用于有关水利工程了，设计的都是大坝。

在葛洲坝水电工程学院期间，我的精力主要集中在科研管理方面。因为学校筹建的时候困难很多，后来学校组建发展也申请这个中介项目。1991 年的时候承担能源部电力科技发展的项目，能源部当时有 7 个院校，我们是其中之一。当时能源部对高校管理的现状和发展还不太清楚，有一个基建课题由我们 7 个院校来共同完成，我就承担了里面的一个子课题第 7 题，这个题目叫作"电力高校科研项目课题管理研究"。学校有文件，并制定了一些规章制度，在这个基础上我圆满地完成了课题任务，后来能源部的课题鉴定达到了理想预期的要求。这个科研项目是我们学校完成的第一个纵向项目，就是科研基金项目，可以说开了我们学校科研基金项目的先河，为我校后续申报各种基金项目开启了大门，起到了启后的作用。现在各类基金项目都有，学校发展快，尤其在近 10 年。

筹集科研经费

我来学校工作以后，当时就只有一栋教学楼和一栋实验楼，其他的什么也没有，所以学校开始筹建科研项目都是相当困难的。对学校来讲，学校的教师应该是科研的重点。但是教师大部分都是从各个兄弟单位调来，从武汉水利电力学院调过来大部分教师不太现实，武水这里还有一个小分队。怎么办？从每一个工程单位里调 4 个或 8 个，很多教师都是从工地来的，所以叫他们搞教学、搞科研力

王继武在工作

量能力都不太全。教师无暇顾及科研，他们把教学搞好就不错了。另外一个就是科研实验设备学校缺乏得很，就只有两栋房子，你说怎么搞科研？原来葛水院只有那一小块地方。再一个没有经费给你，一年学校只给你投 2 万元的科研经费。你说 2 万元钱怎么做，还包括学报，就是学报出版的费用。剩下的就是一般的行政开支费用，比如出差开会，就只能干这个。那个时候开展科研、科研立项，经费相当困难。

我们学校是正规的本科院校，你不出科研成果行吗？这是必要的条件，是必须具备的。教学质量要高，科研质量要搞好，这样才能立于本科院校之林，不然就变成了职工大学，不是本科院校了，所以一定要有科研成果。职工大学没有这个要求，本科院校一定要有科研成果才能够站得住，学校再困难也得上。后来书记院长都跟我讲："你在葛洲坝科研所这么多年，你继续担任学校科研负责人，学校把这个任务交给你要尽力尽心地干好。"我说好，按照领导的要求干。怎么干呢？后来就进行讨论，首先是科研先起步，逐渐地积累资源。这个资源就是人力、物力等，真正的是从无到有。那个时候有什么呀？第一任务是尽快取得成效，按这个指导思想来开展科研方面的工作。要动起来，让它起步，逐步地取得资源，尽快取得成效。根据学校的指导思想，我接受了这个安排布置，说干就干。首先碰到的问题是没有钱，巧妇难为无米之炊，我想到的是要搞到钱。2 万块钱怎么开支？怎么弄啊？我到水电部财务司去要科研经费。接着又到科技司，当时正好碰到科技司的司长杨德义，他是从我们中南院调过去的。他说老王你来了，你有什么事情跟我说吧。我就说我调到了学校，学校在筹建，现在科研要起步了，没有钱。他说好好，不说了，把秘书找来，从他的什么经费里面给了我 10 万块钱，这个在学校是有据可查的。我总算是有点收获，解决了我们的燃眉之急。

再一个问题就是学校科研要创造条件上，扩充软件扩充物力，我又找到科技司去了。学校学生上计算机课，当时一个学生一个学期只能上几个小时，只有那么几台计算机。计算机要普及，老师做课题项目也离不了这个计算机。所以我又去，争取要计算机，部里也给了，而且是给了当时一台国内相当先进的 wks 机，学校专门为这一台计算机盖了一套房子。当时水电院校只有几台吧，武水都没有，我们学校有一台。学生的上机要求呢，给了一些普通的计算机，那都很简单，几千块钱，学费都不止这么多，给了。我是中南院来的，知道中南院的设备比较多比较丰富，所以我就跑到原来单位调配资源，中南院说支持教育应该。他们有一些多余的给了我们一些，给了我们一台电动实验仪，那是很少有的呢。这一些仪器，都是科研手段。后来学校开始新建水工模型试验大厅，水工大厅

安享晚年幸福生活

后来也建起来了，这就有一点基础，有一点手段了嘛。我们开始制定科研计划，科研管理办法，培养重点，培养有科研基础的教师，如果教学你还没有搞好，搞科研我们是不支持的。新分配来的研究生和本科生，那个时候陆续来上了一些课，现在本科生根本就进不来学校了。

支持教师科研

学校大力支持老师，拨一定的经费让他们出去调研，跟工矿企业联系，寻找科研课题，确定自己的研究方向，也有工矿企业有这方面的需要。要把科研发展分类，参加各类科研会议。老师有了研究的方向，跟这个工矿企业有联系，人家也需要。有些东西要进行提高，要解决一些问题，有了这个苗头以后，我们就想让这些老师提出申请，学校就审批立项，每年都下达有科研计划。把这些都整合到一起，这是软件方面，硬件软件的组建都有一点基础了。纵向的科研项目，我刚才已经说了，就是在1993年以前部里的科研基金项目这么一个立项。这一项1993年通过能源部科技司的鉴定，达到了立项要求。我退休以后学校申报纵向的科研基金项目情况就不太了解了。前几年科技处通知我去座谈了一次，经过他们介绍，我知道学校老一批的校友都取得了省部级的各类基金项目，科研课题上取得了很大的发展和可喜的成绩。

在那一段时间，横向完成了多少项我也说不清楚了，这些文件和资料学校都存的有。我举几个例子，徐大平承担的就是横向的，跟工矿企业联系以后确立的一些课题，他承担的是葛洲坝船闸开启电子控制系统，缩短过闸时间，提高过闸

效率。我去葛洲坝电厂跟他们联系，打学校院长的牌子和他们挂钩，老师们的一些研究成果后来我评教授、副教授都用上了。再举一个例子，栾绍玉老师承担的是广州港货运码头电子秤这个项目。当时广州港每次货物进出的时候都要称重，现在都变得很简单了。我到广州订这些合同，院长都非常紧张，因为他要求的这个精度非常高。学校打电话过来说，老王你有这个把握没有啊，不要乱弄，搞到最后收不了场。我说没问题，这个东西总是要有人干的，而且经费比较多，几十万。经过努力，这个项目完成得比较成功。后来不光是这一个地方装了，其他地方也装了。这是我们学校出的成果，还有很多记不太清楚了。还有胡世军，办了一个电子仪器厂，研究电子仪器，其他工程也可使用，都是在原来的科研基础上办起来的。侯文理老师的混凝土振捣器项目，也是在原来自报课题的时候学校立项的。学校现在的校长书记都是那个时候的优秀教师，像刘德富、李建林、何伟军，都是给他们的科研立项，取得了一些科研成果，产生了一定的经济效益和社会效益。我举的这些例子，从解决科研经费到扩充软件，到课题的发展纵横向的发展，从课题完成的基本情况来看，表明我们葛水院 1982 年到 1993 年这期间，随着科研的发展，已经从科研起步达到了初见生效，花了 10 年时间。

三峡大学经过多年的努力和发展，已入选湖北省国内双一流建设高校行列。学校面临的发展机遇更多，但同时竞争也更激烈。我希望学校发展好，发展快，在激烈的竞争中，着力队伍建设，不断提升教学科研水平，多出人才，多出高水平成果，努力提升学校知名度，为将我校办成水利电力特色鲜明的国内一流大学不懈努力，这是我们共同的心愿。

（本文根据 2019 年 4 月 4 日在三峡大学老干处会议室访谈
王经五口述记录整理，整理人：田吉高、郑泽俊、龚海燕）

以选择教师职业为荣

——何薪基教授访谈录

何薪基，1939年9月2日出生于四川省内江市，1964年7月武汉测绘学院工程测量专业毕业，1980年8月由湖北省咸丰县调至葛洲坝水电工程学院教书，曾担任水建系测量教研室主任。

1985年10月加入中国共产党。1988年4月任副教授，1993年4月晋升为副教授。1997年9月被评为湖北省优秀教师，1998年2月批准享受国务院特殊津贴。

1982年加入湖北省测绘学会会员，中国测绘学会资深会员，1994年参加中国水利学会、全国水利水电测绘信息网理事、宜昌市测绘学会学术交流部主任。1997年3月获湖北省测绘学会先进个人。

参编水利部、电力部行业标准《水利水电工程施工测量规范》，以第一作者发表论文17篇，第二作者17篇，第三作者7篇，"清江隔河岩库区重要滑坡监测分析与预测模型"项目获1999年度湖北省科技进步奖三等奖，2011年获湖北省老有所为科技贡献奖一等奖。

我从武汉测绘学院毕业后，分配在恩施地区一个县城的小水电站工作，专业不对口，当过外线电工、爬电杆、收电费等都干过，做了许多年。后来国家形势变化，在读过时任安徽省委书记万里同志在《人民日报》上的一篇文章《解决知识分子的学非所用》后比较心动，本来在武汉联系了一个单位，但还是跟专业不对口。

从地方到高校

1979年5月，我从武汉回恩施时路过宜昌，看到了一张报纸，上面有葛洲坝水电工程学院几个字，疑惑宜昌还有这样一个大学，然后家里一个亲戚就陪着我到学校想联系一个工作。记得那天下很大的雨，但还是义无反顾地来了。当时是在葛洲坝工程局机关附近下的公交车，雨比较大，去学校有一段土路难行，穿上了雨靴翻山来学校，大致位置是现在的二号教学楼。我找了很久才找到行政办公的地方，即人们戏称的碉堡楼。当时的碉堡楼建在一个小山包上，与现在不同，没有水泥路，上去也没有阶梯，一片泥泞。我找到人事处，接待的是人事处的科长，于是我毛遂自荐地说："我来联系工作，你们差人吗？我能来教书吗？"大致是这样。科长问了一下简单的情况，然后找来了人事处的徐盖华处长，他介绍说这是我们的处长，你把情况再讲一遍。然后我重复了一遍个人经历，重点说了所学专业情况（工程测量），最后徐处长说，欢迎你来，并且说如果你爱人没有工作，在 1979 年 12 月 31 号前来报到我们都可以安排。

可谁知道回去之后，原单位不让走，有一份商调函由于原单位和当地组织部隐瞒半年后我才知晓，最后来葛洲坝水电工程学院报到已经是 1980 年暑假了。来了之后系里安排我教工程测量学，我在黄振华教授的带领下做了一些工作，也当了 7912 班的班主任，开始助教了一个学期，后来就自己上课了。我挺感谢这个机会的。

认真司职　教学相长

我的工龄是从 1964 年起算。这么多年没用过专业的东西了，现在重新来用。这些年不论在哪里工作，什么都可以丢，唯独书本从没丢过，哪怕是过去在学校做的作业我都没丢，后来在教学方面渐渐适应了。我们学校招收的很多是刚恢复高考后的学生，他们都特别用功，大部分学生家庭条件不是很好，也有特别特别

困难的。我们都是很认真地教，学生也都是很认真地在学，当时的学生比现在也要勤奋一点。

学校当时招研究生很少，我的班上考上了两个研究生，能考上两个就十分不错了，有一个后来在武汉水利电力大学教书。还有一个学生叫王硕鹏，先为学校捐款 100 万元，后又为三峡大学捐款 500 万元。他家是安徽农村的，家里很穷，但他学习很努力。有一年年底，我发现我们班有几个学生都没有回家，其中一个学生叫张三楼，我问他为什么不回家，他说他家在荆州地区，没有路费钱。他家就是

给大队公社放牛，就是他和母亲两个人。回家了母亲给他做好吃的，他走了母亲就没有吃的了。我回家跟爱人商量说，今年过年能不能把我班上没有回家的学生聚起来吃个饭。腊月二十九那天学生都来了，王硕鹏也来了，但是我不记得了。后来我去广州，王硕鹏看望我讲到当年的事就说有他，我深感学生是不会忘记老师的。

我还有个学生，有一次我出差，在百色水利工程的工地上，有一个戴着安全帽的学生跑过来对我说："请问您是何老师吗？"我答是呀，你是谁？他说："您教过我的呀。"非要请我吃饭，但我拒绝了。他是在单位做水电勘测设计的，在工地上做代表，代表他们设计院，后来回南宁了非要请我吃饭。有些事你都忘了可学生还记得。我记得有一次到广西柳州红水河乐滩水电站，到了之后找到了对方的负责人说："我是根据合同来的教授，请你们配合。"他说："何老师，我们下午开个会，都是您的学生。"我一听，心里还在疑惑，下午开会的时候，我一看，一个都不认识，我介绍了一些注意事项，开完会准备走了，突然有一个人站起来说："何老师，您不认识我了吧？"他现在在西北水电勘测设计院。我说："你哪个班的呀？"他说："我 7912 班呀。"我说："我是 7912 班的班主任，哎呀，对不起，我记不得了。"他说："那年过年我还在您家吃过饭的呀。"我们当时住在红水河乐滩水电站招待所，到了一个新环境，在饮食等方面感到有些水土不服，学生给我们帮忙。我深感我选择老师这个职业没有选错。

我再谈谈我的学生王硕鹏，就是我刚才提到的，他家里很穷，是安徽人，考上武汉水利电力大学的研究生，毕业后当老师。可是他家里太困难了，感觉养不活家人，后来调到广州一个大学，再后来就下海了，做房地产开发，现在确实做得很好。他的爱人也是同一个班的。

我退休几年了，有一天坐公交车到了一个路口，突然学院办公室给我打电话问我在哪里，他说："你的学生回学校来了，你看能否回来参加一个会议。"我就回来了。我后来到了广州，在路上经过的时候就能看到勤天大厦，是王硕鹏创办的，我不想麻烦人家，就没有去找他。后来王硕鹏知道我去广州了，他爱人，也是我们班的学生给我打了电话。我和他们在离工地比较远的地方见了面，他给我讲过去的经历时，房地产这个事也是蛮辛苦的。他说："我这么多年，也养活了很多人。"他曾经买了一块地，大概是一千多亩，买了以后一直没开发，很多年了。他告诉我："如果我把这个地卖了的话，我纯赚 8 个亿。但是我手下那么多人要吃饭，怎么样我都要想办法，要开发。"我从他的话中理解到当一个企业家也不容易，不光是你赚钱的问题，你手下的那些人跟了你一辈子他们也要养家糊口，后来那块地开发成了温泉度假村。他硬要我在那里吃住玩，他爱人亲自开车到我家门口，我跟我老伴两个人住了三间房，一个办公室，一个温泉泡澡的地方，一个卧室，分享了他的成就。

再大的困难也要努力做

我参加了很多科研项目，最好的是得过湖北省科技进步一等奖。当时我们学校还没有一等奖，我是第一个，第二个是现在三峡大学党委书记李建林教授。评审是在武汉进行的，那一次的评审委员有李建林，竞争厉害，想获奖十分困难，最后我还是获得了一等奖，并且还升了两级工资。

从我们学校的发展来看，我们也看到了进步，再大的困难我们老师也要努力做。老教授们之间都很和谐，领导也好，同事们之间也好，关系都很不错。我1960年进武测，1965年毕业，我个人生活很坎坷。那个时候读书很困难，吃不饱饭，写了日记，然后被人看到日记遭到揭发就被送到汉阳县东城园农场劳动，课程都学完了，就是没有做毕业设计，当时就没毕业。到了农场，发觉还有其他大学生在那里，武大七八个，华师十个，武测六个，一直到了1970年。本来是两年处分，结果我们从1964年一直做到1970年。后来武测要撤销，改成军事学院，学生没有了，我们不能回去了。学校给了我22块钱，相当于大学毕业生实习工资的一半做生活费。后来上面来文件了，还是要把我们这些人分配出去，11月份出来工作的。真正出来做业务就是到葛洲坝水电工程学院和三峡大学这里来，感谢学校给我提供的真正发挥专长的机会，给我们这些老师纠正了一些问题。到学校工作后，什么都要从头开始，边教边学，慢慢就好了。我到大学来教书后有一年，教我的一个老师，后来调到河海大学去了。他来我们学校开会，建议要有一些水利水电工程规范，提出了标准。当时各个水电局都派老总来参加会议，他作为老师十分有威望，推荐我参加了这个规范的编写，后来我享受国务院特殊津贴（1998年2月18日）就是因为这个。十年以后又重新编写了规范，是我审核的。

何薪基在广州

我在农场劳动的时候什么都能丢，就是书

不能丢。我当时钢笔断了，买不起，就在地上磨钢笔尖，没钱买本子就拿几张纸用，60 年代那个时候连饭都吃不饱。那个时候的学风好，现在是学风抓得紧，但是条件好了，家庭社会条件都好了，跟那个时候还是不一样。我还有一个感想，我去广州待了 4 年，回学校还不到一个星期，在宣传栏处看了我们学校的考研情况，学院的考研录取率最高的百分之三十几，这个还是很客观的，老师、学生们都在努力。我从微信上看到三峡大学在全国高校中排名在 160 多名，还是不错的，很不容易。从目前来说，我们学校发展很快，我们老师都是很满意的，我们学校进入了双一流大学建设行列，也是努了力，也是一代强于一代。

老有所为

退休之后我还获得了一项荣誉，就是湖北省有三个单位在 2011 年联合评了一个老有所为科技贡献奖，一共评选 10 个，宜昌就我和枝江的一个棉花奶奶。我们 10 个一等奖到武汉开会，是一个从海南调过来的副省长给我们颁奖的，奖状我不知道放哪儿了，有一个奖杯在家里，还奖励了 5000 块钱，学校后来也奖励了 1000 块钱，都还是没有忘记我。说实在话，我真正休息就是这几年，我是 2002 年正式退休的，后来就跟蔡德所厅长做到二零一几年，我还可以背出好多水电站的名字，柳州、桂林、百色，还有个靠海边的，还有四川重庆那边的。我一直都是在工地上做事。我是弄检测的，搞大坝面板的，我在水布垭也做了很长时间，在工地时间都蛮多。我还到英国去了一趟，去了十几天，与南安普斯顿大学的同行进行学术交流。

我以第一作者发表的论文有 17 篇，第二作者的也是 17 篇，第三作者的有 7 篇。教材的话，我就主审了一本书，黄河水利学校的，在开封，再就是这个《勘测概论》。

（本文根据 2018 年 6 月 28 日在三峡大学档案馆会议室访谈
何薪基口述录音整理，整理人：田吉高、龚海燕）

我的工程地质教学生涯

——李明生副教授访谈录

李明生，男，四川省资中县人，中共党员，副教授。

1962年7月毕业于成都地质学院并参加工作，在野外地质队及水利施工现场工作19年。1981年9月调入葛洲坝水电工程学院从教23年，其中兼任教研室主任13年，党支部书记10年。

地质勘察及现场施工工作19年，参加了"两基一线"国家战略工程的野外勘察设计及现场施工工作，即攀枝花钢铁基地，成昆铁路线等钢铁运输大动脉线。

在葛洲坝工程局调度室土石方科及综合科工作期间，参加葛洲坝现场施工管理8年，前期参加基坑开挖和验收、部门协作等，后期参加《工程局生产日报》（每天一报）。

主要成果，一是《葛洲坝一期工程最高劳动生产率汇总表》一本，在1981年1月4日葛洲坝大江截流成功当天公布；

二是《三峡大坝采用缆索循环运输浇灌砼方案的建议》，1981年6月完成。

1981年8月—2004年10月调入葛洲坝水电工程学院水工系地质教研室任教，长期参与三峡工程的相关课题研究和社会服务项目。并于2004—2008年参加三峡工程的相关工程咨询服务。

退休后，关注国家大环保相关六个课题研究和建议，分别在《三峡大学学报》2004年4月刊登和提交给相关部门。

从搞施工管理到大学任教

我是 1981 年 8 月 25 日调到葛洲坝水电工程学院的，27 号就参加教研室活动，9 月 1 号正式开始上课，相当紧张。说老实话，整个岗位啊完全是大转移，过去是在葛洲坝工程搞施工，搞施工管理，现在突然来教书，对我来说是个很困难的事。但是我愿意，也是我主动提出要到葛水院教书的，原因就是我是搞地质的，在工程局长时间接触不到地质上的东西，我还是热爱地质嘛，因为我是学的地质工程专业。那会儿正好国家有号召，我就去打了个报告，要求从葛洲坝工程局调到葛洲坝水电工程学院。当时打了报告以后，单位不同意，因为我手上接的工作很多，最后我在工程局调度室办理交接手续的时候，人家都不接。我找了很多领导，加上我们科室的同志，从专业技术的角度上来说都很支持，他们说你归队是对的，但实际上这个走也是一波三折。

我大概是 1980 年打的报告，当时调度室的主任说那你现在不能走，至少等到截流以后。1981 年的 1 月 3 号，大江截流成功了，我就跟书记说："我可以走了吧。""那不行，至少要等到通航。"就是葛洲坝船闸通航。后来又一直等，等到 5 月 13 号，葛洲坝的三号船闸通航，我提出了要求，又不同意，他说："那你要等到发电。"好，那就又等到发电，等到 8 月 17 号，葛洲坝二号机组发电，发电以后我说："现在我可以走了吧。""好，同意，但是还找不到人，要找到人来接替你了才行，他们不接替我们还不能放你。"我说："我 8 月份，马上要开学了。"当时跟葛洲坝水电工程学院已经联系了，后来他说："那 9 月份之前一定想办法找人接替你。"最后找到人就放我走了。

潜心做好工程地质教学工作

我 1981 年 8 月 23 号在工程局人事处办完交接手续，25 号到学校报到，27 号就参加教研室活动，然后 9 月 1 号上课。这就是调来之前的情况。调来以后，当时教研室主任是魏廷亮老师，办公室还有王济炎、李宗华，再加上我，是勘测教研室，包括测量。黄振华、何薪基，他们比我早一年进来，当然还包括其他的实验室，有孙联华、关倪，大概当时就这两个，以后陆陆续续还调进来一些人。

我调到教研室以后，第一次是跟魏廷亮老师助课，同时我也在准备写讲稿，因为魏老师跟我打招呼了，他说一定要争取能够讲课。大概过了 5 周多吧，魏老师要出差，我就只好顶上来讲课，把这个课全部讲完了。等到他赶回来以后就参加了地质实习，然后带完实习他就开始讲课了。1982 年，大概上了一年多的课，3 月份，魏老师就调到学校后勤处，我就把课接下来了，一直就讲课。我在学校主要是讲工程的内容，我是学工程地质专业的。

我是 1958 年高中毕业，而后考进成都地质学院水文地质工程地质专业。1962 年 7 月，毕业以后就分到湖北宜昌三峡地质大队，当时是属于地质部的，这个部门主要就是搞三峡地质勘测。当时搞勘测一个是长办，一个是地质部，就是三峡大队。

后来三峡地质大队，接手了成昆铁路的任务，当时铁道部请求地质部支援一千多名工程技术人员，由地质部抽到丹江队、三峡队，全班人马上成昆铁路。那时候是作为战略任务，特别紧张，等于也是军事化。我们 1964 年 10 月初得到通知，要求半个月之内把手上的工作全部交完，大概是 10 月 28 号我们就离开了宜昌到成昆铁路。开始说支援 8 个月，结果最后是 8 年也不止。1970 年 7 月 1 日成昆铁路通车以后，7 月 18 日就离开成昆铁路，转战到襄渝铁路，后来我就没搞了。成昆铁路搞了几年，条件很艰苦。那天我在网上搜索到中国送联合国总部的一个象牙雕，是雕的成昆铁路，大约反映了成昆铁路的艰巨，还是很不容易的。襄渝铁路搞完了以后，再加上阳安线就是阳平关到安康之间的这个线老早就通车了。那么成昆铁路必须经阳安线才能连通，就说从东西向连到武汉。1971 年 5 月我从成昆铁路调回三峡队留守处，三峡队走之后，大概留了十来个人，整个队伍是一千多人，包括钻工啊，然后全都到丹江大队去了。

我调回三峡队 9 人留守处，当时葛洲坝已经开工了，我们三峡地质队驻在宜昌的前坪，属于淹没区。三峡大队留守处迁到江陵，最后变成江陵水文队，在那儿又干了两年。1973 年 5 月左右，我调到葛洲坝工程局调度室，最开始就相当于指挥部，在土创科搞验收，跟地质比较结合。后来到综合科，搞管理资料、管理技术这方面，再就是搞一些房建。为什么要大量地修房子，就是因为两次火灾，一次是望州岗的

李明生在地质勘测

鞋料厂，就是现在的葛洲坝实验小学那一段，当时是沙石局；一次是 505 长办的设计代表处，当时在西坝。那时候就两个芦席棚区，第一次是烧西坝，第二次就是烧沙石。这两次火灾以后工程局就向中央报告说十万人的队伍，火烧起来也很严重，后来中央同意拨款给我们工程局修房子。1981 年 8 月我离开调度室，然后就到葛洲坝水电工程学院教书，教到 1983 年吧，魏老师调到后勤处了，然后我就接他的教研室主任，一直干到 1996 年 7 月份，教研室主任当了 13 年。我是 1984 年 7 月 13 号入的党，我自己家里出身是地主，所以入党满足了我长期以来的愿望，是很高兴的。

可以这么说，在工作上我真是拼死拼命地干，在学校教学上，我们教研室主要的课是两门课，一门是工程地质，一门是土力学，李宗华老师主要承担了土力学的课，我就是工程地质课，当然具体干了多少呢，我等下用那个表格来查一下，因为我在写回忆录，我所有的工作成果基本上都在里头。我的回忆录差不多写了 28 万字，300 多页了。反正在学校期间，从工作量来说应该相当于别人的一二倍吧。我不仅要承担教学，还有教研室的社会服务，多是跟地质相关，魏老师调走以后就是我和李宗华两个老师在扛。虽说中间陆陆续续都有来人，但是他们都是调来以后没多久就走了。承担的项目我初步估计有近 70 项吧。我说实话我

搞三峡大坝，搞成昆铁路、襄渝铁路所遇到的地质特点是相当复杂的，当然也采取了很多种不同的办法，讲故事肯定几天几夜都讲不完，我等下举几个例子。魏廷亮毕竟是教研室主任，而且他有个最大的优点是社会活动能力强，组织能力强，思维能力也很强，我们三个都来自不同的地区。当时全国刚好就只有三个地质学院。说个不好听的话，我真的是个很笨的人，所以没有什么特别突出的贡献，主要还是靠教研室团队。一说到这个教研室团队，我可以举好多例子。我上完最后一课就准备退休，正式退休手续是 2001 年办的。

1999 年当时学校不可能让我退休。2004 年让我退，那时候是没办法，因为不能不退了。1999 年到 2001 年也不跟

李明生给学生讲地质构造

我提退休的问题，还是正常排课，排到 2001 年让我办退休手续。当时许发华老师当了一段时间的系主任，专门打个报告，希望能让我退，但是学校不同意，最后就只能放弃。到 2004 年 10 月份上完课，我才真正地退休了。

岗位奉献无怨无悔

退休了我的工作也没有减下来。我总共教了 23 门课，并不是 23 门不同的课，都是工程地质，但是不同的性质，涉及不同专业的工程地质。有水利、施工、监理，然后地下工程、输变电、水库移民、工程概预算，反正专业课大概就七八个专业吧，还有个干部班培训，23 门课的教材都不同，不同版本的教材都在我这个资料里面写了。另外还有一个就是我们学校的新疆班，1988 年招了一个新疆班的工程地质的本科专业，是我们教研室开的一些基础课，比如高等数学、英语等不归我们，剩下的 23 门专业课都是我们来承担，包括教学计划的编制、教学教程的选择、课程安排、教师的安排，甚至包括实验室的一些建设，都是靠我们自己动手，那段时间是相当忙的。1988 年招收这个新疆班以后额外的问题有很多，学校都是寻找各种办法来解决这些问题，具体落实教学靠我们教研室。教学研究方面，开展了工程地质教学系列的讨论，这个系列讨论在学校里面、在各个教研室里面，我们应该说是开了个好头。我们当时写了一个"五论"，就是五个方面的讨论，我写了其中两篇，徐卫亚写了两篇，刘国霖写了一篇，系统讨论了这个课的重要性和怎么教的问题。另外就是写论文，可能有 18 篇吧，正式刊物登的不多，我自己只有 5 篇，其他的提交到学术讨论会。还有一些汇报材料，比如说那个录像，用了 6 天时间，现场配录像。第二个就是编制录像带，并送到国务院。当时我们整理了 18 分钟的汇报材料，电教片也汇报了。冯斌一直在教研室，比我来得早，后来姜平调到教研室就搞标本室的管理。当时实验室的三个年轻老师——关倪、姜平和冯斌都在我们教研室参加学习，魏庭亮的女儿（就是魏雪梅）也是我们教研室的。朱子龙、徐晓东也是我们教研室的。他们在职工大学学完以后，留到教研室继续工作的就只有徐晓东，其他人全部调走了。冯斌调到工会了，魏雪梅调到院办了，朱子龙调到后勤了，所以教研室长时间都比较缺人，凡是没人的时候我都得顶上。我完成教学成果 18 项，课程建设包括那个课内建设教材、教材编写，参加了三次课程教学全国研究会，一次在广西，一次在云南，一次是我们学校自己搞的，后来归纳了一下大概有 20 来篇论文。参与的纵向科研项目大概有 10 项左右，包括三峡船闸高边坡。获奖情况大概省部级的有 5 次，湖北省有 2 次，部里面有 3 次，学校里面大概不会低于 10 次，经常获得优秀党员、优秀教师称号，大概就是这样。通过这么多年的教学，我觉得有些还是跟大家讨论一下。作为工科院校，教学必须结合现场，否则出不了成果。一定要结合实践，用事实说话，这是第一个方面的体会。

第二个我觉得要在教学中搞一些行之有效的总结归纳，像地质图判断野外现场，判断这个岩层的倾向、碰撞，就是参照三要素嘛，是很关键的，所以我在岩层判断方面归纳了很多，帮助学生记忆。有一个学生提到说李明生老师教的方法对他很有用。

第三个就是不管是老师还是学生应该有吃苦耐劳的精神才能学到真本领，这一点在现在的年轻人身上相对来说是比较差的。特别是知道一些危险就不愿意深入，回来就打退堂鼓。我们以前都是顶着困难上。

第四个还是要发扬我为人人、人人为我的精神，不能老盯着钱看。我后来为什么负担那么重，有个重要的原因是后来的教研室人员几乎一进门就恨不得赶快去进修，读研究生，读完研究生就读博士，读完博士就走了，所以当时我们教研室有 6 个博士生。

有了这个学历工资就挂钩了，所以后来我的工资相对他们来说就比较低。我应该说是受到了外语的影响，因为外语不行嘛，外语不及格更不要想评职称。其实我很知足，我 1981 年 6 月评上工程师，1992 年 6 月评上副教授。母校校庆 50 周年时我也回去过。我还有好几个回地院的同学，人家还不是副教授，我觉得很宽慰，对得起我的职称。

第五个就是一定要有团队精神，一个单位没有团队精神这个单位搞不好的。地质教研室在当时葛水院很有名气，我很感谢我们团队的力量，在整个教学科研方面都很有积极作用。

我曾经写过一个关于盘石教授的报道，他后来不在职了，但他为实验室的建设和发展确实是倾尽全力，呕心沥血。

（本文根据 2018 年 11 月 27 日在广州李明生女儿家访谈
李明生口述记录整理，整理人：田吉高、郑泽俊）

我在劳保所的那些岁月

——向光全同志访谈录

　　向光全，男，1948 年 3 月出生于湖北五峰县。1970 年加入中国共产党，1974 年 7 月毕业于华中师范大学化学系。先后在华中农业大学、葛洲坝水电工程学院、武汉水利电力大学宜昌校区、国家电力公司劳动保护科学研究所、宜昌电力公司等单位工作。长期从事教学(先后承担过有机化学、无机化学、分析化学、普通化学、劳动卫生学、防火防爆安全技术等课程的教学)和行政管理等工作(先后担任过学院校办副主任，管理系总支书记，保卫处长，劳保所党委书记、所长等职)。工作期间先后主编并出版了《企事业消防安全管理》(湖北科技出版社)、《电力职业健康安全技术手册》(中国电力出版社)等书籍。多次被评为先进工作者、优秀共产党员。1999 年被评为教授级高级工程师。2008 年退休后先后在重庆市、广东省安全技术中心从事安全生产教育培训工作，2020 年被广东省安全技术中心评为"最受学生欢迎教师"。

　　我也是葛洲坝水电工程学院的老人了，很高兴参加这次口述校史访谈。

曾在华农宜昌分校工作

　　我 1948 年 3 月出生于湖北五峰县，1970 年加入中国共产党。1967 年高中毕业后回乡务农，1971 年 2 月到华中师范大学化学系学习，1974 年 7 月毕业分配到华中农业大学。华中农业大学在宜昌有一个分校，因为我家是这边的，所以我在 1975 年就调到宜昌分校来了。分校主要是果树专业和农学专业，我分配在土壤化学教研室，教研室主任是陈明亮老师，我当时是副主任，主要承担了两个专业的无机化学、有机化学和分析化学的教学工作。1977 年以来还担任农学系党支部副书记等职。

调入葛洲坝水电工程学院

1979 年 4 月我调入葛洲坝水电工程学院。化学教研室当时只有刘玲、周金源和武水来的两个老师，我是负责人，以后逐步发展到 10 多人，教研室主任是章秀满老师。我主要承担机械工程系、电气系这两个系普通化学的教学，同时还担任基础课部党支部宣传委员。随着教学改革的进行，化学教学任务的减少，1987 年我调入校办公室，在校办公室主要负责一些行政管理工作，1989 年担任校办副主任。1991 年学院成立管理工程系，郑根保任管理系系主任，我担任管理系党总支书记。1993 年学院成立保卫处，又调我到保卫处当了几年处长。在学校这几年工作期间我一边从事行政管理工作，一边从事教学工作。首先是普通化学的教学，到了 1991 年，葛水院创办了电力安全专业，电力安全专业的"劳动卫生学""防火防爆安全技术"等课程也是我讲授的。1993 年我被武汉水利电力大学评为高级工程师。

劳保所的运行情况

1995 年下半年的时候，学校进行干部交流就把我交流到国家电力公司电力劳动保护科学研究所去任书记和所长。2001 年国家进行科技体制改革，国家电力公司决定将劳保科研所划转给湖北省电力公司管理，2002 年省电力公司决定将劳保科研所和宜昌电力公司合并。

1979 年水利电力部决定创建水利电力劳动保护科学研究所，是根据当时的劳动保护的形势和需要，特别是葛洲坝工程建设以来，葛洲坝工程在土石方开挖施工中，有很多工人得了尘肺病。为了加强对工人的劳动健康保护，水利电力部决定成立劳动保护科研所。当时劳保科研所是由葛洲坝集团负责组建和管理的，办公地点设在葛洲坝中心医院江边附近，后来就搬迁到中南水电勘察设计院，实际上就是把中南水电勘察设计院的地盘划出了一块，以马路中心为界，中南水电勘察设计院总部搬到湖南长沙去了嘛，他们就不用那么大的地方了。当时劳保科研所的负责人是谢守成，现在已 90 多岁了。

劳保所的主要任务

劳保所的主要任务，一是负责全国水利电力行业职业病危害因素的治理技术的研究和开发，二是个体劳动保护用品的研究和开发，三是承担水利电力行业劳动保护的监测、评价和培训工作，这是劳保所的三大任务。筹建工作进行了一段时间后，到达第二个阶段，有了新的领导班子，万海民任所长，邹开泉是副所长，书记是章嘉善。第三个阶段是到了1991年，能源部、水利部1991年7月20日以人组〔1991〕38号发文，为加强具体领导和日常管理，有利于工作，经两部领导同意，现就劳动保护科学研究所领导关系等有关问题明确如下：

一、"能源部、水利部劳动保护科学研究所"名称不变，委托葛洲坝水电工程学院代部领导和管理，业务指导仍由部有关司局负责，其财务独立核算，纳入葛洲坝水电工程学院统一管理，经费(含事业费、科研费、小型基建投资)来源维持原渠道不变，有关劳动工资、专业技术职务评聘指标仍由部直接下达。

二、劳动保护科学研究所本届领导班子由部考察后进行调整，以后该所领导班子的调整及领导干部管理由葛洲坝水电工程学院负责，报部备案。

三、劳动保护科学研究所的日常业务工作及人事、劳资、职称评定、生活福利及党群和思想政治工作由葛洲坝水电工程学院负责。

四、劳动保护科学研究所原定编制不变，其人员安排由葛洲坝水电工程学院通盘考虑。

向光全在学校水电楼前

经研究决定，劳动保护科学研究所新一届领导班子为：所长魏廷亮，副所长邹开泉，书记付本昌(万海明、章嘉善调葛洲坝水电工程学院工作)，工会主席秦国权。当时劳保科研所的机构设置有党政办公室、行管科、科研办公室三个办公室，职工人数80多人。科研机构设有尘毒研究室、噪声与振动研究室、工业卫生研究室、安全技术研究室、个体防护研究室等。两个中心，即劳动保护培训中心和劳动保护环境检测中心。为了适应市场的需要相继成立了鑫鑫建筑工程公司和能环科技开发公司。到1995年下半年，魏廷亮所长和付本昌书记要退休了，就把我交流过去了。为什么又把我选去了呢，我在学校里讲过"劳动卫生学""防火防爆安全技术"等课程，跟劳保科研所业务有点关系。在学校领导的安排下，1995 年下半年我就调到劳保科研所任党委书记、所长，副所长邹开泉，总工王昌荣、汪朝东，1998 年苏先明任副所长，王炎发任工会主席。到 2001 年的时候，国家进行科技体制改革，科技体制改革就是要把科研事业单位转化为企业单位。当时劳保科研所有两个选择，一个是加入三峡大学，再一个就是继续留在电力公司。陆延昌副部长说你们劳保科研所单位小、又没有主导产品，很难闯市场，要靠大公司来支撑，就把劳保科研所下放给湖北省电力公司。到了 2002 年湖北电力公司又决定把劳保科研所与宜昌电力公司合并，这就是劳保科研所基本的运行过程。

劳保所的主要科技成果

20 多年来，在各级领导的正确领导和广大科技人员的共同努力下，完成了国家和部委下达的科技项目 30 多项，完成了行业内外科研项目 200 多项。其中有 20 多项获得了国家和部委的科技进步奖，在国内外刊物上发表论文 200 多篇，出版专著 10 多部，获国家专利 6 项。

主要的科技成果有：

第一个是新型的溴化锂空调，就是利用电厂的废热来制冷。这个项目的主要负责人是覃振铎，在沈阳电厂实施的效果较好，但是随着劳保科研所改制没有完全转化为产品。

第二个是低频锅炉声波吹灰器，就是利用声波的震动把锅炉内的粉尘除掉，在几个电厂使用以后，包括宜昌地区的几个小规模的电厂，还有宜昌烟厂的锅炉都使用了，效果还是可以的，这个项目主要负责人是徐贤金、梅传林等人；

第三个是球磨机噪声治理技术，项目负责人程佩钦、孙建清等人，火电厂球磨机的噪声高达 115 分贝左右，国家规定一般不能超过 85 分贝，通过治理可以降到 90 分贝左右，降了 20 多分贝，在新乡电厂、南昌电厂的运用效果是比较好的；

第四个是移动式高效雾化除尘器，项目负责人向心斗，就是把水高效雾化喷出去用来降尘除尘；

第五个就是通风式尘毒净化呼吸器(防尘口罩)，项目负责人是罗涤泉、赵全红等人。

这些就是取得的主要科技成果，这些科技成果都通过了国家电力公司组成的专家组进行的技术鉴定。由于科技体制改革，这些科技成果还没来得及完全转化为科技产品。

《水利电力劳动保护杂志》是 1983 年创刊的，水利电力部的季刊，是国内公开发行的二级刊物，一直运行到 2004 年，一共发行了 80 多期。劳保科研所与宜昌电力公司合并之后，2004 年省电力公司就把杂志发行刊号拿到省电力公司去了。

电力劳动保护培训中心多年来在电力系统举办过多期电力行业劳动保护和劳动环境监测培训班，共培训 1800 多人，编写有《劳动条件分析》《劳动环境的监测技术》《电力企业工业卫生管理》《电力职业健康安全技术手册》等教材。

劳动环境监测总站主要负责电力系统劳动环境的检测工作，各个省设立检测中心站，电厂设立检测分站，形成了三级监测网络。编制了电力行业劳动环境监测技术规范和标准，为电力行业主管部门的劳动保护工作发挥了一定的作用。

难忘的故事和经历

我讲一个在劳保科研所工作期间的故事。2004 年电力部陆延昌副部长在浙江主持召开全国电力行业根治粉尘源、消灭尘肺病大会。因为尘肺病在水利电力行业、火电行业的危害是很严重的，我也参加了这次会议。会议中有一个议程是到新安江疗养院参观，这个疗养院里有 100 多位尘肺病人在疗养，他们都是在修建新安江水电站过程中患的尘肺病。我们当时陪同陆部长一起到病房去看望尘肺病人，有个尘肺病人原来是潜孔钻队的队长，由于长期接触粉尘而患尘肺病，他就跟陆部长说："陆部长啊，我只希望我们的下一代不要再患这种病了。"讲的时候已是泪流满面。他已经是尘肺病 3 期了，3 期尘肺病就是晚期了，几乎 24 小时都不能脱离氧气管。尘肺病主要是肺组织纤维化，肺功能丧失，他们有的连上厕所都需要戴氧气管。这番话是非常感人的，陆部长说："我们一定要努力，不能让下一代继续受这种痛苦，这次会议的主题就是根治粉尘源、消灭尘肺病。"这次参观，对我触动很大，使我进一步认识到劳动保护工作在我们电力行业中的重要性，增强了我做好劳动保护工作的决心和信心。

第二个难忘的经历，就是在国家科技体制改革期间，由于事业单位要转变成企业单位，劳保科研所面临机构解散，是最混乱的时候，人心涣散，什么问题都提出来了。有的人想乘机把子女调进来，有的人想要解决职称问题，还有的是多年积累下来长期没有解决的一些问题等，他们天天来办公室要求给他们解决这些问题。这一段时间是我这辈子工作中难度最大、困难最多的一段时间，在这种情况下我还是坚持了应有的原则。这段时间也磨炼了我的意志，这是我一生中工作难度最大、最难忘的一段经历。

一朝葛水人　一生葛水情

关于我本人取得的一些成果和荣誉，总的来说，我这辈子在党的教育下，努力工作，取得了一些成绩。我先后主编出版了三本书籍，第一部就是《电力职业健康安全技术手册》(115 万字)，是 2001 年电力出版社和华中电力公司委托我主持编写的，2006 年由中国电力出版社出版发行。第二本书是全国高校保卫学会(秘书长吴心正)委托我主编的《企事业消防安全管理》一书，30 多万字，由湖北科技出版社出版发行。第三本书是重庆市安全技术中心委托我主编的《现代企业安全管理》教材，40 多万字，未公开出版。我先后在国内期刊上发表论文 5 篇，在《水利电力劳动保护》杂志上发表 4 篇。参编的书有《电力企业工业卫生管理》。我编写的安全课件《安全行为管理》，在国家安全生产监督管理总局人事部举办的安全课件的比赛中获得了二等奖。2020 年广东省安全技术中心开展评比活动，我被评为"最受学生欢迎教师"。这就是我取得的一些成绩和荣誉。

向光全(中)与口述校史工作人员

目前国家职业病形势还是比较严峻的，主要是尘肺病。尘肺病在我们国家职业病总数统计中占 80% 左右，我们国家职业病总数已经超过 100 万，尘肺病占了 80 多万，在职业病中排第二位。退休十多年来，我先后在湖北、重庆、广东等地从事劳动安全健康方面的教育培训工作。年纪大了今年本来不想讲了，但最近又有几个单位要我去讲，有一份热就发一份光吧。

衷心希望国家进一步加强职业安全健康的监督管理，确保劳动者的安全健康。一朝葛水人，一生葛水情，祝愿三峡大学明天更美好！

(本文根据 2021 年 5 月 7 日在三峡大学档案馆会议室访谈
向光全口述录音整理，整理人：田吉高、龚海燕)

学校对工程师的培养是扎扎实实的

——杨启贵校友访谈录

杨启贵，男，1964 年 1 月生，湖北宜都人，汉族，中共党员，大学学历，工程硕士，教授级高工。

长江设计集团有限公司党委书记、董事长，国家大坝安全工程技术研究中心副主任。

1979 年 9 月至 1983 年 7 月，在葛洲坝水电工程学院水工建筑专业学习。

1983 年 8 月至 1996 年 8 月，在长江设计院枢纽设计处工作，历任基础设计室副主任、主任，1996 年 8 月至 1998 年 6 月任长江设计院设总，1998 年 7 月至 2002 年 6 月，任长江设计院副总工程师，2002 年 7 月任长江设计院总工程师，院党委委员，2013 年 9 月任长江设计院副院长兼总工程师，院党委委员。2015 年当选为院纪委书记，院党委委员，院纪委委员。

享受国务院政府特殊津贴，先后荣获全国抗震救灾模范，全国水利青年科技英才，湖北省劳动模范，水利部首批 5151 人才工程部级专家、国家百千万人才工程人选，突出贡献中青年专家，2008 年获全国水利水电勘测设计行业优秀设计总工程师称号，2011 年 5 月被授予中国工程勘测设计大师。

见到你非常高兴，田老师跟我有渊源。看着你的名字，就跟我高中的老师有两个字相同。你叫田吉高，你的堂兄还是堂弟叫田吉敢，他是我高中的老师。我高中毕业后没再见过田吉敢老师，他很快就离开宜都，调回武汉了。所以在学校见到你就觉得很亲切，这么多年跟你见面比较少，你这次到武汉来我感到很高兴。在学校，我就是很普通的学生。我是葛洲坝水电工程学院水工专业 79 级的，在学校功课不算冒尖，是那种再普通不过的学生。也没什么特长，体育爱好没有强项，都是平常的那种，比如说篮球可以拍两下，但是绝对不是别人组队时要的对象；乒乓球可以打一下，但是绝对拿不了名次，就是这么一个学生。

15 岁上大学

我在我们班年龄相对来说算小的，1979 年进去的时候大概不到 16 岁，进校读书年龄比较小，毕业的时候 19 岁半，不到 20 岁。我们农村 1983 年进行改革，正好是过渡期时候，那时候人的思想活跃程度还是很特别。我进大学的时候，学校有个礼堂，吃饭也在那里面，就是靠山边的那栋楼，我们进去以后才修。我们住在 3 楼，上课的时候，每栋楼的头上有个大的平层，就在那上课，后来才慢慢地扩展。那时候只有碉堡楼，再加上食堂那个礼堂，和我们那一栋楼。后来才有跟它并排的机械楼，以及后面的那些楼。总体感觉就是，在那个年代能有读书的机会就不错。按现在的标准觉得当

杨启贵（左一）与口述校史工作人员

年的那个条件非常简陋，但是对我们这种从农村出来的学生，在当时整个国家的条件都很差的情况之下，能有一个钢筋混凝土的教室，就很心满意足了。当时 1 号学生楼是学校最好的建筑。我们住的学生宿舍一楼，一进去右边就是阅览室，左边就是放体育器材的。阅览室的书刊非常简单，非常缺乏。我记得那时候的文学、散文书很少，许多书基本上是图片，从头到尾都是图。但是在那个年代，同学已经很知足了，我就感觉那时候很充实。与现在相比，那个时候是很穷很苦的，有助学金能管我们过好日子。我每月有 17 块 5 的助学金，在那里可以吃饱，很多菜都是 5 分钱、8 分钱，就这么一个档次。我记得放寒暑假的时候助学金照样给，回家的路费也差不多够了。那时候回宜都坐船，经常碰到梁经义，他是红花套的人，是学校的老师。他是兰州大学毕业的，在我们学校学生科工作了很多年，对我也很关心。因为梁经义老师是学生科的，平常就做学生工作，他经常提醒我们认真读书。

第一次地质实习

回头来看，这么多年，我觉得有几件事情很有意义。一是在二年级，我们参加了一个地质实习。地质实习对我们工科学生来说是非常重要的，学校买回来一

面旗帜，在上面写上葛洲坝水电工程学院 7911 班，悬挂在学生实习的那个船上。轮船劈风斩浪，红旗迎风飘扬，印象非常深刻。通过地质实习，学生能跑到野外长见识，这个地质实习对我们后来成为一个工程师是一个最基础的认识，告诉我们要有基本功。

杨启贵(中)在水电工地现场

再就是四年级的时候，6 月份要毕业，为做毕业实习我们跑到安康水电站，又跑到四川渔子溪、映秀湾水电站，聘请优秀的工程师讲课。学校给我们很深的印象就是对工程师的培养是扎扎实实

的。我们这批同学出来，读了 4 年书，出来还真像个工程师的样子。这也是我们前几届学生后来比较多成为好工程师的一个原因。现在很多的这种实习，没有像我们当年那样，那个时候实习有很好的老师给我们辅导，印象很深刻。

认真读书　踏实上进

我是从高中直接参加高考过来的，在高中的时候我的成绩还算不错。进入大学之后，发现自己在同学中一比，中不溜秋，要跟上这个团队还得认真读。天外有天，山外有山，这个水平到这里来，第一要踏实上进，第二要面对现实，这就是当年的一些想法，读书时候的一些感觉。

现在回过头来看，说起当时大学的本科教育，我还是觉得老师要会讲课，会讲课的老师给我们留下的印象都非常深。一个是郭其达老师，他讲课深入浅出。当时我们已经三、四年级了，晚自习回来到操场散步，经常发现他在那个跑道上走，一边走一边念念有词。实际上老人家念念有词是在备第二天的课。郭老师的课生动、流畅，这与他提前准备是分不开的。他当过工程师，工程师要把书教好是很费力的，但他后来成了知名教师。从工程师转变为知名教授，离不开他的刻

苦努力。他不是那种看上去特别有天赋的人，他就是那种踏踏实实的人。先生的道德文章对我是个熏陶，给我留下特别深刻的印象。还有个教水电站的老师，叫陈崇泽，工程教得非常好，对工程的理解、认识也非常深刻。还有教理论力学的，叫韩国权，他讲课讲得非常好。还有那个教力学的许发华，他是用英文给我们讲的，板书的时候写英文，实话实说也没听懂几句，不是他不行，是我们的水平跟不上，印象很深。那个年代

杨启贵(左)荣获"全国抗震救灾模范"

老师把教学当作唯一，他们比现在的老师淳朴一些，工程师教学生训练，让他们成为好的工程师，不像现在赋予老师太多的角色，既希望他们成为教育家，又希望他们成为科学家，还希望他们成为科普家。我自认为我们那个年代工程师的功底在学校培养得非常好，这是我们前几届的学生成为好工程师比较多的一个原因吧，国家对我们的器重，对人才的需求，和学校的朴实氛围影响了我们。

我们同学来自全国各地，每个学生的性格都不一样，彼此的交融很有意思。同学之间的友情历届都是如此，现在也是一样，在这个年龄段留下的印象非常深。我们班应该是42个学生，4个女同胞，两个班，8个女同学。阅览室的书我们天天读。有个同学叫罗浩，他读阅览室的书读得不去上课，印象很深。

赶上了好时代

我感觉在学校学习，第一，氛围很好，大家在这种氛围里努力。第二，努力不够，要留级，也很规矩，同学之间留了级也没有歧视。现在我们见面，绝大多数都是好工程师。

对当年的我们来说，没有多少比较，现在来看条件非常简陋，但是我们也没有自卑心。走上工作岗位以后的这么多年，我们在单位就是认认真真干活。因为一到单位就会发觉，葛洲坝水电工程学院与那么多名校一起分到长办的有两百多个学生，重点院校毕业的占一半，清华、北大等各种学校层次的都有。学校之间有差别，但站到这里我们并不感到自卑。学校还是有差别的，高考的时候我们知道有重点非重点，再回到社会大环境，学校的层次多少还是有影响的，这个影响是多方面的，但更多的是让你觉得不要好高骛远，要踏踏实实。论聪明，进清

华、北大都是脑袋瓜子聪明考进去的，所以还是要踏踏实实做事。我们赶上了好时代，有很多的机会，能参与修建水电站就是很幸运的事。当时陈培根副院长在武警水电部队也待过，给我们讲水资源的课，讲他参与那个年代的水坝、水电工程的建设。当时葛洲坝是最大的水电站，我记得洪水有 80 多万秒立方左右，所以能到一个好的平台，对成长很有帮助，同时也是人生的经验，所以人要努力向上。

从普通员工到总工程师

长江委这个地方，很朴实，追求真理和科学，能经历很多没有经历过的事情。这个团队有创新的意识。葛洲坝的大坝做得非常好，在做葛洲坝之前，没有做过拱坝，这在行业里也是一个创新。在这里就是追求真理、追求创新。我们长江委这么多年，这么多工程都没有出现重大事故。长江委并不仅仅是做工程，还要为整个流域、为国家的水资源配置做规划，包括抗洪抢险和技术的评估审查。

我们来工作的时候叫长江流域规划办公室，简称长办，往下分配，我分到了枢纽处的基础处理室。学土木的都知道，这是一个辅助专业，在大多数人看来，由于学习和掌握核心技术的机会和机遇少，很难发展成为技术骨干。到这个单位这么多年，很有意思，经历工程的锻炼，慢慢地从普通的员工成为院这个层面的负责人。长江委没有那种学校门派，只要踏踏实实做事都有得到肯定的机会。我 1998 年在院里做副总工程师，2002 年就开始做总工程师，到现在都快 20 年了。现在有两年多不做总工了，只做副院长。这是个很好的平台，做工程也很幸运，有机会做水布垭大坝，到现在为止还是世界上最大的面板堆石坝。在西北口那边也有个这种坝，但二者不可同日而语，水布垭是现在全球最高的面板坝，西北口只有 80 多米。水布垭运行 14 年，现在运行效果很好，也得到了国际上的高度认可，被国际大坝委员会誉为里程碑式工程。当年在长江三峡我也做了一些事，有一些锻炼的机会。

追求真理　追求创新

我在葛洲坝水电工程学院读书时，聆听过葛洲坝工程局总工程师郭鼎鸣先生在学校作的报告。郭总准时到达会场，按时结束讲座，严格守时，报告精彩，至今令我记忆犹新。

我离开学校 38 年，守时、事先准备早已成为自己的工作习惯，也按此要求自己的团队。比如出席会议要做到，你出席是否恰当，资料是否准备齐全，发言观点内部是否已协调，发言内容是否有腹稿，会后是否已向相关部门通报等。再比如，重要的会议要提前准备发言稿，重要的答辩要提前预演几十道模拟提问的题目等。有同事问我，为什么你的发言不超时？其实自己也很笨，但正规的发言，我会提前按每分钟230个字左右准备发言稿。

尊重科学、严谨求实、追求真理、追求创新是长江水利委员会亮丽的名片。我在长江委这么多年，干过许多工程，没有出现重大事故。我们不仅仅是做工程，还要为整个长江流域、为国家的水资源配置做规划，负责技术的评估审查和做好抗洪抢险等多项工作。

我2002年7月任长江设计院总工程师、党委委员，2013年9月任长江设计院副院长兼总工程师。先后获"湖北省五一劳动奖章""全国水利青年科技英才""湖北省劳动模范""水利部5151人才工程部级专家""全国水利水电勘测设计行业优秀设计总工程师""百千万人才工程国家级人选""国家有突出贡献中青年专家"等荣誉称号，享受国务院

杨启贵(中)在基层调研

政府特殊津贴，2017年获得"首届全国创新争先"奖状。

1997年，我离开已在建设之中、受到高度关注的三峡工程项目，负责清江水布垭水电站的勘察设计，主持完成了水布垭大坝这个至今仍是全世界最高的面板堆石坝。但在当时，坝型能否通过、工程何时上马谁都不知道，是一个并不被看好的项目。历经10年磨炼，水布垭水电站以优异的成绩建成收官，荣获"国家科技进步"二等奖，国际大坝委员会授予"里程碑工程奖"，国际咨询工程师协会授予"FIDIC优秀奖"。

知识分子应有的初心

工作38年，我获得全国优秀勘测设计金奖1项、银奖2项，国家科技进步二等奖2项，省部级科技进步特等奖2项、一等奖5项，发表科技论文80余篇，从第一作者出版《堆石坝加固》《水布垭面板堆石坝筑坝技术》《"5·12"唐家山堰塞湖应急处置》等著作5部，主持或参编技术标准7部，获授权中国发明专利25

项、国际发明专利 14 项次。

2010 年，我申报全国工程勘察设计大师一次成功，这是中国勘察设计行业国家级荣誉称号。

我直接承担过葛洲坝、隔河岩水电站、三峡大坝、水布垭水电站等 40 余项大中型工程的部分设计，参与的工程项目过百项。

作为抢险专家，近 20 年我多次出现在重大涉水灾害抢险现场。参加了西藏易贡堰塞湖、四川唐家山堰塞湖、甘肃舟曲特大泥石流堰塞湖、金沙江白格堰塞湖、江西抚河唱凯堤溃口、湖北东方山大坝集中渗漏 30 多次重大灾害的抢险工作，作为中国政府专家，赴巴基斯坦提供 Atabad 堰塞湖除险技术援助，赴泰国提供防洪救灾技术援助。

30 多次的抢险救灾，每一次都是对勇气和能力的挑战，也是我们每一位职业工程师的应尽职责。"上大学、求真知、练本领"，就是希望能够在急难险重面前为民族、为国家、为人民做出自己的奉献，这也是作为一名高级知识分子应有的初心。

（本文根据 2021 年 6 月 18 日在汉口长江水利委员会办公室访谈
杨启贵口述录音整理，整理人：田吉高、龚海燕）

求索，"葛水"赋予的信念和力量

——赵宜胜校友访谈录

赵宜胜，男，1963 年 6 月 26 日出生于湖北省宜昌市。

1979 年考入葛洲坝水电工程学院，在机械系 7921 班就读，1983 年毕业留校任院党委办公室秘书。

1986 年考入清华大学社会科学系思想政治教育专业双学位班。1988 年回到葛洲坝水电工程学院，先后任职院团委副书记、管理工程系党总支副书记。

1994 年，满怀探索市场经济、像实验物理学研究物理现象那样对市场经济主体及其实践活动进行学术干预的豪情，辞职离开葛水，先后在宜昌、大连、重庆创业发展，围绕企业转型、科技创新、社区建设、城乡融合发展、"一带一路"软实力建设进行调查研究和改革试验，多有建树，并因此荣获"全国优秀社科普及专家"称号。

自 2016 年起，先后担任重庆市对外文化交流中心主任、重庆市对外文化交流协会执行秘书长等职。

社会兼职有：三峡大学重庆校友分会荣誉会长，清华大学重庆校友会党支部书记、副会长兼秘书长，重庆市社科联常委。

我于 1979 年考入葛洲坝水电工程学院机械系 7921 班，从此，"葛水"成为我一生中最走心、最关情的关键词。正如 2018 年我返校参加校友纪念活动时写下的一段歌词："葛水，此生最亲切的词汇！感恩有你，给我人生光辉！"

毕业留校工作的那些岁月

1983 年 6 月 30 日，过完 20 岁生日后的第 4 天，我毕业留校了。我被安排在院党委办公室当秘书，党委副书记陈启新同志兼党办主任，刘克胜同志是党办副主任。除了给院领导服务以外，我最主要的日常工作就是到院系和各部门调研，负责采编工作简报。有幸接触到初创时期，葛水上上下下奋发图强、教书育人的大事小情。时任院党委书记的赵树同志鼓励我多下基层。于是，在启新副书记的亲自安排下，我在留校工作一年后，兼任了机械系 8421 班的班主任。在兼任班主任工作时，学生对我的评价是亦师亦友；而在院党办的工作，使我对葛水的办学理念有深切的休会和深入的思考。

记得在 1983 年秋冬之际，葛洲坝水电工程学院的党组织关系要由葛洲坝工程局党委代管转归湖北省委管。我与学院相关部门主要领导一起，随同赵树书记到省委接转党组织关系。院党办领导没去，就由我硬着头皮上了，毫无工作经验的我，只好模仿影视剧里的秘书开展工作，幸不辱命。在省委科教部，领导要求学院党办配备 24 小时值班电话，以便与省委保持及时畅通的联络。我回来向启新副书记汇报后，他当即决定在当时学院机关所在的"碉堡楼"安排一个专门的值班室，配备值班电话，由我负责值守。于是，我从两人一间的单身教工宿舍搬进了装有值班电话的单间，这"待遇"在当时可是相当出格了。不过，这值班的责任让我下班后的每个晚上和周末节假日，都不敢出门，特殊情况下出门，就要安排好替班代理。重要的是，组织的信任让才 20 岁出头的我高强度地接触到改革开放初期高校的政策动态和葛水上下励精图治的大量信息。

1986 年，我考入清华大学社会科学系马克思主义理论和思想政治教育专业深造。当时教育部是面向全国高校统考招生，要求有两年以上的高校工作经历方可报考，我刚好符合条件。这时的党委副书记兼党办主任已经是曾德安同志了，他毕业于清华大学水利系，正是在他的鼓励下，我才大胆报考了清华大学。清华大学有个传统，挑选高年级学生或研究生兼任低年级的辅导员或学生工作干部。我进清华后，也被挑选兼任学生工作干部，安排在学工部，给时任学工部部长的郑燕康老师当助手，我因此深入体验到清华大学学生工作体系和教书育人的传统和经验。

两年后，我回到了葛洲坝水电工程学院，任院团委副书记，与当时的院团委副书记贾立敏同志搭档。半年后，何伟军同志从机械系分团委书记升任院团委副书记，我们"三驾马车"团结协作，将葛水的共青团和学生工作搞得风生水起，留下了许多难忘的故事。

我才任院团委副书记半年多，一次到省委高校工委出差，没想到被领导"看中"。出差后回到学院上班第一天就被组织部张德功部长叫去，说省委高校工委要借调我，院领导已经同意了，让我尽快去报到。原来，当时的高校工委连续调走了两名副处长，于是就将时任宜昌师专党委宣传部长的刘青春同志和我借调过去。半年后，我实在是思念葛水之情难抑，向领导提出回葛水。领导以为我是闹情绪，安慰我说："委里上上下下都很认可你，忙过这一段就要给你办理正式调动和任职手续，你为啥要回去？"我说我还是想回葛水，一边做学问，一边教书育人。领导看我去意已决，只好作罢。短短半年时间，除围绕高校思政工作以外，跟团省委学少部也有很频繁的互动，对全省的高校学生工作有了更多的了解和深入思考。

回校后，我又在团委干了一年多。1992年，社会科学部和施工管理系合并为管理工程系，我被任命为系党总支副书记，主管学生工作，一干又是两年。作为"学生头"，"开放包容"的我与学生们建立了深厚的感情。值得欣慰的是，当时管理工程系的专业主要是"工程造价管理""电力企业秘书""安全管理"等新专业，都是社会急需的，毕业生们也因所学专业满足了用人单位的急需而得到特别的锻炼和快速的发展，我也因此乐得"桃李满天下"。

邓小平视察南方谈话后，各行各业都在探索向社会主义市场经济转型，学院决定让管理工程系筹建市场经济所急需的"市场营销"和"房地产经营与开发"两个专业，系主任刘运长同志安排我负责筹备工作。我考察了多所名校的相关专业，发现大家都有共同的问题：一是师资，老师大多是其他专业转行而来；二是教材，要么沿用计划经济时代的过时教材，要么用翻译过来的并不适合中国国情的国外教材。而这两大问题，对于我们当时这个以水电为主的工科院校来说，程度更甚。

这些新专业应社会急需而办，但教师、教材缺乏，办学条件难以满足办学需要，这令我感到困惑，会不会误人子弟？我突然顿悟：社会主义市场经济才刚刚开始，缺乏市场经济的实践，更缺乏以实践为基础的理论，我们拿什么教给学生？所以，当务之急，就是要去市场经济实践中去积累。

想明白了就行动！1994年暑假的一天，我向时任院党委书记的纪万松同志和党委副书记汪仲友同志提出辞职请求，我说："一是作为一名教师的使命，要到

赵宜胜近影

市场经济第一线去摸爬滚打,成为真正懂得市场经济而不误人子弟的人;二是作为一名党员知识分子的使命,市场经济需要培育一代有理想有文化的优秀企业家。"两位敬爱的老领导还是被我说服了,表示坚决支持!

社会主义市场经济要发挥共产党员、知识分子的作用。我很庆幸自己遇上了好时代,能够把自己的人生理想融入社会变革大潮。记得当时我向王炎廷、邓曦东、吴正佳等几位要好的青年同事说:"希望自己先经商 10 年,然后到地方政府机构干 10 年,再回大学干 10 年,我将成为很好的大学老师。"我是一个很普通的人,但当时确实满怀这样的抱负和理想。在第一次知道三峡大学用"求索"作为校训时,我不禁拍案叫绝:这不正是我离开葛水的初衷以及我人生理想的写照吗?"求索"二字,既指明了我们奋斗的方位和目标,又提示了我们成功的路径和方法。我有这种选择,是学校培养的必然结果。

走向社会　上下求索

我下海后,按照我给自己确定的"培育一代有理想有文化的企业家"的既定目标,先把自己整成"企业家",组建了宜昌德赛形象开发设计有限公司,为快速而野蛮生长的民企和面临转型困惑的国企提供 CIS(企业识别系统)策划设计和企业管理咨询。当时意味深长地选择"德赛"(英语"Design""Decision"的译音以及"Democracy""Science"的译音之首)作为公司的名号,提出的公司口号是:"德赛就是设计,德赛就是决策,德赛就是民主与科学。"真实反映了自己毅然辞职下海闯荡的豪情与梦想。

我接的第一个单就是"三峡国际机场发展战略研究及导入 CIS 工程"。三峡国际机场项目是在计划经济条件下论证、与我国探索市场经济体制几乎同步启动的大型基础设施建设项目,如何适应市场经济的新体制?项目建设正处于由计划向市场的转折时期,建设业主如何实行企业化市场化运作?大型基础设施的投资建设模式和未来的运营体系如何构建?面对这一系列新问题,我对国内外大中型机场的投资、建设和运营模式进行了调研,提出全面导入"CIS 工程"的建议和一整套实施方案,为机场的投资、建设和运营以及机场公司的长期良性发展,从规模较小的支线机场迅速提升做大发挥了积极作用。

带着满怀的豪情和牛刀初试的兴奋,我与当时在宜昌市经委负责技术改造工作的 7921 班老同学冯小青一拍即合,在经委领导的支持下,合作成立了宜昌市现代企业改造技术有限公司。为企业提供顶层设计、经营管理、技术改造、市场策划等方面的咨询服务。针对当时的城区老工业企业"退二进三"的需要,我们提出了《宜昌市老工业企业搬迁改造方案》，将技术改造、体制改革、形象重塑有机结合，导入现代企业制度和企业形象识别系统，指导完成了多个企业的搬迁及企业改造任务。

赵宜胜校友参加学术论坛

1995年，在给丽人日化集团进行企业咨询和市场策划的过程中，我带着他们的营销团队去开发大连市场，发现大连的企业咨询市场更大。连续做了几单业务后，就留在大连与朋友联合创办了大连明辰（振邦）产业集团，由给企业做咨询顾问转型为自己筹集资金孵化高新技术企业。先后搞了城市消防自动报警系统（现在看来就是比较原始的"物联网"）、磁悬浮球和氟碳涂料等三个项目，影响最大的是"振邦"氟碳涂料（即"振邦漆"，在夷陵长江大桥和三峡大学校园建设中都有很成功的应用），后来在北京奥运主场馆"鸟巢"的竞标中，一举击败了所有竞标的国内外涂料。当时，全球只有美国和日本能生产氟碳涂料，我们成功地实现了进口替代。市场上流传着一句话："美国有杜邦、日本有立邦，中国有振邦。"振邦集团所冠名并运营的八一振邦足球俱乐部，是当时甲A的12支足球俱乐部之一。

21世纪初，我国城市化进入快车道。我辗转重庆，首创"政策力·市场力·技术力——3S-P地产定位分析模型"，做城市建设与房地产专业策划，先后荣获"中国商业地产领军人物""重庆十大地产顾问机构"等称号。在专业策划的同时，我还主持完成了一系列领先国内的学术活动、课题研究。如发起举办"中国康居·西部住宅产业论坛"，与重庆大学美视影视学院合作完成《城市平民住宅形态和购房意愿研究》，开国内影像学调查住宅问题的先河；与清华大学社会学系孙立平、沈原等教授合作完成《重庆江南社区研究》，在业界率先提出"资源共享、优势互补、文明和谐"的社区开发建设理念，对当时普遍存在的封闭式小区单元割裂城市生态的问题，进行了学术干预和转型试验；与北京大学社会学系刘世定教授合作调研了计划经济时期三线企业西南铝厂所在的西彭镇，完成了《大城市外围企业型城镇研究》，指导转型发展，使之获批"全国发展改革试点小城镇"。

2005年，我主持了重庆市多个新农村建设规划，在国内最早提出"城乡融合发展"的概念、路径和方法。2006 年执笔完成的《重庆市九龙坡区城乡统筹发展综合改革试点方案》及其 12 项配套制度设计，大胆提出设立"城乡统筹发展综合改革试验区"的建议，受到时任重庆市委书记汪洋同志的首肯。随后，应邀参与了重庆市统筹城乡综合配套改革工作方案的相关工作，成为我国最早进行乡村振兴、城乡融合发展与统筹城乡综合配套改革研究与实践的专家。

2007 年，我创办了全国首个聚焦城乡统筹发展问题的民办社科研究机构——重庆渝蓉城乡发展研究院。在全国各地主持、参与统筹城乡发展改革方案研究 20 余项，主讲大型报告会 50 余场，深入田间地头宣讲统筹城乡相关理论近 200 场。在中华世纪坛举办的"乡村营建 城乡共荣"主题论坛上发表演讲。在国家建设部主办、全国各省市近千名专家学者参加的全国首届村镇规划理论与实践研讨会上，我以《一个中国乡村的死与生——城乡一体化规划方法论》为题，在首场大会上演讲，获得大会优秀论文一等奖并在《小城镇建设》上全文发表。

为深入开展统筹城乡综合配套改革的实验研究，我倾尽家产，在重庆投资建设占地 4500 亩的试验基地——千秋生态农业园区，其被列为重庆市城市资源下乡十大示范项目，被新华社、南方周末、21 世纪经济报道、中央电视台等媒体多次报道。8 年间，我结合千秋村试验，先后向政府提交了一系列调研报告，对我国"三农"问题研究、新农村建设、城乡融合发展产生了积极影响。在重庆市社科联民办社科机构主题研讨会上，我撰写的论文《基地、课题、制度——民办社科研究机构能力建设的"三大法宝"》获第一名，重庆渝蓉城乡发展研究院多次被评为先进单位，我本人也荣获"全国优秀社科普及专家"称号，当选为重庆市社会科学界联合会常委。

2016 年，重庆市委宣传部作为人才引进，聘我担任重庆市对外文化交流中心主任。正值习近平总书记提出"一带一路"倡议后，国家推动中华文化走出去战略和文化软实力建设。面对对外文化交流工作全面转型升级的任务，我一如既往地以实验研究的态度进行工作的创新与探索，创造性地提出了"以联动社会力量开展公共外宣为定位，以文化交流搭载经贸、科技、人才交流项目为动力，以引进来和走出去双向交流互动为路径"的对外文化交流工作模式，形成了一批创新工作案例，如："第三届硅谷创业节·重庆周"首次在美国硅谷富有影响的全球性科创活动中，引入主宾城市并促成科技合作；重庆江津第 13 届中山古镇"千米长宴"民俗文化节引进意大利美食文化，并促成中意古镇结盟合作，开创了中西古镇文化交流互鉴、推动经贸合作的新模式。我还利用几乎所有业余时间，与著名书法家、书法教育家庹纯双先生合作进行"汉字拼写技术"的体系构建，共同将他 20 多年前发明的"回米格"习字技术打造成为对中华优秀传统文化进行创造性转化和创新性发展具有示范意义的"汉字拼写技术"这一重大文化IP，助力重庆铜梁区委、区政府立足"汉字拼写技术"创建"中华习字文化名城"。

顺应我国对外开放和中华文化走出去的需要，我积极推进对外文化贸易的探索实践，提出了中国发展文旅产业的"高铁路径"，即：借鉴高铁"以市场换技术"进行产业转型升级的成功经验，通过服务贸易和企业引进，聚集全球优秀文旅产业资源，以"美丽中国"建设这个巨大的市场，吸聚全球优质文旅产业资源，培育全球文旅产业高地，使中国的文旅产业具备领先世界、辐射全球的能力，在文旅产业领域再现一个"高铁奇迹"。我深信：中华文化必将在世界文明交流互鉴中绽放最夺目的光彩，中国智慧必将提供有效的中国方案，为解决人类命运共同体面临的全球问题做出不可替代的贡献！

"求索"是怎样炼出来的

实践型的顶层关切，研究型的基层实践。正是数十年如一日的上下求索，让我经历了丰富多彩的职业生涯。这种求索精神，正是葛水学习和工作给我种下的"基因"。从念本科时的7921班到当班主任时的8421班，我深深体会到今天三大人的"求索"基因是怎样炼出来的。

葛水建设初期，条件十分简陋。除了食堂兼礼堂、卫生所等用于配套的零星老房子，全院三个系，全部挤在新建的两栋楼里。一号楼是水工系和图书馆，二号楼是机械系和自动化系。直到1980年第一教学楼建成投用前，我们的宿舍和教室都在同一栋楼里。

作为中央部属院校，葛水的生源还是非常优质的，不然不可能在我们79级同学中产生出胡亚安院士这样的才俊。学校的培养目标是水利电力工程技术人才，在当时水利电力部所属院校中，校名里有"工程"二字的只有葛洲坝水电工程学院。而建校之初给我们这个工程学院的定位，就是面向工程建设单位培养一线的工程师。

我们7921班当时在全省比较出名，获得过"湖北省高校体育卫生先进集体"、院运动会团体总分第一名等诸多荣誉。表面看，7921班"出圈"的原因一是体育，二是卫生，但深入进去你会发现，其实这体育和卫生所承载的是大家追求卓越的精神和集体荣誉感，这无形中为大家未来的事业拼搏和职场合作做了准备。我们班当时是自觉实行半军事化管理，每天的早操和体育锻炼、整理寝室及打扫环境卫生，构成了我们课余生活的重要内容。大家都十分珍惜时光，刻苦学习。当时同学们手里都有个标配——英语单词本，无论在食堂买饭，还是在等公交车，只要有空，就拿出来背单词。四年的大学生活，养成了团结、严谨、吃苦、拼搏的性格。7921班当时所取得的荣誉，也是全班同学严于律己、融小我于大我、齐心协力的结果。

我们刚进葛水时，几乎所有的同学对当时的办学条件都是失望的，有的说还比不上自己的中学。但时间一长，这种情绪就没有了。记得1979年秋天，刚入学不久，校园里的橘子成熟了，学校给我们每个学生分了3斤，老师没有分。想想，有哪一所大学能做到这一点？老师对学生是什么样的情怀？就冲这一点，对学校条件的简陋，就一点怨言都没有了。

大学四年期间，我一直沉浸在这种亲如一家的氛围中，记得大三那年的中秋节，学院搞"黑板报比赛"，我作为我班《小花》黑板报主编，写了一篇随笔《家常话》，后来被组委会将这篇文章推荐发表在院报上。不久前田吉高老师从院报老档案中帮我找到了这篇文章，现在读起来，还能感受到当年那浓浓的家的气息：

"我们这个家成得匆忙，自然也立得艰难。当初，在同学们中间有这是'先上马后备鞍'的'抗大'式学校之说。我敢说，我们每个同学刚走进我们这个校园时，都曾为原来的美丽的大学校园的幻想被打破而失望过、懊悔过。然而，只要我们在这个环境里待得久了，就不能不喜爱起我们的学院来。这不只是'儿不嫌母丑'的社会公德作用的结果，重要的原因是我们看到了我们事业的崇高和我们学院朴实而自强不息的品质以及闪烁在她身上的希望之光。"

在母校度过的四年大学时光，印象最深的是母校培养了我们吃苦耐劳、团结协作、实干报国的精神气质，这恰恰是基层单位最需要的，也是创业成功所必须的基本素质。正是葛水的培育，赋予我"知行合一，上下求索"的人生信条。葛水的这种"求索"气质，应成为三大人共同的财富和"标签"。

我们7921班的毕业分配方案最能体现葛水的"办学特色"了。我记得我们班41名同学，有23名分在水电部所属的各个工程局，其中，位于青海的水电四局就有4名，位于贵州的水电九局就有5名。这在刚恢复高考后的"新三届"毕业分配方案中是十分罕见的。那时，全国上下百业待兴，人才奇缺，科教单位、党政机关……大城市里那些急需本科生的"好单位"实在太多了，可我们班绝大多数同学都要到最基层甚至是最边远省份的基层去。毕业分配方案一下来，很多同学哭了！郑征宇同学身为班长，品学兼优。当年，他在青海的水电四局，边工作边备考、历尽艰辛考上内地的大学，本就承载着当年"支边"去青海工作的父母还乡内地的期望，没想到又分回了水电四局。尽管有眼泪，不情愿，但他坚决服从分配，在艰苦的青海龙羊峡，从基层技术人员一直干到四局局长，受到时任总书记的胡锦涛同志的亲切接见。后来又被重用于南水北调中线局任副局长，成为我国水电建设的标兵。

　　在我班成绩名列前茅的彭翔鹏同学被分配到了湖北省水利工程三团，三团将他调到位于神农架山区的竹山县水利工地工作。一天，我收到他的来信。读着来信，看着不久前去他工作的第一个工地——汉川县泵站工地看望他时送我的照片，我不禁泪眼蒙眬，当即给他写下一首诗。这首名为《答竹山友人》的诗歌，也发表在《葛洲坝水电工程学院报》：

答"竹山友人"

　　我的同学小鹏，最近由江汉平原调往靠近神农架的竹山水电工地，他来信要我想象他那里的情景——

山村里灯火明了，
天上眨起星星。
星星被帐篷遮了，
帐篷里亮起油灯。

也许是一个深深的峡谷，
也许是满山的翠竹和松林，
也许是流水潺潺的河岸，
也许是云雾缭绕的仙境。

我忘不了临别时你送我的照片，
霞光中你和那塔机一起升腾，
"我和我的第一件作品"，
意味深长的标题曾震撼过我的灵魂。

我亲爱的竹山友人，
这样称呼你可能以为浪漫天真。
你要我对你的生活进行描绘，
今天你在竹山谁知你明天又到哪村？

你引来繁星点点奉献白银黄金，

你赶走愚昧撒下文明。
高山流水念记着你的深情；
原始森林百鸟齐鸣，
那是它们把赞歌唱给你听。

除我自己的人生体悟以外，我也了解过许多葛水毕业生的奋斗历程，"既仰望星空，又脚踏实地"，"追求卓越，能上能下"，"不求做大官，但求做大事"，"功成不必在我，功成必定有我"，包括那句"路漫漫其修远兮，吾将上下而求索"，都是在他们那里常见的座右铭。

葛水创办第一人、全国政协原副主席钱正英同志也肯定地说过：不懈追求，使一大批在水电基层岗位上工作的葛水毕业生成了骨干。都知道葛水的毕业生不错，在水利电力领域做出了成绩，涌现出了许多优秀人才。葛水的毕业生有非常牢固的专业思想，特别能吃苦，特别能奉献，纷纷脱颖而出。正是因为面向各水电工程局、三峡总公司等水利电力一线岗位培养人才，精准定位，精准发力，葛水才能在远离中心城市的宜昌取得如此的成绩。

世界大学排名，有"校友评价"这个基本指标，要比"杰出校友"，诸如诺贝尔奖获得者、世界500强里的企业家、各国政要等。有人说"校友评价"拖了三峡大学排名的后腿，我不赞同这个说法。QS排名之类，并不符合中国国情，中国的大学是为中华民族的伟大复兴培养人才，应该有适合中国国情的评价体系和标准。在千帆竞渡的高校办学竞争中，三峡大学应着力培养社会最需要的，最能扬己之长补社会人才短板的人才。当年的葛水，聚焦水利电力工程人才的培养，别的院校的毕业生竞相留在大城市，我们的毕业生都要钻山沟，在别人不愿意去的地方摸爬滚打，建功立业。其实，人的一生会有很多变化，脚踏实地的人，往往会"步步高升"。我们同学毕业30周年聚会时，发现大多数同学都今非昔比，越是当初在偏远山区艰苦创业的，后来的成就越高。

我再谈谈我兼班主任的8421班。我兼班主任时，所思所想和所作所为，都深受7921班的影响。7921班这个永恒的团队，赋予了我带班的理念。可以说，7921班上的某些基因，被我带给了8421班。8421班同学30周年聚会时，当年班上的生活委员、现任中国电建海投新加坡控股公司总经理的曲武同学和我一起回忆起一件往事：一次我组织全班同学去三峡大坝坝址中堡岛参观，正值郑征宇同学来宜昌出差，我就请这位老班长百忙中客串专家全程指导，他结合自己的亲身经历和切身体会的讲解，给大家留下了深刻印象。类似这种待遇，8421班以外的同学是很难奢望的。对这个班，我最关注的是学生的综合素质，尤其是团结精神和领导力。

8421 班的大二结束了，我在去清华学习前，满怀着对这个班的深切爱恋，特别向系里推荐我心目中最优秀的青年教师游敏老师接任 8421 班的班主任。交接工作时，我将 8421 班级日志交给了游敏老师。前后四年，我俩接力，各管了一半。日志记载了很多有意思的信息，是我们研究葛水时代教书育人和学生工作的珍贵史料。前几天参加 8421 班毕业 30 周年返校活动时，游敏老师又将这本保存完好的日志交还给了我，今天我带来了，捐赠给学校档案馆。《8421 班级日志》这份珍贵档案，一定能帮助我们去寻找三峡大学的基因。

我还想讲一个关于 8421 班戴万俊同学的故事。在班上，他的学习成绩并不突出，但他思想活跃，行动力也很强，担任过班级体育委员、团支部宣传委员。我记得当时为了筹集班费，我个人掏钱置办了一套洗印相片的设备，让他牵头成立了一个洗相小组。晚上，"碉堡楼"里我的宿舍兼值班室就成了摄影暗房，他们把学校风景照片做成书签卖，成为全院学生的抢手货。戴万俊同学毕业分配到杭州钻探机械厂工作，几年后他下海在杭州创办了自己的企业，搞工程机械的销售和售后服务。在售后服务中发现进口工程机械的零配件太贵了，就自己测绘、仿制零配件。从维修、零部件生产到整机制造，一路挑战自我，攻坚克难，他的"杭州忉利道路机械制造有限公司"不断发展壮大。后来合肥市政府又引进他，成立了合肥玄德机械制造有限公司，集零部件生产、整机制造、标准检测、智能化售后运维为一体，成为国内"工程机械再制造"行业标准的编制者和领跑者。这样的校友，无论他名气怎样，一定是可以给我们办学育人提供宝贵资源的，在他身上，有许多值得在校生们好好学习的东西。

提到戴万俊，让我想到 84 级的另一位校友、毕业于自动化系、创业板第一股"特锐德"的创始人于德翔，他的故事相信已在三大广为流传。有一次我遇到他当年的辅导员周尚欣老师，讲述了他们师生当年的许多故事，更让我深信，从众多的创业型校友的身上，可以提取创业型人才的优秀基因，并由此寻求三峡大学的办学特色。我甚至认为三峡大学应成为创业人才充分涌流的高校，成为培养成功创业家最多的高校。如果以此为特色，我们就可以把育人系统的方方面面都往此方向引导和聚集，包括大学后教育系统和校友发展系统的建设，比如加强学校与校友企业的深度合作、探索具有三大特色的产教融合发展模式，既有利于学校的发展，又有利于毕业生的就业，更有利于校友的成长与发展。

一个学校应有自己的办学特色、主攻方向。中国的教育不能照搬西方那一套，我们要从自己的办学历史中找到我们独树一帜的文化制高点和自己的优秀传统，在此基础上进行"创造性转化和创新性发展"。"985"、"211"、世界大学排名等，这些都不应该是我们今天要纠结的东西，因为这些都只能反映已经发生的一切，都是过去时。未来是什么？未来最好的大学是什么？我们不能刻舟求剑，不能东施效颦。办学的根本目的是育人。三峡大学最应该且最能培养出什么样的优秀人才？这个问题弄清楚了，三峡大学独具优势和特色的办学方向和育人模式就弄清楚了。所以，加强校史的研究，让今天的学生从优秀校友的身上汲取营养，就是要让三大人的优秀基因不断传承、进化和优化。如此发展，一定会成就一所越来越优秀的大学。

在清华大学，学生毕业只是学校育人的开始，学校对校友的帮助，校友与校友之间的帮助，其程度之深、力度之大，让人很震撼。我高兴地看到，三峡大学，这个拥有"求索"优秀基因的后起之秀，其校友的发展以及校友工作体系的不断完善，正在因她越来越鲜明的特色和优秀的基因不断发展壮大。使她的校友们，因她而成长，为她而骄傲！

（本文根据 2018 年 10 月 6 日在三峡大学档案馆会议室访谈

赵宜胜口述记录整理，整理人：田吉高、龚海燕）

武汉水利电力大学(宜昌)篇

学校迈进了"211工程"建设行列

——林天宝教授访谈录

林天宝，男，1939年3月14日出生于上海，1964年毕业于武汉水利电力学院发配电专业并留校任教，1965年任武汉水利电力学院助教，1980年任武汉水利电力学院讲师，1987年晋升为副教授，1992年晋升为教授。

1972年12月加入中国共产党。长期从事高等学校的教学、科研和行政管理工作，1983年12月至1988年3月任武汉水利电力学院教务处副处长，1988年任武汉水利电力学院教务长，1986年起任武汉水利电力学院党委委员，1990年起历任武汉水利电力学院党委委员、常委、副院长，武汉水利电力大学党委委员、常委、副校长，1996年兼任武汉水利电力大学宜昌校区党委委员、常委、校长。

林天宝学识卓越，是改革开放后首批出国访问学者，我国著名电气工程专家。长期担任中国电机工程学会常务理事、湖北省电机工程学会常务理事和副理事长、长江技术经济学会理事、湖北省知识产权研究会常务理事和副理事长等职务。

长期从事电气工程学科的科学研究工作，参编或独自编著了《电力系统》等多本教材，发表多篇中外文学术论文，为我国电力事业发展和电气工程高等教育的进步做出了卓越贡献。

2020年6月17日，林天宝同志因病在武汉逝世。

我是1996年7月6日到武汉水利电力大学宜昌校区就任校长的。初来乍到，找组织部长要了一份干部名单和电话号码表，就开始了我的工作。一直到1999年1月份结束，时间也很短。

葛水与武水合并

我为什么去宜昌，这个任务就是葛洲坝水电工程学院与武汉水利电力大学两校合并一起进"211"工程，这是国家电力公司党组做的决定。

来的第一件事就是将牌子挂起来，办合并仪式。当时也碰到了很多困难，但是我们还是顺利完成了挂牌任务，电力部部长史大桢、副部长查克明都参加了揭牌仪式。

第二件重大事情就是"211"预审，两个学校一起进"211"。武汉水利电力大学和葛洲坝水电工程学院，一个在武汉市，一个在宜昌市，地理上相隔了345公里，把这两个不同城市的两所大学合在一起进"211"，这个时候就想办法必须预审通过，才能进入"211"，才能把校区建设得更好。在这个上面，两校都是一样的，目标是一致的。那么，最后还是通过了，大家确实付出了很大的努力。

我们两校合并一起进"211"，那是部里发的红头文件，那是有文字记载的东西。我们校区党委做决定，要公开地、正大光明地、大张旗鼓地做宣传，建设重点大学。在学校挂横幅，我要把教学搞起来，尽量把校区的工作搞好，争取能够与学校各项工作做到同步，一起进"211"。这也是部里要求，我也名正言顺做了几件事情。

努力建设重点大学

第一个事情，教学方面，我和曾维强商量。这个同志本来是安排在武汉这边担任副校长管校办产业。他是我的师弟嘛，当学生的时候我比他高两届，读书的时候关系就挺好。他没有去武汉，就留下来帮我，他主要负责管教学，负责整顿本科教育。因为我们是一个本科院校，要建重点大学，本科教育很重要。做了一些这方面的工作，整顿一下秩序，管理狠狠地抓一下，把风气改一改，要让学生形成读书的习惯。

第二个事情就是我做的开创性事情，研究生教育，我是研究生导师，我把我的学生带到了宜昌，在这边做课题，这样的话就有了研究生教育。随后我们就招了几届研究生，电气学院几个老师分着带，因为我是搞电气的。答辩的时候，我从这边找几个老师过去，积极争取硕士点，不但要把电气搞上去，也要把水工的、土木的有条件的都搞上去。要陈和春到省里，跑了不少路。经过几年的努力，我们也都搞到了。博士点就比较难，但是把水工的博士点给搞上来了。

第三件事情就是加强师资培训这个事情，安排教师去国内和国外进修学习。

第四件事情就是实验装备的建设问题，我去了以后就抓校区校园网的建设，因为这边校园网是我争取来的，我是中国教育计算机网络华中基地副主任，网络就建起来了。经过努力宜昌校区计算机网络当时就搞起来了。再就是搞了一个现代教育计算机中心，利用建设校园计算机网络多要了点钱，要王斌牵头做这个事情，他花了大力气建了一个很像样的现代教育技术中心。

林天宝(左)接受口述校史访谈

第五件事情是重点学科建设。重点学科建设要钱，没有钱怎么建设重点大学？我们要了50万元交给刘德富来做水工重点实验室，为了慎重起见，我们在水电楼搞了一个重点实验室签字仪式，非常隆重，拍了很多照片发给部里，告诉部里面，我们现在在搞重点大学，在搞实验室建设，部里表态说我们确实做得很好，还表扬了我们，说我们比较认真。由于经济条件有限，主要建设了水电和土木。

第六件事情就是科学研究。校区科研工作肯定比不了原武水，我们就提出了要求，发表文章、组织召开学术会议、报奖，最终拿了不少项目，学校科研取得了很大提高，达到500万。

关于学报方面，我来了以后就给他们提要求，我们是自然科学版，不能把与自然科学无关的都拿来发表，学报管理要规矩。在这方面我是上过当、吃过亏的。我在武汉管理科研的时候，学报管理评估评了一个不及格，我就很恼火，全国重点大学学报办得不及格，就是有几个医生为了评职称，没有地方发表文章就挤到这里，求情让他发表。我利用这个教训给学校提出了很多要求。再看那个英文介绍，每篇文章下面有一个很短的英文介绍，我就交给武汉水利电力大学本部这边王云老师，他是水利工程水电站的一个老师，英语非常棒，不光是学报，包括科学院的、岩土工程的一些杂志，英文部分都是他审的。我拿过来的时候对王云说，请你辛苦一点，至于报酬的话，只是象征性的，会有一点报酬，但是很少。当年他已经退休了，这个事情是从1998年开始的，到现在20年了，他每次见到我都说，林校长，你搞得我现在甩不了啊。搞了20多年，一年顶多给他千把块钱，一年有好几期，每期有几十篇文章，尽管英文介绍短，但还是有任务

林天宝(左二)与口述校史
访谈工作人员合影

的。科研方面主要做了这样一些事情，把科研推上了一个档次。

第七件事情对我来说也是一件大事，对校区来说也是大事，就是评职称的问题。在两校合并之前，老师评职称必须拿到省里，到省教委去评。那就不是同一个专业的人了，评委会都是外校人，所以校区评职称非常非常难，那么两校合并之后有了这么一个机会和条件，教授和副教授就是大学自己评。那我们校区也应该有一定的权利，我就和龚洵洁校长商量，把副教授和高级工程师的评审权利给我们，我们自己成立了职称评定委员会，教学系列的、工程系列的都可以评。

第八件事情是改变学校形象，开展国际交流。当时我们学校也是处在三峡的附近，有这样一个条件，所以我们打三峡牌与国外的一些大学联系，扩大我们学校在国内和国际上的知名度，请了不少国外大学的校长，到宜昌来访问。比如法国瓦朗西纳大学、德国的柏林应用科技大学、日本的早稻田大学，我本身就是早稻田大学毕业的嘛。日本的名古屋大学校长来访问，正好我在武汉，是副校长刘德富来接待的。那个名古屋大学校长没有见到我，但是还是签了一个协议，所以尽量地派老师去进修、学习，你去进修，用人家的钱培养我们的老师。动这个脑筋，最典型的就是派了王斌去法国克莱盟大学学了两年。在那两年的时间里面，国外的大学不停地来，我们也不停地去，不但我去，也派了好多人去。曾维强带人去过法国瓦朗西纳大学，刘德富他们到访法国克莱盟大学，部教育司说你们这个葛水院不错啊，你们现在活动不断啊。

在改变学校形象方面，我们公开打出旗号来建重点大学。原西区三角地带的集贸市场又脏又乱又吵，老师意见很大。晚上不能睡觉，到处都是臭水。我们讨论商量之后，把它拆掉了。拆这个东西抢了人家的饭碗，人家做不成生意了。最后还算好，把这个事情给解决掉了，学校像个学校的样子。

第九件事情是切实解决一些教职工的生活问题，碰到一些具体的问题，能解决的我们尽量解决。第一个是开通了天然气、煤气。我跟吴传东说你去争取一下尽量把它开通，再不行我们找市里面，向政府尽量反映。在我手里把它打开，很快开通了。第二个就是医疗改革的事，因为这个事情在我心里面一直是个大的疙瘩，以后如果还是这么下去的话，很快又是 1500 万没有了。医疗改革，要自己出点钱，要改变这个状况，不能随便来开药。我把这个漏洞给堵上了。第三个是新建西区两栋教职工宿舍。

这几年大概就做了这些方面的事，因为时间不是很长，反正尽力了吧。研究生教育我觉得是我为学校做得最好的一件事情，学校上了一个档次，不仅有本科教育，还有了研究生教育。师资送出去培训，提高教师的教学水平，办重点大学这是很重要的。计算机网络、计算机中心全部更新了。自筹资金，搞重点学科建设。科研上了一个档次，给我们校区解决了一大批教师职称的问题，评了一批教授、副教授，还有高级工程师，影响比较大。在国际交流方面，开拓了学校国际交流的渠道。

为湖北保留了教育资源

我去校区短短两年半的时间，做了这些事，得到了校区广大教职工和干部的支持。没有广大的教职工和干部的支持，我做不了这些事情。首先需要感谢的还是汪仲友，我们像兄弟一样，毫无保留，这几年和汪仲友我们配合得非常好，没有任何矛盾。

还有一个需要感谢的是曾维强。他心甘情愿地在宜昌做了两年半，帮我解决了很多教学上的问题，那个自学考试的问题他解决了，本科教育他管了。研究生教育是我一直在管，刘德富助理协助我管科研，在科研上多下力气，去报科研啊，去拿课题啊，报奖啊，国际会议啊，这些方面他做得还是不错。

第三要感谢杨锋副书记，感谢老领导纪万松，还有好多老领导，像沈国泰，尽管我们没有共事过，他早已退休了，但是当时他对我很支持。这些老领导，他们给我们打下了一个很好的基础，没有他们那个基础我没法施展。

第四个要感谢的是校区的一些党政干部，和我们校区的广大教职工。刘德富给我当了两年多的助理，在科研方面，帮我管了很多，胡翔勇帮我带研究生，在推动研究生教育方面做了很多事情。蔡德所、徐卫亚、陈和春在科研方面，在对

林天宝教授在工作

外交流方面都对我做出了很大的支持。胡宗英在人事工作上，特别是职称评审工作上挑起了大梁，没有他的支持和他的配合，我做不了的。

归纳起来的话，我这两年半在宜昌最大的事情就是把我们校区的结构给保留下来了，给湖北宜昌留下了一个比较好的教育资源，这是我一直这么说的。要是生在什么地方，就是什么地方的人的话，那我应该是秭归的青滩人。1939年，在逃难的过程，我生在了那个船上面。江安轮把黄石煤矿的一批设备装船往重庆撤退，工人、设备、发电机全在船舱上面，船上有18家，包括工人器械师傅、电机师傅、家属都在上面，水小刚好船上不去了，船就停在秭归的青滩，我就出生在那里，早些年这里是滑坡之地。那如果要按美国人的话说生在什么地方就是什么地方的人的话，我就是宜昌人，我老家是浙江的乐清，温州市的。既然我是宜昌人，所以我对湖北的教育，特别是鄂西的教育还是挺有想法的，我给湖北保留了这么一个教育资源，把校区的这个结构完完整整地、一点没有破坏地往前推进很多，这样一个校区结构交给了现在的三峡大学。

第二个是我这两年还是做了一些实事，把校区的教学、科研、学科建设往前推了一大步，包括国际交流、教学、科研、学科建设、计算机网络等。

第三个就是给我们校区的教职工解决了最迫切、最切身的一个困难——职称问题，有了职称，很多问题都好解决了。还给大家建了房子，建了两栋房子，建了两栋宿舍，不能说都是我的成绩，还有其他人的成绩，都是大家共同努力的结果。

（本文根据2019年10月12日在武汉大学老干处会议室访谈
林天宝口述记录整理，整理人：田吉高、郑泽俊、龚海燕）

葛水与武水合并组建

——陈燕墩同志访谈录

陈燕墩，男。1940 年 1 月出生，湖北汉川人。1961 年 7 月加入中国共产党。

1964 年毕业于武汉水利电力大学施工系。1964 年 10 月参加工作，被分配到中央组织部。"文革"后期重新分配到水电部丹江口工程局，参加水电建设。1970 年转战葛洲坝工程局。1974 年到 1996 年期间任浇筑分局局长，葛洲坝工程局副局长。

1996 年 7 月调任武汉水利电力大学党委书记(武汉水电大学与葛洲坝水电工程学院合并)。后来武汉水利电力大学又与武汉大学合并，2001 年退休。

教授级高级工程师，国务院特殊津贴获得者。

我 1964 年从武汉水利电力大学毕业，当时被中央组织部作为后备干部培养，培养从大学读书时就开始了。我学习好，又是学生干部，历史清白，这一套考察很严格。不过我想当工程师。当时中央是委托湖南省委组织部，负责面向全国各地、不同专业培养各种不同层次的后备干部。后来 1966 年开始"文化大革命"了，大学毕业生重新分配，按照志愿我被分到丹江。

从丹江到葛洲坝

我 1970 年分到丹江，后到葛洲坝。1974 年到葛洲坝工程局浇筑一分局任副局长，1981 年任局长，1983 年任葛洲坝工程局的副局长。1983 年到 1996 年分管生产，主要搞葛洲坝工程建设。1996 年，电力部研究葛洲坝水电工程学院与武

陈燕璇(前左)与口述校史
访谈工作人员合影

汉水利电力大学两校合并，要组建统一的武汉水利电力大学，因为要搞"211"工程，就把我调到大学任书记。我在7月份挂牌之前去的，到武水负责两校合并。当时我跟部长开玩笑说不去行不行啊，部长说，定了不能随便推翻，你得去。经历就是这样的。

2001年武汉大学挂牌，仪式在他们操场举行，武汉大学党委书记是任心濂，校长是侯杰昌，我是武汉水利电力大学党委书记。一起去的还有龚询洁校长，武汉测绘科技大学党委书记张世汶，科学院院士李德仁校长。合并的时候还没有湖北医学院，合并完我就退休了。在葛洲坝工程局代管葛洲坝水电工程学院期间，我是葛洲坝工程局党委常委，分管生产、人力资源、对外合作，对两个单位(葛洲坝工程局与葛水院)的来往、组织机构、人财物等，我都没有什么接触。

为什么把大学选在葛洲坝

国务院和部委为什么把大学选在葛洲坝，我觉得有三个方面的考虑，这是我自己认为的。第一，宜昌是个水电资源富集的地区，有葛洲坝水利枢纽工程局。工程局已经建立8年了，从1971年到1978年，当年三峡已经在前期工程之列，所以这两个顶尖的、特大的水电站有利于水电学院教学、科研，是学生实习的基地。这么大的工程没有大学怎么行，所以大学和工程局同在一个城市，是一个可遇不可求的、蛮好的事。第二点，为新的学院找到一个托管单位，工程局已经诞生了8年，已经有5万职工、10万家属，两个工地就有十几万人，由葛洲坝工程局代管，如果说葛水不是建设在这里，那就要从零开始，新起炉灶，那多不容易。第三，当时有热心办大学、干教育的水电部副部长刘书田，不能忘记他。他敢于担当、敢于负责，是葛洲坝工程局党委第一书记，一把手。他这个人热衷于办教育，虽然不是学的这个专业，但是他是一个敢做敢为的人。在国家层面谋划葛水院之前，葛洲坝职工大学就是他办起来的，这有他办教育的功劳。当时职工大学是考试和培训相结合，招收了很多具有初、高中毕业的人作为工大的学生，学工程、学技术、学管理。工人大学的专业不能太多，这些人在企业是企业骨干，这是葛洲坝水电工程学院的前身。根据需要，给葛水院各种物资、各种人财物的支持。当时开常委会，他是不过夜，走完这个程序就可以干了，钱有了，葛洲坝给钱，给人、给物、给钱，要多少给多少，人也搞过去教书。

武水和葛水合并

武水和葛水合并，我记得当时建立新班子，汪仲友、曾维强、林天宝，本部的班子我记得是龚洵洁和我，由我来当书记，老龚当校长。武水是我的母校，母校有我的老师、同学，同学中有的当教授，老师中有的退休，我说我这个工作不好做。我对同学、老师、领导开玩笑说，我是过来干活的，干就得把它干好，这是部长给我的要求。我去家访，一人一家，在职校领导、老校领导，我都一个个地访，我都说实话，我说我不拐弯抹角，我说我是来干活的，请你们这些老同志在后面支持我，这些话对他们印象很深。我说直话，所以新班子组

陈燕璇（左）接受口述校史访谈

建很快，直接宣布谁是党委书记，谁是校长。汪仲友又是大学党委的副书记，这样就统一了，他们跟我们关系是很密切的。林天宝也是葛水的校长，常委会通过就行了，异地办学，相对统一，就这样各自发挥自己的优势。我和龚校长每年都要到葛水来几次。我记得一个是争取211这个牌子，一个是争取重点大学这个牌子。葛水院有了这个牌子之后，老师、领导、学生都高兴，走出去我是211的学生，是重点大学的学生。发的文凭就是武汉水利电力大学，是重点大学的牌子。

在武水我做了三件事

当时一个班子，异地办学，两边跑。在武水我搞了三件事，一是干部竞争上岗，机关的处长都竞争上岗，这一般是不能搞的，一个处长当得蛮好的，突然要竞争上岗，有的一下子就没了。很多人不同意，我用竞争上岗的机制把武水的处

陈燕璊(左二)到访三峡大学

长们都洗了一下吧，我的心是好的。但这样一搞，反响就很大了。后来把竞争上岗的方案搞好了，领导研究通过了，然后就搞竞争上岗。当时有 8 个处长下来了。评委会 9 个人，有老教授、领导、基层员工、工人代表，通过竞争、演讲，评比然后打分，马上就出成绩，最后下来效果很好，得民心呀。后来武大、华工、武汉理工大学都跑来取经，他们都关心，我说你们不要学，这是试验，不是省里的决定，我搞的我负责，我们学校我可以负责。尽管我觉得效果好，但这都是我的看法，你们不能试，这要有前期工作，很复杂的，我是去了一年后搞的。

第二件是家属楼的事，当时大学的院士、校领导住 80 几平方米的房子，处长们更苦，大多数是两室一厅，那房子实在落后了，跟不上形势。我说时代不一样，房子要做好，不是享受，起码要住 100 多平方米的房子，校领导、院士住个几十平方米的房子怎么像话呢，所以我一年做了 18 栋 5 层楼、6 层楼的那种房子，大大改善了学校住房条件。

第三件事就是小孩上大学的问题。小孩上重点大学差分，低个几分也可以到这个学校来，都是老职工的孩子，不管是老师还是职工都行，超过了本科线就行，这是当年的政策允许的。

我办教育还是外行，毕竟是学工的人，外行胆子大，做房子这方面胆子大一点。提高工资待遇，是个大事。靠国家、靠部里，我们要解决生活问题，这个事情后来也就落实了。

（本文根据 2021 年 6 月 15 日在葛洲坝综合服务中心会议室访谈
陈燕璊口述录音整理，整理人：田吉高、龚海燕）

握好接力棒 薪火代代传

——徐治平教授访谈录

徐治平，男，汉族，1942年3月出生，湖北省武汉市人。中共党员，教授。

1965年毕业于武汉师范学院(今湖北大学)物理系。

1979年前在湖北武汉市、四川攀枝花市、湖北丹江口市工作。

1979年至1996年工作于葛洲坝水电工程学院，从事有关大学物理等课程教学和物理实验工作。先后担任物理教研室负责人兼电化教育组组长、基础课部副主任、教务处副处长、教务处处长。1990年8月任葛洲坝水电工程学院副院长，1993年12月至1996年6月任葛洲坝水电工程学院院长。

1996年6月奉调武汉，出任武汉水利电力大学副校长，直至退休。

在国内公开刊物上发表有关教学研究，社会科学及自然科学方面论文十余篇。编写《大学物理》教科书，参加有关移民工程的课题研究，曾担任电力高校招生协作组组长，主持拍摄电力高校招生宣传片，并在中国教育电视台播出。

1996年我离开宜昌到武汉去了，然后从武汉到北京，但是我的家没搬，文字、资料、照片都在武汉。我主要是凭自己的记忆来说，实际上你们现在所做的工作是很有意义的。

我在高校经历的事情很多，其中有两件事情给大家印象很深，一个就是合并，一个就是扩招。合并，是在葛水经历的；扩招，是在武水经历的。合并以后，每个学校的历史都比过去要更为复杂。从历史的角度来说，把它的脉络理清成为一个完整的校史，这个很有意义。写校史就是要根据当时的历史条件，来看这个学校的诞生和发展，从历史原因里面可以看出中国高等教育发展的过程。作为一个学校来说，它总是有一种精神是不变的，这个精神很重要。我觉得三峡大学现在做这样的工作应该是很有利的。

给葛洲坝职工大学学生上课

我在葛洲坝水电工程学院前后工作了 17 年时间。1978 年底我到宜昌，首先是到葛洲坝工程局，一开始他们不愿意让我到葛洲坝水电工程学院来，后来学校

徐治平(左)接受口述校史访谈

做了一些工作。我夫人已经在葛洲坝工人大学工作，这是一个很重要的理由，1979年初我就到了葛洲坝水电工程学院，开始是到物理教研室。当时物理教研室是教务处下面的一个教学单位，教务处侯文理和于成珍两位处长中，我接触比较多的是侯文理。老先生待人非常诚恳，有丰富的管理经验，他是从武汉水利电力学院开门办学到宜昌，然后就留下了。他待人很诚恳，对我们的年轻老师很关心。物理教研室老师除了学物理的以外，还有一些学其他学

科的。徐大平开始也在物理教研室，因为他没上专业课，就去支援基础课部。我最先是给葛洲坝职工大学的学生上课，然后紧接着就开始给本科学生上课。那个时候第一件事情是上好课。

第二个事情就是在"文化大革命"这么长的时间中，很多基础知识有所遗忘，要把过去的东西进行复习，捡起来，然后赶紧做好当前的教学工作。那时主要的精力就是在进修学习，就是上好课、备好课，然后拓展知识面。除了工科的物理以外，理论物理方面的东西，特别是高等数学，从头到尾都要看一遍。这样经历了一段十分紧张的时光。

教务处侯文理处长很关心教师。刚到学院报到时，我们万老师分了一间房，我去了以后还是一间房，两个小孩，4 个人住一间房，很艰苦。你可以想得到，教师上班是在家里，两张办公桌、两张床一放，就基本上没有空间了。特别是晚上，小孩要做作业，我们要看书，战场就显得太小了，没法摆开。侯处长跑到我家看了一次，他并不管后勤，也不管生活方面的事儿，但他极力为老师解决困难。他还有一个合法的身份是工大的副校长，我们万老师正好也是工大的职工，

所以也是为她提供一个更便利的条件。没两天就在旁边又给了我们一间房，这样问题就解决了。切实关心职工，同时办事效率这么快，我觉得侯处长是非常诚恳的一个人。

成立基础课部

1983年刚过完春节，学校就宣布成立基础课部。在物理教研室的时候属于教务处管，两个负责人，一个是王大智，一个是我，同时我还兼任电化教育小组的组长。1983年我到基础课部，基础课部当时管理数学、物理、化学、制图、英语几个教研室，李国举是书记，郑根保是主任，我是副主任。老师比较多，工作人员只有两名，一名教学秘书，一名行政秘书就是大平的夫人，管工资、生活福利及行政这些事，教学秘书是李俊明。在基础课部这段时间，我感觉第一个就是办事效率还是很高的。我们3人说好，上午10点钟到办公室去，把当前的事情处理一下，下午4点钟以后，把自己分管的事儿来办

一下。其他的时间，大家都还上课、备课、办事。我们很多时候都是利用业余时间，就是晚上开会，要么在李国举家里，要么在郑根保家里。工作都是大家来做的，一个人的力量肯定有限。

当时我们通过教学检查，提倡大家做答疑卡片。过去答疑的时候，老师是被动地坐在那个地方。后来我们鼓励老师主动到学生宿舍去，主动到教室里面去，然后建立答疑卡片，学生提什么问题，你怎么回答要记载下来，这样学生在教材里面，在课堂上，哪些地方感到是难点的，时间一长你就清楚了。因此助教去当讲师的时候，就积累了丰富的经验。教学难点不是靠老师去想，而是靠学生在理解的过程中碰到什么问题，老师去解决什么问题。另外就是老师将来写教材、编习题集都有好的资料。当时校报还对这个事情专门进行了评价。

基础课部的老师精神非常可嘉。我们是一所新建学校，除了从工大转过来的几个老师，真正从高等学校调过来的老师很少，大部分都是从各行各业来的。有的老师家就在宜昌市，他本来从外地调到学校来，就是为了解决夫妻两地分居，有的从县里面，有从其他省调过来。但是这些老师很好，有几个老师在暑假期间都不回家，住在学校里。干什么？就是为了看书备课，像物理教研室付联琦老师，后来40几岁就去世了的甘以桐老师，家就在小溪塔，他们暑假都不回去。

这些老师的精神可嘉，一心扑在教学工作上，当时应该说是风清气正。

我在基础课部注重搞教学研究，也提出了科研的问题，我们曾提出没有研究就没有教学，要想搞好教学，就必须要研究。我们开始提要结合教学搞科研，后来逐渐发展为其他领域你感兴趣的也可以研究。我记得沈意诚老先生写了一篇运筹学论文，我们积极鼓励他把文章送到外面会议上去。他和别人的文章意见有些不一致，有些争论，我说这是很自然的，因为在自然科学领域，不同的人从不同的角度对这个问题进行讨论，只会使问题更深入，更接近真理。

主抓教务工作

1983 年 11 月，我离开基础课部到教务处任副处长，刚刚到教务处不久，就接受了第一项工作，到北京参加教育部组织的招生工作会，有华工、武大、湖北大学，再就是我们学校，省教育厅当然有人。我们的重点问题是解决定向招生的问题，当时做了些调研和统计工作。刚开始定向招生时，降分幅度比较大。我们调查同样在一个教室里面坐着的学生，他们的分数差异大概有 200 多分。老师普遍反映就是组织教学很困难，学生成绩的差异太大，那么到底定向招生怎么做？我们把统计情况写了一个报告报送到教育部和电力部教育司，电力部教育司是李涛管这事。这一次我觉得收获就在于明确了既要使得艰苦的水电施工单位有大学生去，留得住，同时也保证了大学生的质量。这次会议让大家更加了解到定向招生的实际情况，同时对于定向招生降分的幅度以及名额的控制、数量的控制，都有了一些新的认识。在这之前有人曾经提出过百分之百的定向，后来他们没有坚持这个意见，就使得我们学校的招生工作也进行了一些调整，培养的人都到工程局去，质量也有所提高。我们提过这样一个观点，如果说定向招生等于是降分，那么毕业以后到工程局去，工程局怎么提高你的技术水平？之前侯文理同志跟我说，你到教务处工作，跟在基础课部不一样，基础课部主要是关于提高教学质量和教学有关的规范工作，这个地方更多的是计划统计，宏观上的一些东西，我觉得他说得很对。从那以后我感觉离教学第一线远了，管理的内容多了。过去我在基础课部上的课比较多，现在上课相应地就少了。

到教务处工作给我一个很好的历练，当时教务处管理的面很宽，有教务科、教材科、学生科、科研科，高教研究室也在教务处，还包括师训中心、电教中心、体育教研室，还有一个文经科，就是中文和财经这两个专业，很杂，内容很多。侯文理同志后来离开了教务处，因为把科研分出去了，他到科研处当处长，教务处由我主持工作。后来教务处的科室减少了，说明学校发展规模大了，学生也多了。后来来了两个副处长，一个是李业鹏，他是从电气系调过来的，再一个是杨奉军。李业鹏从新疆调回宜昌，他本身是宜都人。回宜昌以后，他工作很勤奋，考虑问题比较细，负责教学管理方面。杨奉军主要管两个专业，他是学心理学的。我们3个人在一起配合得很默契，那段时间工作尽管忙一点，心情还是舒畅。教务处的工作虽说繁杂，但对人也是一种锻炼，使得我对学校工作了解得更深入了一些。

我在教务处工作的时候，教务处肖研衷同志是长期搞教学管理的，这个同志勤勤恳恳、兢兢业业。学校要办正规的话，我想最重要的就是教学管理上要正规化，所以他与教务科的同志们在教学管理过程中非常敬业，有些环节把握得非常好，包括排课的一些基本原则，寒暑假时间怎么安排等。后来我们请肖研衷老师编写了一套教学管理文件汇编，这个对学校正规化有好处。另一个方面，就是要真正明确学校以教学为中心，教学工作是学校经常性的中心工作。教务处总在宣传这一点，以教学为中心。同时还有一点，要为教师服务，为教学服务。当时很多人对为教师服务有异议，时间一长慢慢地明白了。因为在学校里，教师在生产第一线，在前线。比如说教师宿舍，那个时候是魏廷亮同志在管。一号楼分配的时候，教师分配的名额比较多，一般讲师都能住进去。这显示出学校的各项工作要为教学服务、为教师服务。另外一点就是关于管理人才，刚才说了一个肖研衷，另外还有一个王鸿儒，她主要是管各个科室的思想政治工作、行政工作。这么多科室，不可避免会有一些矛盾，那就需要有人去做协调工作。王鸿儒同志是个老大姐，说话比较中肯，使得教务处的团结也是不错的。

除了老同志以外，我们想到要培养一些年轻人参加教学管理，特别是现代化的教育管理。后来我们就跟学校要求，希望能够有大学毕业的工科的学生、理科的学生到教务处工作。这个工作一个是学校领导得同意，另外一个要把工作做好也是不太容易的。一个工科的学生要到教务处去管这事儿，他不一定高兴。后来通过我们的努力，那一年就从建工系的毕业生里面挑了两名留校，一名是黄晨章，一名是戴进军。从电气工程系挑了马萍留校，还有刚刚分来的学生危文爽。调人到教务处工作做起来很艰难，但是后来应该说取得了比较好的效果。年轻人到教务处工作是需要，另外教务处领导也好，群众也好，对他们要关心。过了一段时间，我们就让马萍、黄晨章、危文爽参加了北京钢铁学院教学管理的一个教师进修班。过不了多久，他们就有研究生的资历和文凭了，他们既懂本专业又懂教学管理，说明在教务处工作还是有前途的。另外，根据他们的长处安排他们工作，我们让马萍专门搞计算机管理。那个时候计算机是很稀有的东西，马萍工作确实也不错，在自动化系老师的帮助指导下，搞了一个排课软件。我们向省里报告后，省里很感兴趣，在我们学校举办了一次计算机排课学习班，让我们讲软件的使用、推广。马萍本身也感到心情很舒畅，觉得自己学的东西不是用不上，而是还不够用。现在马萍是省委统战部的副部长兼社会主义学院的党委书记，危文爽也不错，他是武汉水利电力大学学施工的，现在到加拿大去了。这都是从教务处出去的。

因为有一些学工的，跟系里面打交道有很多共同的语言。当然不是说没有学工就没有共同语言，但是共同语言方面不一样，它多一个方面。教务处当时还是比较注重教学管理人才的引进培养。后来教学管理文件汇编出来了，然后排课也在学校、省里有一定影响了，所以教务处的同志们也感到心情很振奋。肖研衷老师相当优秀，他每天下班最晚，很辛苦，老同志的传帮带很起作用。再就是抓学风，我们以抓考风来促进学风。这个事情老田应该很清楚，文章是他写的，在《中国教育报》上第一版发表了。教务处是拼尽全力来做这个事情，当时我们在省里开会回来，就感到要把学风治好，要求学生认真地去听课、认真地学习。但是光靠这还不行，只靠思想工作还不行，那么在这些环节里面，其中有一项就是考试，你考不及格，就说不过去了，是吧？我们当时提的就是以抓考风来促进学风，在教务处讨论，大家发言还是很认真的。抓考风这件事，实际上教务处是给自己添加压力。过去的考试都是各个系自己管，现在我们提出来学生进考场要交叉入坐，一个考场里面可能考两门课、三门课。一般是考两门课，试卷是密封的，到了考场才能打开。考完了以后当场收回，密封送到教务科，然后发到教研室去。教研室要轮流改卷，不是一个老师改，其他的老师都一起参加改卷。给教务处的工作第一个就增加了试卷，过去试卷是由老师自己去命题，然后自己去刻写，刻完以后老师自己拿回去，考试时分发。现在所有的卷子老师只命题，命题完了系里面签字后交到教务处，由教务处统一去制卷分卷。老师就没有这样一些繁琐的事务性工作，比如打印卷子、分卷子等，这些事情都是由教务处的同志来做。常常是明天要考试，今天下午到晚上都要加班加点。这些事情教务处的同志们很辛苦，自己给自己加压力，只要是对学校的工作有好处，能够促进学风建设，虽苦尤甜。这项工作在《中国教育报》上发表文章以后影响就比较大，比如说我们大学到省里去开会，也经常谈，就在问这个事。这是教务处值得说一说的事情。当时李业鹏分管教务科，他做了不少工作，也很辛苦。

成立招生协作组

我 1990 年 8 月到院里工作，担任副院长，有几个事情也想说一下。一个就是招生，部里面成立了一个招生协作组，是部教育司李涛和薛静他们在管。协作组的组长是我，副组长是武汉水利电力大学的贺佐智。原来是每个学校搞自己的招生简章，自己派人到各个省去招生，有一个协作组以后就是统一定制电力高校联合招生简章，这个力量就很大了，气势也很大。同时有了协作组以后，不管是出去招生的老师，还是工作人员，他们与当地的学校都有联系，工作也提供一些方便。例如我们学校到东北招生，东北电院很自然就会配合，他们对省招办比我们要熟悉，就很容易进行沟通交流，提供一些方便，有利于招生工作顺利进行。当时曾经有一句话叫作"招生工作的宣传怎么也不为过"，做好招生宣传工作是一件很重要的事情。

当时我们还做了这么几个事，一个事情就是印制自主招生简章。第二个事情就是拍一个电视片。这个电视片是在中国教育台播放的，由我们学校起草，我跟赵宜胜他们在一起逐字逐句审稿敲定。电视片的制作是在太原电专。这个电视片出来以后，我们跟教育司的关系就更进了一步，有时候指标的调整、计划的改变，他们都很理解。跟各个兄弟院校之间的关系，就是电力高校之间的联系也广泛，那个时候需要分配，不叫自主择业，这个就要关系融洽，而且相互之间都彼此帮助。

处理好科研与教学的关系

谈到科研起步的事情，我就不详细说了，因为很多都是项目上的。首先科研要发挥各个系的积极性，不是坐在家里能够等到，必须去找课题。我们鼓励老师一方面是做理论研究，写论文。另一方面就是走出去接课题，学校很支持老师去接课题。科研起步后，我们鼓励老师结合自己的专业确定主攻方向，像水工系，他们跟三峡开发公司、葛洲坝工程局联系就比较多，承接一些科研项目、设计项目及培训任务，如监理培训班等。咱们紧紧抓住学校在葛洲坝基地的优势，来往很快。还有一些机械、电气方面也都是这样。科研起步实际上是把科研的机会、压力都给系里，学校更多更好地去支持他们做这样的工作。有些课题只要是需要校领导出面的，都是二话不说，义不容辞。开始准备三峡开发公司的培训中心由我们学校来办，所有权是三峡开发公司的，日常的管理是我们的，但是谈了几次没谈通，企业有企业的考虑，人家的财产，人家的资产，对吧？这个很自然。最后达成的协议是三峡培训中心由我们派人到那里去参加管理，有些老师常住培训中心。培训中心一个方面就是学生实习很方便，第二个接课题也更方便、更容易了，信息来得更快一点。第三个是很多学校来三峡开发公司谈项目，我们也了解到彼此的一些横向动态。三峡培训中心我们已经搞了很长时间，一直到我走的时候还有人在那里。

这个基地的建设对科研工作有很大促进作用，科研工作对于高等学校来说是很重要的。没有教学就没有科研，没有科研也没有教学。我们很多新的专业，就是因为在科研的过程中积累了一些丰富的资料和经验。考虑到市场的需要，就创办了一些新的专业。因为新的专业的创办不是凭空而降的，它实际上是有基础的，其中科研就是基础之一。比如说旅游、中文，我记得很清楚，我专门到葛洲坝工程局平湖大酒店去过一次。蔡辉老总说办旅游专业很重要，那个时候他就投资。科研工作对后来的进一步发展、学校专业的进一步开拓、开拓科研的方向和程度，都有好处，慢慢地进入良性循环。所以没有科研就没有教学，同时没有科研就没有学校的发展。尽管我们在某一段时间里，比如说建校初期，我们不可能花很多气力去做科研工作，因为当时最重要的事情是开好学上好课。但是科研工作对高等学校培养教师、提高教师水平、建设新专业都很重要。同时更重要的是对国家经济建设作出我们应有的贡献。

担任大学校长

徐大平院长调走以后，我接任他的工作。我想说几个事情，一个是大老岭会议，就是向基层放权，就是压力和权利都给他们，只要权利不要压力，或者只给压力没有权利的话都办不成。大老岭会议是整个学校搞活的一个很好的契机，如何进一步落实大老岭会议的精神，就是细化方案。后来就请高教研究室做一套方案。为什么请高教研究室做方案？请哪个处去做方案都很难，很难避免利益输送，每个部门更多考虑自己的利益。高教研究室不是一个职能部门，是一个研究部门，所以它就比较超脱了。我记得是胡宗英在那儿，他考虑问题比较细致，这个方案做得还是很好的。这个就是定编定岗，编制定好以后，超编在短时间不交超编费，但是过了这个时间以后就交超编费。如果说你缺编，考虑进人的时候，人事部门要把一下关，我的感觉就是机关的人数减少了，同时办事效率也提高了，基层也感到很轻松。为什么轻松？他能够把事情办下去，但是基层压力也大了。这件事情是进一步激发学校的活力，进一步促进学校的发展，是比较重要的。

再一件事情，我想说一下与法国瓦朗西纳大学结成友好关系的事情。在法国留学的王勇博士是宜昌人，他主动跟我们牵线。那个时候我正好在部里学习班学习，办公室给我打电话，我就说那很好，抓紧办，我觉得对这个学校进一步走向开放、走向世界还是有好处的。当时跟瓦朗西纳大学谈两个学校合作的事情，我们派了4名年轻教师，李文正、徐卫亚、田启华、向学军，他们在国外学习和访问了3个月。这个完全是学校自己决定的事情，不是上面公派，走这样的渠道是学校自己决定的。他们在那个地方学习，接触了很多新的东西。机械学院主要是搞柔性制造，徐卫亚是搞地质的，对三峡工程有些科研成果，在法国，他除了学习以外，还可以交流，给他们作学术报告。李文正是搞自动化的，柔性制造虽是新内容，但也涉及传统的机械制造、自动控制、人工智能等诸多方面，对他们业务提高很有好处。后来，对方就邀请我们去访问瓦朗西纳大学机械学院，当时我、机械系杨兴海、电气系张绍荣，我们3个人组成一个团。瓦朗西纳市长在议会大厅还为我们到访开欢迎酒会。访问期间与索伦先生谈到很多具体的有关互派互访及学术交流的事情。两个学校的往来从那以后就比较密切，后来有很多人到法国去留学或者是干什么，也是从这个地方开始。我觉得这一步迈得很重要，也很好。后来索伦先生到中国来，每次访问都要谈进一步合作的事情。实际上我们学校花很少的钱办这些事情，多了一条通往世界的渠道，效果很好。过去你要办这些事的话，要靠申请公费去报计划，我们就可能一时排不上号。

还有一个就是成立成人教育部，当时我们考虑到借鉴外校的经验，充分利用学校的师资力量和教学设施为社会服务。成人教育部也给学校交一定的经费，甚至后来把部分学生公寓都划给他们，包括水电等都有偿使用，这样成人教育部就搞得比较活了。李金璋、唐惠民他们几个开始也是挺难的，后来成教部的规模很大，同时各个系里面也跟成教部合作办班，有的是校内班，有的是校外班，老师到外面兼课的情况也就多了。他们招收的学生来自四面八方，不局限于宜昌市，市外也有不少学生。成人教育部成了学校给老师施展才干的一个渠道，同时也为学校开源节流。我记得他们在枝城链杆厂办了一个班，我跟李金璋专门去过，厂里很感兴趣也很感谢。学员在当地脱产或不脱产学习，老师在那里上课，现场培训。后来到来凤，我们一起去了。来凤县的电力局，整个由电气系负责，我跟曾维强系主任一起去的。这个搞得比较活了，除了校内办还在校外办，或者到其他的地方办。最初成教部每年给学校交40万元，当时40万元也是个不小的数字。搞活以后，老师有更多的地方去施展才干，能更好地联系实际。成教部给学校带来了好的影响，同时也给学校增加收入。

还有一个事情值得谈一谈。我同张绍荣、杨兴海到法国去了以后，索伦先生请我们去看他的实验室，他通过互联网调出一个北京大学主页，可及时看到北京大学的有关内容，我们感到很新鲜。当时我们意识到计算机和互联网将来是不可抵挡的趋势，但是当时在国内（大约1991年前后）还比较落后。我们学校有计算中心，有一套瓦克斯机，大约有 40 个机位。当时在宜昌市来说还是很不错的，但解决学生上机都比较困难。老师可以到那个地方去上机，去做点科研、做点数据处理，其他的像学习计算机就很难了。老师们反映没有计算机怎么学计算机，工欲善其事必先利其器，能不能够采取变通办法呢？就是学校、系部及个人共同出资购买计算机，部分用学校的设备费，作为学校的固定资产，设备建立个人台账。讲师以上的老师领计算机到家里去用，跟在实验室用有什么区别？应该说没有什么很大区别，只是老师使用起来更方便、更灵活、更得心应手。在办公会上就把这个事情提出来同大家商量，大家都比较同意。因为这个又没有侵犯国家资产，还是国家资产，同时设备备案还是在实验室。

当时计算机就是联想 486，买计算机还是冲破了各种阻力的。阻力之一就是固定资产，是不是国有资产流失？我们说得很清楚，国有资产还要折旧，多少年以后就跟现在一样了。另外一个就是学校掏钱，系部、个人也拿钱，这样大家使用管理起来都有责任。再一个就是在办的过程中，社会上的一些公司听说学校要办这个事，就给我打电话说能不能作为供货单位参加。我说这个不行，我们要公开招标的，还有领导也说过这个事。后来在办公会上老田对这个事很有印象，决定这个事情请杨锋同志来管，其他领导都不要介入。找我来谈这个事情的人很多，我想找其他人的也很多。那个时候是市场经济嘛，出现这个也很自然。杨锋同志当时是校长助理，从校长办公会上分工来说也是顺理成章的。另外他这个人群众基础比较好，大家认为他比较正派、正直，他硕士生毕业以后就回到了葛水，是在武大读的研究生，从业务上来说，他是学物理的，对计算机的软件硬件比较容易理解接受，在谈的过程中这个事情就能够比较顺利地做下去。那个时候老师很高兴，年轻老师更是赞不绝口。因为老师天天看书不行，需要用计算机，没有计算机你就没有办法学，这样就解决了一个很大的问题。

史大桢部长来学校视察时，提出葛洲坝水电工程学院要立足水电，服务电力，面向社会，紧跟时代，这些对学校的工作有指导意义。学校的主管部门随着机构改革也是变化的，先后由水利电力部、水利部、能源部、电力部管。后来我们想，作为一个学校来说，它是一个实体，是一个基层单位。不管上面怎么变，你应该有自己的主意才行，那就是学校要做好自己的事情。你没有主意就很难发展，很难生存。我们从水电起家办的 4 个专业，就是紧密跟水电工程结合在一起，为水电施工基地培养人才。所以我们认为这个是学校最根本的，随着社会的发展和需要，逐步扩展我们的专业设置。这里面始终强调的一条就是必须有自己的发展规划，有自己的强项，学校最终是要面向社会办学。最终是要把你自己的师资水平提高，师资力量壮大，办好自己的专业，努力搞好科研，形成自己的特色，这是最重要的。怎么来检验它呢？那就是要服务社会，因为学校如果不服务社会，那这个社会就不需要你。史部长最后一句话就是紧跟时代，促进我们要不断改革。大老岭会议激活了我们基层的活力，进行大大小小的改革，后来人事处拿的这个方案应该是进一步的细化，进一步激发了活力。

还有一个工作，当时我们的工资不是四六开吗？我跟师专的书记高进仁联系过，他们是三七开，我们是四六开，所以我们的工资比他们要低，不知道老田还记不记得这个事情？我到武水一问武水也是这个样子，也是四六开。我跟人事处商量，一定得想想办法把这事解决好，同一个地方不同学校政策不一样，工资有差别，不利于吸引人才留住人才。我同胡宗英还有小文，一直跑到省里面。同一个地方，同样是高等院校，不能是两种政策。他说你们是部里给钱，部里委托省里管。做了很大的努力，做了一些变通，回来以后把工资问题也解决了。胡宗英很高兴，因为他时刻在操心这个事情，人事部门在这一点上也是很敬业的。

学校的领导班子一届接着一届，如同接力赛跑，薪火相传。但是学校一直很稳定，班子的过渡很平稳。作为参加这个工作的个人来说，那真是微不足道的，因为工作都是大家去做的，教职员工齐心协力推动学校不断进步，大的事情都是领导班子在一起商量决定。

（本文根据 2019 年 5 月 7 日在北京万寿商务酒店访谈
徐治平口述记录整理，整理人：田吉高、郑泽俊、龚海燕）

难以忘怀的水电情缘

——汪仲友教授访谈录

汪仲友，1941年出生，江苏扬州市宝应县人，中共党员，教授。

1965年毕业于无锡轻工业学院（现江南大学）。在内蒙古工作15年，1980年调入葛洲坝水电工程学院机械系担任机械原理、机械设计教学工作。

1984年经群众推荐，院党委审查批准，被任命为机械系党总支书记，成为双肩挑干部，1988年被学院党委任命为学生工作处处长，1991年被能源部任命为学院党委副书记。

1996年电力部将葛洲坝水利工程学院与武汉水利电力大学合并组建为新的武汉水利电力大学，被任命为大学党委副书记、宜昌校区党委书记。

2000年武汉水利电力大学宜昌校区与湖北三峡学院合并组建三峡大学，退居二线，被任命为正校级调研员，2002年退休。

学术领域曾在《机械设计》《葛洲坝水电工程学院学报》等学术刊物上发表多篇论文及译作，参编过电力部统编教材《机械设计》。

我是1941年九月初八出生的，到今年78岁了。我出生在江苏省扬州市宝应县，小学、初中、高中都是在江苏宝应完成的。1960年就考到无锡轻工业学院，现在叫江南大学，这是整个求学经历。

毕业分配到内蒙古

我1965年大学毕业后被分配到内蒙古，要说这一段分配还有一点曲折的过程。当时分配我到内蒙古，在内蒙古首府呼和浩特，轻工部在那里要建一个轻工机械厂搞出口。在那个时代，学生是国家培养的，学校把你分配到哪就上哪去。那时组织上给我一笔钱，到高寒地区了，要做一个大棉袄，但设计是很不适合北方的。到呼和浩特去报到的时候，接待我的人说，由于国家经济上的问题，这个厂停办了，所以就改派到内蒙古轻化工业厅。我学的专业就是轻工机械的食品机械，当时我知道在包头有一个德国援建的糖厂，刚刚成立不久。我说我到包头去，但是轻化厅里接待我的人说，包头糖厂的技术人员很强了。我们有一个乳品公司，内蒙古乳品公司，技术力量缺乏，希望你到那去。但是这个公司不在呼和浩特，它在海拉尔，他在内蒙古地图的纸上一点。我一看一下从南方无锡跑到呼和浩特，又跑到最北边的海拉尔（现在属于呼伦贝尔），离中苏边境不远了。因为是年轻人没多想，就去了。

当时是9月份，所有的行李捆好了都发运走了，自己穿得比较单薄，是夏天的衣服。火车在路上走了3天，从呼和浩特到北京，从北京到齐齐哈尔，从齐齐哈尔到海拉尔。越往北边走，这车上的人就越少，最后就剩下大概都是分到这个地方的大学生。那个天气冷的！当时穿得跟现在差不多，因为9月份在呼和浩特还挺热的。当时室外的温度大概零度到十度之间，后来我们那帮年轻人就在车厢来回跑，因为太冷了。下车以后作为一个刚离校的学生，对社会也不太明白，当时就是叫呼盟，他们接待的人员就把我一起用车拉到招待所去了。

到招待所第二天就开会，按照国家规定，分配来的大学生要参加"四清"运动。当时就把我分配到科右前旗乌兰浩特，这乌兰浩特是乌兰夫曾经从事革命工作的地方，我参加"四清"的地方是科右前旗索伦乡联合大队。分配完了，我才想到去乳品公司报到。乳品公司的人事部门说，好吧，你明天就上班。我说我要参加"四清"，他说我这是内蒙古的公司，不归呼盟管。我说人家让我搞"四清"，那我怎么办？是不是去跟他们说一声，不去了。但人事部门负责的同志说，小汪，为搞好地方的关系，你就去一年。所以我就去搞了一年"四清"，这搞"四清"的一年对我以后的生活影响很大。为什么呢？我出生在南方，过去我不吃馒头，不吃面，不吃羊肉，记得我到

汪仲友（右二）与李建林、何伟军等校领导合影

呼和浩特的时候，下车以后闻到的满城飘的都是膻味，不习惯。作为一个南方人，在轻化厅招待所住了几天吃的也是羊肉，夏天他们吃生葱，这个也让我觉得很奇怪，但实际是人家的习惯。后来跑到索伦去"四清"，一下子下到最基层。而且当时"四清"有个纪律，叫访贫问苦，吃饭的时候，你只能到最穷的人家去吃，不能到经济状况比较好的家里去吃。我当时分配在大队当队长秘书，因为我的口音跟当地不太对，跟着队长，就每天排班吃饭。我印象很深的，到一家贫农家吃饭，他给我们吃的窝窝头、小米粥、酸菜。这跟我以前的食物是完全不同的。工作队有规定，每个月在公社里要开一次会，结果一个没吃过面的人，第一次到了工作队开会的时候吃了五个馒头，所以生活的磨炼对人也是一种锻炼。我们当时工作队有几个大学生，一个是河南农学院的，一个是山西太原工学院的，当时都很感慨这一年的锻炼把我们思想上的那种小资情调完全打没了。大学生的思想感情完全跟农村的贫下中农一样了，当时农村也有家庭比较富裕的，但是我们不能去。在这种情况下，一年下来，我就适应了当地的生活。这对我后来到葛洲坝水电工程学院搞学生工作也有很大的帮助，人要经得起各种考验。

这一年的"四清"完了以后，回到内蒙古乳品公司。到内蒙古乳品公司工作是1966年了，"文化大革命"开始。我在内蒙古的工作从1965年始，1980年离开。15年的时间里，我被分配了多种工作，一开始去就是内蒙古乳品公司，当时他们从英国花40万英镑买了一套印铁制罐机。当时这个任务就交给我，筹建印铁制罐厂，当时的技术资料全是英文。我在学校学的俄语，一个人没办法，我就按照学俄语的方法，买了个《英汉大字典》去查，把图纸上那么一大堆东西搞明白。1969年内蒙古的东三盟分别划归东北三省了，什么叫东三盟，就是呼伦贝尔盟、哲里木盟、昭乌达盟。它们的首府分别是海拉尔、通辽、赤峰，我所在的海拉尔呼盟划给黑龙江，哲里木盟划给辽宁，昭盟划给吉林。这一划呢给我的人生也带来一个考验。内蒙古乳品公司，要回呼和浩特，当时公司总经理对我说，小汪，你跟我们回呼和去。那是1970年，我是1969年结婚的，我就问妻子刘春玲老师的意见，她们家就在海拉尔，于是后来我就留在海拉尔了。

当时留下一部分也成立一个呼盟乳品公司，本来总经理希望我带着印铁制罐厂到呼和，我没走留下来了。当时黑龙江省哈尔滨市也有印铁制罐厂，到这一看，我们有这么好的设备，是国外进口的，行政命令就把这些设备划给哈尔滨制罐厂。最后哈尔滨印铁制罐厂给我的奖励是什么？他们说小汪我们到新华书店，你要买什么书？你先挑一挑。结果我买了几本书，数学书之类的。这段经历完了以后，我又换了工作。

海拉尔处在边疆地区，当时"文革"期间一个著名的口号叫作"深挖洞，广积粮，不称霸，备战备荒为人民"。当时中苏关系紧张，海拉尔处在中苏边界的前沿。当时要大力发展军工生产，这军工生产就发展到地方上去了，要求各个地方都要造半自动步枪——7.62毫米半自动步枪。一个地区一条线，一个厂一个角，凡是有机修车间的都要生产一个零件。我是搞机械的，就把我又抽调到呼盟战备办公室，我在军工组负责技术工作，就是负责 7.62 毫米半自动步枪的技术工作。图纸拿来了，我就给它分解，分配他做枪管、他做机匣、他做木托，就是呼盟所有的厂凡是有机修车间的都

汪仲友接受口述校史访谈

能分配一个零件，大概搞了两年多。那时候我们已经完成了一条生产线，整条枪都造出来了。我试验 7.62 毫米半自动步枪，打了上万发子弹都不止。这一段在战备办公室经历的也锻炼了我，1974 年 1 月 4 日，我在战备办公室被吸收为党员。入党以后又干了几年挖防空洞的工作。在防空组我认识了从南京工学院桥梁隧道毕业的一个学生，在这里跟他干了一年，但是后来考虑到我这个专业也不在防空洞，我还是要求回到呼盟轻化局去了，在轻化局一直干到1980 年。

调入葛洲坝水电工程学院

那么我是怎么到葛洲坝水电工程学院的，这一段水电情缘是怎么建立起来的呢？当时葛洲坝水电工程学院刚成立，需要老师，1979 年年底，我在防空组认识的南工学生顾俊培在湖北省有一个朋友，他就把顾俊培介绍到葛水了。在给他们送行的时候，我的老伴刘春玲就跟他说，老顾，能不能给老汪也介绍一下到葛水去？当时我想，学校是搞水电的，我是搞食品机械的，这怎么搭。我说老顾你别听，我们互相不搭噶，就当笑话而已。1979 年年底，全国一个纺织工业展览会在成都召开，我受命带领呼盟的纺织企业到成都去参观。我知道葛洲坝水电工程学院在宜昌，看地图在长江边上，我想正好有机会去看看老顾，那时他去了不到半年时间。这样 1979 年年底，我到成都参观完以后，在重庆乘船沿江而下到宜昌，当时宜昌给我的印象就是像县城一样。从火车站往往葛洲坝走，那时候都是工程车辆。我打听葛洲坝水电工程学院，没有多少人知道，说那边好像有个工

人大学，你去看看。我去了，到望洲岗，翻过山坡，看到老顾的岳父，他是残疾人，我认识他，我到他家去过。下了坡，便到了刚建成的葛水西 2 号楼，他就坐在外头晒太阳。随后就找到老顾了，他说你来得正好，我已经给你写信去了，这学校要人。他便带我到正在筹备的机械系，当时施俊邦代主任接见我的。我们聊了几句，他说行，就把我带到机械原理及机械零件教研室主任胡赣生那里，这两个人现在都不在了。我跟胡赣生聊了几句，他是清华毕业的，施俊邦是哈工大毕业的，都说行了，你到机械管理及机械零件教研室挺合适的。施俊邦就把我带到人事处，当时处长徐盖华和我聊了几句，就要给我开调令，让我马上过来。我说那不行，现在我人没到家，一个调令就到单位了，我肯定调不成，对不对？那计划经济时代要调动工作不是那么容易的，我说你先别发，晚一个月以后再发。回来以后这当中的经历也比较曲折，当时轻化局的局长始终不肯放我。后来有一个转机，他调到经委当主任去了，换了一个局长，这个局长是从乳品厂调过来的，我的岳父在乳品公司工作，跟他熟悉。就通过这次换领导，就把我放了。

1980 年 7 月，我先到的葛洲坝水电工程学院，春玲和两个孩子是 10 月份来的。我一共 3 个女儿，老大 1970 年出生以后被我们送到江苏去了。送到江苏以后 10 年当中，我岳父很喜欢她，两次到我们老家去接她都接不来。因为我父亲去世得早，我母亲跟她相依为命，已经离不开她了。我们是在她 1 岁的时候回江苏探亲把她留下来的，春玲当时看我母亲身体挺好的，江苏的物质条件也好，便留下来了，所以这回调到宜昌正好是团圆的机会。10 月份春玲带着我的两个小女儿，带着她的母亲到江苏宝应，把我的母亲跟大女儿一起接到宜昌。所以就这么到了宜昌，到了葛洲坝水电工程学院。

成了双肩挑的干部

1980 年 7 月，当时是个暑假，胡赣生就给我分配任务了。他说汪老师，你下学期就准备上课。我就准备了。当时宜昌的夏天挺热的，我记得那时候住的地方现在是大学生社团中心，原来是单身宿舍，现在大学生的各个社团组织就在那一块。

我在葛水工作，从 1980 年到 2000 年，有这么几阶段。从 1980 年到 1984 年这个阶段，我就纯粹是个老师，在机械原理机械零件教研室当老师。1982 年被提拔为教研室的副主任。1984 年，当时葛洲坝水电工程学院建制还不是完全正规化，我们机械系的老书记刘明智退休了，我们系主任施俊邦代理书记。所以当时葛洲坝水电工学院党委决定拿我们系做试点，无记名推选系书记。我和杨兴海被推荐了。组织上安排人到我的家乡，到海拉尔去外调，他们搞了一个多月外调，经过党委审查，批准了我为总支书记，杨兴海为系主任。1984年我开始走上行政领导岗位，当时我们的党委书记赵树找我谈话的时候，他说汪老师你能不能专职当总支书记，我说那不行，我喜欢教书，担任总支书记在学校里教书可以更贴近老师，跟教师有共同的语言。他说这样，你就双肩挑。我就成了双肩挑的干部了。

1984年到1988年，这又是一个阶段。1988年，我们学校在湖北省高校中比较早地成立了学生工作处（部）。当时党委研究就把我从机械系党总支书记调去筹建第一届葛水院学生工作处（部），从1988年到1991年，负责全院的学生工作。学院的原党委副书记曾德安，1990年被能源部调去广东抽水蓄能公司当总经理去了，所以党委副书记的职位空缺。学生工作处处长承担整个学院管理学生的工作。在承担学生工作这段时间也有一个插曲，这插曲别人都不知道。大概1990年左右，我在《机械设计》杂志上发表了一篇文章。当时重庆大学机械系的黄教授给我写了一封信，他说汪老师，你这篇文章写得很好，希望你来我们学校访问，共同研究提高。当时我是副教授，这对我来说是个很好的机会去提高深造一下。但是当时我也是学生处处长，要负责全院学生工作，这是很矛盾的状况。去还是不去？后来我把我的苦衷跟徐大平倾诉了，他当时是院长，我说现在有这个机会，我要去就要脱产一年，学生工作怎么办？曾书记又调走了，我是去还是不去？你给我出主意。徐大平很支持我，他说老汪你到重庆大学去一趟，将研究课题任务领回到学校完成，你不可能在那待一年，你这个学生工作也得负责，我给你特批。你开会也好，出差也好，可以弯到重庆大学去，阶段性地接受任务。确实这一年，包括当时副处长梁经义都不知道我干什么去了，只知道我外出开会，不知道我在当访问学者。

当时我到重庆大学的时候，黄教授已经把我给研究生上什么课、上几节课都安排好了，我一看这架势，心里很矛盾，怎么开口？我了解到黄教授是系里的党总支委员，也有一个行政职务。我私下跟他谈，这个研究生课我就不上了，我现在还在当学工处的处长，我们学校党委副书记又不在，我要负责全院学生工作，他表示理解。他说，不过你自己比较累，你这一年当访问学者要完成课题。我每个阶段给你指定参考书，你带回去看，每个阶段你写点体会给我，就这样我把课题带回来了。这一年的经历我没跟任何人讲过。今天讲，是因为那段时间确实是比较累，起早贪黑我也要完成任务、完成我的工作。春玲支持我，早上一起来我就看书，晚上回来看书到12点。我不能在办公室看业务书籍，所以这一年左右的时间锻炼了我。最后写论文是1991年8月，我在重庆大学待了1个月，重庆火炉子的滋味我是真正体会到了。一会到图书馆查资料，一会写论文，1个月终于完成。写完后在学报发表了，这个论文也起了很好的作用。所以这一段经历我也感谢大平同志，让我能够同时完成我的教学、科研工作。1991年能源部来人对我进行考察，具体任务是对当时部属的宜昌劳动保护研究所领导班子进行实地考察并写出专题报告。当时部里要我们葛洲坝水电工程学院托管劳保所，托管之前要去调研，后来我带着方华荣去了，我们俩在那搞了一个礼拜，写了一份调查报告。

担任葛水党委副书记

1991年，能源部下文任命我为葛洲坝水电工程学院党委副书记。当时党委书记是纪万松，他找我谈话，老汪，你干脆专职当副书记得了，你还有精力去搞教学吗？当时我是副教授，他说你别想正教授了，就到此为止得了。我说我愿意双肩挑，我认为在高校如果业务上不行，在教师队伍里站不住脚，和教师也不能有很好的互动关系。就这样，我在葛洲坝水电工程学院从1991年一直到1996年。1996年电力部把武汉水利电力大学和葛洲坝水电工程学院合校。合校以后，我就被任命为武汉水利电力大学第一副书记，兼宜昌校区党委书记。当时我是书记，杨锋是副书记，林天宝是校长，两个助理是刘德富和焦时俭，从1996年一直到2000年，这4年的时间，我来回奔波于武汉和宜昌两地工作。

到2000年，学校第二次变化，我们宜昌校区跟湖北三峡学院合并成三峡大学。我是2001年底退休。退休以后，当时被返聘，石亚非管教学，他说汪书记你给我们当教育督导团长得了，我说行。以后又当了第二届三峡大学老年协会的会长，第一届是李诵国。那段时间，要迎接教育部对学校的评估，我又当了三峡大学专家组的组长，参与教育部的评估工作。那时候到各个学院去进行教育评估的模拟实验，后来教育部评估为优。石亚非说，谢谢汪书记在这方面的工作。老伴刘春玲老师2003年就到北京照看孙子。2005年我的孩子打电话，说春玲身体出了问题，心脏不好。2005年1月我就到了北京，到现在已在北京居住了14年，但是每年我还是回来一趟，看看学校的变化感到很高兴。前面讲的就是大致的工作经历。这些工作经历带给我的，实际上是一种磨炼。对我在葛水院的工作，或者在武水（宜昌）的工作、三峡大学的工作都起到很好的辅助作用。

说起我在葛水当党委副书记，主管学生工作，我1984年当系里总支书记，那时候系里没配备副书记，教师工作、学生工作都是我一人抓，到后来慢慢健全，有学生副书记。所以从系里开始，我就开始接触学生工作了，一直到1988

年，成立学生工作处、学生工作部，整个学生工作几乎就是我在抓了。对葛水的学生工作，我当时有一个主导思想，我们学校是水电工程院校，这是我们国家第一个以工程名义命名的学院。现在有工程大学了，但是在1978年的时候，全国还没有以工程命名的学院，这还是第一所。而且我们学校年轻，没有资历，学生到这来不像去老校有种优越感。进到我们学校就是搞水电，搞水电工作还是比较辛苦的，但我们有十分优越的地理条件，三峡、葛洲坝、隔河岩，都是大型的水电工程，我们要培养学生的水电工程意识。学生工作，一个是学生管理，一个是学生的思想政治教育。成立了学生工作处、工作部、团委、招生、毕业、分配都在一起，这在全国来说是比较早的。思想政治教研室也在学生工作处，整个是在管理中教育，在教育中管理。计划经济时代毕业分配时对学生要进行教育，因为分配单位指标下来的时候，哪些学生到哪去，根据他在学校的表现，再根据单位的需求，那是一项很艰苦的工作。张三李四到哪个单位，最后总剩下一些比较边远的地区、比较艰苦的地区。

当时我在系里工作的时候，觉得跟学生不能说假话，不能糊弄学生。你到那个地方去，你去干什么，那个地方的条件、环境是怎么样的，跟学生老老实实交代。但这个环境是两方面的，它可以锻炼人，磨练人的意志。通过磨练以后，你可能会得到能力的提高。从机械系开始，毕业分配时我从来不跟学生讲假话，最后剩下来的都是我亲自谈。到那地方你要做好思想准备，联系到我自己，我是1974年1月4日入党，但我是大学毕业之后才入团。我家庭出身小商，我的父亲开过店铺，我有一个亲戚，就是我母亲的叔叔，当过伪保长，这些历史我都不知道。我最后在大学毕业的时候被发展为团员，我的学习成绩是不错的，但我只专不红。为了考验我，我们当时班上有24个人，有一个调干生，学习成绩不好，就分配我结对子，每天跟他在一起，帮助他完成任务。最后我的毕业指导老师，是系里的总支委员，毕业分配时对我讲，小汪你现在是又红又专，内蒙古需要人才。你想上海、北京人才济济，技术差一点、水平差一点不要紧，所以你到内蒙古需要独立挑担。15年在内蒙古的工作体会是它磨炼了我的意志，锻炼了我能够冷静面对任何困难。工作中有许多有趣的故事，在战备办公室时到牧区抗白灾，什么叫白灾呢？白灾就是下雪了，牲畜吃不到草，特别是小牲畜吃不到草就饿死，这个就叫抗白灾。有一天我和办公室一个军人早上起来，从蒙古包出去了，突然飘起了鹅毛大雪。那个雪你们没见过，叫"白毛风"，两个人面对面都看不到，零下三四十度。他当时说，小汪你抓住我的手，你别松手。刮了大概五六分钟，如果不是那个军人有经验，不知会发生什么意外。这是一个真实的经历，这些经历丰富了我的人生。我后来在搞学生工作的时候，艰难困苦要给学生先说清楚，要做好思想准备，不要以后到那去再后悔。所以思想教育，培养学生艰苦奋斗、自强不息的精神很重要。

我们学生管理有学生工作处、学生团体、宿管会、伙食管理委员会，让学生自主管理。葛洲坝水电工程学院的学生后来分到各个工程单位去，都不错，很受欢迎。1993年我和徐大平院长接待水利界的泰斗张光斗先生，他说，大平，你们培养的学生不要去跟清华比，你们培养的学生，要在各个工程单位上能够担当得起来。将来你们在各个工程集团有你们的学生当头头、当骨干。这是1993年说的，现在回过头来看，原来葛水毕业的学生，现在在各大工程局都干得很好，他们能吃苦。中国能源建设集团老总丁焰章，就是葛水的学生。建校15周年的时候我跟老曾去拜访各个用人单位，对我们葛水的学生的评价很好，能吃苦、用得上、留得住。所以现在去工程单位的学生，有的经常到国外帮助建水电站，已经走向国际化了。

我们强调培养学生这种精神，是代代相传的。在学生工作中，还有一个任务是培养学生工作队伍。当时抓了班主任建设、辅导员队伍建设，一个是自己留一部分，一个是外来引进。现在来看辅导员的队伍，我们留下来的都是品学兼优的。感到欣慰的是，这批辅导员现在在三峡大学的各个领导岗位上，外面引进的一批辅导员，像何伟军是1986年我从华工要来的，他在高年级的时候就当低年级的辅导员，现在成了我们三峡大学校长。辅导员的建设很重要，我不拘泥于形式，适合搞行政工作的，你继续往前走，愿意搞教学，你干了几年以后可以转到教学。我们的队伍是一池活水，有的出去读研究生就走了，走了以后我们有新的接替。我觉得人才不一定那么固守的，非要为我所用。你到哪去都可以，你读了研究生为他所用，只要没出中国都可以。辅导员的队伍建设，我们觉得还是比较良性的。我本身就是双肩挑干部，我在机械系时就强调老师要管学生，你不能说到我这来汇报，说汪书记那个班的学生纪律不好，我说你当老师的教书育人，这本身就归你管的，这不仅仅是学生干部的事情。你当老师，教书育人，这个育人你要做到。从机械系开始，我就要求老师当班主任。在那个时代，上级要求学生管理工作很严的，学生早上要出操，晚上要按时熄灯，就是有点半军事化管理的。我们按照组织的要求，整个葛水的学生状态还是不错的。

水电特色带动了整个学科发展

我重点谈谈与武水的合并。这两校的合并，与我们后来高校的合并，像我们跟湖北三峡学院的合并，以及武水本部跟武汉大学的合并不一样，这是我个人的认识。我们的合并等于是电力部自身的院校把它合起来,因为我们的财政、教学、干部队伍的管理,还是分开的。当时两校在合并过程,我们分析了,对葛水来说既是一个挑战,又是个机遇。我们是一个年轻的院校,武水是老大哥,它是水电行业高校的领头羊,它的教学科研实力雄厚,这次合并是我们葛水得以提升的最好机会,这是我们的有利条件。校区党委清醒地认识到两校合并既是机遇又是挑战。我们到底应该怎么做呢?第一,充分利用这个机遇。两校合并以后,我们从二本升为一本,生源质量大为提高,而且马上进入"211"重点工程进行评审。我们的水工结构、电气工程都是相当不错的,参加"211"评审的时候都得到专家的好评。评审以后也投入资金建设了,所以对我们学校的提升是一个巨大的帮助,这是一个优势。第二,就是学科的建设。我们所有学科武水是全覆盖的,利用它的优势来提升我们的教育质量。1993 年我们也有硕士研究生,但是联合培养的,林校长将他的研究生带过来,我们就有了独立培养的研究生了。以后我们又有了博士生,和他们合作培养,一下子就提升了一个档次,这是一个优势。第三,调整了我们学校的院系结构。学校成立四个学院,电气学院、土木学院、机械学院、管理学院。我们就利用本部各学院跟武汉方面对接,利用他们学院的优势来提升我们的教学质量。第四,选拔学历高、精明能干的人当学院部门的领导。尽管我们总体的实力比不上武水,但是我们学院的一些主任,我们一些行政单位的负责人的水平都很高。这就是我们校区采取的措施,充分利用武水的优势帮助我们学校。事实证明,合并确确实实使我们的教学质量水平提升得很快,这是一个捷径。另外作为校区党委书记,我主动做好大学党委书记的工作。当时大学党委书记陈燕璇原是葛洲坝集团的副总。他对我们葛水是有所了解的,因为葛洲坝集团就在宜昌,我们彼此也有所了解,所以那时候我为他在校区也设了办公室,我的办公室与陈书记的办公室相通,就在隔壁。我经常向他介绍我们学院的发展状况,并提出建议大学怎么样尽快发展好宜昌校区这一块,让校区的一些弱势学科能够赶上武汉校区等。

校长林天宝在合校之前,他觉得我们葛水水平还不行。但是没想到他后来变成武水(宜昌)校区的校长,我作为书记,我们几乎每天早上聊一会儿,晚上一起下班回家聊一会儿,就谈谈在校区的工作想法。他在宜昌大概两年多,这两年多的时间里耳濡目染,感受到葛水的教学环境,感受到葛水教职工团结的氛围。他来校区工作后感到一种温暖,感到葛水尽管是一个年轻的院校,但是一个有朝气的、奋发向上的院校。所以他作为校长,完全尽其所能,这一点我觉得对我们工作是应加以肯定的。

总体来说在这 4 年里我们得到了发展,教学质量得到提升,这确实对葛水,乃至三峡大学的发展打下了基础，这是值得提的一段历史，没有这一段可能我们现在的提升不会那么快。我觉得葛水与武水这 4 年的合并对三峡大学来说是一个值得肯定的重要阶段。

现在看来，水电特色越来越明显，在行业当中，尤其在外省市当中，提起三峡大学，水电学科还真是不错的。我们三峡大学水电学科毕业生的就业率还是蛮高的。水电这个学科应该说当之无愧地成为三峡大学的特色，实际上水电特色也带动了其他学科的发展，而不是说这个特色就影响了其他学科的发展。现在其他学科硕士点、博士点也带动起来了，整个三峡大学现在走在一个比较好的发展道路上。

三峡大学我觉得是一个合校成功的例子。三峡大学已经有着良好的势头，我们位于世界水电之都，这是别人不具备的优势。我昨天晚上出来散步看到水工程科学楼正在建设，国家投了一个亿。现在水利学科的人才引进是我们的优势。

关于校友会工作，我们学校校友会的工作要大力加强。这个不能说口头重视，要实际重视。校友会要联系广大的校友，我们几万校友，要让他们感到学校的温暖，感到学校在关心他。

我们现在学生其实也相当不错了，宁波热能建设集团的校友跑到江西搞生物质发电厂，现在上饶县电厂当厂长，最近又到江西丰城搞生物质电厂。他们对学校非常关心，看到学校的发展，都很高兴。我们学校的领导一定要高度重视，加强校友会的力量。

我今年 78 岁了，衷心希望健康地再活 10 年、8 年，看到我们三峡大学的发展，希望三峡大学能实现它的终极目标。三峡大学目前的发展势头还是不错的，不要为人才引进而苦恼，只要做好了，人才自然会进来。所以我衷心希望我们的三峡大学明天更美好！

（本文根据 2019 年 5 月 31 日在三峡大学档案馆会议室访谈
汪仲友口述记录整理，整理人：田吉高、郑泽俊、龚海燕）

我经历了学校的两次合并

——曾维强教授访谈录

曾维强，男，中共党员，教授。

祖籍湖北省咸宁市崇阳县，1942 年 11 月出生于湖北巴东。

1966 年毕业于武汉水利电力学院（现为武汉大学）发配电专业；

1967 年 10 月毕业分配至原水电部 515 工程局（现水电七局）工作，参与龚咀水电站建设；

1970 年 1 月至 1976 年 6 月在四川乐山龚咀水电厂从事继电保护工作；

1976 年 6 月至 1978 年 9 月在原三三〇工人大学任教师；

1978 年 9 月至 1996 年 9 月在葛洲坝水电工程学院从事教学、科研及教学管理等工作，曾牵头并主持"微机型起重机力矩限制器"的研制工作，后成为葛水院校办产业的第一个电子产品。这期间，曾分别担任过自动化系副系主任、电气系主任。1993 年 11 月任葛洲坝水电工程学院副院长，分管教学及科研等工作；

1996 年 9 月原葛洲坝水电工程学院与原武汉水利电力大学合并组成新的武汉水利电力大学，任新的武汉水利电力大学副校长；

1998 年 11 月受大学党委安排，全面主持宜昌校区行政工作，2000 年 3 月任武汉水利电力大学宜昌校区校长；

2000 年 6 月任三峡大学正校级调研员，并任三峡大学首任校友总会会长，首任科协主席；

发表有关教学、科研、高校管理及改革发展等相关论文 30 余篇。

2003 年 1 月退休。

我这一辈子，绝大部分时间就在这块土地上。这里名称变了不少，最早是工大，后来是葛水院，武水宜昌分校，现在是三峡大学。我从开始到现在43年就待在这个地方。

我1942年出生，中共党员，祖籍是湖北咸宁崇阳。我在湖北巴东县出生时刚好是抗日战争期间，而且是抗日战争打得最激烈的时候。后来就逃难了，分别辗转到四川的万县(现在重庆万州区)，一直待到解放军进了万县。大概是1950年的时候，我们才从四川回到宜昌，我父亲重新参加中国人民银行工作，到了枝江董市，我们全家才跟随而去。在辗转期间，我已经读了几年小学，在董市又从四年级开始读。小学毕业以后，考到枝江中学，在现在的枝城。1958年考到宜昌二高，1961年考到武汉水利电力学院。应该是1966年6月毕业，但5月"文化大革命"开始。我们当时在北京电力科学研究院搞了一个毕业设计题目，是"京津唐电力系统的稳定计算"，连计算器都没有，更没有计算机。拉计算尺整整计算了几个月，算京津唐电力系统的稳定。实际上毕业设计已经搞完了，马上回校答辩就要毕业分配，这时候"文化大革命"开始了。我们从北京回到武水参加"文化大革命"，当时就没分配，整整在大学里待了6年半。

1967年11月我被分配到四川大渡河515工程局，就是现在的水电七局。那个时候就搞继电保护，搞了好多年，可以说在龚咀电厂，我是继电保护的元老，这一段经历对我后来的工作有非常大的帮助。

在三三〇工人大学教书

1976年6月我调到三三〇工程局。三三〇工程局与武汉水利电力学院合办了一所工人大学，叫三三〇工人大学，开了一个电工班，就叫我到这儿来教书。当时说实在的，我非常不愿意。我说搞什么都行，当时最不想干的就是教书，尽管我在龚咀的时候经常教学员，跟他们讲课，但是你要真正以教师作为职业的话，我还没有这个思想准备。但是工程局组干处就说，你去最合适。为什么最合适？第一我们是跟武水合办的，你是武水毕业的。第二，我们现在办电工班，你又是武汉水利电力学院电力系毕业的，是搞电的。第三我们这是工人大学，你也是从工程单位来的，最合适不过了。这样的话没办法我就来了。

我教的第一批学生是宋光明他们班，那个班年龄差距很大，年纪大的当时比我还大，年纪小的也小，十几岁，像胡世军，他现在也退休了。电气系的王勤美也是这个班的，是第一批工大的学生。尽管原来我不太喜欢教书，但是后来跟这一批推荐上大学的工农兵学员在一起打交道以后，我感觉还是蛮好，跟他们相处很融洽。当时的条件非常艰苦，备课就在现在的碉堡楼，教室就是几间坑坑洼洼、破破烂烂的土坯房，已经早拆了，不见踪影了。那是1976年，改革开放还没开始，实际上大学停招已经十年了，推荐上大学的这些工人特别想学一点知识。他们有的是小学毕业，有的上过初中，基本上没有上高中的，有的读过中专，跟他们讲电工、电子技术的确很难。我先讲"晶体管电路"，但当时电子管的东西还在用，我又跟他们讲电子管。而且当时"可控硅"也出来了，又跟他们讲可控硅。我跟学生混得相当好，这一下就改变了原来的想法，才决定继续当老师了。后来教了好几届工大学生，万波我教过，王东培也是。1978年葛洲坝水电工程学院成立以后，工大教师整体就转到葛水院了，后来三三〇

曾维强（中）接受口述校史访谈

工程局要把工大拿出去的时候，很想把我们老师一起弄过去，但是当时的葛水院刚成立，就依靠我们这些老师了，根本就没人，后来就没让我们走，还继续留在葛水院。

管教学的副校长

葛水院最开始是三个系三个专业，一个水工，一个机械，一个自动化，我就留在自动化系了。从老师、教研室主任、实验中心主任、系副主任、系主任，到葛水院的副院长，武水宜昌校区的副校长、校长，这一块土地是陪同我一起成长的，所以我对这块土地非常有感情。1996年9月，葛洲坝水电工程学院跟武汉水利电力大学合并，我又到武水（宜昌）工作了。2000年三峡大学成立，我就退到二线，成了三峡大学正校级调研员。时任大学党委负责人安排我两项工作，一项是三峡大学的首届科协主席，第二个是三峡大学校友会首任会长，总会会长，就这个基本经历，然后一直到退休。从葛水到武水（宜昌），我一直主管教学，在

葛水院自动化系工作了 15 年，1993 年年底任命我为葛水的副院长，我现在要讲的就是我当副院长以后的一些工作情况。

我 1993 年底担任葛水副院长。当时的总体形势，邓小平的建设有中国特色社会主义理论主导我国改革开放初期的一切，社会主义市场经济体制刚刚建立，之前他已经做了几件事情，一个就是恢复高考招生，我们学校 1978 年招了第一批学生，就是在恢复高考的第二年。二是召开了全国科技大会，一下子就把知识分子的地位提高了。三是确立了教师节，提高了教师的地位。在这种情况下，各个高校都在竞争。江泽民当时也讲过，综合国力的竞争，实际上就是人才的竞争。大学正是培养人才的，这是高校首要的任务。当时电力工业部部长史大桢给葛水院题词，"立足水电，服务电力，面向社会，紧跟时代"，这四句话是给葛水院的一个基本定位。学校根据史大桢的题词和十多年办学的情况，提出了"教学上质量、科研上水平、管理上效益、办学创特色"。当时就提出了特色这两个字，但最多还是从工程这个角度出发的。为什么？因为我们叫作葛洲坝水电工程学院，强调的是"工程"，我们国家以"工程"两字命名的大学很少，武汉有一个海军工程学院，湖北就两个，另一个就是葛洲坝水电工程学院。我们强调特色，当然是从工程这个角度出发，就是我们的毕业生要上手快，"要留得住，用得上，信得过"，这就是当时我们为之奋斗的特色。同时也提出了葛水的精神，"团结、拼搏、求实、创新"，就是这八个字。

我刚刚上来当副院长，而且是主管教学，在这个位置上从事这项工作有什么优势呢？一个我们是工程学院，我从大学毕业以后就到工程单位，到生产单位，然后到工大任教，再到本科教学，就是这么一个轨迹，我的工作经历与工程始终都有关系。第二就是我有多年的系部工作经验，在系部搞了 15 年，对各个教学环节、教学过程、实验室建设、设备的使用、人员的调配、专业的建设，乃至学科建设我都比较熟悉，这是我的优势。我从教师到教研室主任、系副主任、系主任，从事多年教学工作，讲过多门课程，熟悉各个教学环节。在教学工作当中，我细心地去研究，发表了很多有关教学方面的论文。1982 年我就写了《改革实验方法，注重能力培养》，从培养工程师的角度来研究实验课教学。1984 年我写了一篇叫《活跃课堂教学，激发学习兴趣》的文章，研究如何激发学生的学习兴趣，让课堂教学效果更好。1988 年的时候，针对当时的情况，我写了一篇《也谈教与学》，论述了如何充分发挥教师和学生的两个积极性。在系部工作时，教研室的管理，实验室的管理，我对这些比较熟悉。专业设置、专业建设、课程设置及建设，那时就已经开始在搞了。

系部工作的特点

当时我所在的系叫自动化系，其专业是非常少的，就是一个工业企业电气化自动化本科专业，这个专业对于我们水电工程学院来说，其工作面就显得非常窄，而且进入不了咱们的电力系统主业。后来学校通过申请电力部同意，开办电力系统及其自动化本科专业，这才算进入了那个强电领域。而我刚好是武水这个专业的第三届毕业生，非常高兴有机会亲手操作这个专业的建设。电力部是 1989 年批准我们建设的，但实际上我们第一届毕业生却是 1988 级。为什么？因为当时我们想，既然已经批准了，何不提前一年抢占市场？就向学院申请，想办法在去年招的两个工企自动化班里拉出一个班，把专业改过来，变成电力系统及其自动化，提前一年抢占市场，这样的话才有了881051 班，我们把它戏称为我院电气自动化专业的"黄埔一期"。但这

曾维强（中）在水电楼前

样一改，也给我们自己增加了很多负担。因为必须马上开设这个专业的专业基础课，专业课也得跟上，而当时我们什么东西都没有准备，特别是专业实验室。所以，那一年我们整个暑假没休息，组织一帮有经验的教师和实验员突击搞实验室建设，以应付开学，应付专业技术课的教学。

因此，在系部工作的时候，对于专业的建设，我已经积累了一定的经验。还有一点，就是对系部的工作，我也曾经做了一个细致的总结，写过《社会主义市场经济条件下的高校系级管理》的文章，在我院《高教研究》上发表的。系级管理有它的特点，很多东西在我当副院长时借鉴了它。系级管理是服从学校的整体目标，而且在多方制约下的这么一级管理，这是它的特点。在系部工作，我就提出稳定教师队伍是系级管理的基础。当时的系部管理受到市场经济的影响，人的价值观多元化了，很多教师纷纷走了，有的停薪留职要走，有的直接调走，有的什么招呼都不打就走。我记得系里最惨的时候，整个电工教研室就只剩下两个半人，半个是谁？是汪先荣，因为他是双肩挑，他有一半的时间去教学，一半的时间搞系党总支书记的工作。要维持电工班的教学已经相当困难了。我在这篇文章

里面也提到，要想方设法去稳定教师队伍，这是你系部工作的一个基础。还提出提高教学质量对于系部来讲是中心工作，必须要把它搞好。

我当副院长的时候，第一轮改革结束了，大老岭会议是它启动的标志。我们葛水院的第一轮改革是以"简政放权，放水养鱼，搞活系部"作为目标，这一部分已经搞了。当时，本科教育15年，我们研究生教育是零，科研刚刚起步。教师队伍绝大部分是从工程技术人员里改行过来的，这些人员都是技术型的、经验型的，但是这些人比较认真负责，比较严谨，比较稳定。当时教师队伍规模比较小，我们葛水开办之初曾从武水、华东水利学院借用过一部分教师，后来主要是从各水电工程局抽调，再后来就陆续接收了一批批高校毕业生充实教师队伍。但当时市场经济的冲击力很大，我们面临的情况是，一方面教师价值取向多元化，队伍不稳，另一方面，是教师队伍的断层，年龄上的断层，接不上来。

抓师资队伍建设

我当副院长以后，主要抓了这几项工作。第一项工作就是抓师资队伍建设，我也写了一篇文章，叫作《加强师资队伍建设刻不容缓》，登载在1994年的《教学研究》上。我强调高校的任务是培养跨世纪的高级人才，是高校的一个历史使命，从国家层面来讲是具有战略意义的。当时国家已经提出了211工程，我们校内当时有12个本科专业，10个专科专业，又办本科又办专科，学生的规模是2900多人将近3000人。教师是200多人，不到300人。按照当时的比例，我们师生比接近1∶11，而国家规定最多就是1∶8，实际上教师是严重缺编。问题表现在：一是教师的人数不足，二是教师的学历结构不合理，大部分本科，有的是专科，三是教师年龄结构不合理，明显断层，接不上来，再一个就是骨干教师少。所以我当时说加强师资队伍建设是当务之急，刻不容缓，非搞不可，出发点就是要想办法在葛水造就一批跨世纪的学科和学术带头人。葛水院不能老是这个水平，一定要在将来高校的竞争中有一席之地。为了应对高校之间的竞争，我提出来要确立学科带头人，包括胡翔勇、游敏、刘德富，还有李建林、蔡德所都是当时确定的学科带头人，而且要求形成梯队，队伍的结构要合理，要有青年的骨干教师。一定要任人唯贤，量才施用，不拘一格，大胆提拔。在政策上要搞倾斜，后来制定了远期的发展规划以及近期的目标。

根据学校的规模，确定师资的数量，再加上考虑学校发展所必须的储备，以确定教师总量。对于教师队伍的学历结构、专业结构、年龄结构，都制定了一定要求和计划。后来召开了首届师资工作会议，制定了人才培养规划和政策，研究了怎么样去发现、吸引、使用、奖励这些人才。同时强调了学校的配套资金投入，然后就是要加强管理和培养过程的监督，制定了教师工作条例、教师的考核制度、激励制度等，通过那次会议搞了这么一套东西。同时我们还强调奉献，因为当时市场冲击太大，必须强调教师的素质、强调教师的职业道德建设，并陆陆续续采取了一些措施。制定了教师的进修制度，鼓励大家去报考更高学位，还搞了委托定向培养在职攻读硕士学位和少量的博士学位的研究生，当时博士很少，主要是硕士这个层面要突破。再就是公派留学，并鼓励自费留学。还有一个，为了加强教师素质的培养，电力部规定青年教师必须下基层锻炼，我曾亲自去联系过一些基层生产单位，如电厂、供电局。他们规定下去是搞一年。职称的评聘向教师倾斜，住房分配也向教师倾斜。

当时按照学校工会制定的分房办法，很多有作为的年轻教师，资历非常浅，怎么打分，他都排不上。现在外国语学院的副院长屈琼，人家结婚了，几次排队都排不上名次。她教学非常好，带的学生四级英语通过率在学校每年都是第一名，那个时候非常讲究英语四级的通过率。但是她资历浅，打分时分不够，分不到房，我们就跟工会商量能不能提供一套房源，由学校奖售给她。后来师专那边流传说葛水院奖励她一套房子，其实不是奖励她一套房子，是奖励她购房的资格。对于这些有作为的青年教师，我们在政策上去倾斜。另外每年组织青年教师讲课大赛，我亲自参加当评委，现在的副校长王炎廷、屈琼都得过第一名。再就是建立青年教师专项奖励基金。还有就是加强国际联系，与法国的瓦朗西纳大学索伦教授建立了良好的关系。我到法国去了两次，专门为我们年轻教师的短期进修争取一条途径。很多老师都去过短期进修，游敏、汤双清、刘乐星、王苏建、徐卫亚、李文正都到法国去短期进修过，另外又到法国克莱盟大学争取攻读博士学位名额，争取到了3个博士名额。王斌在法国读的博士，还有李咸善，现在是优秀教师、黄大年团队的领头人，也是让他到法国去读了博士。还有高学军，给他们提供这个途径，让他们出国去进修深造，培养咱们的师资，应该说取得了好的效果。这些措施的采用，让教师的学术水平大大提高，学历结构也大大改善，很多都成了骨干、学术带头人。师资队伍建设卓有成效，改变了葛水院当初那么一种教师的状况。

推行学分制

第二项工作讲一下学分制的推行。原来都是搞学年制，学分制是国家推行高校教学教育改革必走的一条路。学分制是深化教学改革的一项关键性的工作，而且是一项系统性的工作，它牵涉到各个方面。我们学校是从 1995 年开始实行的，我从 1994 年开始主管教学，1995 年就搞学分制。学分制实际上是高校的一种教学管理模式。所谓的学分，它是对学生学习情况的一种量度方法，原来的学年制教育不符合素质教育的要求。搞学分制实际上还是参考学年制所要求的学习年限，但学分制的学习年限是弹性的，要达到这样一个弹性的要求，有很多条件。一个核心的问题是要建立选课制度，给学生四个自主的权利。第一个自主选专业，第二个自主选课程，第三个自主选教师，第四个自主选择学习进程。这对学校来讲，要做到这四个自主非常非常难。首先，自主选专业怎么可能？我们在计划经济条件下，刚刚建立市场经济，国家对专业人才的培养都是有计划的，都涌到所谓的好专业，这是不可能的，所以自主选择专业是做不到的。自主选课程，这还好说一些，但是要你有足够的课程够他选。要建立选课制、选修制，就要求学校必须有大量的选修课供学生选择，这对一个学校来讲也难。还有自主选择教师，本来教师就不太够，你要自主选择，有的没人选，那怎么办呢？他的工作量怎么算？还有自主选择学习进程。学习进程必须有教师来配合，哪有这么多的教师资源来配合？这个很难。弹性年限也很难，他提前毕业了，要求你随时有合适的就业环境，这也根本办不到。当时教育部提出来要搞，这个对高校来讲确实非常难，但是你不能不搞，不搞你就跟不上形势。将来面临高校的竞争，你就落在后面，还在搞学年制，这肯定不行。

说实在的，面对这些问题，当时管教学的我也很难。经过专门出去调研，根据我们学校的情况，我专门写了一篇文章《谈谈我院的学分制》，发表在 1995 年第一期的《教学研究》上面。里面讲到搞学分制的一些基本条件，我们可以说基本不具备。社会环境随时就业根本不可能，他三年毕业，你四年毕业，怎么可能？而且，从学校内部来讲，一定要有充足的教学资源。当时有争论，不是争论搞不搞学分制，学分制是必须要搞，否则跟不上形势。但是搞完全的学分制，即真学分制，还是搞学年学分制？争论了半天，后来说不必去争论它的真假，我们只要是能够向学分制迈出一步，就是在前进。根据学院的情况，最后确定从 95 级本科开始实行学分制，我们叫学年学分制，以学年制为基础，搞了一个基本年限 4 年，弹性年限 3 年到 6 年。短的 3 年，多的 6 年，并建立重修制，取消补考。根据这个我们就进行了下面的一些改革工作。

要进行学分制改革，首先就要标准化，教学周数要标准化。怎么去规定这个标准？按照国际上惯例，一般是 17 周算一个标准的教学周数。我们有两个假期在里面，教学周就不那么规范，有长学期有短学期，而将课内教学周数确定为17 周，其余时间为社会实践和其他课外教学环节。为什么定 17 周？就是说这一门课程，一个学生一周一个学时，学满 17 周就算一个学分，是这样算的。而对于学生的整个大学学习过程，我们确定了一个三段式的教学实施过程。把整个教学过程分为三段，第一段叫公共基础教育阶段，第二段叫技术基础教育阶段，第三段叫专业教育阶段。学生在校期间的这三个阶段，相对独立，但是相互间又有密切的联系。每一个阶段有每一个阶段的重点和特色，根据这个来形成不同专业培养的模块。学生后来专业的形成是靠模块来构建的。再者就是要改革教学计划，比方说原来本科教学规定的课内学时是 2700，加上各类实践教学环节，大概是 3000 多一点。按照 17 个学时一个学分，对应的毕业学分就是 180 个学分，就是这么来的。180 个学分是学生毕业或者是结业的一个判定标准。这样也就必须要规范各门课程的学时数量，也就是各门课程的课内教学时数，当时强调强化基础、淡化专业，许多课程的课内教学时数要大量压缩。然后就是建立选课制、选修制。在选课制度中我们确定了限选课和任选课。规定限选课是你必须要选的，因为它是根据形成一个专业所必需的知识结构而确定的，必须要选，否则的话你就不能叫这个专业的毕业生。另外任选课分为两种，一种是向纵深发展的，加强加深专业基础方面的，另一个是向横向发展的，扩展学生的知识面，改善横向知识结构的一些课程。这是为了适应素质教育的一种考虑。这样，对于原来的教学计划，课程设置等就要重新构建，所以它是个系统工程，很麻烦的。还有一个问题，如果只按照 180 个学分就可以毕业的话，学生的学习质量好坏却没有鉴别出来。因此，为了鉴别学生的学习质量，就建立了一个"绩点制"，据说这套办法到现在还在使用。所谓"绩点制"，就是将学生的学习成绩（也就是分数）对应一定的"绩点"，由它来衡量学生学习质量的好坏。这个"绩点"干什么用呢，授予学位用的。有的学生能毕业，但是你不一定能拿到学位。要想拿到学位，你的学习成绩所对应的"绩点"就必须要达到一定的标准，这就避免了那种 60 分万岁思想的泛滥。还有就是建立导师制，我们规定一、二年级基本上是以班主任管理为主，三年级导师介入，导师介入很有好处的。还记得我们参加全国电子设计大奖赛，第一次参加就拿到全国的一等奖。用导师介入的办法还是很有成效的。还有一点就是要建立广泛的校际联系，甚至国外的联系，学着人家是怎么搞学分制的，有些什么样的经验可以学习借鉴。

抓课程、重点学科建设

第三项工作就是抓课程建设和重点学科的建设。在课程建设中我们强调了它的整体优化。首先制定了学院课程建设的整体规划，并相应制定了一些评估指标体系以及教材建设计划，实验室建设计划等，并专门成立了一个课程建设领导小组，我亲自当组长，将课程建设纳入正常的教学管理工作。还建立了课程建设的基金，也有些成果。葛水院的"高等数学"是我省的优质课程，我们曾经使用国家教委鉴定过的高等数学试题库，对90级的本科生进行测试，平均成绩83.7分，不及格率只有2.03%。甘以炎老师93岁刚去世，他就是这门课程的带头人，是从武水那边调过来的。我们还建立了外语听力实验室，搞了个外语的无线电台。通过课程建设，我校英语四级通过率由原来不到30%，到后来整体水平达到79.8%，将近80%。可见课程建设确实是有成效的。在教材建设方面，我院主编、参编、交流的讲义有近100种，正式出版的教材有30多种。学科建设方面，我们的"水工结构工程"值得一提，1994年经电力部同意向湖北省申报，经过专家评议，被批准为省级重点学科。为什么水工结构工程能够成为省级重点学科，首先是我们的区位优势，跟水电工程相结合，我院在这一领域的主要研究方向有三，一个是高陡边坡的稳定性，例如，三峡船闸开挖，把山劈下来，它那么陡，其边坡的稳定就是一个很重大的课题，我院在这一领域的研究水平处于全国领先行列。再一个是高坝岩基问题，它的强度以及稳定性也是我院水工结构工程的一个研究方向，还有就是水工的新材料。我院在这三个方向的研究水平不仅有自己的特色，而且还形成了一个学术梯队，老中青结合，并且从那时开始就跟武水联合培养研究生。由此也就开始了我院提高办学层次的历程。

重点实验室建设的起步阶段非常难。我们主要靠电力部投资，每年给的钱很少，实验室的经费就是大家平均一分，撒胡椒面，其目标就是维持教学。我觉得这种搞法形成不了任何一个比较好的有自己特色的实验室。于是，我提出一个"重点"的概念，搞"重点实验室"建设。在领导支持下，在有限的经费中，集中一块经费，把将来与形成学校特色密切相关的几个实验室确定为重点实验室，先搞起来。其他非重点的，能够维持平常教学就可以了。这样就集中了一定数量的人力物力财力，开始了重点实验室的建设。首先是重新构建了计算中心，将学院原有的计算机均分给各系部，原计算中心的人员由各系部自主聘用，并鼓励各系部自行投入，你投多少，学校对等给你投多少，你投10万元，学校给你10万元，这样，利用系部力量来解决人员的优化问题和设备的投入问题。于是，水工、机械、电气、管理，基础部各个系部都有自己的机房，并且都在利用自己创收的一点经费投入机房建设，这样就把学生的上机问题解决了。在此基础上，也允许各系部利用余力开展对外服务，以鼓励各系部的积极性。这样搞了一年多以后，条件成熟，决定重建计算中心，将所有系部的机房设备有偿收归学校，并加大投入，建立了后来的教育技术中心。而且重新组建班子，选定负责人，结果面貌一新。水工试验厅也是不错的，它是我院水工系的主力实验场所，可以完成全部教学大纲规定的所有的水工实验项目，还有一个综合的力学实验室，和电气系的继电保护的综合实验室，这也是重点要搞的，最重点的就是水电站仿真了。当时搞水电站仿真的就是胡翔勇，他最先带头搞的。水电站仿真，全国所有的水电高校都没有搞。华北电力学院是搞热力发电。

沈阳电专有一个火电仿真，华北电力学院也有一个。但水电没有，水电我们是全国第一家，这一下子就提高了学校的地位，部里面当时是教育司教育处的敫桂兰、陈秋安他们负责的。他们是"见花浇水"，没有看出苗头是不愿拿钱投入的。我记得到电力部去找敫桂兰，跟她谈了3个小时，就谈重点实验室的建设，她很感兴趣。当时水电站仿真已见雏形，基本形象已经出来了。然后她到葛水实地察看以后，给我们增拨300多万元。我们用这一笔钱，又支持了机械系的实验室建设。如此，一箭双雕，既搞了重点实验室建设又加强了其他专业的建设。通过这个时期的努力，其成果在后来的"211"预审中起了很大作用，在合并以后的专业调整当中也起到了支撑作用，并为以后实验室建设经费的获取创造了良好条件。

我抓教学工作的这一段，比较强调高等教育研究，因为要管理好一个学校的话，你对管理工作没有研究是搞不好的。高等教育研究，是为教育教学改革服务的，作为理论支撑，我要求每一个教职工都要把自己的本职工作当作研究性的工作来做，高教研究也是科研，而且是更难的科研，因为它的面更广，课题多，难度大。高教研究要围绕学校的改革与发展、质量与效益、建设与管理这几个方面去开展研究。我院原来的《高等教育研究》杂志停刊了好多年，后来复刊重新搞，我亲自担任高教研究的常务理事，写文章，投稿，并帮他们审稿，鼓励相关工作人员努力办好这个刊物。而且，学校首次确立了高等教育研究的立项制度，每年通过自由申报整理出一些需要研究的课题，这些课题要通过高教研究来立项，立项了以后拨经费，支持你研究。还有就是非常注意高教研究的对外交流，他山之石可以攻玉，借助人家的经验，办好我们的事情。当时副高以下，我们学院都有评审权，我是职称评定委员会的主任，在职称晋升条件中，规定每一个要晋升职称的教职工，无论你升讲师也好，升副教授也好，都必须要有高教研究的论文或成果，才能提职称。我就是希望每一个职工、每一个教师都要重视、研究自己的本职工作，提高我们的教学质量和管理质量。

葛水与武水合并

我再讲一下葛水与武水组建的情况。实际上在 1994 年 10 月的时候，当时电力部就组织了第一次两校合并的调研。中南财经政法大学的洪德铭校长是调研组的组长，我陪他到葛洲坝电厂去参观，然后他们在学校里开了座谈会。根据当时的情况，葛水已经开展本科教育18年了，经过发展，已经是苗头正好、气势正旺的时候。上面要谈合并，我跟他讲了真实想法，现在跟武水是异地合并，合并的目的是资源共享、协同发展。但武汉和宜昌，相隔300多公里，教学资源怎么共享？我们的学生到那边去上课？或者那边的教师到这里来讲课？或者是你图书馆、操场这些东西再好，我怎么去用你的？葛洲坝水电工程学院是以工程命名的，地理位置就处在宜昌，背景特色就是工程，将来调整了以后，原来所有的那些区域优势、工程背景都难以发挥作用了，还有我们两校的专业基本上百分之八九十重复。专业调整、人员调配，这怎么搞？当时跟洪校长谈这些，他说这确实是个问题，他们调研小组调研的结果，就没同意合并，这第一次没搞成。

据说，1995年底电力部很着急，又组织了一个专家组，就决定了合并，当时面对的国内高教形势也是你不合并也不行。当时全国有实力的高校都在争取进"211"，电力部的学校怎么进，电力部规划的是南北各进一所，北方是华北电力学院和北京动力经济学院合并，组建华北电力大学，校本部在保定，北京设校区，他们进"211"，这是北方规划的一所。南方是武汉水利电力大学和葛洲坝水电工程学院合并，组建新的武汉水利电力大学，本部在武汉，宜昌设校区，这一所也要进"211"。当时部里也组建了一个新的武汉水利电力大学的筹建组，当时葛水有三个校领导参加，纪万松、陈启新、徐治平。这样在电力部有关负责人的领导下，他们参与了讨论、筹划怎么合并，这些工作搞完了以后，在1996年的9月17日，我们就都跑到武汉那边去挂牌，连夜又赶到宜昌，9月18日又在宜昌挂牌。9月17日的晚上，葛洲坝水电工程学院的牌子要摘掉，很多人跑到校门口拍照，都想留下一张最后的葛水纪念照。到第二天，武汉水利电力大学的牌子(宜昌)就挂出来了。当时校领导人员也有调动，我和徐治平调武汉，任新的武汉水利电力大学副校长，林天宝调过来在这边任校长。挂完牌以后，宜昌校区的校领导拍照，我就不能参加，因为我不是这边的领导，我是武汉水利电力大学副校长。他们照相的时候，我在旁边看着他们照，那心里还是有失落感啊。徐治平去了分管人事、财务，我在那边分管成教、产业。说实在的，我在这边一直管教学，到那边去管成教，成教当然也有教学问题了。产业，我在这边也管过，这倒问题不大。但我在葛水待的时间太长了，对这边有感情，从内心来讲，我是不愿意离开葛水这块土地的。

林校长当时也没有想到会调他到这边来当校长，他有他的实际情况，我们是校友，林校长跟我是同一个专业，比我高两届。他是武水电力系发配电专业的第一届毕业生，我是第三届。那个时候不叫电力系统自动化，叫发电厂电力系统，简称发配电，发电、输电、配电。当时林校长确实有困难，他爱人身体不好，到这边来工作的话人生地不熟，他刚开始是有顾虑的，但组织上已经定了，不去也不行。正好我也不想离开葛水，我就跟林校长说：你去，我申请留在这里，我协助你。后来部里就同意了，这样我就算是留到这个校区了。林校长能够到校区来，我非常感动。他在武水工作那么长时间，叫他只身一人到这边来负责全面工作，确实难度非常大，而且他爱人的身体又不好，困难很多。我没有理由不积极支持他的工作。我是全力地支持他，仍然管教学，我从开始到后来，一直在管教学。葛水建校 18 年了，学生已经有一定的规模，本科学生 3200 人左右，已经联合培养研究生 50 来个人了。我们还有法国留学生，通过多年的改革，教学和科研发展的态势已经非常好，面貌一新，潜力非常大。我觉得跟武水合并是在葛水发展势头最好的时候，我们的教学质量已经稳步提高了。学风、考风、考纪这方面的建设，已经取得了非常好的成果，课程建设已经卓有成效，部里一类课程有水工结构、岩土工程这两门，省优质课程一门——高等数学，二类课程八门。学分制已经全面铺开了，重点学科重点实验室建设有突破。水工结构工程是省级重点学科，水电站仿真实验室是部级重点实验室。继电保护综合实验室是校级的重点，通过验收了。本科教学评估，已经顺利地通过，并且获得优秀。本科教学评估指标很多，课程建设、学科建设、人才培养、教学质量、科研水平、教师队伍等各种指标，我们基本上都在优秀的水平。通过葛水那几年的发展，我们的势头非常好。

合并了以后，如何去利用本部优秀的教学资源来提高校区的教学水平和办学层次，是我们面临的一个问题。合并后那一段时间，第一是利用本部的资源，加强师资队伍建设。本部可以培养硕士、博士研究生，我们就鼓励教师大量地去读本部的硕士、博士研究生，脱产的、在职的都行。第二是想方设法要使我们的教学水平能够跟本部的教学水平齐步，规定从 97 级开始，与校本部统一命题、统一考试、统一评分标准、统一阅卷，要向本部看齐，一定要达到同样的标准。实际上从 96 级当年合并开始，主干课程就跟他们统一考试了。从 97 级开始就力求与校本部做到几个统一，统一教学大纲、统一教学计划、统一课程体系、统一课程内容、统一教学深度，向本部看齐。另外就是学习和借鉴本部的教学管理经验。当时本部管教学的是刘光临，我跟他的关系比较好，我就充分去向他学习、了解，他有哪些管理经验，哪些是我校区能够采用的，哪些是可以借鉴的。尽量利用它那边丰富的管理经验，提高我们的教学管理水平，还有就是进一步抓好课程建设。现在抓课程建设跟原来不一样了，抓的是系列课程建设，把原来的单科课程建设推进到系列课程建设的高度来了。系列课程的建设是把相关课程的一些基本内容相互贯通、相互融合，原来单科课程体系有些内容是重复的，这不符合系列最优。后来强调系列课程建设，让经典的内容更精简，让新的科技成果更丰富。学科交叉更加强烈，系列课程建设强调学科交叉，在教学方式上要更加创新，比原来更进了一步。我们规划了几个系列课程，如力学、数学、英语、电类、计算机类、机械设计类、经济管理类和政治理论类的建设计划，并且进一步完善学分制，选课制度也更优化，努力提高选修课程的数量和质量。提高学校素质教育的水平，继续参加全国电子设计大奖赛，并且每年都能拿到一等奖。这个比赛清华北大都参加的，我们能在那个里面拿到一等奖应该是相当不错的了。

从 96 级开始，我们也跟校本部一起参加全国的数学建模竞赛，第一次参加就拿到一等奖。这也是从本部学来的，原来葛水没有。加强实验室和实习基地的建设，强调了更新实验设备。在这一段时间，我们加强了机械专业的设备投入，加强了教育技术中心的建设，完善了它的领导班子。在实验教学改革方面，原来葛水院的物理实验室是开放性的，后来扩大了这种开放，并且提出要创造一些综合设计型的实验内容，探索一些创新型的实验教学方法。再就是利用本部的资源发展研究生教育，跟他们联合培养博士生、硕士生。校区一直没有单独的硕士学位授予权，硕士生博士生都是跟武水联合培养的。

再讲一下两校合并后的其他一些工作。我们召开了两校合并后的第一次两代会，在会上，确立了尽快实现校区向重点大学迈进的目标，这是我们当时提出的口号。1998 年 10 月林校长快 60 岁了，他老伴确实身体不太好，林校长跟我讲的时候眼泪都快出来了。有一次他老伴到阳台上去，风把门关住了，钥匙没拿，进不了门。这下麻烦了，老伴打电话找他，他在宜昌。你说怎么办？林校长能够坚持那么久，也是相当不错了，我非常感动，应该说，林校长为校区的生存和发展做出了非常大的贡献。1998 年 10 月，大学的书记陈燕璇到校区宣布，学校党委决定要我在校区这边行政总体负责，后来我们分工，我主抓这边的行政工作。当时面临的情况是，一个是要设法提升校区教职工的凝聚力，刚好那时葛水校区已建校 20 年，我们设法搞了个校区建校 20 年的庆祝大会。我跟汪书记跑到北京找电力部教育司的杨昌元副司长，讲我们的想法，葛水这边已经建校 20 年了，学校发展势头也是不错的，我们想利用建校 20 年的机遇，进一步提升教职工的凝聚力，为将来步入重点院校，实现重点大学的建设目标团结一心，向这个方向奋斗。还有一个我们想利用建校 20 年，集聚校友的一部分力量，利用校友的力量来支持学校的建设，这是我们的一些基本想法。从北京回来以后，我们搞了葛水建校 20 年，感谢林校长，他非常支持，来参加了这个活动。很多校友回来了，看到学校的发展很受鼓舞。

启动校区第二轮改革

另外一件工作就是启动了校区的第二轮改革。为此我写过一篇文章，叫作《对校区第二轮改革的思考与研究》，发表在《高教研究》杂志上，部里《电力高教研究》刊物也转载了这篇文章。我提出的指导思想是面对 21 世纪高校之间的竞争，一定要抓住机遇，解剖我们自己，要改造自我、完善自我、壮大自我，要增强我们的实力，赢得这场竞争，这是当时我提出来的一个基本思想。要进一步优化结构、理顺关系。要对校区的机构设置、干部队伍、人员结构、师资队伍、学科结构等进行一系列的优化，一定要让它科学合理，同时要精简完善。特别强调追求整体优化，而不是局部优化。提高效益，严格四定：定编、定岗、定职、定责。强调管理要具有前瞻性、现实性、科学性、可操作性。在制定政策的时候，要考虑校区的一些特有因素。第一个要考虑校区的历史和现状。我是葛水土生土长的人，在这里搞了几十年，对这里的情况比较了解；第二个要考虑职工的适应能力，允许有一些过渡性政策的存在，但是要限期达到我们的预定目标。还有一个要考虑我校区的持续发展，考虑人才储备，考虑适当的裕度，进一步优化教师队伍，淡化身份管理，强化岗位管理，有的人在他目前的这个岗位上，却并不太适应这个工作，有担当能力的人却又不在这个岗位上，当时就面临这么一些情况。为什么要强调岗位管理，你在这个岗位，就是要以这个岗位的职责来要求你，而不管你是什么身份。对于教师，要根据你的教学质量、工作能力，以这两点为依据重新认定你的教师资格，不合格的不能做教师。这跟最开始的教师队伍建设的观点又不一样，进一步完善激励机制和考核制度，使得优秀的人才能够脱颖而出，为他们的出类拔萃创造条件，这样就重新建立了一套考核制度，强调分类考核、立体考核，各个层次各个层面去进行考核，多个视角去进行考核，重实绩，避免那些虚的东西。你在这个岗位上，这一年你做了哪些工作，干了哪几件事情，简单明了。同时强调能上能下，能官能民。

新一轮聘用开始时，所有的人员先全部下岗，全部卧倒，由学校首先对一些重要岗位的一把手进行聘任，然后再由他牵头去组建相应的领导班子，这样，个别工作业绩太差的人就落聘了。有的是高职低聘了，现在想起来，力度确实有点大。再就是改革分配制度，按岗定薪，易岗易薪，你在这个岗位拿这个岗位的津贴分，换了岗位拿所换的岗位的津贴分，并把原有的校内津贴取消，改为岗位津贴分。并根据学校当年的效益来确定分值。所以当时人事管理、工资制度的改革力度也是比较大的，但是却大幅度提高了校区教职工的待遇。后勤的社会化改革首先改变了它的运行机制，任命了张萍为后勤集团的总经理，让她自己去组班子，她是学校第二轮改革中第一个上岗的。当时成立了后勤集团，管理体制、拨款方式、分配制度、产权制度都重新进行了改革，资产是多元化的，经营服务是多元化的，企业化管理，市场化运作。

第二轮改革的总体目标第一是要建立一支高效精干的管理干部队伍和职工队伍；第二是建立一支高素质的教师队伍；第三是建立一套充满活力的教学运行机制；第四是建立一个可持续发展的校区运行管理模式。实际上第二轮改革搞了一年，就变成三峡大学了。

在三峡大学合并之前，有几项工作及时抓了，可以说是作为给三峡大学的见面礼。一项就是我跟刘德富跑到教育部，当时面临着武水马上解体，它将跟武大合并成立新的武汉大学，我们这边要成立三峡大学。面临的问题是，我们还有以重点大学的身份招生进来的四批学生（96，97，98，99四个年级），他们的毕业证怎么解决？他们可能不愿意拿三峡大学的文凭，但是，武水不存在了，我们的印章还能不能用？当时跟武水合并时，为了工作的方便，武汉水利电力大学刻有两套公章，一套放在武汉，一套放在宜昌，是刘吉臻校长给我写的委托书，委托曾维强管理武汉水利电力大学的这套印章。这些学生，是从武水进来的，自然要拿武水的文凭，当时的武水（宜昌）是进了211的，进了重点大学的行列的，将来三峡大学肯定不是重点大学，这样武水（宜昌）将由重点又回到一般去了，这在全国是独此一例，特殊情况，全国找不到第二家，其他都是合并了以后往上升的，唯有武水（宜昌）是往下降的。我们将这些情况反映给了时任教育部高校建设司司长纪宝成，他表示，武水（宜昌）情况特殊，特殊情况特殊处理，允许武水（宜昌），实际上是三峡大学，将武汉水利电力大学的印章使用至2003年。因为99级是最后一届，2003年毕业。后来就出现了一个奇怪现象，武汉水利电力大学不存在了，但武汉水利电力大学的文凭还在发，并且一直发到2003年。学生后来拿的毕业文凭，人家怀疑，在网上查，虽说学校不存在，但文凭还有啊，那是国家允许了的。所以，武汉水利电力大学的旗帜是校区扛到最后的。这个问题，是由国家给了我们一个特殊的政策把它解决了。第二个，当时国家已经停止了硕士点的布局工作，我们与武水本部又联合培养了这么多研究生，但我们又没有硕士学位授予权，将来这些研究生的学位授予问题怎么办？其实，校区不是不具备这个实力，是国家停止了硕士点的布局，所以武水宜昌校区现在需要教育部的授权。纪司长表示：你们学校情况特殊，也是特事特办。国务院学位办将专门成立一个考察组，由华中科技大学校长杨叔子作为组长，到校区考察硕士点建设情况，于是，我们在很短的时间里，把接受硕士点考察的工作安排好，等着他们，因为就这么一次机会了。我们当时申报了 6 个点，我心里想，即使砍掉一半，批准 3 个，只要有了授予权，将来新增布点就非常容易了，关键是授予权！没想到经过考察组的考察、评议，我们所申报的 6 个硕士点全部通过了。这次我整理照片的时候，看到我跟杨叔子的照片，太高兴了。一般的学校，最初最多给你布 3 个点，没有像我们这样一下能够布 6 个点的，这也算是给三峡大学的一个非常重大的礼物。还有一个，我们又跑到财政部、电力部，我们是 211 建设的高校，是有建设经费的，现在不是 211 了，但那个项目还在啊，还有一千多万块钱哩，财务处阮处长又去跑，最后明确了，这一部分钱要继续给三峡大学。说实在的，我在这里搞了几十年，到今年 43 年，对这块土地是有感情的。尽管三峡大学成立后我马上就退居二线了，但对三峡大学的感情依然存在，后来叫我去搞科协的主席，搞校友总会的会长，全国各地校友会百分之七八十都是我搞起来的，也干了一些事情。

(本文根据 2019 年 5 月 17 日在三峡大学档案馆会议室在访谈
曾维强口述记录整理，整理人：田吉高、郑泽俊、龚海燕)

岩崩所并入三峡大学的前前后后

——邓兴林同志访谈录

邓兴林，男，汉族，湖北秭归人，1949年11月生，中共党员，大学文化，高级工程师。曾任湖北省岩崩滑坡研究所(湖北省西陵峡岩崩调查工作处)党委书记兼常务副所长(副主任)，三峡大学岩崩滑坡研究所书记兼副所长、科技处调研员、督察员等职；受聘社会兼职国家人事部专家服务中心专家顾问委员、中国改革与发展研究院高级研究员、宜昌市科学技术专家、社科协会党务理事等。

1968年至1974年，参加中国人民解放军，在援越抗美战争履行国际主义义务和参加国内国防建设中，荣立三等功一次，受团以上嘉奖11次；1974年至2012年，退伍回到地方，先后从事地质灾害防治调查研究工作与管理工作。

在省级以上核心期刊发表《人类工程活动因素对地质灾害的影响及对策》等论文30多篇，联合主编了30万字的《长江三峡岩崩滑坡地质灾害研究论文集》。参加完成了湖北省自然科学基金项目"干涉雷达测量技术在三峡库区滑坡变形监测中的运用研究"，成果获得了中国岩石力学与工程学会"科学技术进步一等奖"。

三次被评为湖北省直属机关优秀共产党员；三次被评为省科委先进工作者；先后被评为全省系统优秀纪检监察干部、宜昌市西陵区综合治理先进个人、中共湖北省科技系统优秀党务工作者、中共宜昌市优秀党务工作者。

在长江三峡发生的秭归"6.12"新滩大滑坡中预报准确，使险区内1371人无一伤亡，减少直接经济损失近亿元，个人受到湖北省委、省政府表彰；单位被中共湖北省委、湖北省人民政府授予"预测尖兵"称号，单位党组织被中共中央授予"全国先进基层党组织"；其研究成果《临阵预报》获省科技进步一等奖、国家科技进步二等奖等。

我 1968 年当兵，1974 年之前在部队，当兵以后训练了半年就去援越抗美。这个战争打了 3 年结束以后，我们就转到大西北，到西安那边去搞三线建设。

岩崩调查工作处成立

1974 年，我从部队转业以后就被安排到了当时湖北省成立的一个调查处，叫湖北省革命委员会西陵峡岩崩调查工作处。这个单位的名字很长，不看字的话，听不懂，而且人们感到这个名称很怪。为什么怪？就是岩崩调查，岩崩这个词儿是个新词儿。人们原来一般都是听说过泥石流、地震、地陷等这样一些地质灾害。岩崩这个灾害，它是有别于上述灾害的，所以就出现了这么一个专门调查研究岩崩地质灾害的单位。我到了这里工作以后，又在华中师范大学学习了 3 年多政治教育，所以我原本是学政治教育专业的。

1978 年毕业后我仍然还是回到岩崩调查工作处。在这里工作，我从办公室副主任、主任，副书记兼纪委书记，党委书记兼常务副所长，到书记所长一人担都搞过，时间蛮长。

这个单位的起源应该是从 1964 年开始。1964 年国家责成国家地质部、国家科委（那时不叫科技部），组成一个调查组，进入三峡进行调查。为什么要调查？主要是为修建葛洲坝、三峡大坝做前期准备工作。地质踏勘这方面是由长委在做，地质灾害这个方面由国家科委邀请相关科研单位做。国家科委那时还是军管小组，就带了几十个单位到三峡进行考察。1964 年考察以后，向国务院写了一个报告，说踏勘秭归县新滩链子崖时发现这个地方有危险，这个危险挺大。如果水电工程在施工期间出现了崩塌现象的话，那么整个工程就可能报废，因为出现岩崩可能使长江断流，断流时间长了就会破堤。下面正在兴建的水利工程就会被冲毁，而且它直接危及武汉、南京、上海这些大城市的安全。这就引起了国务院的高度重视。

1969 年 3 月 22 日，周恩来总理批复由湖北省革命委员会成立一个调查组，根据鄂革[69]第 64 号文，调查小组成员由省革委会苗久堂、张进先同志全面负责。日常工作由李俊德同志任组长，长办一名同志任副组长，秭归县革委会梅光杰同志、省革委会生产指挥组工交小组长余明生同志任副组长。

邓兴林在链子崖

这个调查组组织全国 60 多个科研单位到三峡地区，对新滩链子崖这个地方进行调研，最后做出技术性的评价，提出治理方案，并为党中央决定三峡大坝和葛洲坝能建还是不能建作参考。这个调查组维持的时间不长，大概 1970 年的时候就出了一个技术报告，这个技术报告报到国务院，国务院认真研究以后，当年就责成湖北省革命委员会成立一个固定性的机构，取名就叫"湖北省革命委员会西陵峡岩崩调查工作处"。岩崩调查工作处隶属湖北省革命委员会，正县级单位，由省科委主任易鹏同志任主任、省体委主任雷浩同志任副主任。作为一个组织协调机构。它有三项任务：组织领导、相关协调、后勤保障。这个任务当时是不含技术性，就是组织和领导其他的技术部门参与集中研究与防护治理。当时有地质部、长航、长办、中科院、国家地震局等相关单位参加。

后来雷浩同志回省体委任主任去了，又从秭归县调汪琼彬县长任副主任来主持当地现场的工作，这样就形成了一个固定的工作机构。行政上归湖北省科委领导，业务上归长江流域规划委员会管。有编制，有经费，有固定的人员，而且组织机构也是有批复的，批复文件这里有，但不是原文，是我当时抄录在笔记本里面的。我现在把这个给你们，在我们学校档案馆可以查到。因为当时很多文件是机密的，合并时都移交到校档案馆。形成了固定的工作机构以后，就根据国务院"进一步摸清情况，积极采取防护措施"的指示精神，从两个方面开展工作。一方面，由科研单位进一步开展调研，摸清情况，及时向上级报告；另一方面，组织施工队伍进行有限的防护治理。当时参与治理施工的除了少数技术人员外，基本上都是从各地调来的民兵，有枣阳、秭归、长阳、枝江、当阳的民兵。进行治理主要采取了 3 个措施，锚固、铆固、排水处理，还有打隧道进行探测后的平斜洞支护等。参加上述治理工程的技术队伍主要有长江流域规划委员会的 505 基地、国家地震局武汉地震大队、湖北省地质局、湖北省地质七队、水文大队、中科院武汉岩土力学研究所、长江航道局等，大约 30 多个单位参与勘察、研究与防护治理。上面有一个仙女山地震断裂带，有地震会催生这个岩崩的发生。我们除了进行组织协调外，还要负责这么多队伍人员的吃喝住行与施工原材料的保障供给。在这个阶段，为了方便管理，我们调查工作处也从秭归县水利局等单位调进了陆业海、梁水银等几名技术干部。1977 年我们又从武汉测绘学院接收了工程测量专业大学毕业生王尚庆，1978 年接收了中国地质大学普地专业毕业生骆培云、水文地质专业毕业生张长东，1979 年又接收了武汉测绘学院地震专业毕业生董帮平，组成了自己的测量和地质队伍，解决被动管理问题。我们的观测队伍在武汉地震大队、武汉岩土力学研究所、地质七队的帮助下逐步成熟起来。同时为了加强领导班子力量，又调进 14 级干部宁致祥同志任湖北省西陵峡岩崩调查工作处第一副主任。

成功预报新滩滑坡

到了 1984 年，我们就发现这个地方出现了一些问题，也就是我们认为的灾害发生的前兆。我们以调查工作处的名义向省委、省政府书面报告了情况，省委责成省科委在洪山宾馆召开了西陵峡岩崩调查的专题汇报分析会议，主要讨论这个滑坡是会整体化、还是局部化的问题。我们是现场工作的单位，提出的是会出现整体化滑坡，整个新滩镇可能面临毁灭的危险，需要搬迁。但当时也有人提出不会整体滑坡，局部危岩处理就行了。理论上提出了很多防范意见，作了一些协作部门的任务分工，就这样不了了之。

1985 年，因干部人事制度改革，湖北省西陵峡岩崩调查工作处干部队伍大调整，原来的老领导基本上都退居二线当顾问，陆业海、骆培云、邓兴林、王尚庆、梁水银进入调查工作处领导班子。主任仍然是易鹏兼任，陆业海任第一副主任，骆培云任书记兼副主任。领导班子由原来纯行政性的变成了技术行政性的。

我们现场勘察发现地下水断流、个别类似地热出现、广家崖危石不断堕落等异常现象。所以，我们又向省里连写了多次报告，强调的是会出现整体化滑坡，建议疏

邓兴林(左)接受口述校史访谈

散搬迁镇上人员。省委书记关广富指示由副省长段永康同志负责牵头处理，哪知段永康副省长接到任务就病重住院，一个月后就去世了。直到 1985 年的 6 月 4 日，我们再次向省委、省政府呈上紧急报告，这样省里采纳了我们的报告。关广富书记高度重视，立即批复由当时抽调在三峡省筹备组的湖北省副省长王汉章牵头指挥，调武警、公安进入现场，县、乡各级及专业技术部门组成救灾指挥部，于 6 月 9 日进入险区现场，强行疏散搬迁镇上人员。这样一直持续到 6 月 12 日凌晨 4 时 35 分，在最后一个老太太被公安强行背出划定险区后一个小时，可怕的整体岩崩滑坡发生了。只听一声巨响，整个新滩镇突然一片漆黑，只有岩石崩塌发出的轰隆声在峡谷回荡。顷刻间整个新滩镇不复存在，随着 3000 多万方崩塌物涌入长江，激起涌浪高达 56 米，波及范围上至秭归归州，下至三斗坪等地。击毁、击沉 240 马力以下机动船 13 艘，木船 64 只，船上死亡 9 人。滑区内 481 户 1371 人由于预报准确及时，撤离措施果断正确，无一人伤亡。

8 月 24 日，黄知真省长主持召开了省长办公会议，同意"对在新滩滑坡勘测预报、抢险救灾工作中的有关单位和个人予以表彰"。（1985 年《湖北政报》第九期载）。9 月 12 日，省委、省政府在宜昌军分区礼堂召开表彰大会，省委副书记钱运录、副省长王汉章主持表彰大会，宣读了省委、省政府关于表彰陆业海等 36 名个人，岩崩调查处等 12 个单位的决定。我处陆业海、骆培云、王尚庆、马尚鹏、周云、贺金安、高德君、邓兴林受到表彰，调查工作处被授予"观测尖兵"称号。

1986 年，我处《岩崩滑坡临阵预报》课题成果获国家科技进步二等奖、省科技进步一等奖。单位党组织被授予全国先进基层党组织称号。陆业海被授予全国突出贡献中青年专家、全国五一奖章、全国劳动模范称号，增选为全国政协委员。我们临阵预报这个成果引起了国家的重视，国家科委和省科委联合湖北省政府和省委建议，这个单位不能撤了，因为原来我们是派出机构，调查工作完成后就会撤回武汉的。

国家级野外科学实验站的建立

1987 年，湖北省科委以鄂科业〔87〕第 216 号文件批准成立"湖北省岩崩滑坡研究所"，"湖北省西陵峡岩崩调查工作处"仍然存在，一个单位两块牌子，一班人马，一个领导班子。由于单位性质的变化，所以编制也增加了，1985—1989 年连续 5 年先后从中国地大、华中理工、中南矿冶、武汉测绘、长春地院等高校招进大学毕业生，补充技术力量，完善技术门类，壮大科研队伍。建立了监测预报研究室、地质勘察研究室、科技资料研究室、科技开发公司等部门。

1991年5月，省机编〔91〕022号文正式批准同意挂湖北省岩崩滑坡研究所的牌子。两个牌子正式挂起来以后，国家科委就给我们下了"七五攻关""八五攻关"的国家重点科研攻关项目。主要研究链子崖治理并面向全国的岩崩地质灾害的防治。范围就延伸到甘肃、重庆、金沙江这一带，凡属岩崩滑坡的都属于我们的研究范围。我们顺利完成了上述攻关项目，经评审验收鉴定，有的项目为国内先进和领先。

2001年8月17日，湖北省科技厅以鄂科函成字〔2001〕74号函向科技部申请组建"中国长江三峡滑坡监测预报防灾野外试验站"。经科技部组织专家与部领导现场考察调研，2001年11月2日科技部基础司以〔2001〕国科基础司第87号《关于筹建长江三峡滑坡监测试验站的复函》同意我所筹建试验站。2001年12月19日科技部以〔2001〕国科基础司97号发出《关于开展国家重点野外科学观测试验站（试点站）工作的通知》，根据"十五"科技发展总体计划和基地建设"十五"计划部署，湖北省岩崩滑坡研究所长江三峡滑坡观测试验站被列为2001年国家重点野外科学观测试验站（试点站）。国家级的野外科学试验站的建立，对我们单位在科研上是一个大大的提升，宜昌独此一家。

这个野外观测站和南极长城中山站是同等重要，都是国家级重点实验室。不同的是大多数重点实验室都是在室内的，主要靠室内仪器支持。野外试验站，是一个科学试验站，室内室外要结合进行。那个点是不固定的，可以随便移动。我们两块牌子挂起以后，就由行政单位变成了一个既有行政职能，又主要从事科学研究的这么一个单位。科技力量1985年以后才补充进来。我们完成"七五攻关"和"八五攻关"项目过程中就发现有很多的缺陷，一个是我们的门类不齐全，因为测量里面的门类很多，有航空测量、工程测量、变形测量等；地质里面有水文地质、工程地质、矿山地质、冶金地质、地质力学等。为什么研究所进高校，这是原因之一，这个技术的后备力量和学科门类的匹配出现了问题。再一个有的试验没有室内的实验室做不成，我们的室内实验室不够，要增加实验室的建设。可见有两个瓶颈，第一个是软实力的瓶颈，第二个是硬件的这个瓶颈。研究要找出路，怎么发展，怎么把这项工作做得更大更强，就需要寻找突破口。

湖北省革命委员会西陵峡岩崩调查工作组的第一行政负责人是苗久堂、张进先，叫组长；湖北省革命委员会西陵峡调查工作处的第一行政负责人是易鹏，叫主任。副主任有雷浩、汪琼彬、宁致祥。

1985年干部制度改革以后，提出革命化、知识化、专业化、年轻化的四化的标准，年纪大的老革命都退到二线当顾问去了，调查工作处由陆业海任主任，骆培云任书记兼副主任。挂两块牌子以后，易鹏就不再兼我们调查工作处的主任了。后来骆培云调到省环保局当局长去了，我就接任党委书记兼常务副主任(副所长)，陆业海任副书记、所长(主任)，我与陆业海搭班子。副主任(副所长)还有王尚庆、徐绍权、易庆林，其他的就是纪委书记夏德兴，工会主席马尚鹏两个班子成员。后来我还党政一人兼搞了两年。2000年提拔王尚庆同志任党委副书记、所长(主任)，我又与王尚庆同志搭档到2004年进入三峡大学。

现在进到三峡大学，当时的班子成员现还有一个在位，他是当时我们的副所长(副主任)易庆林，后来在土木学院当副院长。

获得国家科技进步二等奖

除了成功预报新滩滑坡以外，咱们所成立这么多年，在科研方面的主要成果有两个方面，一个是在服务当地社会发展和经济建设方面。特别是为葛洲坝和三峡大坝的工程建设，开展了大量前期的地质灾害防治调研工作，也做出了一些成效，消除了在施工期间的一些隐患。对危岩治理了蛮长时间，国家花了好多亿的钱。进行了铆固、锚固，就是钢筋水泥嘛，铆是要打铆钉进去，锚就像那个船撒那个锚一样的，用钢丝加水泥把山体锚住。平斜洞的支固就简单了，打比方说，钻探地下水是什么状态，以及到什么深度，从而采取一些支护加固措施。另一个是准确预报了1985年的6.12秭归新滩滑坡，这个是轰动全国、轰动世界的一件大事情，做到了灾区中心无一人伤亡。

当时险区以外死了几十人。是怎么死的？整体滑坡下来以后，泥沙突然之间涌入长江，长江断流12天，56米高的浪一下子涌到山上去了以后水再退回来，人就被卷到水里淹死掉了。当时长江上下游航线有12条大轮船是从重庆下来的，有上海往重庆去的，如果不采取措施可能会发生严重事故。当时我是办公室主任，我就直接到了两个地方，要求他们帮我们发布禁航令。禁航令我们不能发，要当地的执法部门发，你不发的话不得了，当时有关广富书记的批示嘛，他们都还蛮听调动。十几艘船下面停到宜昌，上面停到巴东，为国家减少了直接经济损失8000多万元。除了准确预报，当然我们还参加了抢险救灾，抢险救灾主要是以武警部队为主，秭归县政府还有公安部门，他们是主流，我们主要是给他们做技术参谋。我们为什么得到了省委、省政府"抢险救灾先进单位"称号，因为我们的船投入了直接的抢险救灾之中，那时候县级地方政府的船，马力小，抗浪能力差，我们的船因为是工作交通艇，马力大，航速快，我们就给他们上下运灾民及抢险救灾物资与人员。在这次抢险救灾当中，我们这个方面的贡献是有目共睹的。

我们的预报时间判断得蛮准，宁可提前不能推迟，船进到那里就退不回来了。船不像汽车，它调头没那么快，跑不了的，特别是大船跑不了。

我们从 6 月 10 日就开始联系，6 月 11 日下达停航令，船只在滑坡发生前全部按指令停在了指定避险码头。长航有长航公安，它的系统下达指令，因为每个船上都配有无线电台，指令到了他们就会听的。那时不像现在一个人一个手机，那时候 BB 机都还没出来。预报的大概时间是要有的，但宁可打提前量，不能侥幸推迟。说实话，当时我们没有想到预报得那么准。强令搬迁的最后一个人是个太婆，当时死也不肯搬。最后是由武警把她强行背到区政府的避难点。好险的，这个人最后安置好后，只相隔一个小时，崩塌就发生了。

有 5 部小说专门写了这场地质灾害，有的是反映当时的疏散搬迁工作的，有的是歌颂监测预报科研人员的，有的是反映抢险救灾的。疏散搬迁工作不是很好做的，学校都放假了，把区机关、学校的房子全部腾出来作为灾民的临时落脚点，房子不够就在院子里搭起棚子。宜昌下面以及外地有亲戚的，就鼓励投亲靠友，进行疏散安置。

当我们预报说新滩镇要整体崩塌，需要全镇人员疏散搬迁后，当地老百姓骂我们是神经病，说他们祖祖辈辈就在这儿住，从来没垮过，你们怎么说垮就要垮？吃了国家的饭没事干，瞎说瞎搞。他们不理解，不支持，坚决不搬。所以当地搬迁的阻力很大。当 6 月 12 日大滑坡真的发生以后，他们被这个场面吓坏了，好好的一个集镇顷刻之间就消失在他们的眼前，有哭的，有叫的，有闹的。但这一切都无济于事了。眼前的残酷事实既警醒了他们，也教育了他们，科学就是科学，他们从骂转变成为佩服、感激。有的年长者见到我们就下跪，感谢我们救了他们，说真没想到我们会这么神。

崩塌后水位抬高是影响通航的，因为不仅是上游的水位抬高，长江新滩段江面只有 12 米宽了，水流湍急，大船无法通过。为什么停航 12 天才复航？就是一要等滑坡体基本稳定，二要进行紧急疏浚，长航的航道局就负责疏浚工作，达到通航条件后才允许恢复通航。

这里我也讲个小插曲，新滩大滑坡发生以后，引起了国务院的高度重视，时任国务院副总理的李鹏负责这一块儿工作，要求我们带现场录像资料到国务院当面汇报情况。那时我们单位连录像设备都没有，而且更没办法录到灾区全景资料。接到这个指令后，我就向三峡省筹备组求援，李伯宁就叫筹备组的周秘书长向国家防总请示，从保定调来一架直升机协助完成空中拍摄任务。我通过葛洲坝水电工程学院水工系的魏廷亮老师介绍学院搞摄影的谢厚福来协助。我说我搞到了一个飞机，在土门机场等待我们，所以想请求你们支援一下，搞个空中摄像资料，要紧急送到国务院去。小谢当时不是很相信，一是我们第一次见面，二是当时飞机确实不是随便搞得到的，这更说明当时引起了党和国家高度重视。他说："你找飞机？还航拍?"我跟小谢说是真的，不是在开玩笑，是防总从保定调来的，请你帮忙支援一下，赶快同我去土门机场搞个摄像吧，要说这个东西你们学校也用得着，摄回来整理成录像资料，我们资源共享，我的车就在下面等着在。小谢高兴地说那好，是真的我们就马上走。一直搞到第二天才终于制成了一个录像短片，由我们的书记骆培云、李发银两人直接到北京向李鹏副总理作了汇报。这也是我们同三峡大学的前身的第一次技术合作。可能学校现在还保留着这个重要的录像资料。

当时国务院的总理是赵紫阳，李鹏是副总理，分管这一块儿。我们这个成果就得到了国家科技进步二等奖，湖北省科技进步一等奖。这个临阵预报是科研上面的一个成果，另外也取得了一些荣誉。为这个准确预报，湖北省委、省政府给我们单位授予了"观测尖兵"这么一个称号。我们的党委就被中组部授予了全国先进基层党组织、全国党风廉政建设先进单位的称号，一个人获得了全国五一劳动奖章、全国劳动模范、全国有突出贡献的专家称号，两个人享受国务院政府特殊津贴。并且由此而批准我们建立了中国长江三峡滑坡监测预报野外实验站这个重点实验室，并列入国家重点实验室建设。这就是我们单位在进入三峡大学之前在当地做出的一个贡献，取得的一些相应的科研成果。

链子崖工程治理

1964年国家地质部、国家科委成立联合调查组对川江进行考察，发现秭归链子崖有隐患，向国务院汇报了这个情况，引起了国家重视。链子崖只看得到上面的锚固，蓄水后的水下部分处理看不到了。现在链子崖稳定是肯定的，基本上是没有影响的。但工作还得继续，因为这个地方的地质灾害隐患不只是链子崖，对岸的姜家坡、广家崖等也是调查研究防治的范围。

链子崖工程治理费用仅铆固和锚固、排水工程等原来概算是一亿多元，施工开始后哪有想的那么简单，材料价格不断上涨，人工工资也涨价。刚开始调用民兵是无偿的，后来是市场经济了，人力、物力成本大增。所以说国家在灾害治理方面是投入不少，花了大价钱的。

链子崖最后变成一个景区了，这与我们没关系。我们经费是财政拨款的，专款专用的，不能投入这方面。

并入三峡大学

关于进入三峡大学的问题，我想谈一谈。为什么并入三峡大学？当时科技厅是怎么考虑的？这个与科技厅的考虑关系不大，我们并入三峡大学主要是由三个方面的原因促成的。一个是全国的科技体制改革的方向，它是鼓励从事基础研究和社会公益性研究的科研机构与高校合并，并入或者是进入，因为并入、合并、进入那是不一样的。我们从事的正好是社会公益性的研究，跟高校合并或进入高校，是我们的主要选项。我前面已经提到过，我们遇到两个瓶颈。我们就向上面申请资金，从科技厅一直到科技部、财政部，我们都打了报告，我们申请建实验室，就要基地、设备。滑坡发生后名气大了嘛，但是你的事业发展那是不够的，那也没得够的时候，这是一个原因。第二个就是我们单位正处于飞速发展的阶段，我们需要大量的后备科技人才，没有这个后备科技人才，国家重点实验室能支撑得下去吗？要完成任务，要出有影响的成果，没人才是不可能的。这是我们所当时面临的两个问题，一个是体制改革的方向问题，一个是我们自己遇到的两个瓶颈问题。所以我们就有这个想法：要找出路，要合并。第三个方面是当时的三峡大学刚合并组建，也正需要有我们这样一支具有软实力的科研队伍。这个消息来源在哪里？在郭生练副省长，郭生练在这个方面是一个主要推手，他向我们介绍了很多关于三峡大学的情况，也建议我们跟三峡大学接触，并给我推荐了联系人刘德富，当时他是主持行政工作的副校长，郭生练说三峡大学还没有一个国家科技进步奖，你们既有省科技进步一等奖，又有国家科技进步二等奖，还有一个重点试验室（野外实验站），三峡大学绝对欢迎你们进去。

郭生练是湖北省民盟主委，已经调省科技厅了。他说现在刘德富正在搞这个方面的研究，想建一个实验室，已经搞得差不多，他有这个方向发展的一个重大设想。但是他苦于没有具备实践经验的人，你们所搞实践的，有经验的人才多嘛，搞书本的那学校肯定厉害了。所以学校正需要你们这样一个人才和科研成果软实力的支撑。这样我就主动到三峡大学找刘德富校长，第一次没找到，跟田斌谈了谈，田斌当时还是土建学院的院长，我说那还是要跟刘校长见个面。结果第二次就与刘德富约好见面谈到了合并的问题，他说我需要，我这儿目前就是缺乏有实践经验的人，他很直爽，问我是想真合还是松散式合？我说这什么意思？他说真合就是体制、人员、经费、业务完全合并，完全纳入学校统一管理；松散式合就是只业务技术合作，体制、经费、人员你们还是独立的。我说既然要合并当然是真合嘛，这样容易形成全力，同心同德搞事业。他当时就领我参观了正在建设的实验室，他问我怎么样？我说很好的，我们所现在正是差这样的室内实验室。这次我们就商定向各自的上级请求，开始了正式的合并运作。

2003年11月26日，我们研究所与三峡大学联合向省科技厅、省教育厅递交了《关于湖北省岩崩滑坡研究所（湖北省西陵峡岩崩调查工作处）并入三峡大学的请示》，"就岩崩所并入三峡大学的若干问题达成共识。我们认为湖北省岩崩滑坡研究所并入三峡大学后，有利于优势互补，资源共享，特别是有利于三峡大学减灾防灾学科建设与发展"。

省教育厅与省科技厅接到我们的请求后，就开始了主管机关的接触商讨，并向省政府作了汇报，省教育厅、省科技厅、省财政厅、省人事厅组成联合考察组到我们单位进行调研考察。最后拍板的是省委常委兼省科技厅厅长周济，他肯定这是个好方向，认为完全符合国家科技体制改革的精神以及鄂政办发〔2000〕134号文件"关于鼓励科研机构进入高等学校，与高等学校合并或开展多种形式的合作"的精神，要求尽快地办，早解决早好。

2004年3月9日，省教育厅、省科技厅联合下文批准我所并入三峡大学，8月26日正式搬入三峡大学一号教学楼办公。研究所原来那些观测点、设备需要维护，这些经费没有什么问题。我们所与三峡大学联合向省科技厅、省教育厅递交的申请中就明确表明：1. 建议省科技厅将湖北省岩崩滑坡研究所机构、职能、编制、经费均并入三峡大学。2. 建议省科技厅维持原拨款渠道和经费核算办法不变，将湖北省岩崩滑坡研究所经费直接划拨给三峡大学。3. 湖北省岩崩滑坡研究所并入三峡大学后，为有利于防灾减灾学科的建设与发展，建议省科技厅将"三峡大学岩崩滑坡灾害防治工程研究中心"列入省级工程技术研究中心的建设计划，以加快三峡大学减灾防灾学科建设，更好地为地方经济社会发展服务。4. 建议省科技厅支持，争取纳入教育部工程技术研究中心建设计划，并为申报国家工程技术中心创造条件。5. 三峡大学在湖北省岩崩滑坡研究所并入后，为"三峡大学岩崩滑坡灾害防治中心"建设3000平方米的实验室和办公楼，建议省科技厅给予三峡大学一定的经费支持。最后省政府同意，省财政厅、省科技厅、省教育厅尊重我们的建议。一是省财政继续保留了我们所原来的固定经费渠道，年年下拨（包括当时合并时的人头经费、行政事业经费、现场勘测预报经费）；二是省科技厅保证优先支持学校申报的科研项目经费；三是野外试验站的经费由科技部按年下拨固定经费，同时可以以试验站的名义申报科研项目经费。

继续保留3个牌子，即湖北省西陵峡岩崩调查工作处、湖北省岩崩滑坡研究所、野外试验站。为什么要保留牌子？就是行政事业经费、人员经费、科研固定经费问题，牌子不在了经费就没有了。我们的事业经费和人头经费现在财政厅还是直接单独划在学校的，但是科研项目经费，科技厅和科技部的表态是大量的以项目支持你们的发展，但是不可能变更，自然科学基金、社会科学基金都可以申请，申报上了就有经费支持，但是我们科技系统主要是以自然科学基金为主。

我们还与学校就本所并入三峡大学相关人员安置等事项形成了纪要：保留科研队伍的整体性，基本不打乱；处级以上干部对应安排，科级干部保留资格，原从事机关工作的安排到校机关各部门，原来从事后勤工作的原则上校后勤集团安排，离退休人员交由学校老干部处管理，人员待遇按教育系统对应过来。

这个安置还是很好的，但当时后勤集团实行企业化管理，而且工作也比我们所要累，有绿化、保洁、保安、水电等方面工作。原来这些人不是搞这些工作的，他们有的是开船的，有的是开车的，有的是管收发、阅览、资料的，有的是打字员、仓库保管员等。但现在都适应了。

并入三峡大学后的运转情况整体上还是蛮好的。首先是几个牌子保留了，"湖北省岩崩滑坡研究所""湖北省西陵峡岩崩调查工作处""国家重点野外科学观测试验站（试点站）——长江三峡滑坡观测试验站"的牌子都照样挂着；二是人员经费、行政事业费与科研经费按并入时的标准没变，由省财政继续下拨到学校，以项目形式支持申报的科研经费渠道没变；三是科研队伍基本保持不变，实际运转由刚开始的研究所转变成为地质灾害防治研究院，再到与土木学院的深度融合，现在基本上是科研教学一体化了，而且取得了很多科研成果：以原岩崩研究所科研人员为主完成的省级以上自然科学基金项目，分别获得省部级科技进步二、三等奖4项，都是涉及三峡库区地质灾害监测预警或新技术、新方法以及变形机理方面的，由涂鹏飞主导完成的湖北省自然科学基金项目成果《干涉雷达测量技术在三峡库区滑坡变形监测中的应用研究》还获得了2012年中国岩石力学与工程学会科技进步一等奖；出版专著5部以上；发明专利多项。这中间的代表人物有：易武、易庆林、涂鹏飞、王尚庆等同志。王尚庆同志还依托野外科学试验站这个平台，参加了我国的南极科学考察活动，将我们三峡大学的旗帜插到了南极科考站中山站，为我们学校增添了光彩。

岩崩研究所并入学校后整体安排得还是比较好。反正是原来在机关工作的人员都安排在校机关，各个处室都有，从人事、财务、审计、纪检、监察、工会都有。有的当时就对应安排任处长、副处长，如监察处的夏德兴等，有的通过竞争选拔任部门科长、副科长，现在还有在职的赵明贵被提拔为老干部处副处长，人事处的高雪莲任人事科科长，李进焕任审计科科长等。

　　原岩崩所对社会做出的贡献主要是两点：一是为两个水利建设工程作了前期灾害方面的调研与防治工作，提供了科学参考依据，消除了隐患。二是及时准确地预报了发生在 1985 年的秭归"6.12"新滩大滑坡，使险区 481 户 1371 人无一人伤亡；使正在长江航行的 11 艘客货轮及时避险，免于灾难，使这场可怕的、不可抗拒的地质灾害损失降低到最低限度(按当时物价初步估计减少直接损失 8700 万元)，被誉为防灾滑坡史上的奇迹。

　　我的主要工作体会是：岩崩滑坡是地质灾害中最常见、最易发、最无固定规律的一种地质灾害。从事这项工作的条件差、环境艰苦、担子重、责任大，需要有不屈不挠的奋斗精神，无私无畏的奉献精神，脚踏实地的科学态度作支撑。

(本文根据 2021 年 10 月 8 日在三峡大学档案馆会议室访谈
邓兴林口述记录整理，整理人：田吉高、龚海燕)

后　记

　　口述校史是学校历史档案建设和校园文化建设的一种新的形式和载体，越来越受到各高校的重视。

　　我校的口述校史工作在校党委书记何伟军教授亲自推动和关心下，于2017年开始筹备，当年年底正式启动，口述校史工作小组成员对三峡大学前身宜昌医学高等专科学校、宜昌师范高等专科学校、宜昌职业大学、湖北三峡学院、葛洲坝水电工程学院、武汉水利电力大学(宜昌)的71名老领导、老专家、老教授、老职工、老校友进行了访谈。访谈形成的全部原始录音、录像和记录整理而出的文稿及收集的部分资料、图书、照片、实物等均已在校档案馆归档并妥为保存。

　　三峡大学的口述校史，以访谈录为素材，本着尊重历史、尊重事实、尊重访谈人意愿的宗旨，记录了其前身院校师生员工工作、学习、生活的情况，再现了他们上下求索、矢志奋斗的闪光足迹，展示了他们励精图治、追求卓越的精神风貌，记录了他们心中珍藏的美好故事。

　　在此基础上，学校口述校史工作小组遴选了58名访谈对象的57篇访谈文稿，并认真反复地进行了校勘、核实、印证等多项工作。呈现在读者面前的这本《求索记忆——三峡大学口述校史》一书，凝聚了被访谈者、访谈者、学校领导、相关部门人员和所有参与这项工作的师生员工的心血与汗水，是大家智慧的结晶。它的问世，是我校档案历史研究的新起点，是档案编研工作的新开端，是我校不忘历史、鉴往知来、努力实现水利电力特色鲜明的国内一流大学的办学目标迈出的新步伐。

　　对于一所大学，精神文化是最宝贵的财富。三峡大学的发展，承载了众多历史的变幻与沉浮，承载了诸多师生的回忆和梦想。口述校史访谈，真实记录了全校师生员工在这片沃土上的创业史、成长史、奋斗史、发展史，讴歌他们的丰功伟绩，增强师生对学校的归属感、认同感和自豪感，充分发挥校史文化独特的育人功能，共创学校更加美好的未来，是一项十分有意义的工作。

　　《求索记忆——三峡大学口述校史》在整理、汇编、成书过程中，有许多令人难忘的情景和感人的故事，每位被采访人都对这项工作给予充分肯定和倾力支持，他们对照我们提供的访谈提纲，精心准备访谈内容，很多人都准备了书面材料。何伟军书记率队于 2018 年 9 月 29 日专程赴北京访谈了全国政协原副主席、原水电部部长钱正英院士。王炎廷校长对口述校史工作人员给予亲切鼓励时说："你们为学校做了一件好事。"分管全校档案工作的副校长、宜昌市政协副主席陈和春教授多次听取口述校史工作的专题汇报，指示要认真做好此项工作。时任校党委常委、党委宣传部部长、现任工会主席李敏昌教授于 2019 年 6 月 25 日带领校史工作小组成员赴三峡坝区访谈了长江三峡工程总设计师郑守仁院士，获得珍贵的史料和信息。现任校党委常委、党委宣传部部长张锐对口述校史工作的进展情况十分重视，亲自部署，经常过问，关怀备至。档案馆前馆长张业明、现馆长李军如、副馆长周新华全力支持做好口述校史工作。龚海燕副馆长和口述校史工作小组成员田吉高、郑泽俊、杨斌本着对历史、对学校、对访谈对象和对个人负责的精神，努力克服困难，认真做好口述校史访谈和后期文稿的整理编撰工作。档案馆职工汪章利、王晓敬、王庆玲、杨寅庆、包西萍、陈媛媛、雷怡、袁玥、涂爱明、李烂等积极协助，周璠、皮凌霄、路聪、何书琪、訾珊珊、李辉、王诗雨、刘文馨、胡玲、石江婷等研究生助理参与了口述校史访谈录音录像整理和文稿录入等工作，学校党政办公室、党委宣传部、校友总会、老干部处等相关部门积极配合，田家炳教育学院党委（党总支）书记曾德贤参与了相关工作，在此一并致谢。

由于疫情原因，口述校史工作小组未能及时将列入计划的访谈对象逐一进行访谈，这会在今后的口述校史访谈工作中予以弥补。

本书以受访人回忆及口述为主，其中的故事及观点均为受访人自己的记忆和认识，而文中的大小标题则为统稿编辑人员依据出书需要所加，特此说明。

衷心感谢您的留步驻足，真诚希望您的点评鼓励。由于编辑人员资历、阅历和水平有限，书中难免会有错漏之处，请不吝批评指正。

编　者

2023 年 4 月